SUÉTONE

VIES DES DOUZE CÉSARS

CÉSAR - AUGUSTE

COLLECTION DES UNIVERSITÉS DE FRANCE
publiée sous le patronage de l'ASSOCIATION GUILLAUME BUDÉ

SUÉTONE

VIES DES DOUZE CÉSARS

TOME I

CÉSAR - AUGUSTE

TEXTE ÉTABLI ET TRADUIT
PAR
HENRI AILLOUD

Treizième tirage

PARIS
LES BELLES LETTRES
2023

Conformément aux statuts de l'Association Guillaume Budé, ce volume a été soumis à l'approbation de la commission technique, qui a chargé MM. Ph. Fabia et J. Carcopino d'en faire la révision et d'en surveiller la correction en collaboration avec M. H. Ailloud.

95 boulevard Raspail, 75006 Paris
www.lesbelleslettres.com

Premier tirage 1931

ISBN : 978-2-251-01257-5
ISSN : 0184-7155

INTRODUCTION

I

Biographie de Suétone.

Nous sommes assez mal renseignés sur la vie de Suétone. Chose curieuse, en effet, le biographe des Césars n'a trouvé personne, à notre connaissance, pour écrire sa propre biographie. Quant à Suétone lui-même, il évite de se mettre en cause, il s'efface modestement derrière la personnalité de ses empereurs et, quand il lui arrive de parler de lui ou de sa famille, c'est en passant, d'une manière assez vague d'ordinaire, et sans jamais insister. En dehors des rares allusions qu'il fait à lui-même ou aux siens, nous ne possédons, pour nous renseigner sur sa vie et sur sa carrière, que certaines lettres de Pline, une phrase de Spartien et une autre de Joannès Lydus. Il reste donc, dans cette biographie, bien des points obscurs et l'on ne peut répondre avec certitude à toutes les questions qui se posent.

Date et lieu de la naissance de Suétone.

Notre auteur s'appelait, d'après divers manuscrits, Caius Suetonius Tranquillus (1). La date de sa naissance n'est indiquée nulle part et l'on en est

(1) Seuls les *excipit* des meilleurs manuscrits des *Douze Césars* mentionnent le nom complet de Suétone. Les auteurs anciens

réduit à la conjecturer. Mommsen (1), s'appuyant sur la lettre III, 8, adressée par Pline à Suétone, le fait naître aux environs de 77 : il admet, en effet, que cette lettre fut écrite en 101, et, comme elle montre Suétone en âge d'obtenir un tribunat militaire, il en déduit qu'il devait avoir alors vingt-cinq ans. Depuis, la plupart des critiques (2) ont adopté cette conjecture, sans la contrôler davantage. Au contraire, M. Macé (3), après une étude minutieuse non seulement de la lettre en question, mais des autres lettres de Pline concernant Suétone et de certains passages des *Douze Césars*, affirme comme très probable que Suétone naquit en 69. Il nous est impossible de le suivre dans le détail de son argumentation, mais celle-ci apparaît tout à fait convaincante, et, en l'absence d'un document décisif, c'est son opinion qui s'impose comme la plus vraisemblable.

Sur le lieu de naissance de Suétone, la tradition est

qui le citent l'appellent *Suetonius* — *C. Suetonius* — *Suetonius Tranquillus* (Τράγκυλλος, ὁ Σουητώνιος χρηματίσας, Suidas) ou le désignent simplement par son surnom.

(1) *Etude sur Pline le Jeune*, trad. par Morel, pp. 13-14.

(2) Notamment Andriessen, *De fide et auctoritate scriptorum ex quibus uita Tiberii cognoscitur disputatio*, La Haye, 1883, p. 76, — Gsell, *Essai sur le règne de l'empereur Domitien*, Paris, 1893, p. 290, n. 3, — Goyau, *Chronologie de l'Empire romain* (ici, toutefois, la date de 77 est marquée d'un astérisque, c'est-à-dire présentée comme hypothétique).

(3) *Essai sur Suétone*, pp. 35-43. Déjà Roth, dans son édition de Suétone, (Leipzig, 1858-77), préf., p. VI, faisait naître Suétone « primis Vespasiani annis », ce qui, pour lui, correspondait d'une façon précise à l'année 71, d'après les indications qu'il donne plus loin (p. VII, lig. 6 sqq., et p. VIII, lig. 25). De même, Teuffel, *Hist. de la litt. rom.*, III, p. 6, place sa naissance vers 75, Carl Peter, *Philologus*, XXXII, p. 710, quelques années avant 77, et Hermann Peter, *Geschichtliche Litteratur über die römische Kaiserzeit*, I, p. 122, vers 70. Quant à Schanz, *Geschichte der römischen Litteratur*, 3me part. (1905), p. 47, § 528, il ne se prononce pas sur ce point. Enfin, M. Lorenzo Dalmasso (*Un seguace di Quintiliano al principio del II secolo*, dans *Atti della r. Acc. delle Scienze di Torino*, vol. 41, 1906, pp. 805 sqq.), se contente d'indiquer, sans prendre parti, les dates adoptées par Mommsen et par M. Macé.

également muette. Voss (1), pour expliquer son amitié avec Pline le Jeune, supposait qu'il était originaire de Cisalpine, mais cette conjecture n'est pas nécessaire (2) et rien ne la confirme par ailleurs. Il est beaucoup plus probable qu'il naquit à Rome, où il semble avoir vécu dès son plus jeune âge, au milieu de sa famille, fixée depuis longtemps dans la capitale. Cette famille appartenait à l'ordre équestre, car lui-même nous apprend (3) que son père, Suetonius Laetus, était tribun angusticlave de la XIIIe légion (4), qui combattit à Bédriac dans l'armée d'Othon ; plusieurs années après, l'ancien officier se plaisait encore à évoquer le souvenir de son général et Suétone, alors un enfant, recueillit de sa bouche quelques témoignages tout à l'éloge de cet empereur. Il écoutait également les propos de son grand-père dont la jeunesse s'était écoulée sous le règne de Caligula, presque certainement à Rome, car le bruit rapporté par le biographe (5) au sujet du fameux pont de Baïes, ne dut pas se répandre hors de la capitale. Enfin, lui-même, à peine sorti de l'enfance, sous le règne de Domitien, suivit de ses propres yeux une scène fort peu morale, qu'il ne manque pas de décrire dans ses *Douze Césars* (6), et cet *adulescentulus* qui se glisse au premier rang des curieux, paraît bien être, suivant l'expression heureuse de M. Macé, « un jeune Romain de Rome, de bonne heure habitué à se débrouiller dans la grande ville » (7).

(1) *De Hist. Lat.*, I, 31.
(2) Voir plus bas le développement « L'ami de Pline le Jeune ».
(3) *Otho*, 10.
(4) S'il eût été fils de sénateur ou destiné par l'empereur à la carrière sénatoriale, il aurait eu le grade de *tribunus laticlauius*.
(5) *Cal.*, 19[4] ...*puer audiebam*...
(6) *Dom.*, 12[6] : *Interfuisse me adulescentulum memini*...
(7) Macé, *op. cit.*, p. 35, haut. — En dehors du grand-père, du père de Suétone et du biographe lui-même, on ne connaît aucun autre membre de cette famille. Le général C. Suetonius Paulinus, qui s'illustra sous Claude, et Suetonius Optatianus, qui raconte la vie de Tacite, l'empereur de 276, ne lui appartenaient certainement pas (voir Macé, *op. cit.*, p. 30 sq.).

L'enfance et la jeunesse de Suétone.

Pendant cette première période de sa vie, Suétone dut recevoir tour à tour, comme les autres enfants de sa condition, l'enseignement du *litterator*, puis du *grammaticus*, et suivre enfin les leçons d'un maître de rhétorique (1). Mais il ne dit rien de ses années d'études et ne cite même pas le nom de ses anciens maîtres ; s'il mentionne, en effet, qu'au début de son adolescence, certain rhéteur, nommé Princeps (2), se faisait valoir par la singularité de son enseignement, rien ne prouve qu'il l'ait eu comme professeur.

A son adolescence proprement dite, car Suétone distingue avec la précision minutieuse qui convient à un biographe ces différentes étapes, il ne rattache qu'un souvenir, celui du faux Néron, qui parut vingt ans après la mort de cet empereur et parvint à s'accréditer chez les Parthes (3).

L'ami de Pline le Jeune.

La période suivante est mieux connue, grâce à quelques lettres de Pline, qui permettent de suivre Suétone depuis l'année 97 jusqu'en 113, car les recherches de Mommsen (4) paraissent bien avoir définitivement établi la chronologie de cette correspondance.

A quelle date commencèrent les relations de Pline et de Suétone ? Il est impossible de le déterminer exactement, mais on peut le déduire d'une façon approximative de la lettre I, 24. Dans cette lettre, écrite en 97, Pline prie un ami d'user de son influence auprès d'un tiers pour qu'il vende à Suétone, sans lui prendre trop cher, un *agellus* dont il a fort envie (5). Il insiste sur cette question de

(1) Hermann Peter, *op. cit.*, I, p. 3.

(2) *De grammaticis*, Roth (éd. de 1877), p. 259, 18 sqq. : *Me quidem adulescentulo...* »

(3) *Ner.*, 57[4] : « *... adulescente me...* »

(4) *Op. cit., passim.*

(5) On ignore si cet *agellus* fut réellement acheté par Suétone. Le charmant sonnet, — intitulé Tranquillus —, inspiré à J. M. de Hérédia (*Les Trophées — Rome et les Barbares*) par cette lettre

prix, ce qui, en passant, montre que Suétone était dans une situation aisée, mais non pas riche. En outre, lui qui à cette époque était déjà un personnage considérable (1), il appelle ce modeste chevalier, d'ailleurs plus jeune que lui (2), son *contubernalis*, son familier, son ami intime. Ce titre implique des relations déjà un peu anciennes et une sympathie fort vive, due sans doute à leur goût commun pour l'étude. De fait, Pline qualifie son protégé de *scholasticus* : or, d'après le caractère qu'il lui prête et la description, d'ailleurs charmante, de la campagne rêvée par lui, il semble bien que ce terme signifie simplement ici « homme de loisir et d'étude », et l'on ne peut en conclure, à notre avis, qu'il fut professeur ni qu'il enseigna la grammaire (3).

La lettre I, 18, également écrite en 97, est une réponse de Pline à Suétone, qui, effrayé par un songe à la veille de plaider devant un tribunal, priait son ami de faire ajourner le procès : Pline lui promet d'intervenir auprès des juges, si, après mûre réflexion, il persiste à demander une remise. Cette lettre prouve d'abord que Suétone était fort superstitieux, ce que la lecture des *Douze Césars* confirme à chaque pas ; elle montre ensuite qu'à cette date il se disposait à paraître au forum, comme avocat. Schanz (4) et Peter (5) en concluent qu'il exerça cette profession, mais, étant donné le caractère et les aptitudes de Suétone, nous croyons plutôt, avec M. Macé (6), qu'il s'agissait là d'un début, d'une simple tentative, qui ne fut pas renouvelée : en effet, nulle part ailleurs, il n'est question d'une autre plaidoirie de Suétone.

Notre biographe, du fait de sa naissance, pouvait

de Pline, est une évocation de poète, qui d'ailleurs transfigure étrangement le modeste biographe.

(1) Préteur en 93 ou 94, il avait été investi par Domitien de la « praefectura aerarii militaris ».

(2) En 97, Suétone n'avait que 28 ans, Pline en avait 35.

(3) Contrairement à l'opinion de M. Macé, *op. cit.*, pp. 51 sqq.

(4) *Op. cit.*, p. 48.

(5) *Op. cit.*, p. 67.

(6) *Op. cit.*, pp. 63-64.

prétendre à la carrière équestre, mais, pour la suivre, il lui fallait tout d'abord faire ses *militiae* (1) : la lettre III, 8, écrite vers 101, nous apprend qu'il se préoccupa, en effet, de remplir cette condition préalable. Sur sa demande, Pline lui avait obtenu la faveur d'accompagner L. Neratius Marcellus en Bretagne, comme tribun militaire, mais, visiblement peu fait pour la guerre, il ne se décida point à partir et sollicita encore l'intervention de son ami pour faire transférer ce grade à son parent Caesennius Silvanus. Et Pline, avec son obligeance habituelle, lui promet de faire les démarches nécessaires. Il semble bien que Suétone, après avoir donné cette preuve de bonne volonté, se fit dispenser du service militaire : il restait ainsi qualifié pour remplir les fonctions civiles réservées à son ordre (2) et pouvait, en attendant de les exercer, consacrer tous ses loisirs à ses travaux d'érudition.

La lettre V, 10, qui date de 105-106, le montre en effet absorbé par la préparation d'un ouvrage qu'il ne se décide jamais à faire paraître, ce dont Pline lui fait amicalement le reproche. Il se déclare impatient de voir enfin le nom de son ami sur le titre d'un livre, — ce qui prouve qu'à cette date Suétone n'avait encore rien publié —, il lui représente l'attente de leurs amis communs et l'accuse de vouloir trop polir ces *libelli* déjà parfaits. De quelle œuvre s'agit-il ici ? non pas des *Douze Césars* qui parurent seulement quinze ans après (3), ni d'un quelconque des nombreux opuscules publiés par Suétone, car Pline semble faire allusion à un ouvrage considérable, mais très probablement du *De uiris illustribus*.

Quelques années plus tard, les relations entre les deux amis restaient toujours aussi cordiales et familières, car dans la lettre IX, 34, écrite en 108-109, Pline consulte modestement Suétone sur une question qui le préoccupe : il lui demande si dans une *recitatio* il doit faire lire ses

(1) Les trois années de service militaire que les chevaliers devaient accomplir, en qualité d'officiers.

(2) Les procurations.

(3) Voir pp. VII sqq.

vers par l'un de ses affranchis, parce qu'il ne se reconnaît lui-même aucun talent pour la déclamation.

Une dernière lettre, adressée à Trajan (1), montre Pline, devenu légat de Bithynie, reprenant à l'égard de Suétone son rôle de protecteur influent : il demande à l'empereur d'accorder à son ami, alors marié, mais toujours sans enfant, le *ius trium liberorum*. Cette faveur était d'importance et Trajan ne la prodiguait pas (2) : aussi Pline s'autorise-t-il, pour excuser sa hardiesse, de la bienveillance toute particulière que lui témoigne l'empereur. Quant à Suétone, il le présente comme un *uir probissimus, honestissimus, eruditissimus*, qu'il a depuis longtemps jugé digne de son amitié, mais il ne cite à son actif aucun titre précis : on peut en conclure qu'à cette date Suétone n'avait encore rien publié et que l'ouvrage impatiemment attendu par Pline en 105-106 était encore à paraître. Mais Trajan ne discuta point le mérite de Suétone : sur la seule recommandation de Pline, il lui accorda aussitôt le privilège demandé (3).

Ce fut, à notre connaissance, le dernier service rendu par Pline à Suétone, car il mourut en l'année 113, mais il lui laissait un nouveau protecteur, C. Septicius Clarus, l'un de ses meilleurs amis, auquel il avait dédié sa correspondance.

Le secrétaire « ab epistulis ». Publication des « Douze Césars ».

Le nom de ce personnage est associé à la période la plus brillante de la vie de Suétone : Hadrien l'ayant élevé, en 119, à la préfecture du prétoire (4), il entraîna son protégé dans sa nouvelle fortune et le fit agréer par l'empereur comme secrétaire *ab epistulis Latinis*. Cette charge avait une importance des plus considérables : c'était l'un des pre-

(1) *Ad Trai.*, 94 ; en 111-113.
(2) *Ad Trai.*, 95.
(3) *Ibid.*
(4) Goyau, *op. cit.* Cf. Spartien, *Vit. Hadr.*, 9,5 ; 11,3 ; 15,2, et Joannès Lydus, *De magistr.*, II, 6.

miers offices de la cour (1). Le secrétaire *ab epistulis* ne rédigeait pas lui-même, comme on pourrait le croire, les lettres officielles ni les discours de l'empereur : chargé de toute la correspondance de l'Empire, il avait sous ses ordres un personnel, sans doute fort nombreux, qui constituait ses « bureaux », et dont il se bornait à diriger ou contrôler le travail. Aussi, même avant Hadrien, n'était-il point rare de voir cette importante fonction exercée par des hommes de valeur : témoin cet autre ami de Pline, Titinius Capito, un écrivain de talent, qui fut *ab epistulis* sous Domitien et ses deux successeurs ; mais on la confiait également à de simples affranchis. Au contraire, Hadrien se fit un principe de la réserver à des chevaliers (2), qu'il choisissait avec soin parmi les gens de mérite et les érudits : deux de ses secrétaires *ab epistulis Graecis* (3) avaient été auparavant « procurateurs des bibliothèques grecque et latine ». Rien ne prouve que Suétone ait occupé un pareil poste entre la mort de Pline et l'année 119, mais il y a tout lieu de croire qu'il avait exercé d'autres fonctions civiles de la carrière équestre, avant de recevoir une charge aussi importante ; en outre, il se recommandait à l'empereur par la publication du *De uiris illustribus*, enfin paru vers 113 (4), et Septicius Clarus n'avait pas manqué de faire valoir qu'il mettait la dernière main à son grand ouvrage, les biographies des *Douze Césars*.

Ce ne fut pas, en effet, comme on pourrait le supposer, son entrée au Palatium qui lui donna l'idée de ce livre ;

(1) Sur toute cette question, cf. M. Macé, *op. cit.*, pp. 90 sqq. Voir également O. Hirschfeld, *Die Kaiserl. Verwaltungsbeamten*, 2e éd., Berlin, 1905, p. 318, et Friedländer, *Sittengeschichte*, I, 8e éd., Leipzig, 1910, p. 187.

(2) Spart., *Vit. Hadr.*, 22. C'est dans ce sens qu'il faut corriger l'affirmation trop absolue de Spartien : « ab epistulis et a libellis primus equites Romanos habuit. »

(3) L. Iulius Vestinus (*C. I. Gr.*, 5900) et le personnage anonyme que concerne l'inscription *C. I. L.*, III, 431.

(4) C'est la date à laquelle s'arrête M. Macé, *op. cit.*, p. 75, dont l'argumentation nous paraît tout à fait convaincante.

ce ne furent pas davantage les archives impériales (1) qui lui en fournirent la matière. D'ailleurs, il est très probable que ces archives dépendaient non pas de lui, mais de son collègue *a studiis* (2). Naturellement, Suétone pouvait les consulter à sa guise et ses fonctions mêmes durent l'y obliger plus d'une fois : on peut être sûr qu'il ne négligea point cette occasion exceptionnelle et qu'il s'y attarda volontiers, mais il semble bien ne s'y être occupé que des trois premiers Césars. S'il tint, en effet, à examiner dans les textes originaux les lettres inédites de César et surtout d'Auguste, leurs testaments et celui de Tibère (3), c'est par hasard qu'il découvrit des brouillons de vers écrits par Néron (4) ; quant aux autres empereurs, ils ne paraissent pas avoir bénéficié de ses recherches aux archives. On peut en conclure que Suétone avait déjà presque entièrement rédigé ses douze biographies lorsqu'il eut accès aux archives impériales et qu'il les consulta seulement pour compléter sa documentation sur certains points précis et sur les Césars qui l'intéressaient de façon particulière.

A quelle date l'ouvrage fut-il publié ? Joannès Lydus (5) nous apprend que Suétone dédia ses *Douze Césars* à Septicius Clarus, quand celui-ci était encore à la tête des cohortes prétoriennes, c'est-à-dire entre 119 et 122 (6).

(1) L'accès de ces archives, que Suétone put consulter à son aise, comme secrétaire *ab epistulis*, était rigoureusement interdit aux profanes. Voir la réponse de Domitien, alors préteur en exercice, à Junius Mauricus, qui demandait pour le sénat la permission de les consulter : Tac., *Hist.*, IV, 40^{9}.

(2) On est très mal renseigné sur les fonctions de l'*a studiis*. Nous adoptons la conjecture de M. Cuq (*Mémoire sur le Consilium principis d'Aug. à Dioclétien*, dans *Mém. présentés par divers savants à l'Académ. des Inscrip.*, 1re série, 1884, pp. 371-375), qui lui attribue la direction des archives.

(3) Voir Macé, *op. cit.*, pp. 117 sqq.

(4) *Ner.*, 52^{3} : « Venere in manus meas pugillares libellique... ».

(5) *De magistr.*, II, 6.

(6) Voir p. VII, n. 4. Goyau *(op. cit.)* mentionne Septicius Clarus comme préfet du prétoire en 119, 120, 121 et 122.

Roth prétend que le livre parut en 120 (1), et Teuffel (2), puis Goyau (3) se sont ralliés à cette opinion. La date de 121, que préfère M. Macé (4), nous paraît plus vraisemblable, mais aucun document positif n'autorise à la donner comme certaine.

En tout cas, la publication des *Douze Césars* marque le point culminant de la carrière de Suétone : à cette date, le modeste ami de Pline possédait à la cour une charge des plus importantes, son second livre le consacrait comme l'une des gloires littéraires du temps, et il pouvait même se vanter d'être en faveur auprès d'Hadrien. On en a pour témoignage le souvenir que Suétone rapporte dans sa biographie d'Auguste (5). En furetant dans quelque boutique, il avait découvert une vieille statuette d'Auguste en bronze, sur laquelle on pouvait encore déchiffrer le surnom de Thurinus, que portait Octave durant son enfance ; il en fit don à l'empereur, qui la plaça précieusement dans sa propre chambre à coucher, parmi ses lares. Entre ce prince érudit, superstitieux, « friand de toute espèce de curiosités (6) », et l'auteur des *Douze Césars*, il y avait assurément bien des traits communs et leurs relations durent être des plus amicales.

La disgrâce. Les dernières années.

Ces relations furent brusquement rompues en 122 par une brutale disgrâce, signifiée par Hadrien du fond de la Bretagne, où il travaillait à son *uallum*. C'est Spartien qui nous l'apprend et qui l'explique en ces termes : « *Septicio Claro, praefecto praetorii, et Suetonio Tranquillo, epistularum magistro, multisque aliis, quod apud Sabinam uxorem, iniussu eius, familiarius se tunc egerant, quam reuerentia domus aulicae postulabat, successores dedit, uxorem etiam ut morosam et asperam dimis-*

(1) Préf., p. IX.
(2) *Op. cit.*, III, p. 9.
(3) *Op. cit.*
(4) *Op. cit.*, pp. 199 sqq.
(5) *Aug.*, 7[2].
(6) Tertul., *Apologetic. aduers. gentes*, ch. V, fin.

surus, ut ipse dicebat, si priuatus fuisset (1) ». En ce qui concerne le fait lui-même, le témoignage de Spartien est inattaquable : Septicius Clarus fut renvoyé de la cour et du même coup Suétone perdit son office, qu'il avait obtenu grâce à lui. Mais le biographe d'Hadrien, qui commet un anachronisme en appelant Suétone *magister epistularum*, se trompe certainement sur la cause de cette disgrâce : l'étiquette n'était point si sévère à la cour d'Hadrien, et d'ailleurs il n'est pas vraisemblable que tant de personnes à la fois aient manqué à ses règles. Nous admettons plus volontiers (2) que Suétone et son protecteur furent victimes d'une intrigue de cour et que l'impératrice Sabina les fit renvoyer du palais, eux et tous leurs amis, pour assurer le triomphe d'une coterie favorisée par elle.

De toute façon, la disgrâce fut définitive et Suétone ne reparut pas à la cour. Désormais, l'on ne sait plus rien de lui et l'on ignore même combien d'années il vécut encore après cette date. En effet, les deux passages des lettres de Fronton que l'on cite d'ordinaire, sont à écarter l'un et l'autre : le premier (3) concerne un Tranquillus qui n'est certainement pas notre biographe ; quant au second (4), il ne nous fait connaître que sa définition du mot *internatium*, et l'on ne voit pas comment Teuffel (5)

(1) Spart., *Vit. Hadr.*, 11, 3.

(2) Avec M. Macé, *op. cit.*, p. 215 sq. Schanz, *op. cit.*, 3ᵉ part., p. 48, § 528, reproduit la version de Spartien, en l'exagérant même sur un point. Il écrit : « Suétone perdit sa charge, comme Septicius Clarus la sienne, lorsqu'Hadrien, à son retour de Bretagne, rendit plus sévère l'étiquette de la cour à l'égard de sa femme Sabine et jugea dès lors convenable d'éloigner de la cour *toutes* les personnes qui avaient eu avec sa femme des relations plus familières, comme cela était permis jusque là. » Si Hadrien renvoya de la cour *beaucoup* de personnes qui avaient fréquenté sa femme, comme le dit Spartien, il ne les renvoya certainement pas toutes, témoin Marcius Turbo, le second préfet du prétoire, qui était encore en possession de sa charge treize ans après (en 135 ; voir Goyau, *op. cit.*).

(3) Fronto, *Ep.*, éd. Naber, p. 118. Voir Macé, *op. cit.*, pp. 226 sqq.

(4) Fronto, *Ad amicos*, I, 13, éd. Naber, pp. 182 sq.

(5) Teuffel-Schwabe, *Hist. de la litt. rom.*, 1890, § 347, 1, fin.

a pu en déduire qu'à la date où cette lettre fut écrite, — vraisemblablement après 161 —, Suétone était mort. M. Macé (1) ne contredit pas cette affirmation ; il ajoute, au contraire, qu'il l'était depuis longtemps, sans quoi les auteurs anciens n'auraient pas manqué de signaler sa longévité, comme ils l'avaient fait pour son modèle Varron. Il va même plus loin, et conjecture qu'il est mort vers 141, car il lui fallut bien une vingtaine d'années pour composer les nombreux ouvrages qu'il a publiés, en dehors du *De uiris* et des *Douze Césars*, très probablement les seuls parus avant 122 (2). C'est là une hypothèse ingénieuse et plausible, mais ce n'est qu'une hypothèse, comme l'avoue d'ailleurs M. Macé. Ce qu'il y a de sûr, c'est que notre biographe, dénué d'ambition, dut revenir sans aucun regret à ses recherches et à ses travaux, qui suffirent à occuper cette dernière partie de sa vie.

II

Les œuvres de Suétone.

Ouvrages conservés. Suétone écrivit un très grand nombre d'ouvrages, mais il ne nous en est parvenu que deux : les *Vies des Douze Césars*, que nous étudierons plus loin, et le *De grammaticis et rhetoribus*.

Ce livre, dont la fin est perdue, fut découvert en Allemagne, vers 1450 (3), par Henoch d'Ascoli, dans le manuscrit qui nous a conservé la *Germanie* et le *Dialogue des Orateurs* de Tacite (4). Ce n'est qu'une partie d'un

(1) *Op. cit.*, pp. 234 sqq.

(2) Le *De institutione officiorum* fut peut-être composé pendant le séjour de Suétone au Pâlatium, mais le fait n'est pas établi et l'on ignore la date à laquelle il parut. (Voir p. bas « Les œuvres de Suétone »).

(3) Reifferscheid, *Edition de Suétone*, Leipzig, 1860, p. 413.

(4) Le texte que nous en possédons aujourd'hui provient de copies faites par des Italiens de la Renaissance.

ouvrage plus important, celui que Saint Jérôme avait pris pour modèle de son livre *sur les écrivains ecclésiastiques,* et dont le titre, d'après les termes mêmes de cet auteur, semble avoir été *De uiris illustribus* (1). Nous avons dit plus haut (2) que ce fut la première œuvre publiée par Suétone et qu'elle parut sans doute en 113.

Outre le *De grammaticis et rhetoribus,* on en possède de « nombreux extraits ajoutés ou mêlés » (3) par Saint Jérôme à sa traduction de la Chronique d'Eusèbe, et des fragments plus considérables conservés par d'autres auteurs. Mais, parmi ces fragments, seule la vie de Térence transmise par Donat paraît intacte et telle que Suétone l'a écrite. Les autres, — vies d'Horace et de Lucain, de l'orateur Passiénus Crispus et de Pline l'Ancien —, n'ont pas le même caractère d'authenticité.

L'œuvre, consacrée uniquement aux gloires de la littérature latine, semble avoir été divisée en cinq parties, qui traitaient successivement des poètes, depuis Livius Andronicus, des orateurs, depuis Cicéron, des historiens, depuis Salluste, des philosophes, enfin des grammairiens et des rhéteurs (4). Chaque partie devait comprendre l'énumération des *Viri illustres* qui allaient être étudiés, une introduction sur l'histoire littéraire de leur art et des notices individuelles (5).

Il n'est pas douteux que pour écrire ce livre Suétone fit largement appel à Varron, à Santra, à Cornélius Népos et à Hygin, qui avaient composé avant lui des recueils *De uiris illustribus* ; il put également utiliser les notices biographiques des éditions avec commentaire ; toutefois, son érudition n'était pas d'origine purement « livresque », comme le déclare Schanz (6) : il y entrait une bonne part

(1) C'est, en effet, le titre même que Saint Jérôme donne à son ouvrage.

(2) Biographie de Suétone : « Le secrétaire *ab epistulis* ».

(3) St-Jérôme, *Chroniq. d'Eusèbe,* préf., p. 3 (éd. Schöne, Berlin, 1866-75).

(4) Reifferscheid, *op. cit.*, pp. 368 sq.

(5) Schanz, *op. cit.*, 3e part., p. 54, § 531.

(6) *Ibid.*, 3e part., pp. 54, fin, et 55, § 531. Avant lui, Reifferscheid avait déjà porté le même jugement, *op. cit.*, p. 424.

de recherches personnelles, surtout en ce qui concernait les auteurs les plus récents (1). La perte de la plus grande partie de cet ouvrage, le premier et l'un des plus importants de Suétone, apparaît donc comme très regrettable.

Ouvrages perdus.

I. *La liste de Suidas.*

Dans la liste qu'il donne à la suite du mot Τράγκυλλος, Suidas mentionne plusieurs ouvrages de Suétone aujourd'hui disparus.

1. Un livre *sur les jeux des Grecs* (περὶ τῶν παρ' Ἕλλησιν παιδιῶν). Les extraits que nous en possédons (2) prouvent que l'ouvrage était écrit en grec (3).

2. Un traité *sur les mots injurieux* (περὶ δυσφήμων λέξεων ἤτοι βλασφημιῶν καὶ πόθεν ἑκάστη). Nous en possédons un abrégé dans le manuscrit trouvé par Miller (4). L'opuscule commence par les injures employées chez Homère, puis il indique, en les classant par groupes, les termes plus récents, tirés des auteurs ou empruntés à la vie courante. Cet ouvrage était également écrit en grec (5).

3. Un livre *sur les signes de critique ou d'abréviation* περὶ τῶν ἐν τοῖς βιβλίοις σημείων α') (6).

4. Un livre *sur le De re publica de Cicéron* (περὶ τῆς Κικέρωνος πολιτείας α') (7). Suidas ajoute : ἀντιλέγει

Toutefois, Schanz note que Suétone avait pu, ici et là, utiliser avec fruit les actes officiels.

(1) Comme le montrent les biographies ou extraits conservés. Cf. Macé, *op. cit.*, p. 255.

(2) Dans un manuscrit du XIIIe siècle, trouvé en 1868 par Miller, au mont Athos, et conservé à la Bibliothèque Nationale, — dans le Laurentianus 80, 13 (XIVe siècle), — dans le Parisinus 1630 (XIVe siècle). Ce traité est aussi mentionné par Tzétzès et par Eustathe. Il concernait les jeux d'enfants ou de jeunes gens, mais aussi les dés.

(3) Macé, *op. cit.*, p. 280.

(4) Cf. n. 2.

(5) Macé, *op. cit.*, pp. 269 sqq.

(6) Le texte nous en est connu, en substance, grâce au manuscrit 7530 de la Bibliothèque Nationale, datant de 780, découvert par Mommsen.

(7) Il n'en reste pas le moindre fragment.

Διδύμῳ. C'était une défense de l'ouvrage de Cicéron contre les attaques du grammairien Didyme d'Alexandrie, contemporain de Cicéron et d'Antoine, qui vivait encore au temps d'Auguste (1).

5. Deux livres *sur les jeux publics des Romains* (περὶ τῶν παρὰ Ῥωμαίοις θεωρίων καὶ ἀγώνων βιβλία β'). C'est là l'ouvrage qu'Aulu-Gelle (2) désigne sous le nom de *Ludicra historia.* On peut se faire une idée de son contenu grâce au *De spectaculis* de Tertullien qui a été composé d'après lui.

6. Un livre *sur l'année romaine* (περὶ τοῦ κατὰ Ῥωμαίους ἐνιαυτοῦ βιβλίον α'). Nous le connaissons uniquement par les emprunts que lui ont faits Macrobe (3), Censorinus (4) et Solin (5).

7. Un traité *sur le costume des Romains* (περὶ ὀνομάτων κυρίων καὶ ἰδέας ἐσθημάτων καὶ ὑποδημάτων καὶ τῶν ἄλλων οἷς τις ἀμφιέννυται). Le titre latin de cet ouvrage, — *De genere uestium* —, nous a été conservé par Servius (6). Il en subsiste cinq fragments (7) qui permettent de le ranger dans la catégorie des *Onomastica.*

8. Deux livres *sur les usages et les mœurs des Romains* (περὶ Ῥώμης καὶ τῶν ἐν αὐτῇ νομίμων καὶ ἠθῶν βιβλία β'), dont il ne reste qu'un fragment très court, cité par Charisius (8).

D'après la formule employée ici par Suidas, — περὶ Ῥώμης καὶ... —, il est très probable, comme l'admet Schanz (9), que ces quatre derniers ouvrages, relatifs aux Romains, constituaient un ensemble encyclopédique intitulé *Roma.*

(1) Suidas, sous le nom de Δίδυμος.
(2) Aul. Gell., *N. A.*, IX, 7, 3.
(3) Macrob., *Saturn.*, I, 12-14.
(4) Censorinus, chap. 19.
(5) Solin, I, 34-48.
(6) *Ad Aen.*, VII, 612.
(7) Ils sont donnés par Reifferscheid, *op. cit.*
(8) Charisius, d'après Julius Romanus, à l'article *Isto uilius,* dans Reifferscheid.
(9) Schanz, *op. cit.*, 3e partie, p. 62, § 534. C'est également l'opinion de M. Macé, *op. cit.*, pp. 302 sqq.

II. *Autres ouvrages.*

Suétone avait encore écrit d'autres ouvrages, que Suidas ne mentionne pas et qui nous sont connus par ailleurs.

1. Le *De institutione officiorum,* dont le titre a été conservé par Priscien (1). Ce livre, que Suétone composa peut-être lorsqu'il était secrétaire *ab epistulis,* fut écrit à l'occasion des réformes importantes et durables accomplies par Hadrien dans l'organisation des offices de l'État et du palais (2).

2. Le traité *sur les courtisanes célèbres* (περὶ ἐπισήμων πορνῶν). On ne le connaît que par une citation de Joannès Lydus (3), qui donne en grec la traduction de son titre, mais rien ne prouve que cet ouvrage fût écrit dans cette langue, comme le suppose Schanz (4).

3. Le *De regibus,* en trois livres, où Suétone énumérait les rois d'Europe, d'Asie et d'Afrique. Cet ouvrage fut mis en vers par Saint Paulin, qui fit hommage de ce travail à Ausone. La réponse de ce dernier nous fait connaître le titre du livre et fournit quelques indications sur son contenu (5).

4. Le *De rebus uariis,* dont on possède un seul fragment authentique, cité, d'après Julius Romanus, par Charisius (6), qui en a transmis le titre. Ce fragment prouve que les questions grammaticales avaient leur place dans cet ouvrage, mais on ne peut affirmer, comme le fait Schanz (7), d'après d'autres citations contestables, qu'il traitait uniquement de grammaire.

5. Les *Prata.* Cette œuvre, dont il n'est fait que de rares mentions, quoiqu'elle ait laissé des traces nom-

(1) *Inst. gr.*, VI, 41 s. (Reifferscheid, *op. cit.*, p. 347,6).
(2) Aurelius Victor, *Epit.*, 14.
(3) *De magistr.*, III, 64, p. 258.
(4) *Op. cit.*, 3e partie, p. 61, § 533. — Voir Macé, *op. cit.*, p. 325.
(5) Ausone, *Ep.* XIX, p. 180, éd. Schenkl.
(6) Reifferscheid, *op. cit.*, p. 468.
(7) *Op. cit.*, 3e partie, p. 61, § 533. — Voir Macé, *op. cit.*, pp. 277 sqq.

breuses jusqu'au Moyen-Age (1), devait constituer un ensemble encyclopédique consacré à l'histoire naturelle. Schanz (2), qui est l'auteur de cette conjecture très vraisemblable, restitue le plan de cet ouvrage : il comprenait, d'après lui, trois parties dont chacune était divisée en quatre livres. Le *De uitiis corporalibus*, cité deux fois par Servius (3), serait le troisième livre de la première partie.

Tels sont les ouvrages que l'on peut avec certitude attribuer à Suétone (4). Il ressort de leur énumération qu'il fut vraiment un second Varron, un polygraphe, dont l'activité s'étendit aux domaines les plus divers, — études historiques, archéologie, grammaire, histoire naturelle —, et déborda même le cadre de la littérature latine, puisque deux de ses œuvres, tout au moins, étaient écrites en grec. Les *Douze Césars*, que nous allons étudier, donneraient à eux seuls une idée suffisante de ce savoir encyclopédique et de cette curiosité universelle, car les questions de détail sur lesquelles Suétone s'attarde à propos des empereurs sont précisément celles qui font l'objet de ses multiples traités. On n'a pas manqué d'ailleurs de faire à ce point de vue les rapprochements qui s'imposent (5).

(1) Voir Macé, *op. cit.*, pp. 327 sqq.

(2) *Op. cit.*, 3e partie, p. 62, § 534.

(3) *Ad Aen.*, VII, 627, et *ad Eclog.*, III, 8.

(4) Les autres œuvres qui lui ont été prêtées ne sont pas de lui ou sont apocryphes. Certains manuscrits de César attribuent à Suétone les Commentaires de la Guerre des Gaules. Le manuscrit de Montpellier H n° 306 (du IXe siècle), lui attribue sans raison une liste de *Differentiae uerborum*. Quelques humanistes postérieurs à la Renaissance lui attribuèrent un prétendu discours (Lionardo Bruni d'Arezzo, cité par M. Gamurrini en *Studi e documenti di storia e di diritto*, t. IV, p. 143), — un *De uiris illustribus U. R.* tout différent de celui que nous avons étudié, et le *Dialogue des Orateurs*. Enfin Reifferscheid (*op. cit.*, pp. 470 sqq.) lui prête une *Historia bellorum ciuilium* et considère certains extraits anonymes de Saint Jérôme comme empruntés à cette source, mais cette hypothèse a été détruite par H. Haupt, *Philologus*, XLIV, pp. 293 sqq. Pour plus de détails sur toute cette question, voir Macé, *op. cit.*, pp. 335 sqq.

(5) Macé, *op. cit.*, pp. 242-356, *passim*.

III

Les douze Césars.

Le contenu de l'ouvrage. Ce livre renferme les vies des douze premiers Césars, jusqu'à Domitien. Malheureusement, le texte que nous en possédons est mutilé, car il commence avec la seizième année du dictateur César. On a donc perdu les premiers chapitres de cette biographie, la dédicace du livre à Septicius Clarus, d'après le témoignage de Joannès Lydus, que nous avons cité plus haut (1), le titre de l'ouvrage, et peut-être un arbre généalogique des Césars, comme le suppose Roth (2), d'après les indications de Suidas. Cette perte se produisit entre le VIe siècle, temps auquel écrivait Joannès Lydus, et le IXe, date du plus ancien de nos manuscrits, le *Memmianus*, car le texte y commence par une majuscule ornée, ce qui prouve que son modèle présentait déjà cette lacune. Il est très probable que le début de l'ouvrage remplissait un quaternion, dans l'archétype d'où proviennent tous les manuscrits.

Le titre. La division en livres. Comme nous venons de le voir, le titre authentique du livre a disparu et l'on doit considérer comme apocryphes ceux que lui donnent certains manuscrits (3) : *de XII Caesaribus — de uita XII Caesarum — de uita et moribus XII Caesarum.* Il est cependant possible de reconstituer ce titre d'après deux témoignages auxquels nous avons déjà fait appel. En effet, Joannès Lydus (4) désigne

(1) Biographie de Suétone : « Le secrétaire *ab epistulis* ».
(2) Préf., p. XI.
(3) Voir les notes critiques au début des *Douze Césars* et à la fin de chaque biographie.
(4) Voir : Biographie de Suétone « Le secrétaire *ab epistulis* ».

l'ouvrage par les mots « τοὺς τῶν Καισάρων βίους » et les mêmes termes reparaissent dans l'énoncé analytique de Suidas (1). Mais ici nous trouvons en outre deux indications numériques : « Καισάρων ιβ' » et « βιβλία η' ». D'après ces données qui se complètent, on peut donc admettre que Suétone avait intitulé son œuvre : *De uita duodecim Caesarum libri VIII.*

Tout porte à croire, en effet, que les *Douze Césars*, comme l'atteste Suidas, étaient divisés en huit livres (2), les six premiers correspondant chacun à une biographie julio-claudienne, le septième comprenant les trois empereurs de l'année 69, le huitième, les trois Flaviens. La faible étendue des six dernières vies, par rapport aux premières, paraît bien avoir imposé un semblable groupement. D'ailleurs, le Memmianus garde encore tout au moins la trace de cette répartition : en effet, dans ce manuscrit, les six premières biographies, celle de Galba et celle de Vitellius commencent par une ligne rouge, en gros caractères (3). C'est évidemment par suite d'une erreur de copiste que cette ligne rouge est placée au début de la biographie de Vitellius et il faut la reporter à celle de Vespasien, mais cette simple différence d'écriture confirme l'indication de Suidas (4) et l'on peut considérer comme très probable que la division en huit livres est de Suétone lui-même (5).

La conception biographique de Suétone.

Les *Douze Césars*, nous l'avons indiqué, débutaient par la dédicace de Suétone à Septicius Clarus, mais il est très probable que cette dédicace était suivie d'une préface (6), où l'auteur exposait, suivant l'usage,

(1) Voir : Les ouvrages de Suétone « La liste de Suidas », début.

(2) Et non en 12 livres, division qui, cependant, se trouve déjà dans le Mediceus LXVIII, 7, du XIe siècle.

(3) Ce sont la plupart du temps des capitales, quelquefois des onciales.

(4) Cf. Macé, *op. cit.*, pp. 211, fin, et 212.

(5) Quant à la division en chapitres, nous en parlerons à propos de la méthode suivie dans cette édition.

(6) C'est l'avis de Roth, préf., p. XI.

quel était son dessein, quelle sorte d'ouvrage il prétendait écrire et comment il s'efforçait d'atteindre son but. Cette préface, en admettant qu'elle ait existé, ayant aujourd'hui disparu, le témoignage de Suétone nous manque, mais son livre parle pour lui. Il suffit même de considérer la date à laquelle il fut publié pour prévoir quel sera l'esprit de cet ouvrage. Lorsqu'il parut, Tacite avait depuis plusieurs années achevé son œuvre historique (1) ; or, le champ qu'il explore dans les *Histoires* et les *Annales* est, à peu de chose près, celui que fouille Suétone dans ses *Douze Césars* ; on peut donc être sûr, a priori, que Suétone se place à un point de vue différent du sien, qu'il veut faire autre chose que Tacite, car il ne pouvait songer à concourir avec l'historien que dès cette époque la gloire avait consacré. De fait, l'étude des *Douze Césars* confirme absolument cette déduction et permet en outre de préciser quel fut le dessein de l'auteur.

Frappé du rôle prépondérant que les empereurs (2) jouaient dans l'histoire, Suétone a eu l'idée de les étudier séparément, l'un après l'autre, comme des personnalités intéressantes au même titre que des écrivains illustres ou de grands capitaines. Ce sont leurs biographies qu'il nous présente, et naturellement l'on y trouve tout ce qui concerne leurs origines, leur naissance, leur nom, les différentes étapes de leur carrière, leur principat et leur mort. Mais il s'attache avant tout à découvrir, à travers leurs actes et les événements de leur vie, les traits particuliers de leur caractère, les mœurs, la manière d'être propre à chacun d'eux. Dans le maître du monde, qui garde les attributs de la toute-puissance et possède l'univers entier pour champ d'action, il voit surtout l'homme, avec ses tendances naturelles, ses passions, ses qualités et ses vices. Qu'il s'agisse de gouvernement, d'administration, de réformes intérieures, de guerres, c'est toujours au point

(1) Les *Histoires* avaient été publiées en 106 et les *Annales* en 115 ou 116. Voir Goelzer, *Annales de Tacite*, éd. « Les Belles-Lettres », introd., p. VI.

(2) Quoique le terme ne s'applique pas à César, nous l'emploierons à cause de sa commodité.

de vue personnel de l'empereur qu'il se place. Les chefs d'armée, les favoris, les hauts fonctionnaires de la cour apparaissent à peine, souvent même ils ne sont pas mentionnés, et ces acteurs secondaires s'effacent derrière l'empereur, qui semble à lui seul occuper toute la scène (1). Lors même que certains d'entre eux exercent sur lui une influence dominante, comme il arrive pour Claude et pour Galba, Suétone se contente de l'indiquer en termes généraux (2), sans définir le rôle et l'action particulière de chacun, de sorte que l'impression d'ensemble n'est guère modifiée. Mais le biographe ne s'en tient pas à la vie publique de l'empereur : il le suit dans sa vie privée, il étudie quels furent ses rapports avec chacun de ses parents, avec ses amis, avec son entourage, et même avec les gens de sa maison. Rétrécissant encore son point de vue, il nous découvre l'empereur intime, nous révèle ses habitudes familières, ses gestes quotidiens, et va même jusqu'à décrire les moindres particularités de son costume, de son tempérament et de sa personne physique.

Naturellement, aucune source ne pouvait être assez riche pour lui fournir à la fois autant de détails : il se charge donc de les découvrir partout où ils se trouvent, au prix d'un effort consciencieux et opiniâtre. Non content de puiser dans les œuvres d'histoire (3), il remonte

(1) Cf. H. Peter, *op. cit.*, II, p. 328 : « Suétone s'attache à la personne des empereurs prise en elle-même et néglige la conduite générale de l'État ou plutôt voit en elle uniquement son personnage principal... Son point de vue isole l'empereur. »

(2) *Cl.*, 25^{15}, 29^{1} ; *Gal.*, 14^{2}.

(3) Sur cette question des sources historiques de Suétone, voir Macé, *op. cit.*, pp. 357 sqq. Résumons ses conclusions. Pour les biographies de *Caes.* et d'*Aug.*, Suétone n'a pas de source principale (pour la biographie d'*Aug.*, l'*Index rerum* n'a pu jouer ce rôle, Macé pp. 141 sqq.), — pour les biographies de *Tib.*, *Cal.* et *Cl.*, il a suivi très probablement, comme source principale, Servilius Nonianus, — pour la biographie de *Ner.*, Fabius Rusticus, — pour les biographies de *Gal.*, *Otho*, *Vit.*, il a pris pour source principale les *Histoires* de Pline l'Ancien, qui furent également suivies par Tacite et Plutarque ; — pour la dynastie

aux sources premières (1), aux documents officiels, — archives impériales (2), *Acta senatus*, et surtout *Acta diurna* —, il recherche et utilise les moindres écrits des empereurs (3), les ouvrages depuis longtemps enfouis dans les bibliothèques de Rome (4), les recueils de prodiges (5), les documents généalogiques (6), les listes de bons mots (7). Une autre source qu'il exploite largement, ce sont les pamphlets (8), dont il semble avoir pris peine à

flavienne, Suétone, au lieu de s'adresser à Tacite, remonte directement aux sources premières. Il s'écarte donc volontairement de Tacite, qui n'a jamais été sa source principale.

(1) Il utilise, par exemple, dans le vie d'Auguste, l'*Index rerum gestarum*, gravé devant le tombeau de l'empereur, à Rome, et sur son temple, à Ancyre : cf. *Aug.*, 101^6 et 43^1, note 2.

(2) Voir plus haut : Biographie de Suétone « Le secrétaire *ab epistulis* ».

(3) Voir dans Macé, *op. cit.*, p. 364, n. 3, l'énumération complète de ces divers écrits. Notons, comme particulièrement caractéristiques, l'indication d'un poème de Néron (*Ner.*, 24^4) et la mention de l'opuscule écrit par Domitien *De cura capillorum* (*Dom.*, 18^3).

(4) Par exemple, l'opuscule dédié par un certain Q. Elogius à un Vitellius, simple questeur d'Auguste : *Vit.*, 1^2.

(5) Entre autres, les *Theologumenon libri* d'Asclépias de Mendès, qu'il cite dans *Aug.*, 94^4. En ces matières, il ne fait confiance qu'à ses informateurs particuliers : dans les biographies de *Gal.*, *Otho*, *Vit.*, il ne consulte même pas sur ce point Pline l'Ancien qui lui sert de source principale et qui lui aurait cependant fourni une belle occasion d'allonger sa liste (cf. Ph. Fabia, *Sources de Tacite*, p. 144, n. 7).

(6) Lorsqu'il veut déterminer le lieu de naissance de Caligula, il accumule les témoignages, sans négliger même l'opinion de Lentulus Gaetulicus, un historien-poète (*Cal.*, 8^3). Pour se renseigner sur Galba, il a dû fouiller les archives de la gens Sulpicia (*Gal.*, 3^1), et sur Othon, celles de la gens Saluia (*Otho*, 1 et 2). Il déclare lui-même avoir conduit « satis curiose » son enquête sur les origines de Vespasien (*Vesp.*, 1^8). Enfin, c'est à l'occasion de ces recherches généalogiques qu'il a entrepris les rares voyages faits par lui en dehors de Rome : à Velitrae (*Aug.*, 6^1), à Terracine (*Gal.*, 4^1), à Réate (*Vesp.*, 1^6).

(7) Il les trouvait sans doute dans des ouvrages analogues à ces recueils où les Alexandrins avaient rassemblé tous les ἀποφθέγματα des philosophes célèbres : voir Friedrich Leo, *Die Griechisch-römische Biographie*, p. 50.

(8) Citons entre autres les édits de Bibulus (*Caes.*, 49^4) et la lettre d'un certain Cassius de Parme diffamant Auguste (*Aug.*, 4^4).

constituer la collection la plus complète, mais il y ajoute encore les *rumores* de la capitale, les propos intéressants qu'il a pu entendre (1), et ne néglige même point les *graffiti* aperçus au passage sur les murs de Rome (2). De cette énumération se dégage nettement le caractère de l'ouvrage. Le but de Suétone est de rassembler le plus grand nombre possible de renseignements précis et détaillés sur chacun des Césars (3) ; chez lui, nulle tendance à philosopher sur les événements, nul souci d'en tirer, pour le bien de ses lecteurs, des leçons morales (4) : ce qu'il prétend faire valoir dans son livre, c'est avant tout, pour ne pas dire uniquement, l'étendue de ses recherches, la variété et la richesse de son érudition, le caractère curieux de ses trouvailles inédites.

On voit combien une telle conception diffère de celle de Tacite. Chez l'historien, le point de vue est beaucoup plus large : dans son œuvre, comme dans la réalité, les empereurs occupent une place dominante, mais non pas exclusive, comme chez Suétone. Ce ne sont pas les vies des Césars qu'il présente, mais les *Annales populi Romani* : sur la scène apparaissent tour à tour le sénat, le peuple,

(1) Voir plus haut : Biographie de Suétone « Date et lieu de naissance. Enfance et jeunesse ». Il convient d'ajouter ici trois souvenirs non localisés dans la vie de Suétone et rapportés par lui dans *Cl.*, 15^{11}, *Ner.*, 29^{2}, *Tit.*, 3^{3}.

(2) *Dom.*, 13^{7}.

(3) H. Peter, *op. cit.*, II, pp. 326-7, fait très nettement ressortir ce caractère des *Douze Césars* : Suétone satisfait la *curiositas* d'un public auquel ne suffisent plus les descriptions brillantes, les tableaux trop larges de l'histoire, et qui veut tout savoir sur l'empereur lui-même et la vie de la cour.

(4) On a même accusé Suétone d'immoralité et on lui reproche d'accumuler à plaisir dans ses *Douze Césars* les anecdotes scandaleuses (Schanz, *op. cit.*, 3e partie, p. 51 § 530 — H. Peter, *op. cit.*, II, p. 72 et surtout pp. 332 bas et 333). Cette accusation n'est pas justifiée : Suétone n'est pas immoral, mais plutôt « amoral » ; il tient à être complet, à ne rien omettre, et par conséquent ne peut négliger les turpitudes des Césars, qui, dans la réalité de leur vie, occupaient une place si importante. Il rapporte sans aucune intention mauvaise, comme des faits parmi tant d'autres, les détails les plus scabreux. Parfois, d'ailleurs, il s'en excuse, par exemple dans *Tib.*, 44^{1}.

les armées ; le récit développé des guerres nous transporte souvent bien loin de l'empereur, jusqu'aux extrémités du monde romain ; des réflexions générales, des tableaux d'ensemble relient le présent au passé, découvrent les causes des événements et font prévoir leurs conséquences lointaines. L'auteur, conscient de la dignité de son rôle, opère un triage dans sa matière : il néglige les faits sans importance (1), les détails vulgaires ou trop ignobles, qu'il se borne parfois à résumer en termes vagues (2) ; il affecte le plus profond dédain pour les bruits anonymes et les racontars de la foule. Jamais il ne perd de vue que l'histoire est « la maîtresse de la vie » (3) et que l'on doit tirer de sa lecture des leçons morales. Enfin, et surtout peut-être, il s'efforce de réaliser une œuvre d'art, où le détail ne vaut pas pour lui-même, mais doit concourir à l'effet d'ensemble, où l'originalité de la forme l'emporte de beaucoup sur le mérite de la recherche et de la découverte (4).

En écrivant les vies des Césars, Suétone s'écartait délibérément de Tacite, car les Anciens considéraient la biographie et l'histoire comme deux genres absolument distincts (5), mais il existait en outre entre son esprit minutieux et le génie oratoire de Tacite un contraste si profond, que jamais peut-être on ne vit s'accuser davantage la séparation de ces deux domaines littéraires : vivant à la même époque et s'occupant de la même période historique, ils sont diamétralement opposés l'un à l'autre.

(1) Voir la déclaration qu'il fait sur ce point dans *Ann.*, XIII, 31[1].

(2) Cf., par exemple, la courte phrase où Tacite mentionne en termes généraux les outrages subis par le cadavre de Galba, *Hist.*, I, 49, et la description détaillée de Suétone, *Gal.*, 20[5] et [6].

(3) Cic., *De orat.*, II, 9. 36.

(4) Voir Goelzer, *op. cit.*, Introd., pp. VII sqq.

(5) Voir H. Peter, *op. cit.*, II, p. 327.

L'originalité de cette conception biographique.

Original vis-à-vis de l'histoire, Suétone l'est-il aussi comme représentant du genre biographique ? La chose est contestée par M. Leo (1), qui, suivant à travers la littérature grecque et latine le développement de la biographie, croit pouvoir démontrer que la forme adoptée par Suétone dans ses *Douze Césars* existait bien longtemps avant lui. Résumons à grands traits son argumentation.

Tout d'abord, quelle est la forme des *Douze Césars ?* Dans l'ensemble, l'œuvre se présente comme une série biographique concernant des souverains qui se succèdent dans l'histoire. L'ordre chronologique est le seul lien qui rattache entre elles ces douze vies : l'auteur se borne à souligner par une indication rapide le passage de l'*imperium* d'une famille dans une autre (2). Or, nous dit M. Leo, cette disposition est celle des διαδοχαί des philosophes, que l'on connaît par Diogène Laërce, et l'on cite même, après les *Tyrans de Sicile* de Phainias, plusieurs διαδοχαί de souverains (3).

D'autre part, chaque biographie, prise en elle-même, se compose de deux éléments tout à fait distincts : le récit et les *species* (4). L'auteur ne se borne pas à raconter, en suivant l'ordre chronologique, la vie de son personnage, mais il décrit son caractère, en groupant sous un certain nombre de rubriques (5) et de mots-titres (6) les faits du même ordre qu'il rencontre dans tout le cours de sa carrière. Le premier genre de développement est calqué sur la réalité et suit la marche de l'histoire ; le second implique un effort de synthèse, un triage logique. Le

(1) *Op. cit.*

(2) *Gal.*, 1[1] et 2, début — *Vesp.*, 1[1].

(3) Leo, *op. cit.*, p. 142, bas.

(4) Suétone lui-même distingue avec une très grande netteté ces deux éléments, dans *Aug.*, 9[1].

(5) Par exemple, la vie publique et la vie privée (*Aug.*, 61[1]), l'empereur, le monstre (*Cal.*, 22[1]).

(6) Placés en manchette, en tête d'un développement, par exemple : *forma — ualetudo — habitus — cultus* etc.

caractère singulier de cette forme composite surprend M. Leo, qui cherche à en découvrir l'origine. Ayant étudié l'ensemble de la production biographique en Grèce et à Rome, il conclut à l'existence de deux courants distincts, celui des Péripatéticiens, héritiers directs d'Aristote, et celui des Alexandrins, inventeurs de méthodes nouvelles en matière de critique et d'érudition. Dans les biographies péripatéticiennes, — qu'il s'agisse de grands écrivains ou de personnages politiques —, la forme est toujours la même : le caractère de l'homme (ἦθος) ressort peu à peu du récit des actes (πράξεις), mais il n'est pas dépeint dans une description particulière (1). Quant aux Alexandrins, ils mêlent au récit chronologique le classement par catégories (2), mais ils ne s'occupent que des poètes, écrivains ou philosophes, à l'exclusion des hommes politiques (3). Par conséquent, ni dans un cercle ni dans l'autre, on ne trouve d'œuvre semblable aux *Douze Césars* de Suétone. Mais, ajoute M. Leo, considérons le *De uiris illustribus* de cet auteur : nous constaterons que les biographies dont il est composé sont construites suivant le plan-type, le «schéma», inventé par l'école alexandrine (4). En quoi consiste ce schéma ? Il comporte deux développements narratifs, — vie jusqu'à l'ἀκμή, mort et circonstances de la mort —, encadrant une description de la personnalité présentée sous diverses rubriques (5). Or, ce plan-type, nous le retrouvons, plus ou moins modifié suivant les cas, dans les *Douze Césars* : la vie du personnage est racontée jusqu'à son point culminant, — arrivée au pouvoir suprême —, le caractère est décrit *per species*, puis

(1) Leo, *op. cit.*, pp. 316, bas, sq.

(2) *Ibid.*, pp. 133, bas, sq. et 319, haut.

(3) *Ibid.*, pp. 130-141, bas, et 320, milieu.

(4) *Ibid.*, pp. 11 sqq. Sur le « schéma » des Alexandrins, voir pp. 3, 27, bas, 35 sqq. et 134, haut. Ce plan-type, M. Leo le découvre déjà chez Probus, le prédécesseur de Suétone (Ier s. ap. J.-C.) : il en conclut que la biographie des personnalités littéraires était passée à Rome sous la forme alexandrine et qu'elle avait gardé cette forme depuis Varron jusqu'à Probus et à Suétone (pp. 136 sqq.).

(5) *Ibid.*, p. 27, bas.

la biographie s'achève par le récit de la mort et des événements qui s'y rattachent (1). Donc, toute l'originalité de Suétone, conclut M. Leo, a été d'appliquer à des personnages historiques une forme savante que les Alexandrins avaient inventée pour des écrivains, sans jamais l'utiliser dans un autre domaine, et c'est par l'intermédiaire de son *De uiris illustribus* que s'est effectué ce transport (2).

La vaste érudition déployée par M. Leo, ainsi que l'enchaînement rigoureux de ses déductions successives donnent à cette thèse un air de vérité incontestable, mais, à regarder les choses de près, elle repose tout entière sur des arguments bien peu solides. Les biographies des *Douze Césars*, malgré l'apparente uniformité de leur plan, sont loin d'être toutes coulées dans le même moule et de se conformer au « schéma » qu'il nous présente. D'ailleurs, il est obligé lui-même de reconnaître que le « schéma se dérange ici et là, suivant les données du sujet » : dans les vies de César, Néron, Domitien, Galba, Othon, Vitellius et Titus, il signale certaines « dérogations », qui consistent soit dans l'importance plus grande accordée au développement narratif, soit dans le déplacement de ce qu'il nomme le « portrait restreint » (3). De son propre aveu, sa formule ne serait donc applicable qu'à cinq biographies sur douze. Encore est-ce trop dire, car dans aucune de ces douze vies, même dans celle d'Auguste, qu'il déclare rigoureusement conforme au plan -type (4), le récit ne s'arrête aussitôt après l'indication de l'avènement, pour céder la place aux *species*. S'attachant à suivre l'évolution du genre biographique, M. Leo se laisse trop facilement entraîner à découvrir partout la trace de cer-

(1) *Ibid.*, p. 2, bas.

(2) *Ibid.*, pp. 142 sqq. et 320, haut.

(3) *Ibid.*, pp. 3-10. M. Leo découvre avant Suétone des tendances analogues, en particulier dans les *Vies des dix Orateurs*, mais il ne trouve aucun exemple développé d'une mise en œuvre biographique de ce genre, concernant des personnages exclusivement politiques (pp. 34, bas, 141, bas, sq.).

(4) *Ibid.*, pp. 7, bas, et 8.

taines formes-types, de certains schémas : il arrive même, comme pour la vie de Titus, qu'il en invoque deux à la fois, celui de la biographie alexandrine et celui de l'ἐγκώμιον, tel qu'il se présente dans l'*Agésilas* de Xénophon (1). Ceci achève de ruiner l'hypothèse du « schéma » : reconnaître que le plan-type se modifie ainsi d'une biographie à l'autre et surtout qu'il est suivi, dans tel cas particulier, en même temps qu'un autre modèle de forme toute différente, c'est avouer qu'il n'existe pas.

Admettons cependant que Suétone se conforme à un « schéma » : où M. Leo le trouve-t-il en dehors des *Douze Césars* ? Dans le *De uiris illustribus* ? Mais nous avons vu (2) qu'il nous reste bien peu de chose de cet ouvrage : en dehors du livre *De grammaticis et rhetoribus*, d'ailleurs mutilé, il n'y a guère que la vie de Térence qui puisse être considérée comme authentique ; cela ne saurait suffire pour permettre une comparaison sérieuse entre ces deux œuvres de Suétone. Dans la tradition alexandrine ? Mais elle n'est représentée pour nous que par des fragments, des textes mutilés, que M. Leo découvre sous forme de citations et d'extraits dans des ouvrages de seconde ou de troisième main. Lui-même, d'ailleurs, multiplie les formules trahissant l'impossibilité où il se trouve d'atteindre à coup sûr l'εἶδος primitif de la biographie alexandrine (3). L'existence d'un courant alexandrin aboutissant à Suétone reste donc invérifiable, faute de documents positifs. Il en est de même pour le courant péripatéticien, que M. Leo prétend suivre depuis Aristote jusqu'à Plutarque, à travers toutes sortes de fragments, de débris informes ou de citations, souvent empruntées

(1). *Ibid*, pp. 9 sq., 90, bas, sq.

(2) Voir plus haut : Les œuvres de Suétone « Ouvrages conservés ».

(3) Leo, *op. cit.*, p. 30 : « D'après l'*esquisse* de Photios, il est possible de *reconstituer* un γένος » — p. 31 « L'indication et la description du χαρακτήρ sont données en général dans les remarques préliminaires, *autant que l'extrait conservé peut avoir laissé subsister cette disposition.* » — de même p. 129 — p. 113, bas, p. 114, haut, et *passim*.

à ce dernier écrivain (1). Suétone d'une part (2) et Plutarque de l'autre (3) sont pour nous les seuls représentants accessibles des deux séries biographiques qu'il s'efforce de distinguer. Si l'on veut donc mesurer l'originalité de Suétone, sans risquer de se perdre dans des recherches forcément incertaines et illusoires, il faut le comparer à Plutarque, son contemporain (4).

(1) *Ibid.*, p. 102, notes, p. 103, lig. 5, p. 104, dernière phrase du 1er §, et *passim.*

(2) *Ibid.*, p. 35 : « Il n'a pas été conservé d'*exemple original* et présentant d'une façon *authentique* la forme d'art que nous trouvons chez Suétone. » — et p. 135, haut : « C'est Suétone qui nous offre le seul exemple classique [de ces βίοι alexandrins] ».

(3) *Ibid.*, pp. 189, bas, et 190 : « *La biographie, telle qu'on peut la reconstruire d'après l'éthique d'Aristote,* se retrouve dans la forme de la biographie plutarchienne », d'où l'on peut conclure « que les biographies de Plutarque descendent directement de la vieille biographie péripatéticienne ».

(4) Il semblerait, au premier abord, plus naturel de comparer Suétone avec Cornelius Népos, dont l'œuvre biographique appartient à la littérature latine, mais l'étude de cet auteur montre qu'il n'a pas laissé dans ce domaine la marque d'un talent original. Cf. Leo, *op. cit.*, pp. 193-218. — Sur les devanciers de Suétone dans la biographie impériale, cf. F. Münzer, dans *Klio, Beiträge zur alten Geschichte,* 1901, p. 309. — Sur les origines de la biographie à Rome et les prédécesseurs latins de Suétone, voir Duane Reed Stuart, *Epochs of Greek and Roman Biography,* University of California Press, Berkeley, California, 1928, chap. VII et VIII. L'auteur, pp. 225 sqq., rappelle l'opinion de Nissen (*Rhein. Mus.*, 1886, 481 sqq.), aujourd'hui abandonnée, d'après laquelle Suétone aurait emprunté la forme typique de ses biographies à l'*Index rerum* d'Auguste. Il en vient ensuite à la thèse de Leo, tout opposée, puisqu'elle rattache étroitement Suétone aux modèles grecs, mais il la déclare inacceptable, elle aussi, malgré son « charme » (p. 228) et sa « magnifique simplicité » (p. 229). D'après lui, « l'analyse méthodique et le groupement *per species* des traits de la personnalité, qui donnent aux *Vies des Césars* leur caractère, pourraient bien être dus à l'application d'une méthode aussi naturelle à l'esprit romain qu'elle était inhérente aux biographies savantes des Grecs », témoin les épitaphes des Scipions et l'*Index rerum*. Il ajoute que les *Vies des Césars* reflètent parfaitement les traits intellectuels et les tendances grammaticales de Suétone, comme l'a fort bien exposé M. Macé, *op. cit.*, pp. 54, 239, 322, et que cela suffirait à expliquer ses procédés caractéristiques, sans qu'il soit besoin de remonter à des modèles grecs.

Excluons tout d'abord, dans l'œuvre de Plutarque, les vies de Galba et d'Othon, qui, malgré l'apparence extérieure, ne sont point de véritables biographies. Ces deux textes ne constituent pas des ensembles distincts, nettement séparés l'un de l'autre, suivant la règle fondamentale du genre (1) ; Plutarque n'a fait ici aucun effort pour opérer cette « ségrégation » nécessaire, qu'il réalise fort bien, malgré des difficultés analogues, dans les vies de César et de Pompée. D'ailleurs, il ne se met pas en quête de renseignements proprement biographiques : ceux qu'il donne sur ces deux empereurs se retrouvent, à peu de chose près, chez Tacite. Enfin, l'introduction, à la fois philosophique et morale, placée au début de son Galba (2), montre bien qu'il s'est proposé d'écrire, non pas deux biographies particulières d'empereurs, mais des chapitres d'histoire romaine, qui pourraient avoir pour titre général : « Événements survenus à Rome après la chute de Néron ».

Les *Vies parallèles*, au contraire, sont de véritables biographies, conçues comme telles par Plutarque : or elles sont toutes différentes des *Douze Césars*, non seulement par leur forme, mais aussi par l'esprit qui les anime. Extérieurement, ce sont des récits continus qui suivent l'ordre chronologique, sans être interrompus par des « species » groupant des traits de caractère analogues. La personnalité n'est pas décrite en un développement distinct : elle ressort des actes eux-mêmes et c'est au lecteur de composer le « portrait » (3) à l'aide des indications éparses dans tout le cours de la biographie. Celle-ci, au lieu d'être morcelée comme chez Suétone, suit le mouve-

(1) Une partie de la vie d'Othon, celle qui précède son avènement, est racontée dans la biographie de Galba, où se trouve mentionnée de même, à sa place chronologique, la proclamation de Vitellius.

(2) Plutarque, *Gal.*, 1. D'ailleurs, le récit se poursuit normalement d'une vie à l'autre, à peine interrompu un instant par la notice nécrologique de Galba (*Gal.*, 29).

(3) La σύγκρισις qui suit chaque couple de biographies présente bien une sorte de portrait d'ensemble, mais elle est en dehors du cadre biographique.

ment même de la vie et se déroule comme un drame qui avance régulièrement vers sa fin. Plutarque se garde bien de toucher à cette belle ordonnance, car il est avant tout un artiste, et non pas un érudit : la recherche patiente, la découverte du document inédit, le mérite de l'invention n'est pas son fait ; tous ses matériaux, il les trouve déjà rassemblés chez ses prédécesseurs, mais il s'applique et réussit à leur donner une forme nouvelle ayant une valeur d'art : c'est la seule originalité à laquelle il prétende (1).

Au point de vue de la matière, il n'enferme pas la biographie dans les limites étroites que Suétone lui impose : il fait une large place aux acteurs secondaires, s'intéresse à leur destin, s'occupe d'eux pour eux-mêmes, et non pas seulement en fonction du personnage principal (2). A chaque instant l'on trouve chez lui de véritables digressions, qu'il compte pour telles (3), mais aussi toutes sortes de développements instructifs sur telle question accessoire qu'il rencontre en chemin (4). Enfin, et surtout, il ne se borne pas à noter des faits, mais il s'applique à découvrir leurs causes, à prévoir leurs conséquences, à en dégager même certaines lois générales (5).

(1) M. Leo, *op. cit.*, pp. 154 sqq. (sources de Plutarque), et surtout la conclusion, pp. 176, bas, sq.

(2) Par exemple, dans la vie de César, le développement sur le rôle de Caton et le récit de son suicide (ch. 54) — la première entrevue de César et de Cléopâtre (ch. 48) — l'aventure extraordinaire du roi Juba (ch. 55).

(3) Ainsi le développement sur le naphte, dans *Alex.*, ch. 35.

(4) Dans *Pompée*, ch. 33-36, et dans *César*, ch. 23, à propos de la guerre contre Mithridate et de l'expédition en Grande-Bretagne, il renseigne le lecteur sur les particularités géographiques de ces deux pays (cf. *Alex.*, ch. 44, ce qu'il dit de la mer Caspienne). Dans *César*, ch. 7-8, il donne l'histoire complète de la conjuration de Catilina.

(5) Il dit lui-même (*Gal.*, 2), qu'il écrit une ἱστορία πραγματική. Citons, à titre d'exemples, les développements sur l'importance de la réconciliation de Pompée et de Crassus, machinée par César (*Cés.*, 13) — sur la portée de la guerre des Gaules (*Cés.*, 28) — la phrase d'allure nettement philosophique où il montre les Romains amenés par leurs malheurs à rechercher seulement une servitude plus supportable (*Pomp.*, 5, fin). Cf. *Cés.*, 4, sur les faibles

Mais Plutarque ne cherche pas seulement à instruire son lecteur, il se propose de l'améliorer, en lui montrant, par d'illustres exemples, quels sont les effets du vice ou de la vertu : cette préoccupation morale, qu'il avoue lui-même à plusieurs reprises (1), se révèle à tout instant dans ses biographies, et la σύγκρισις qui clôture chaque couple n'a pas d'autre but que d'orienter notre choix entre deux modèles à imiter. Or, ces tendances morales, comme l'adoption d'une forme purement narrative, comme le souci de créer une œuvre d'art et d'élargir son point de vue, ce sont là des traits qui apparentent Plutarque aux historiens et par cela même, nous l'avons indiqué plus haut (2), le distinguent nettement de Suétone.

Une dernière différence tient au caractère même de Plutarque : nous voulons parler de l'optimisme souriant avec lequel il raconte la vie de ses personnages. Sans doute, il ne les juge pas toujours favorablement, il n'efface pas leurs crimes ou leurs fautes, mais on voit bien qu'il s'intéresse lui-même et prétend nous intéresser à leur fortune : il s'efforce de les faire valoir, insiste sur leurs côtés brillants, s'attarde sur leurs exploits guerriers, en fait tour à tour les « héros » de son livre (3). Tout autre est l'attitude de Suétone, pour qui les Césars sont uniquement des « cas » exceptionnels, dont il poursuit l'étude avec curiosité, mais sans jamais se départir du sang-froid qui convient à l'homme de science.

Il est donc permis de conclure que les *Douze Césars*, à

commencements de la puissance, et *Cic.*, 32, sur l'action exercée par les passions du peuple.

(1) Dans l'introduction des vies de Démétrius et d'Antoine, présentées comme τῶν φαύλων καὶ ψεγομένων βίων παραδείγματα ; dans la dédicace de la biographie d'Aratus à un descendant de ce personnage, il déclare proposer aux enfants de cette famille un οἰκεῖον παράδειγμα.

(2) Voir plus haut le développement sur Suétone et Tacite.

(3) Dans *Pomp.*, 8, il s'excuse de ne pas citer tous les succès remportés par ce général en Espagne, parce qu'il en signalera plus tard d'autres plus éclatants. Cf. *Cés.*, 15, la phrase sur la révélation du génie militaire de César. Dans *Pomp.*, 46, il exprime le regret que Pompée ne soit pas mort après sa victoire sur Mithridate, point culminant de sa carrière.

l'époque où ils furent publiés, se présentaient comme une œuvre entièrement originale, aussi différente des *Vies parallèles* que distincte de l'histoire. Faute de documents positifs, il est impossible de remonter plus haut, d'établir scientifiquement si notre biographe a eu des ancêtres et des précurseurs : Suétone, dans l'état actuel de nos connaissances, apparaît comme le créateur d'une conception biographique nouvelle et rien n'autorise à lui contester ce mérite (1).

Valeur historique des « Douze Césars ». Suétone n'est qu'un modeste biographe, mais les vies qu'il a écrites sont celles des Césars, et dès lors son ouvrage se classe parmi les sources historiques : on est donc en droit de se demander quelle est la valeur de ce document et quelle contribution il peut apporter à l'histoire.

La sincérité de l'auteur ne peut être mise en cause, car elle nous est garantie par sa conscience même de savant : il a sans doute ses préférences pour certains empereurs, en particulier pour Auguste (2) ; il adopte trop facilement les illusions du cercle sénatorial groupé autour de Pline (3) ; mais, s'il se laisse tromper, il ne trompe jamais intentionnellement le lecteur, il est toujours de bonne foi (4). Par ailleurs, sa conception même de la biographie, conforme à son caractère et aux capacités de son esprit, l'affranchit de ces tendances oratoires, auxquelles cèdent tous les historiens anciens, mais particulièrement Tacite : ennemi de toute rhétorique,

(1) Voir cependant les suggestions intéressantes de M. Duane Reed Stuart, *op. cit.*

(2) Il défend sa mémoire, même dans les biographies postérieures, avec une insistance frappante : *Tib.*, 21[5] ; *Cl.*, 1[9-11]. Sur les causes probables de cette préférence, cf. Macé, *op. cit.*, pp. 85 et 362 sq.

(3) H. Peter, *op. cit.*, II, pp. 70 sqq.

(4) Il convient de noter, en passant, qu'il ignore la flatterie : c'est d'une façon toute générale, et d'ailleurs très brève, qu'il vante les mérites des successeurs de Domitien (*Dom.*, 23[4]), alors qu'il aurait pu profiter de l'occasion pour célébrer Hadrien. Sur l'impartialité de Suétone, cf. H. Peter, *op. cit.*, II, pp. 72 sq.

insoucieux de l'effet à produire, il s'efforce uniquement de recueillir et de nous transmettre le plus grand nombre possible de faits ou de renseignements positifs (1). Aussi lui arrive-t-il parfois d'être plus vrai que Tacite, par exemple quand il montre Othon adressant quelques mots rapides (2), et non point une longue harangue (3), aux soldats qui viennent de le saluer empereur, ou lorsqu'il décrit successivement les trois tentatives d'abdication de Vitellius, que Tacite réduit à une seule (4). Suétone aime par-dessus tout le détail précis et jamais il ne le voile sous des termes généraux ou des formules vagues, comme le font volontiers les historiens, lorsqu'ils le trouvent par trop grossier ou répugnant. S'agit-il de l'attitude de Néron en face du cadavre de sa mère (5), du traitement infligé à la tête de Galba (6), de la conduite de Vitellius sur le champ de bataille de Bédriac (7) ou des circonstances atroces de sa mort (8) ? il les expose avec un réalisme dont nous lui savons gré aujourd'hui. Il réserve une très large place au portrait physique des Césars, s'attarde sur les moindres particularités de leur personne, nous fait connaître leur costume, leurs habitudes familières, les secrets de leur vie intime, et par là se montre le précurseur des historiens modernes (9). Comme eux, il a le culte du document : chez lui, les citations de textes abondent ; il étudie avec tout le soin

(1) Cf. *ibid.*, II, pp. 326, bas, et 327.

(2) *Otho*, 6[7].

(3) Tac., *Hist.*, I, 37 sq.

(4) *Vit.*, 15.

(5) *Ner.*, 34[4]. Tacite (*Ann.*, XIV, 9[1]) signale en passant et sous la forme dubitative ce bruit infamant ; Suétone y insiste.

(6) Voir p. xxiv, n. 2.

(7) *Vit.*, 10[4].

(8) *Vit.*, 17.

(9) Avant Suétone, les historiens latins n'accordaient guère d'attention au portrait physique de leurs personnages : Salluste se contente de quelques indications tout à fait générales (*Cat.*, 5, *Jug.*, 6) et Tacite mentionne seulement ici et là des traits isolés, destinés à faire ressortir un caractère moral, par exemple la rougeur du visage de Domitien, qui lui permet de cacher celle de la honte (*Hist.*, IV, 40).

d'un archiviste-paléographe des manuscrits d'Auguste et de Néron (1), va examiner sur place les monuments qui attestent la splendeur ancienne de telle famille impériale (2), et fait même appel au témoignage d'une statuette à propos d'un surnom d'Auguste (3). Comme eux, enfin, il sait à l'occasion critiquer avec une rigueur toute scientifique les données de ses sources : le chapitre qu'il consacre au lieu de naissance de Caligula est, sous ce rapport, un véritable modèle (4). Sans doute, c'est surtout à propos de questions généalogiques qu'il discute ainsi pied à pied, mais il le fait également lorsqu'il étudie les mœurs d'Auguste (5), et, quand il s'agit des mœurs de César (6), l'ordre même dans lequel il range les témoignages concordants a la valeur d'une démonstration. Le plus souvent, par un scrupule dont nous lui savons gré, il évite de donner son opinion personnelle : après avoir indiqué les différentes versions d'un même fait, il laisse au lecteur le soin de conclure (7). Même son souci perpétuel de classement devient ici une qualité, car il lui fait distinguer avec une netteté parfaite, dans tels cas particuliers, ce que ses auteurs établissent avec certitude et ce qui apparaît moins sûr ou contestable (8). Au point de vue de la science moderne, les *Douze Césars* sont donc une source d'histoire qui ne saurait être négligée : par sa minutie de chercheur, par sa conscience scrupuleuse de

(1) *Aug.*, 87 et 88 ; *Ner.*, 52^{3}.
(2) Voir p. XXII, n. 6.
(3) *Aug.*, 7^{2}. Cf. p. X.
(4) Cf. p. XXII, n. 6.
(5) *Aug.*, 68-71.
(6) *Caes.*, 49. Autres preuves de sens critique : dans *Caes.*, $33^{2 \text{ et } 3}$, lorsqu'il explique l'erreur des soldats croyant que César leur promettait à tous l'anneau d'or — dans *Aug.*, 57^{2}, lorsqu'il écarte le témoignage des sénatusconsultes — dans *Tib.*, 21^{3} sqq., lorsqu'il étudie les mœurs de Tibère et les raisons qui l'ont fait choisir comme successeur par Auguste.
(7) Par exemple, dans *Tib.*, 73^{3} sq., les différentes versions sur la mort de Tibère — dans *Gal.*, 3^{2}, les différents sens possibles du surnom de Galba — dans *Vit.*, 1 et 2, les deux versions sur l'origine des Vitellii.
(8) *Tib.*, 5 ; *Cl.*, 44^{3} sqq. ; et *passim*.

savant, par son sens et ses méthodes critiques, Suétone semble déjà de notre siècle et son immense érudition, de nature encyclopédique, fournit à l'historien d'aujourd'hui une foule de renseignements, d'indications précieuses, non seulement sur les empereurs, mais sur les mœurs, les institutions, le détail de la vie romaine, que l'on chercherait vainement chez d'autres écrivains.

Malheureusement, pour découvrir ces matériaux de choix, il faut soumettre l'œuvre à un triage sévère, car chez Suétone tous les faits sont placés sur le même plan, et l'accessoire se trouve continuellement confondu avec l'essentiel (1); très souvent même, l'auteur s'attache de préférence aux détails menus, sans intérêt véritable, mais plus difficiles à découvrir, et dont la *curiositas* de ses contemporains était avide (2). Parfois, il nous avertit lui-même qu'il opère un choix entre les nombreux traits révélant tel ou tel vice chez ses empereurs (3), mais alors nous sommes obligés de faire confiance à son impartialité, car nous ne possédons, la plupart du temps, aucun moyen de contrôle. En effet, d'ordinaire, il ne cite pas volontiers ses sources, mais se contente de termes vagues, comme « *alii, quidam, plures dicunt* ». L'emploi même des *species* le fait tomber souvent dans un défaut plus grave : pour en grossir le nombre, il ne craint pas d'attribuer à plusieurs personnes, — *quidam, nonnulli* —, ce qui ne s'est produit en réalité que pour une seule (4). D'autre part,

(1) Témoin ses énumérations interminables de prodiges, ses descriptions détaillées des jeux, l'indication placée à la fin du portrait de Caligula (*Cal.*, 54[5] : l'empereur ne savait pas nager), et celle qui termine d'une façon tout à fait inattendue la biographie de Vitellius (*Vit.*, 18 : le surnom d'Antonius Primus).

(2) Cf. plus haut. — Citons, à titre d'exemples, les signes particuliers d'Auguste (*Aug.*, 80[1]), la maigreur des jambes de Germanicus (*Cal.*, 3[2]), un détail répugnant sur Vitellius (*Vit.*, 7[6]).

(3) Dans *Tib.*, 61[3] ; *Cal.*, 37[6] ; *Cl.*, 29[2] ; *Dom.*, 1[6].

(4) Par exemple, lorsqu'il énumère les *genera uelut exemplaria saeuitiae* de Tibère (*Tib.*, 61[3]), lorsqu'il étend aux statues de tous les vainqueurs olympiques ce qui s'était produit pour celle d'un seul, comme l'indique Dion Cassius (*Ner.*, 24[3]), lorsqu'il parle, dans *Gal.*, 14[5], de plusieurs personnages illustres condamnés par

sa chronologie manque entièrement de précision : il n'y a guère, dans ses biographies, que la naissance, la mort et l'avènement des empereurs qui soient datés ; les autres événements de leur vie sont compris dans des périodes parfois assez longues (1), et l'ordre de succession marqué seulement par des adverbes ou des formules vagues (2) ; quant aux *species*, elles embrassent à tour de rôle la vie tout entière, et, comme elles n'ont entre elles qu'un rapport logique, on ne peut savoir quel intervalle de temps sépare les diverses manifestations d'un vice quelconque ni à quel moment le caractère de l'empereur a évolué dans tel ou tel sens (3). Enfin, l'exposé des faits, le récit des événements est chez lui trop abrégé : il résume à tel point qu'il néglige des circonstances essentielles, omet des renseignements indispensables (4) ; et, comme il rapporte tout à l'empereur, sans faire la part des acteurs secondaires, il nous serait impossible de débrouiller certaines affaires complexes, si nous ne les connaissions que par ses brefs comptes-rendus (5). Trop souvent les maté-

Galba, alors qu'il s'agit seulement de Cingonius Varron et de Petronius Turpilianus (Tac., *Hist.*, I, 6).

(1) Par exemple, celle de neuf ans pendant laquelle César fut revêtu de l'imperium (*Caes.*, 25[1]) et celle qui est comprise entre le moment où Tibère reçut la toge virile (*Tib.*, 7) et celui de son départ pour Rhodes (*Tib.*, 10).

(2) *Sub idem tempus* — *eodem temporis spatio* (*Caes.*, 26[1] : il s'agit ici d'une période de neuf ans, cf. la n. précédente) — *mox* — *procedente tempore* etc.

(3) Il convient de faire une réserve pour Tibère : c'est, dit Suétone (*Tib.*, 42[1]), à partir de sa retraite à Caprée, qu'il donna libre cours à tous ses vices. Mais pour Caligula, Néron et Domitien, rien ne permet de préciser une date.

(4). Il nous dit par exemple (*Ner.*, 34[3]) qu'Agrippine regagne Bauli, sans avoir auparavant signalé qu'elle possédait une villa en cet endroit. — Il n'explique pas pourquoi Galba épargne Tigellin contre le vœu unanime du peuple (*Gal.*, 15[4]).

(5) Ainsi la scène décrite dans *Tib.*, 53[2] manque entièrement de clarté, parce qu'il ne mentionne pas le rôle de Séjan et ne fournit pas les explications indispensables, comme le fait Tac., *Ann.*, IV, 54. — Cf. également le récit du meurtre d'Agrippine, dans *Ner.*, 34[3-5] et dans Tac., *Ann.*, XIV [3-8], l'histoire du procès et de la mort d'Octavie, dans *Ner.*, 35[4] et dans Tac., *Ann.*, XIV, 60-64[4].

riaux qu'il rassemble sont dès lors inutilisables par eux-mêmes : pour pouvoir tirer parti de cette source, et même simplement comprendre ses indications, l'historien est constamment obligé de la confronter avec le texte de Tacite, de Dion Cassius et de Plutarque. Mais ce qui excuse en partie Suétone et ce qu'il convient de ne pas oublier, si l'on veut être équitable à son égard, c'est qu'il comptait précisément sur des œuvres comme celles de Tacite pour préparer ses lecteurs à l'intelligence des *Douze Césars* : ses biographies supposent connue l'histoire annalistique, dont elles ne devaient être, dans sa pensée, que le modeste complément (1).

Valeur littéraire des « Douze Césars ».

En revanche, ce qui est entièrement imputable à Suétone, c'est son insuffisance au point de vue littéraire. Il est visible, tout d'abord, qu'il ne sait pas composer. Ses biographies sont faites, — nous l'avons déjà signalé —, de deux éléments disparates, le récit et les *species*, entre lesquels aucune fusion n'était possible : au lieu de les séparer nettement, comme leur nature même l'exigeait (2), il s'efforce d'intercaler ses catégories dans le développement narratif. Tantôt, il prévient le lecteur par une formule de transition (3), tantôt il les enchâsse brutalement dans le récit (4), dont la continuité, dans l'un et l'autre cas, est fâcheusement interrompue. Parfois, pour que ce défaut soit moins apparent, il réserve une partie de ses *species* pour les présenter après la mort (5), et l'on a l'impression qu'elles

(1) Cette idée est très bien mise en lumière par M. Leo, *op. cit.*, p. 268.

(2) Il essaie de le faire dans Auguste, mais on retrouve même ici, après les *species*, le développement narratif sur la mort.

(3) Dans *Caes.*, 44[8] ; *Aug.*, 9[1] ; *Tib.*, 42[1] ; *Cal.*, 22[1] ; *Ner.*, 19[5] ; *Vesp.*, 12[1] ; *Dom.*, 3[3].

(4) Dans les autres biographies, mais tout particulièrement dans *Cl.*, 30.

(5) Dans *Ner.*, 51-56 ; dans *Gal.*, 21-22 ; dans *Otho*, 12 : ici cependant le portrait physique, rejeté après la mort, est assez

sont en dehors de la biographie. Dans aucune de ses vies on ne trouve un plan d'ensemble, mais seulement des indications partielles (1), souvent données après coup (2) ; il est amené, par l'emploi même des *species*, à revenir plusieurs fois sur le même fait (3) ; il affectionne les « plans à tiroir », simples énumérations de rubriques, dont il peut librement allonger la liste ; il lui arrive même d'introduire dans telle de ses biographies, sans autre motif que de se ménager une transition, un développement qu'il n'a pas annoncé (4). Ses vies restent de la sorte faites de pièces et de morceaux, qu'il coud maladroitement à l'aide de transitions très peu variées et d'ordinaire fort banales (5). Quant aux mots-titres dont il se sert pour introduire ses rubriques, c'est là un artifice matériel qui souligne encore cette absence d'unité et caractérise la manière de Suétone : ses biographies ressemblent à des catalogues fort commodes à consulter, où les faits sont classés avec une logique minutieuse, mais elles n'ont rien d'une œuvre fortement charpentée et composée avec art.

Aussi leur lecture ne laisse-t-elle, sur aucun des Césars, une impression d'ensemble forte et précise : comme le

habilement rattaché au récit, à l'aide d'une transition heureuse ; dans *Dom.*, 18-22. Dans *Vit.*, 17, le portrait physique est fort heureusement fondu dans le récit de la mort. La biographie de Titus a une forme spéciale : le portrait d'ensemble se trouve placé au début, ensuite viennent deux développements opposés sur la conduite de Titus avant l'empire et pendant son principat.

(1) Cf. p. XXV, n. 5 et 6. — Noter en outre *Tit.*, 1, 6^4 et 7^2.

(2) Par exemple, dans *Aug.*, 61^1, il annonce qu'il passe de la vie publique à la vie privée, sans avoir prévenu le lecteur de cette subdivision, lorsqu'il indiquait son plan (9^1). — De même, dans *Cal.*, 22^1, *Ner.*, 19^5, *Cl.*, 25^{15}.

(3) Qu'il présente sous des angles différents et parfois opposés. Voir entre autres *Cal.*, 14^3 et 27^3 — 19 et 32^3 ; *Ner.*, 19 et 22^5. Cf. les renseignements relatifs au rôle et à la disgrâce de Séjan, répartis dans cinq chapitres différents : *Tib.*, 48^4, 55^2, 61^2, 62^2 et 65.

(4) Les chapitres 71-79 de *Caes.*, concernant sa conduite à l'égard du prochain, sont en dehors du plan indiqué dans 44^8 : ils servent à amener le dernier développement sur la conjuration et le meurtre.

(5) Citons, à titre d'exceptions, les transitions plus originales de *Cl.*, 40^6 (*multaque...*) — *Gal.*, 12^1 et *Otho*, 12^1.

laisse entendre M. Leo (1), ce n'est pas chez Suétone que l'on peut trouver les portraits des empereurs. Il est capable, sans doute, de rassembler en un seul développement ce qui concerne leur portrait physique, mais il se perd au milieu des manifestations innombrables et si diverses de leur personnalité morale (2). Son expérience de la vie, sa connaissance des âmes sont trop limitées pour qu'il puisse découvrir le trait essentiel, celui qui domine et qui explique tous les autres (3). Dès lors, il se borne à les énumérer, à les étudier séparément tour à tour, sans jamais conclure par une synthèse vigoureuse, ni seulement par une de ces brèves notices nécrologiques, comme les historiens en consacrent même à leurs personnages secondaires.

Suétone ne réussit pas davantage à reconstituer une scène, à ordonner un tableau, ni à composer un récit. Il lui manque l'art de choisir entre ses matériaux, de les faire valoir l'un par l'autre, de développer l'essentiel et de mettre en pleine lumière les trésors qu'il a recueillis avec tant de minutieuse patience. Nul souci de la perspective, nul sens de la progression dramatique : tout est noyé dans une énumération froide, sans accent ni relief. Citons, à titre d'exemples, le récit de la mort de César (4), complètement dépourvu d'émotion, celui de l'avènement officiel de Tibère (5), mal composé, si pauvre au point de vue de l'analyse psychologique des personnages, simple « ébauche presque informe » (6), et la relation

(1) Leo, *op. cit.*, p. 323, milieu.

(2) Il réussit bien, en revanche, certains portraits de personnages secondaires, précisément parce qu'il s'en tient alors à l'essentiel : voir *Ner.*, 2-5, et surtout *Vit.*, 2[5] sqq.

(3) On trouve chez lui certaines indications intéressantes et de grande portée, par exemple dans *Ner.*, 1[6] (sur l'hérédité mauvaise de l'empereur) et dans *Dom.*, 3[3], mais il ne sait pas en tirer parti pour composer ses portraits.

(4) *Caes.*, 82. Cf. Plutarque, *Cés.*, 66.

(5) *Tib.*, 24-25. Cf. Tacite, *Ann.*, I, 11-13 et Dio Cass., LVII, 2, 3 sqq.

(6) Ph. Fabia : *L'avènement officiel de Tibère*, en *Revue de Philologie*, XXXIII, 1909, p. 57.

brève et sèche, à laquelle correspond chez Tacite un tableau vivant et dramatique, des scènes qui se déroulèrent à Rome, lorsqu'on apprit la mort de Germanicus (1). Il est incontestable que certaines pages de Suétone, — et surtout celles qu'il consacre aux dernières heures de Néron (2) —, ébranlent fortement l'imagination et laissent une impression des plus tragiques, mais l'auteur n'a point cherché à produire cet effet, il y arrive comme sans le vouloir, en accumulant une foule de circonstances et de détails dramatiques par eux-mêmes. Ici, comme ailleurs, on ne découvre aucun sens de la mise en œuvre, aucune préoccupation artistique.

Le style révèle mieux encore l'indifférence de Suétone, son impuissance en pareille matière. On ne peut lui dénier le mérite d'avoir réagi contre les tendances fâcheuses de ses contemporains, — la rhétorique, le purisme, la préciosité, l'affectation d'archaïsme — : il a fait preuve de bon goût en ne tombant pas dans ces travers (3). Les qualités qu'il cultive et qu'il possède, — la clarté, la précision, la brièveté —, ne sont pas négligeables, sans doute, mais elles ne sauraient suffire pour valoir à un auteur le titre d'écrivain. Le style de Suétone est sans couleur (4), sans relief, d'une froideur et d'une sécheresse qui paraissent bien vite monotones (5). Et l'on ne peut prétendre qu'il l'a « éteint » volontairement pour rester dans son rôle modeste de biographe : il était incapable de faire mieux. S'il avait eu le moindre sentiment du style, on ne découvrirait pas à chaque instant dans ses

(1) *Cal.*, 6. Cf. Tacite, *Ann.*, II, 82.

(2) *Ner.*, 47-49.

(3) Voir son développement sur le style d'Auguste (*Aug.*, 86), qui semble une « apologie de son propre style » (Macé, *op. cit.*, p. 96). Cf. Lorenzo Dalmasso, *La Grammatica di Caio Suetonio Tranquillo*, Turin, 1906, introd., et *Un seguace di Quintiliano al principio del II secolo*, dans *Atti della r. Acc. di Torino*, 41, 1906, p. 805 sqq.

(4) Norden, *Die Antike Kunstprosa*, p. 387, n. 1.

(5) Ceci est vrai même pour la biographie de Titus, qui a été écrite avec plus de soin, mais ne se signale pas davantage par l'originalité du style

Douze Césars ces répétitions de mots choquantes (1), ces longues séries de phrases construites de la même manière (2) : ceci révèle de façon évidente que Suétone n'était à aucun degré un artiste. Hâtons-nous d'ajouter qu'il n'a pas eu la prétention de l'être et qu'il comptait uniquement sur ses autres mérites pour passer à la postérité.

De fait, le succès de l'œuvre fut considérable, si grand même que pendant trois siècles, jusqu'à l'apparition d'Ammien Marcellin (vers 390), l'on n'écrivit plus à Rome d'histoires annalistiques à la manière de Tacite, mais seulement des biographies imitées des *Douze Césars* (3).

Les manuscrits. Tous les manuscrits des *Douze Césars* que nous possédons présentant certains défauts communs, en particulier la lacune caractéristique du début, il faut conclure à l'existence d'un archétype unique, déjà mutilé (4). Cet archétype était peut-être l'exemplaire de Fulda, que Servatus Lupus,

(1) Par exemple, dans *Caes.*, 25[3]-[4] « *Germanos*.. adgressus..... Adgressus *est et*... » — 29[4] ... *octo* legionibus... *duae*... legiones... *uel etiam una* legio... » ; *Aug.*, 37[2] « *Censores* creari *desitos*... creauit ».

(2) Voir en particulier *Aug.*, 20-21[6], une série de phrases ayant toutes pour sujet *Augustus* ; de même 32[2]-33[2] (avec verbes au parfait) ; *Tib.*, 49[2] *Satis constat*..., puis une liste d'exemples, sous forme de propositions infinitives, durant un chapitre ; *Ner.*, 47[4]-49[1], une longue suite de phrases commençant presque toutes par des constructions à l'ablatif absolu.

(3) Les *Douze Césars* servirent de modèle à Marius Maximus (IIIe siècle), aux écrivains de l'Histoire Auguste (IVe siècle), puis à Eginhard, dont la vie de Charlemagne est une imitation directe des biographies de Suétone et surtout de celle d'Auguste. Ils furent si largement utilisés par des auteurs comme Eutrope, Aurélius Victor et Orose, que leurs écrits sont pris en considération pour la critique du texte de Suétone. Enfin les *Douze Césars* furent même mis en vers par Ausone. Sur toute cette question, voir Schanz, *op. cit.*, 3e partie, § 536, p. 65 ; Macé, *op. cit.*, pp. 401 sqq. et Leo, *op. cit.*, pp. 268 sqq.

(4) Preud'homme, éd. des *Douze Césars*, Groningue, 1906, préf., p. v, prétend que cet archétype mutilé provient d'un manuscrit complet, écrit en lettres capitales au ve siècle.

abbé de Ferrières (1), voulait se faire envoyer en l'année 844 (2), et dont il ne put obtenir qu'une copie. L'archétype et la copie de Servatus Lupus ont aujourd'hui disparu, comme tant d'autres transcriptions du texte de Suétone qui se répandirent en Europe à cette époque de renaissance littéraire. Une seule a subsisté : c'est le *Memmianus*, le plus ancien et le plus fidèle de nos manuscrits. Cet exemplaire, très soigneusement écrit au IXe siècle, comprend cent-vingt-cinq feuillets de parchemin, de format in-quarto, groupés en cahiers ; par suite d'une erreur de brochage, le quatrième cahier occupe la place du sixième (3). Ayant appartenu d'abord à la bibliothèque de Saint-Martin de Tours, il passa au XVIe siècle entre les mains d'Henri de Mesmes, auquel il doit son nom. Il devint ensuite la propriété d'Emmerich Bigot et, lorsque celui-ci mourut, en 1706, fut transporté à la Bibliothèque Royale, aujourd'hui Nationale, où il figure sous le no 6115. Les érudits qui l'utilisèrent (4) proclamèrent tous, dès le début, l'excellence de ce manuscrit. Plusieurs même, en particulier Richard Bentley, prétendirent que tous les autres provenaient de lui. Il n'en est rien cependant, car le *Memmianus*, qui, malgré sa valeur unique, n'est pas exempt de fautes, en présente certaines dont on ne retrouve aucune trace ailleurs (5).

Soit dans les marges, soit dans le texte même de ce manuscrit se remarquent des gloses et des corrections qui proviennent d'une seconde main et datent du XIIe siècle, au plus tard. Bien souvent, du reste, il est impossible de déterminer si les rectifications sont dues à l'auteur des

(1) Aujourd'hui dans le département du Loiret, arrondissement de Montargis.

(2) *Lett.* 91, p. 137, éd. Baluze.

(3) Ce quatrième cahier, composé de huit feuillets (41-48), commence par le mot *titulis* (*Aug.*, 31[8]) et se termine par le mot *Corinthia* (*Aug.*, 70[4]).

(4) Voir plus bas : « Les éditions et traductions ».

(5) Ihm, éd. des *Douze Césars*, Leipzig, 1907, préf., p. XI sq. Pour plus de détails sur les manuscrits de Suétone, voir les pages X-XXVIII de cette préface, auxquelles la plupart de nos renseignements sont empruntés.

gloses ou à un reviseur : cela est vrai surtout pour les grattages, les signes de transposition, les points placés au-dessus ou au-dessous des lettres à supprimer. Quant à la valeur même de ces corrections, elle est tout à fait inégale : parfois elles aggravent les fautes, parfois elles en introduisent de nouvelles, mais souvent elles rectifient le texte fort à propos.

D'une source très analogue à celle d'où provient le *Memmianus* dérive le *Gudianus*, manuscrit de la bibliothèque ducale de Wolfenbüttel, qui date du XIe siècle. Il fut dépouillé pour la première fois par G. Becker, qui le célèbre d'une manière excessive, car, s'il ne doit pas être négligé, en raison de son âge et de sa parenté avec le *Memmianus*, il fourmille de fautes, d'erreurs vraiment extraordinaires et provient d'un manuscrit déjà largement corrigé. Il le fut lui-même à deux reprises, d'abord par le libraire, ensuite à la fin du XVe siècle. L'examen du *Monacensis*, qui fut copié sur lui au milieu du XVe siècle, permet de distinguer facilement ces corrections.

Un autre manuscrit, le *Vaticanus*, qui semble dater de 1100 environ (1), mérite plus de considération que le précédent : c'est peut-être, après le *Memmianus*, la source la plus digne de foi. Malheureusement, il contient une foule d'erreurs dues à la négligence du copiste et s'arrête au chapitre III de la vie de Caligula.

Il exista autrefois un manuscrit dérivé de la même source que le *Vaticanus* ; ce manuscrit a disparu, mais il en est resté plusieurs copies. Les plus significatives sont :

le *Laurentianus* 68, 7 (2), écrit vers le début du XIIe siècle, qui porte la trace de plusieurs corrections successives,

le *Parisinus* 5801, également du XIIe siècle, bien inférieur au précédent, et corrigé à deux reprises différentes,

(1) Preud'homme, *Troisième étude sur l'histoire du texte de Suétone de uita Caesarum*, Bruxelles, 1902, 1904, dans *Bulletin de l'Acad. de Bruxelles*, p. 64, déclare que ce manuscrit date du commencement du XIe siècle.

(2) Au XIe siècle, d'après Preud'homme, *éd. cit.*, préf., p. VII. — C'est le *Mediceus* 3 de J. Gronov et d'Oudendorp.

le *Laurentianus* 66, 39, écrit, semble-t-il, vers la même époque (1),

le *Montepessulanus* H 117, qui date aussi du XIIe siècle,

le *Berolinensis* 337, du XIVe siècle.

Ces trois derniers manuscrits, étroitement apparentés aux précédents, ont une valeur bien moindre, parce qu'ils admettent dans leur texte même des corrections empruntées à des exemplaires d'une autre classe, dont nous allons parler.

Cette classe comprend un très grand nombre de manuscrits, tout à fait médiocres, où les défauts et les interpolations se multiplient. Elle peut être représentée par :

le *Londinensis Regius* 15. C. III, écrit au XIIe siècle, qui s'arrête au chapitre XIV de Domitien, et son frère jumeau le 15. C. IV, copié au XIIIe siècle, qui offre un texte complet,

le *Parisinus* 6116, du XIIe siècle, source de la version ordinaire,

le *Parisinus* 5802, de la même époque (2),

le *Suessionensis* 19, du XIIIe siècle.

Quant aux manuscrits du XVe siècle, ils ne possèdent aucune valeur au point de vue critique, car, s'ils contiennent parfois des corrections heureuses, ce ne sont jamais des variantes nouvelles permettant de remonter à l'archétype, mais des conjectures de grammairiens (3).

Il convient enfin de signaler trois manuscrits contenant des extraits des 12 Césars :

le *Parisinus* 8818, du XIe siècle,

le *Lipsianus* I 4, 48, du XIIIe siècle,

le *Parisinus* 17903 (Notre-Dame 188), du XIIIe siècle.

Les deux premiers renferment les mêmes extraits ; ils

(1) Au XIIIe siècle, d'après Preud'homme, *ibid.*, qui donne la même date pour le manuscrit suivant. — C'est le *Mediceus primus* de J. Gronov.

(2) Du XIIIe siècle, d'après Preud'homme, *op. cit.*, préf., p. VII.

(3) Il n'y a pas d'exception à faire pour le *Parisinus* 5804, écrit vers la fin du XIVe siècle ou le début du XVe, que Preud'homme célèbre outre mesure, car il est plein de défauts et d'interpolations.

sont importants à cause de leur ancienneté même, parce qu'ils remontent à des dictées faites par Servatus Lupus à ses élèves d'après la copie du texte de Fulda (1). Le troisième est plus riche, mais à peu près sans valeur pour l'établissement du texte.

Les éditions et traductions. Les deux plus anciennes éditions des *Douze Césars* furent publiées à Rome en 1470, l'une au mois d'août par Joh. Campanus, l'autre, en décembre, par Jean André, évêque d'Aléria. Une troisième parut à Venise en 1471. Ces trois éditions, très semblables entre elles dans l'ensemble, dérivent directement des manuscrits, mais des manuscrits les plus récents et les plus mauvais. Celles qui suivirent, jusqu'en 1515, se contentèrent de reproduire ces éditions primitives, en y ajoutant parfois les commentaires de Béroald et de Sabellicus.

La période suivante, — de 1516 à 1594 —, se signale par les travaux d'Egnatius (2), d'Erasme (3) et de Robert Estienne (4). Ces trois savants se sont efforcés de corriger le texte de Suétone et, la plupart du temps, y ont assez bien réussi, grâce à une sorte d'intuition, car ils ne disposaient pas des manuscrits les plus anciens.

C'est Is. Casaubon qui put, le premier, grâce à l'obligeance de Jacques de Mesmes, fils de Henri, utiliser le *Memmianus* : il s'en servit pour corriger sa deuxième édition de Suétone, publiée en 1610, à Paris (5). Déjà Turnèbe, en 1564, dans la partie de ses *Aduersaria* dédiée à H. de Mesmes (6), avait signalé beaucoup de passages de cet excellent manuscrit, mais sans oser divulguer le nom de son possesseur.

(1) Ces extraits dictés furent recueillis par Heiric d'Auxerre, qui les offrit entre 871 et 876 à Hildebold, évêque de Soissons (Ihm, *op. cit.*, préf., p. XXIV).
(2) Édition des Aldes, à Venise, 1516.
(3) Éditions parues à Bâle, en 1518, 1533, 1546.
(4) Édition de 1543, à Paris.
(5) La première avait paru à Genève, en 1595.
(6) Livres 13-24.

L'âge suivant, — de 1672 à 1857 —, vit paraître de nombreuses éditions de Suétone, qui mettent à profit les recherches antérieures et toutes se réfèrent au texte du *Memmianus*. Citons principalement celles de Graevius (Utrecht, 1672, 1691, 1703), de Jacques Gronov (Leyde, 1698), d'Ernesti (avec *excursus*, Leipzig, 1748, 1775), de François Oudendorp (Leyde, 1751), et les éditions avec commentaire de Bremi (Zürich, 1800, 1820), et de Baumgarten-Crusius (Leipzig, 1816) (1).

En dépit de tous ces travaux, il restait encore à faire une édition critique de Suétone d'après les manuscrits. Un savant anglais, Richard Bentley (2), s'était consacré à cette tâche avec beaucoup d'érudition et de patience, mais il mourut sans pouvoir achever son œuvre. L'idée fut reprise et enfin réalisée par Roth, dont l'édition parut en 1858, à Leipzig. Sa publication provoqua un renouveau des études suétoniennes, alors quelque peu délaissées, et l'on vit paraître successivement les éditions d'Aug. Reifferscheid (Leipzig, 1860), de Léon Preud'homme (Groningue, 1906), et enfin de Maximilien Ihm (Leipzig, 1907), la plus récente et la meilleure que nous possédions.

Il parut également des éditions partielles, pourvues de commentaires, parmi lesquelles nous citerons les suivantes :

Vies de César et d'Auguste, par J. H. Westcott et E. M. Rankin, Boston, 1918,

Vie d'Auguste, par E. S. Shuckburgh, Cambridge, 1896,

Vie de Tibère (chap. 24-40), par J. R. Rietra S. J., H. J. Paris, Amsterdam, 1928,

Vies de Tibère, Caligula, Claude, Néron, par J. B. Pike, Boston, 1903,

Vie de Claude, par H. Smilda, Groningue, 1896,

(1) Notons également l'édition de Hase, publiée à Paris en 1828, chez Lemaire, qui reproduit les *excursus* d'Ernesti et le commentaire de Baumgarten-Crusius. On trouvera dans cet ouvrage, I, pp. XXII sqq., une énumération plus complète des éditions de Suétone : il en parut plus de deux cents entre 1470 et 1829.

(2) 1662-1742. Ses manuscrits, inachevés, sont conservés au British Museum.

Vies de Galba, Othon, Vitellius, par C. Hofstee, Groningue, 1898,

Vie de Titus, par H. Price, Menaska, 1919,

Vie de Domitien, éd. et comment., par J. Janssen, Diss. Amsterdam, Groningue, 1919.

Enfin, le texte des *Douze Césars* a été maintes fois traduit dans les diverses langues européennes (1). La première traduction française fut imprimée en 1490, à Paris (2) ; la plus récente, celle d'Em. Pessonneaux, parut en 1856, également à Paris (3).

Méthode suivie dans cette édition.

La division en huit livres adoptée dans cette édition date très probablement, comme nous l'avons signalé plus haut (4), de Suétone lui-même. Quant à la distinction des chapitres, elle est due aux grammairiens du xve siècle et fut consacrée par Erasme, dans son édition de Bâle (1518) (5) : nous l'avons donc mainte-

(1) On trouve la liste de ces traductions dans l'éd. de Hase, I, pp. XLIX sqq.

(2) Sans nom d'auteur. L'ouvrage contenait également la traduction de Lucain et celle de Salluste.

(3) Les *Douze Césars*, trad. nouvelle, avec le texte, collect. Charpentier. Une 4e édit. parut en 1873. — Citons aussi les traductions de : La Harpe (avec le texte), Paris, 1805, — Delaroche, Paris, 1807, — Maur-Levesque, Paris, 1808, — De Golbéry (avec le texte), Paris, collect. Panckoucke, 1830-1832, — Baudement, Suétone, les Écrivains de l'Histoire Auguste, etc., texte et traduct., Paris, collect. Nisard, — Cabaret-Dupaty, (trad. de La Harpe refondue), Paris, 1862, collection Charpentier-Garnier.

(4) Voir plus haut : Les 12 Césars « Le titre — la division en livres ». — Dans cette édition, nous avons coupé l'ouvrage en trois volumes : le premier contient les biographies des deux fondateurs de l'empire, le second, celles des autres membres de la dynastie julio-claudienne ; quant au troisième, il comprend deux groupes de biographies, celles des empereurs de l'année 69 et celles des trois Flaviens —, que Suétone a nettement détachés et séparés l'un de l'autre (*Gal.*, 1 et 2. — *Vesp.*, 1[1]), mais que nous avons dû réunir pour des raisons d'équilibre.

(5) La division en chapitres existe déjà dans l'édition vénitienne de 1471, mais c'est Erasme qui, le premier, numérota les chapitres. — Même lorsque le chapitre commence à l'intérieur

nue, mais, suivant une tradition introduite par Roth, en indiquant par des traits verticaux la division différente que l'on trouve dans le *Memmianus* (1). Enfin, nous avons partagé les chapitres en paragraphes numérotés, auxquels renvoient les références (2).

Dans l'apparat critique, on trouvera toutes les leçons importantes des divers manuscrits, mais nous avons cru inutile de reproduire, comme le fait Ihm, les innombrables transpositions, erreurs ou altérations qui se remarquent dans le *Gudianus* : nous les relevons seulement lorsqu'elles appellent une comparaison avec certains autres manuscrits. Pour l'établissement du texte, nous avons suivi l'autorité du *Memmianus*, toutes les fois que sa version présentait un sens acceptable, ne faisant appel aux autres manuscrits que pour le corriger ou le compléter, quand il en était besoin. Nous avons également conservé son orthographe, à moins qu'elle ne fût manifestement incorrecte (3), sans chercher à faire disparaître, d'après des calculs toujours factices (4), la diversité des formes qu'on y rencontre.

Quant à la traduction, nous nous sommes efforcé de

d'une phrase, nous avons conservé la division traditionnelle pour la commodité des références, mais en faisant débuter le chapitre par une minuscule ; c'est le cas pour *Caes.*, 48 ; *Cl.*, 19 ; *Ner.*, 17 ; *Tit.*, 2. Dans *Vesp.*, 12, nous avons reporté au début de la phrase le commencement du chapitre qui est marqué chez Roth à l'intérieur de la phrase, sans que la ponctuation permette aucune coupure.

(1) Avec quelques modifications indispensables déjà opérées par Roth. Ce dernier trouvait cette division du *Memmianus* si commode et si claire qu'elle lui semblait provenir de Suétone lui-même (*op. cit.*, préf., p. XII), ce qui est certainement inexact.

(2) Notre division en paragraphes ne coïncide pas avec celle de Preud'homme ni avec celle de Ihm ; chez eux, les paragraphes sont beaucoup plus étendus, car ils n'utilisent pas cette division pour leurs références qui renvoient aux lignes numérotées de chaque page.

(3) En cette matière, nous avons pris pour guide le *Manuel d'orthographe latine* de W. Brambach, trad. par F. Antoine, Klincksieck, Paris, 1881.

(4) Ihm cède trop à cette tendance, contre laquelle réagit avec raison Preud'homme.

la rendre aussi exacte et aussi fidèle que possible, en imitant certains procédés chers à Suétone, celui, par exemple, qui consiste à faire ressortir au début des chapitres ou des paragraphes les mots qui leur servent de titres, et, d'une façon générale, en essayant de donner à la forme cette clarté, cette précision ramassée, qui, chez lui, tiennent lieu de qualités plus brillantes (1).

2 mars 1930.

(1) Je tiens à exprimer ici ma reconnaissance profonde à mon maître, M. Ph. Fabia, dont l'aide toujours si bienveillante et les savants conseils m'ont continuellement soutenu dans la préparation de cet ouvrage.

C. SVETONII TRANQVILLI
DE VITA CÆSARVM

SIGLA (1)

Codices :

M	= Memmianus (Paris. 6115)	saec. ix
M^2	= corrector huius codicis	
G	= Gudianus 268	saec. xi
G^2-G^3	= correctores huius codicis	
g	= codex Monacensis	saec. xv
V	= Vaticanus 1904	saec. xi-xii
L	= Laurentianus 68,7	saec. xi-xii
L^2-L^3	= correctores huius codicis	
P	= Parisinus 5801	saec. xii
P^2	= corrector huius codicis	
O	= Laurentianus 66, 39	saec. xii
O^2	= corrector huius codicis	
S	= Montepessulanus 117	saec. xii
T	= Berolinensis lat. fol. 337	saec. xiv
Π	= Parisinus 6116	saec. xii
Π^2	= corrector huius codicis	
Q	= Parisinus 5802	saec. xii
Q^2	= corrector huius codicis	
ε	= Suessionensis 19	saec. xiii
R	= Regius Londinensis 15. C. III	saec. xii
ρ	= Regius Londinensis 15. C. IV	saec. xiii
dett.	= codd. multi in quibus δ (Paris. 5804)	saec. xv

Excerpta :

H	= Parisinus 8818	saec. xi
N	= Parisinus 17903	saec. xiii

Editiones principes :

Rom. I	= ed. Ioh. Antonii Campani	MCDLXX
Rom. II	= ed. Ioh. Andreae	MCDLXX
Ven. I	= ed. Veneta	MCDLXXI

(1) In designandis codicibus non Preud'hommii notas adhibui, sed Ihmii, quippe quae codicum originem indicarent.

LIBER I

DIVVS IVLIVS

LIVRE PREMIER

CÉSAR

* * *

I. César était dans sa seizième année quand il perdit son père ; l'année suivante il fut désigné pour être flamine de Jupiter et, après avoir rompu avec Cossutia, jeune fille d'une famille équestre, mais extrêmement riche, à qui il avait été fiancé lorsqu'il portait encore la prétexte, il prit pour femme Cornélie, fille de Cinna, qui avait été quatre fois consul, dont il eut par la suite une fille nommée Julie, et le dictateur Sylla ne put à aucun prix la lui faire répudier. C'est pourquoi il le dépouilla de son sacerdoce, de la dot de sa femme, des héritages de sa famille, et le rangeait au nombre de ses ennemis, de sorte qu'il fut même obligé de disparaître, changeant de retraite presque chaque nuit, quoique rongé par la fièvre quarte, et dut racheter sa vie à prix d'argent aux espions (de Sylla), jusqu'au jour où, sur l'intercession des vierges Vestales, de Mamercus Æmilius et d'Aurelius Cotta, ses parents et ses alliés, il obtint sa grâce. Il est bien établi que Sylla, après l'avoir longtemps refusée aux prières de ses meilleurs amis, personnages des plus

LIBER I

DIVVS IVLIVS

*   *
*

I. | [1]Annum agens sextum decimum patrem amisit; sequentibusque consulibus flamen Dialis destinatus, dimissa Cossutia, quae familia equestri sed admodum diues praetextato desponsata fuerat, Corneliam, Cinnae quater consulis filiam, duxit uxorem, ex qua illi mox Iulia nata est; neque ut repudiaret compelli a dictatore Sulla ullo modo potuit. [2]Quare et sacerdotio et uxoris dote et gentilicis hereditatibus multatus diuersarum partium habebatur, ut etiam discedere e medio et, quamquam morbo quartanae adgrauante, prope per singulas noctes commutare latebras cogeretur seque ab inquisitoribus pecunia redimeret, donec per uirgines Vestales perque Mamercum Aemilium et Aurelium Cottam propinquos et adfines suos ueniam impetrauit. [3]Satis constat Sullam, cum deprecantibus amicissimis et ornatissimis uiris aliquandiu denegasset

I, 1 Annum agens MVδ : Iulius Caesar an- ag- L Gaius Iulius Caesar an- ag- G An- ag- Caesar *cett.* [agens **** in P] || **2** discedere : -cere M¹ -cederet GPOST || impetrauit : -rit V perpetrauit L¹POST.

considérables, et s'être enfin laissé vaincre par leur insistance opiniâtre, s'écria, soit par divination, soit par quelque pressentiment : « Triomphez et gardez-le, mais sachez que cet homme dont le salut vous est tant à cœur causera un jour la perte du parti aristocratique que vous avez défendu avec moi : il y a dans César plusieurs Marius. »

II. Il fit ses premières armes en Asie, dans l'état-major du préteur Marcus Thermus ; ce dernier l'ayant envoyé en Bithynie chercher une flotte, il s'attarda chez Nicomède (1) et l'on ne fut pas sans dire qu'il s'était prostitué à ce roi ; il renforça ce bruit en repartant quelques jours après pour la Bithynie, sous prétexte de faire rentrer une somme due à un affranchi, son client. Le reste de sa campagne lui valut une meilleure réputation et Thermus, à la prise de Mitylène (2), lui décerna la couronne civique.

III. Il servit encore sous les ordres de Servilius Isauricus en Cilicie, mais peu de temps. Ayant, en effet, appris la mort de Sylla et comptant d'autre part sur les nouveaux troubles provoqués par Marcus Lepidus (3), il se hâta de revenir à Rome, mais, en dépit des offres magnifiques dont il fut l'objet, il s'abstint de lier partie avec Lépide, parce qu'il se défiait de sa capacité et surtout des circonstances, trouvées moins favorables qu'il ne l'espérait.

IV. Mais, ces discordes civiles une fois apaisées, il accusa de concussion Cornelius Dolabella, ancien consul et triomphateur (4) ; l'ayant vu acquitter, il prit la détermi-

(1) Cf. chap. 49. — Il s'agit ici de Nicomède IV, qui, dépouillé de son royaume par Mithridate, fut rétabli sur le trône par les Romains, auxquels il légua la Bithynie.

(2) Capitale de l'île de Lesbos, la seule ville d'Asie qui ait continué la guerre après la défaite de Mithridate ; elle fut prise d'assaut et détruite.

(3) En 78 av. J.-C. M. Aemilius Lepidus (le père du futur triumvir) était alors consul.

(4) En la même année 78.

atque illi pertinaciter contenderent, expugnatum tandem proclamasse siue diuinitus siue aliqua coniectura : « uincerent ac sibi haberent, dum modo scirent eum, quem incolumem tanto opere cuperent, quandoque optimatium partibus, quas secum simul defendissent, exitio futurum ; nam Caesari multos Marios inesse. »

II. | [1]Stipendia prima in Asia fecit Marci Thermi praetoris contubernio ; a quo ad accersendam classem in Bithyniam missus desedit apud Nicomeden, non sine rumore prostratae regi pudicitiae ; quem rumorem auxit intra paucos rursus dies repetita Bithynia per causam exigendae pecuniae, quae deberetur cuidam libertino clienti suo. [2]Reliqua militia secundiore fama fuit et a Thermo in expugnatione Mytilenarum corona ciuica donatus est.

III. [1]Meruit et sub Seruilio Isaurico in Cilicia, sed breui tempore. [2]Nam Sullae morte comperta, simul spe nouae dissensionis, quae per Marcum Lepidum mouebatur, Romam propere redit et Lepidi quidem societate, quamquam magnis condicionibus inuitaretur, abstinuit, cum ingenio eius diffisus tum occasione, quam minorem opinione offenderat.

IV. [1]Ceterum, composita seditione ciuili, Cornelium Dolabellam consularem et triumphalem repetundarum postulauit ; absolutoque Rhodum secedere statuit,

3 uincerent : uicerint M^2.
II, 1 accersendam *codd.* : arcess- M^2 || prostratae : -tatae [ae *per compend.*] M^1V^1.
III, 1 est. | Meruit : emeruit $M^2\delta$ || 2 redit : -iit T *dett.* [*uulgo*] || cum : tum ST, ΠQR || occasione : —ni *Casaubon* [*uulgo*].
IV, 1 triumphalem : triumph- uirum P^2O^2ST, ΠQεR.

nation de se retirer à Rhodes, à la fois pour se dérober à la haine et pour suivre, pendant cette période d'inaction et de repos les leçons d'Apollonius Molon, le maître d'éloquence le plus célèbre de l'époque. Au cours de sa traversée, accomplie déjà pendant les mois d'hiver, il fut pris par des pirates à la hauteur de l'île Pharmacuse (1), et resta au milieu d'eux, non sans la plus vive indignation, près de quarante jours, avec un médecin et deux valets de chambre, car, dès le premier moment, il avait envoyé ses compagnons et ses autres esclaves chercher la somme exigée pour sa rançon. Ensuite, quand les cinquante talents (2) eurent été comptés et qu'on l'eut débarqué sur le rivage, sans perdre un seul instant, il lança une flotte à la poursuite des pirates et, s'en étant rendu maître, leur infligea le supplice dont il les avait souvent menacés en plaisantant. Comme Mithridate dévastait alors les pays voisins (de son royaume), César, pour ne point sembler inactif quand des alliés étaient en danger, quitta Rhodes où il était parvenu, passa en Asie, puis, ayant rassemblé des troupes auxiliaires et chassé de la province le lieutenant du roi, maintint dans le devoir les cités chancelantes et incertaines.

V. Durant son tribunat militaire, première magistrature qu'il dut aux suffrages du peuple, après son retour à Rome, il aida de tout son pouvoir ceux qui s'efforçaient de restaurer la puissance tribunicienne, amoindrie par Sylla. De plus, en faveur de L. Cinna, le frère de sa femme (3), et des citoyens qui, durant les troubles civils, s'étaient comme lui attachés à Lépide (4), puis, après la mort de ce consul, réfugiés auprès de Sertorius, il fit voter la loi Plotia qui leur permettait de revenir à Rome, et lui-même prononça une harangue à ce sujet.

(1) Ile située près des côtes d'Asie-Mineure, au nord de Milet.
(2) Environ 1.390.225 francs de notre monnaie stabilisée.
(3) Cf. chap. 1[1].
(4) Cf. chap. 3[2], note 3.

et ad declinandam inuidiam et ut per otium ac requiem Apollonio Moloni, clarissimo tunc dicendi magistro, operam daret. [2]Huc dum hibernis iam mensibus traicit, circa Pharmacussam insulam a praedonibus captus est mansitque apud eos non sine summa indignatione prope quadraginta dies cum uno medico et cubicularis duobus. Nam comites seruosque ceteros initio statim ad expediendas pecunias, quibus redimeretur, dimiserat. [3]Numeratis deinde quinquaginta talentis expositus in litore non distulit quin e uestigio classe deducta persequeretur abeuntis ac redactos in potestatem supplicio, quod saepe illis minatus inter iocum fuerat, adficeret. [4]Vastante regiones proximas Mithridate, ne desidere in discrimine sociorum uideretur, ab Rhodo, quo pertenderat, transiit in Asiam auxiliisque contractis et praefecto regis prouincia expulso nutantis ac dubias ciuitates retinuit in fide.

V. | [1]Tribunatu militum, qui primus Romam reuerso per suffragia populi honor optigit, actores restituendae tribuniciae potestatis, cuius uim Sulla diminuerat, enixissime iuuit. [2]L. etiam Cinnae uxoris fratri, et qui cum eo ciuili discordia Lepidum secuti post necem consulis ad Sertorium confugerant, reditum in ciuitatem rogatione Plotia confecit habuitque et ipse super ea re contionem.

1 Moloni : Mi- GIIQ ‖ 2 Pharmacussam : -causam G phamarcusam [pharna-V] VLPOST ‖ indignatione : in dign- *Scriverius* dign- *Orsini* ‖ ceteros : *om.* IIQεR ‖ 4 desidere : dissi- V, LPOST.
V, 1 Tribunatu : -natum IIQεR, POT [m *in* O *puncto notata*] -nus *dett.* *Torrentius* ‖ actores : auctoresque IIQεR auctores *dett.* actores auctoresque *Graevius* ‖ diminuerat : de- GVSII.

VI. Pendant sa questure, ayant perdu sa tante Julie et sa femme Cornélie, selon l'usage il prononça leur éloge funèbre à la tribune aux harangues. Dans l'éloge de sa tante voici ce qu'il dit sur la double ascendance de la défunte et de son propre père : « Du côté de sa mère, ma tante Julie descend des rois, du côté de son père, elle se rattache aux dieux immortels. C'est en effet d'Ancus Marcius que sont sortis les Marcius Rex, et tel fut le nom de sa mère ; c'est de Vénus que descendent les Jules, et nous sommes une branche de cette famille. Elle unit donc au caractère sacré des rois, qui sont les maîtres des hommes, la sainteté des dieux, de qui relèvent même les rois. » Après la mort de Cornélie, César épousa Pompeia, fille de Q. Pompée et petite-fille de L. Sylla ; il divorça ensuite avec elle, la jugeant coupable de relations adultères avec Publius Clodius, car la rumeur publique accusait si formellement ce personnage de s'être introduit auprès d'elle, sous des vêtements de femme, au cours d'une cérémonie religieuse (1), que le sénat ordonna une enquête pour sacrilège.

VII. Comme questeur, il lui échut l'Espagne ultérieure (2) ; il parcourait les lieux d'assises de cette province pour rendre la justice par délégation du préteur, lorsque, étant venu à Gadès, il remarqua près du temple d'Hercule une statue d'Alexandre le Grand : il se mit alors à gémir et, comme écœuré de son inaction, en pensant qu'il n'avait encore rien fait de mémorable à l'âge où Alexandre avait déjà soumis toute la terre, il demanda tout de suite un congé pour saisir le plus tôt possible, à Rome, les occasions de se signaler. Et même, comme le songe de sa nuit précédente le remplissait de confusion

(1) Il s'agit ici du culte de la Bonne Déesse, dont les cérémonies étaient réservées aux femmes. Cf. chap. 74[4].

(2) L'Espagne méridionale qui constituera, sous l'Empire, les provinces de Bétique et de Lusitanie : cf. Pline, *H. N.*, III, 6.

VI. | [1]Quaestor Iuliam amitam uxoremque Corneliam defunctas laudauit e more pro rostris. [2]*Et* in amitae quidem laudatione de eius ac patris sui utraque origine sic refert : « Amitae meae Iuliae maternum genus ab regibus ortum, paternum cum diis immortalibus coniunctum est. Nam ab Anco Marcio sunt Marcii Reges, quo nomine fuit mater ; a Venere Iulii, cuius gentis familia est nostra. Est ergo in genere et sanctitas regum, qui plurimum inter homines pollent, et caerimonia deorum, quorum ipsi in potestate sunt reges. » | [3]In Corneliae autem locum Pompeiam duxit Quinti Pompei filiam, L. Sullae neptem ; cum qua deinde diuortium fecit, adulteratam opinatus a Publio Clodio, quem inter publicas caerimonias penetrasse ad eam muliebri ueste tam constans fama erat, ut senatus quaestionem de pollutis sacris decreuerit.

VII. | [1]Quaestori ulterior Hispania obuenit ; ubi cum mandatu PR. iure dicundo conuentus circumiret Gadisque uenisset, animaduersa apud Herculis templum Magni Alexandri imagine ingemuit et quasi pertaesus ignauiam suam, quod nihil dum a se memorabile actum esset in aetate, qua iam Alexander orbem terrarum subegisset, missionem continuo efflagitauit ad captandas quam primum maiorum rerum occasiones in urbe. [2]Etiam confusum eum somnio proximae noctis

VI, 2 Et *Casaubon* : sed *codd.* || utraque origine : orig- utr- LPOST || ab : a LPOST,N [a* *in* L] || cuius : cuis M^1 [*in textu sed* + cuius *in marg.* M^2] || **3** eam : ea in T eam in PO [*Oudendorp*].

VII, 1 mandatu : -o VL^2T || PR. *ed. princ. Rom. I* : P.R. M^1VQRT $R^1.R^1$. Π populi R. [*uel* Romani] *cett.* || iure : -ri G -ra N || dicundo : dicen- V,LPOST,N || circumiret : -cuiret GLN || dum $MVL^1P^1O^1Q$: tum *cett. et* N *om.* H [nichilum L^2].

(pendant son sommeil, il avait rêvé qu'il violait sa mère), les devins lui firent concevoir les plus vastes espérances, car, d'après eux, ceci lui présageait l'empire du monde, cette mère qu'il avait vue sous lui n'étant autre que la terre, qui passe pour avoir enfanté tous les hommes.

VIII. Quittant donc sa province avant le temps légal, il alla visiter les colonies latines qui s'agitaient pour obtenir le droit de cité, et il les aurait poussées à quelque coup d'audace, si les consuls, prévenant ses projets, n'avaient retenu un certain temps les légions enrôlées pour la Cilicie.

IX. Il n'en médita pas moins bientôt, à Rome, de plus vastes entreprises : en effet, quelques jours avant son édilité, on le soupçonna d'avoir comploté avec le consulaire Marcus Crassus (1), de concert avec Publius Sylla (2) et L. Autronius (3), condamnés pour brigue après avoir été désignés comme consuls, d'attaquer le sénat au commencement de l'année et d'égorger les sénateurs qu'ils auraient désignés ; après quoi, Crassus se serait emparé de la dictature et aurait pris César pour maître de cavalerie, puis, une fois l'État organisé à leur guise, le consulat aurait été rendu à Sylla et à Autronius. Cette conjuration est mentionnée par Tanusius Geminus, dans son histoire, par Marcus Bibulus, dans ses édits, par C. Curion le père, dans ses discours. C'est à elle que Cicéron semble aussi faire allusion dans une lettre à Axius *, quand il dit que César s'assura une fois consul la souveraineté qu'il s'était promise étant édile. Tanusius ajoute que Crassus, par repentir ou par crainte, ne parut point au jour fixé pour le meurtre (des sénateurs), ce qui empêcha également César de donner le signal comme ils en étaient

(1) Il avait été consul en 70 avec Pompée : cf. chap. 19[4].
(2) Fils de Servius Sulla, frère du dictateur.
(3) Ce personnage, à qui Salluste (*Cat.*, 17, 3) donne le prénom de Publius, avait exercé la questure en 75, la même année que Cicéron, son ami d'enfance.

(nam uisus erat per quietem stuprum matri intulisse) coiectores ad amplissimam spem incitauerunt, arbitrium terrarum orbis portendi interpretantes, quando mater, quam subiectam sibi uidisset, non alia esset quam terra, quae omnium parens haberetur.

VIII. Decedens ergo ante tempus colonias Latinas de petenda ciuitate agitantes adiit, et ad audendum aliquid concitasset, nisi consules conscriptas in Ciliciam legiones paulisper ob id ipsum retinuissent.

IX. | [1]Nec eo setius maiora mox in urbe molitus est : siquidem ante paucos dies quam aedilitatem iniret, uenit in suspicionem conspirasse cum Marco Crasso consulari, item Publio Sulla et L. Autronio post designationem consulatus ambitus condemnatis, ut principio anni senatum adorirentur et, trucidatis quos placitum esset, dictaturam Crassus inuaderet, ipse ab eo magister equitum diceretur constitutaque ad arbitrium re publica Sullae et Autronio consulatus restitueretur. [2]Meminerunt hujus coniurationis Tanusius Geminus in historia, Marcus Bibulus in edictis, C. Curio pater in orationibus. De hac significare videtur et Cicero, in quadam ad Axium epistula referens Caesarem in consulatu confirmasse regnum, de quo aedilis cogitarat. Tanusius adicit Crassum paenitentia vel metu diem caedi destinatum non obisse et idcirco ne Caesarem quidem signum, quod ab eo dari conuenerat, dedisse ;

2 arbitrium : -trum GVS ‖ portendi : potiundi [-endi Π^2] POSTNΠ^2.
VIII, adiit : *om.* ΠQεR.
IX, 1 Publio : P· V,LPOST ‖ 2 cogitarat STL^{2}P^{2}O^2, ΠQεR: -ret *cett.* [*Preud'homme*] -rit *Polak* ‖ obisse : ab- Q ad- ΠR.

convenus ; et, d'après Curion, ce signal consistait à faire tomber sa toge de son épaule. Ce même Curion, mais aussi M. Actorius Nason (1), affirment qu'il conspira encore avec le jeune Gnaeus Pison *, à qui ce soupçon de complot fomenté à Rome aurait même fait attribuer à titre extraordinaire la province d'Espagne, et qu'ils s'étaient entendus pour provoquer ensemble une révolution, l'un du dehors, et César, à Rome, en soulevant les Ambrons (2) et les Gaulois transpadans, mais que la mort de Pison détruisit leur double projet.

X. Durant son édilité, outre le comitium (3), le forum et les basiliques *, il fit même décorer le Capitole, où l'on construisit des portiques provisoires, afin d'y exposer une partie de ses collections, tant il possédait d'œuvres d'art. Il donna aussi des chasses et des jeux, soit avec son collègue, soit pour son propre compte, si bien qu'on lui savait gré à lui seul même des dépenses faites en commun, et que son collègue Marcus Bibulus ne se cachait pas pour dire : « Il m'est arrivé la même mésaventure qu'à Pollux : de même que le temple élevé aux deux jumeaux dans le forum porte seulement le nom de Castor, les munificences de César et de Bibulus sont attribuées au seul César. » Par surcroît, César donna encore un combat de gladiateurs, mais avec des couples bien moins nombreux qu'il ne l'avait projeté ; en effet, l'importance de la troupe qu'il avait rassemblée de toutes parts ayant effrayé ses ennemis, on fixa par précaution le nombre maximum de gladiateurs qu'un citoyen était autorisé à posséder dans Rome.

XI. Ayant ainsi gagné la faveur du peuple, il essaya, par l'entremise de certains tribuns, de se faire attribuer

(1) Historien mentionné de nouveau chap. 52[1].

(2) Les Ambrons Ligures : cf. Plutarque, *Mar.*, 19, et Deutsch, *C. Ph.*, 1921, pp. 256-259.

(3) Petit espace situé au coin N.-O. du forum, où se tenaient les assemblées du peuple.

conuenisse autem Curio ait, ut togam de umero deiceret. [3]Idem Curio, sed et M. Actorius Naso auctores sunt conspirasse eum etiam cum Gnaeo Pisone adulescente, cui ob suspicionem urbanae coniurationis prouincia Hispania ultro extra ordinem data sit ; pactumque ut simul foris ille, ipse Romae ad res nouas consurgerent, per Ambrones et Transpadanos ; destitutum utriusque consilium morte Pisonis.

X. | [1]Aedilis praeter comitium ac forum basilicasque etiam Capitolium ornauit porticibus ad tempus extructis, in quibus abundante rerum copia pars apparatus exponeretur. [2]Venationes autem ludosque et cum collega et separatim edidit, quo factum est, ut communium quoque inpensarum solus gratiam caperet nec dissimularet collega eius Marcus Bibulus « euenisse sibi quod Polluci : ut enim geminis fratribus aedes in foro constituta tantum Castoris uocaretur, ita suam Caesarisque munificentiam unius Caesaris dici. » [3]Adiecit insuper Caesar etiam gladiatorium munus, sed aliquanto paucioribus quam destinauerat paribus ; nam cum multiplici undique familia comparata inimicos exterruisset, cautum est de numero gladiatorum, quo ne maiorem cuiquam habere Romae liceret.

XI. | [1]Conciliato populi fauore temptauit per partem tribunorum, ut sibi Aegyptus prouincia plebi

2 deiceret : eiceret T || 3 Gnaeo : *om.* V, LPOST || Ambrones *ed. Bonon.* 1488 [*Beroald*] : Ambranos *codd.* Lamb- *Sabellicus* [*uulgo*] Ambronas *C. Barth al.* Ambarros *Urlichs* Aruernos *Mommsen* Campanos *Madvig.*

X, 1 pars : par LPOST, Q² || **2** unius Caesaris : umicus [Caesaris *om.*] V Cesaris unius ε.

XI, 1 plebi scito : plebissito V plebis scito GL, ΠQR.

par un plébiscite le département de l'Égypte * : il trouvait là une occasion d'obtenir un commandement extraordinaire, car les habitants d'Alexandrie avaient chassé leur roi, appelé ami et allié par le sénat, et la chose était généralement désapprouvée (à Rome) ; mais l'opposition du parti aristocratique le fit échouer. En retour, pour diminuer, par tous les moyens possibles, l'influence des grands, il releva les trophées commémorant les victoires de Gaius Marius sur Jugurtha, sur les Cimbres et sur les Teutons, autrefois renversés par Sylla, et quand il instruisit contre les sicaires *, il comprit parmi eux, malgré l'exception prévue par les lois Cornélies *, les personnes qui, pendant les proscriptions, avaient reçu de l'argent du trésor pour avoir rapporté les têtes de certains citoyens romains.

XII. Il poussa même quelqu'un * à intenter un procès de haute trahison à Gaius Rabirius, qui avait été, nombre d'années auparavant (1), le principal agent du sénat dans la répression de la tentative séditieuse du tribun Lucius Saturninus, et, désigné par le sort comme juge de l'accusé, il mit tant de passion à le faire condamner que Rabirius en ayant appelé au peuple trouva dans l'acharnement de son juge son meilleur moyen de défense.

XIII. Frustré de ses espérances du côté de l'Égypte, il brigua la dignité de grand pontife, non sans répandre l'argent à profusion : aussi, pensant à l'énormité de ses dettes, il aurait, paraît-il, en partant pour les élections, annoncé à sa mère qui l'embrassait : « Je ne rentrerai pas chez moi, sinon comme pontife. » Et il l'emporta de si loin sur deux compétiteurs très puissants, bien supérieurs à lui en âge et en dignité, qu'il obtint à lui seul plus de suffrages dans leurs propres tribus que l'un et l'autre dans toutes.

(1) Ce procès fut intenté en 63, c'est-à-dire 37 ans après le meurtre de Saturninus, qui avait eu lieu en 100 av. J.-C.

scito daretur, nanctus extraordinarii imperii occasionem, quod Alexandrini regem suum, socium atque amicum a senatu appellatum, expulerant resque uulgo inprobabatur. [2]Nec obtinuit aduersante optimatium factione : quorum auctoritatem ut quibus posset modis in uicem deminueret, tropaea Gai Mari de Iugurtha deque Cimbris atque Teutonis olim a Sulla disiecta restituit atque in exercenda de sicaris quaestione eos quoque sicariorum numero habuit, qui proscriptione ob relata ciuium Romanorum capita pecunias ex aerario acceperant, quamquam exceptos Cornelis legibus.

XII. Subornauit etiam qui Gaio Rabirio perduellionis diem diceret, quo praecipuo adiutore aliquot ante annos Luci Saturnini seditiosum tribunatum senatus coercuerat, ac sorte iudex in reum ductus tam cupide condemnauit, ut ad populum prouocanti nihil aeque ac iudicis acerbitas profuerit.

XIII. [1]Deposita prouinciae spe pontificatum maximum petit non sine profusissima largitione : in qua reputans magnitudinem aeris alieni, cum mane ad comitia descenderet, praedixisse matri osculanti fertur « domum se nisi pontificem non reuersurum. » [2]Atque ita potentissimos duos competitores multumque et aetate et dignitate antecedentes superauit, ut plura ipse in eorum tribubus suffragia quam uterque in omnibus tulerit.

1 inprobabatur : im- ΠQεR improbatur [inp- M] *cett.* || 2 optimatium : -tum ΠQR, L[2]T || deminueret : di- LPOST, Π[2] || numero-Romanorum : *om.* ΠQR.

XII adiutore : aiu- M[1] auctore GV, LPOST.

XIII, 1 petit : -iit ΠQR.

XIV. Il était préteur, quand fut découverte la conspiration de Catilina (1), et, tandis que les autres sénateurs, à l'unanimité, prononçaient la mort contre les conjurés, lui seul opina qu'il fallait les emprisonner séparément dans des villes municipales, en confisquant leurs biens. Il inspira même tant de crainte aux partisans de la sévérité à outrance, à force de leur représenter combien les haïrait plus tard la plèbe de Rome, que Décimus Silanus, consul désigné, ne pouvant sans honte revenir sur son opinion, n'hésita pas à lui donner une interprétation plus douce, en prétendant qu'elle avait été prise dans un sens plus rigoureux qu'il ne l'entendait lui-même. Il l'aurait même emporté, car la majorité des sénateurs, et parmi eux Cicéron, le frère du consul, étaient déjà passés de son côté, si le discours de M. Caton n'avait raffermi le sénat chancelant. Même alors, César ne renonça pas à son opposition, si bien qu'à la fin, devant son acharnement sans mesure, une troupe de chevaliers romains, qui se tenaient en armes autour de la curie pour la garder, le menaça de mort, en dirigeant contre lui ses glaives dégaînés ; les sénateurs assis à côté de lui l'abandonnèrent et c'est à peine si quelques amis purent le sauver en le prenant dans leurs bras et le couvrant de leurs toges. Réellement effrayé, cette fois, non seulement il céda, mais il s'abstint même de paraître à la curie pendant le reste de l'année *.

XV. Le premier jour de sa préture, il cita Q. Catulus devant le peuple, aux fins d'enquête sur la reconstruction du Capitole *, en présentant un projet de loi qui confiait à un autre le soin de ces travaux ; mais, trop faible devant la coalition des grands, qu'il voyait, se dérobant aussitôt à la réception des nouveaux consuls, accourir en foule avec la ferme intention de lui résister, il abandonna cette poursuite.

(1) En 63 av. J.-C.

XIV. | [1]Praetor creatus, detecta coniuratione Catilinae senatuque uniuerso in socios facinoris ultimam statuente poenam, solus municipatim diuidendos custodiendosque publicatis bonis censuit. [2]Quin et tantum metum iniecit asperiora suadentibus, identidem ostentans quanta eos in posterum a plebe Romana maneret inuidia, ut Decimum Silanum consulem designatum non piguerit sententiam suam, quia mutare turpe erat, interpretatione lenire, uelut grauius atque ipse sensisset exceptam. [3]Obtinuisset adeo transductis iam ad se pluribus et in his Cicerone consulis fratre, nisi labantem ordinem confirmasset M. Catonis oratio. [4]Ac ne sic quidem impedire rem destitit, quoad manus equitum Romanorum, quae armata praesidii causa circumstabat, inmoderatius perseueranti necem comminata est, etiam strictos gladios usque eo intentans, ut sedentem una proximi deseruerint, uix pauci complexu togaque obiecta protexerint. [5]Tunc plane deterritus non modo cessit, sed et in reliquum anni tempus curia abstinuit.

XV. | Primo praeturae die Quintum Catulum de refectione Capitoli ad disquisitionem populi uocauit rogatione promulgata, qua curationem eam in alium transferebat ; uerum impar optimatium conspirationi, quos relicto statim nouorum consulum officio frequentes obstinatosque ad resistendum concucurrisse cernebat, hanc quidem actionem deposuit.

XIV 3 Cicerone : -nis LPOST, ΠR || 4 ne : nec LPOST, Q || quoad : quoadusque LPOST.
XV concucurrisse ΠG [*in hoc* cur *in marg. add. m.*1] : con ** currisse * M concurrisse *cett.*

XVI. Mais, comme Cæcilius Metellus, tribun de la plèbe, voulait, malgré l'opposition de ses collègues, faire passer des lois tout à fait subversives (1), il montra la plus grande obstination à l'encourager et à le défendre, jusqu'à ce qu'ils fussent l'un et l'autre suspendus de leurs fonctions publiques par décision du sénat. Il osa néanmoins rester en charge et continuer à rendre la justice (2), mais, apprenant que l'on se disposait à le contraindre par la force des armes, il renvoya ses licteurs (3) et, quittant sa prétexte (4), se réfugia secrètement chez lui, décidé à se tenir tranquille en raison des circonstances. Et même, deux jours après, comme la foule, par un élan tout spontané, s'était rassemblée (près de sa maison) et lui promettait à grands cris de l'aider à reprendre sa charge, il calma son agitation. Le sénat, qui s'attendait à tout autre chose, et qui s'était réuni à la hâte en raison de cet attroupement, lui fit présenter ses remercîments par des citoyens notables, puis, l'ayant fait venir dans la curie, le combla d'éloges magnifiques et le rétablit dans toutes ses prérogatives, en révoquant sa première décision.

XVII. Il retomba encore dans un nouveau danger, car il fut dénoncé comme complice de Catilina à la fois devant le questeur Novius Niger, par le délateur Lucius Vettius, et au sénat, par Quintus Curius, auquel on avait décerné des récompenses publiques pour avoir le premier révélé le plan des conjurés. Curius prétendait avoir appris la chose de Catilina, Vettius allait jusqu'à promettre de produire un billet écrit par César à Catilina. Alors César,

(1) Il attaquait surtout Cicéron, auquel il reprochait l'exécution des conjurés. De là « ces lois tout à fait subversives », dont parle également Plutarque, *Cato min.*, 26-29. C'est Caton qui, parmi ses collègues, lui opposa le plus de résistance.

(2) C'était la fonction particulière du préteur urbain.

(3) Le préteur avait droit à deux licteurs, dans Rome.

(4) Toge bordée de pourpre que portaient les consuls, préteurs, censeurs, et édiles curules.

XVI. [1]Ceterum Caecilio Metello tribuno plebis turbulentissimas leges aduersus collegarum intercessionem ferenti auctorem propugnatoremque se pertinacissime praestitit, donec ambo administratione rei publicae decreto patrum submouerentur. [2]Ac nihilo minus permanere in magistratu et ius dicere ausus, ut comperit paratos, qui ui ac per arma prohiberent, dimissis lictoribus abiectaque praetexta domum clam refugit pro condicione temporum quieturus. [3]Multitudinem quoque biduo post sponte et ultro confluentem operamque sibi in adserenda dignitate tumultuosius pollicentem conpescuit. [4]Quod cum praeter opinionem euenisset, senatus ob eundem coetum festinato coactus gratias ei per primores uiros egit accitumque in curiam et amplissimis uerbis conlaudatum in integrum restituit inducto priore decreto.

XVII. | [1]Recidit rursus in discrimen aliud inter socios Catilinae nominatus et apud Nouium Nigrum quaestorem a Lucio Vettio indice et in senatu a Quinto Curio, cui, quod primus consilia coniuratorum detexerat, constituta erant publice praemia. [2]Curius e Catilina se cognouisse dicebat, Vettius etiam chirographum eius Catilinae datum pollicebatur. [3]Id uero Caesar

XVI, 1 administratione *dett.* : ab ad- $GO^2T\rho$ ministratione $Q\varepsilon$ abministr- *cett.* || 4 euenisset : conuen- $M^3\delta$ || in integrum : in *om.* M^1Q^1.

XVII, 1 Recidit : rece- M^1 GV || Vettio V : uetio MGQ uectio *uel* ueccio *cett.* [*item* 17^3, *at* 17^2 *recte etiam* MLQ] || indice : iud- δ Iudice *Lambin* || Curio : Curio nominatus inter socios ΠP^2 O^2ST || 2 Curius ΠQRV [*in hoc in marg. m.*1] : -rios $M^1\delta\varepsilon$-rio M^2GV [*in hoc in textu*] LPOST || e Catilina : catilinam G quia per catilinam LPOST.

estimant qu'il ne devait à aucun prix tolérer pareille accusation, démontra en implorant le témoignage de Cicéron, qu'il avait de lui-même indiqué au consul certains détails de la conjuration, et fit priver Curius de ses récompenses ; quant à Vettius, on lui infligea une saisie *, on pilla son mobilier, il fut maltraité et presque mis en pièces en pleine assemblée, devant la tribune aux harangues, puis César le fit jeter en prison ; il y fit mettre aussi le questeur Novius, pour avoir supporté que l'on accusât devant lui un magistrat supérieur.

XVIII. A l'issue de sa préture, le sort lui attribua l'Espagne ultérieure * ; retenu par ses créanciers, il se débarrassa d'eux en se faisant cautionner, puis, contrairement à l'usage et à la loi, il partit sans attendre que les nouveaux gouverneurs fussent pourvus du nécessaire (1), peut-être parce qu'il redoutait les poursuites dont il était menacé dans l'intervalle entre ses deux charges, ou pour se hâter de secourir les alliés qui l'imploraient ; ensuite, quand il eut pacifié sa province, il revint avec la même précipitation, sans attendre son successeur, pour demander à la fois le triomphe et le consulat. Mais, comme les élections avaient déjà été annoncées, on ne pouvait tenir compte de sa candidature que s'il rentrait à Rome en simple particulier et, quand il intrigua pour obtenir une dérogation aux lois, beaucoup s'y opposèrent, de sorte qu'il fut contraint de différer son triomphe pour ne pas être exclu du consulat.

XIX. De ses deux compétiteurs au consulat, Lucius Lucceius et Marcus Bibulus, il s'associa le premier, en convenant que ce candidat dont le crédit était inférieur au sien, mais la fortune considérable, promettrait à toutes les centuries, au nom de tous deux, des largesses qu'il ferait avec ses propres fonds. Les grands, instruits

(1) C'est-à-dire avant que l'on eût donné aux gouverneurs partant pour leurs provinces l'argent, les armes et l'escorte nécessaires.

nullo modo tolerandum existimans, cum inplorato Ciceronis testimonio quaedam se de coniuratione ultro ad eum detulisse docuisset, ne Curio praemia darentur effecit ; Vettium pignoribus captis et direpta supellectile male mulcatum ac pro rostris in contione paene discerptum coiecit in carcerem ; eodem Nouium quaestorem, quod compellari apud se maiorem potestatem passus esset.

XVIII. | [1]Ex praetura ulteriorem sortitus Hispaniam retinentes creditores interuentu sponsorum remouit ac neque more neque iure, ante quam prouinciae or*n*arentur, profectus est, incertum metune iudicii, quod priuato parabatur, an quo maturius sociis inplorantibus subueniret ; pacataque prouincia pari festinatione, non expectato successore ad triumphum simul consulatumque decessit. [2]Sed cum edictis iam comitis ratio eius haberi non posset nisi priuatus introisset urbem, et ambienti ut legibus solueretur multi contra dicerent, coactus est triumphum, ne consulatu excluderetur, dimittere.

XIX. [1]E duobus consulatus competitoribus, Lucio Lucceio Marcoque Bibulo, Lucceium sibi adiunxit pactus ut is, quoniam inferior gratia esset pecuniaque polleret, nummos de suo communi nomine per centurias pronuntiaret. [2]Qua cognita re optimates, quos

3 Curio : -ni M² || supellectile : -i δ || mulcatum : mult- V, LPOST, ΠQεR.

XVIII, 1 ornarentur *Lambin* : ordina- [ordirentur O¹] *om. codd.* || 2 urbem : in urb- GT.

XIX, 1 consulatus : consol- M *om. dett.* || Lucceio : luceio G, LPOST, R || Lucceium : luceium [-ceum O] G, LPOST || 2 optimates : optu- Mε.

de ce marché et craignant que César, une fois investi de la magistrature suprême, ne se crût tout permis, s'il avait un collègue d'accord avec lui et se prêtant à ses vues, recommandèrent à Bibulus de faire des promesses égales, et la plupart d'entre eux lui fournirent de l'argent ; Caton lui-même approuva ces largesses comme utiles à l'État. César fut donc nommé consul avec Bibulus (1). Pour le même motif, les grands prirent soin de faire attribuer aux futurs consuls des départements sans importance, à savoir ceux des bois et des pâturages (2). Poussé à bout par cette injustice, César se mit à combler de prévenances Gnaeus Pompée, qui s'irritait de voir le sénat trop peu empressé à ratifier ses actes, après sa victoire sur le roi Mithridate (3), et il le réconcilia avec Marcus Crassus, son ennemi de vieille date, depuis le consulat qu'ils avaient exercé ensemble dans le désaccord le plus complet (4) ; puis il conclut avec eux une alliance, aux termes de laquelle rien ne devait se faire dans l'État, sans être agréé de tous trois (5).

XX. Entré en charge, César établit le premier que les actes du sénat aussi bien que du peuple seraient consignés dans un journal destiné au public. Il rétablit aussi l'ancien usage de se faire précéder par un huissier et suivre par ses licteurs durant le mois où il n'avait pas les faisceaux (6). Par ailleurs, il promulgua une loi agraire et, comme son collègue s'y opposait, il le fit expulser du forum par les armes ; le lendemain, Bibulus s'en plaignit

(1) Pour l'année 59 av. J.-C.

(2) On appelait ainsi les régions situées entre la Campanie et l'Adriatique ; elles étaient riches en pâturages. Cf. Tacite, *Ann.*, IV, 27².

(3) Mithridate, vaincu, s'était fait donner la mort en 63 av. J.-C.

(4) Cf. chap. 9¹, note 1.

(5) Ce fut le premier triumvirat, formé en 60.

(6) Chaque consul avait droit aux faisceaux un mois ou, dans certains cas, un jour sur deux.

metus ceperat nihil non ausurum eum in summo magistratu concordi et consentiente collega, auctores Bibulo fuerunt tantundem pollicendi, ac plerique pecunias contulerunt, ne Catone quidem abnuente eam largitionem e re publica fieri. | [3]Igitur cum Bibulo consul creatur. Eandem ob causam opera ab optimatibus data est, ut prouinciae futuris consulibus minimi negotii, id est siluae callesque, decernerentur. [4]Qua maxime iniuria instinctus omnibus officiis Gnaeum Pompeium adsectatus est offensum patribus, quod Mithridate rege uicto cunctantius confirmarentur acta sua ; Pompeioque Marcum Crassum reconciliauit ueterem inimicum ex consulatu, quem summa discordia simul gesserant ; ac societatem cum utroque iniit, ne quid ageretur in re publica, quod displicuisset ulli e tribus.

XX. [1]Inito honore primus omnium instituit, ut tam senatus quam populi diurna acta confierent et publicarentur. [2]Antiquum etiam rettulit morem, ut quo mense fasces non haberet, accensus ante eum iret, lictores pone sequerentur. [3]Lege autem agraria promulgata obnuntiantem collegam armis foro expulit ac postero die in senatu conquestum nec quoquam

2 pollicendi : -centi [-ceri T] MGV, LPOST, δ || quidem : *om.* V || 3 creatur : -tus GT || ab : *om.* $ε^1$ *dett.* || minimi negotii id est siluae callesque : id — callesque *del. P. Willems* sil- cal- id est min- neg- *Halbertsma* || 4 instinctus : instigatus *Bentley* || adsectatus : -secutus M^1 ass- M^2 assectatus *cett.* || Marcum : m. GV, LPOST.

XX, 1 primus : -mum *Modderman* || confierent : -ficerentur [-fit- S] ΠQR, STP^2O^2 || 2 mense : mense ⟨ consul ⟩ *Modderman* [consul *ante* accensus *addit Bentley*] || 3 obnuntiantem : ab- M^2, L^1POST

au sénat, mais n'ayant trouvé personne qui osât faire un rapport sur un pareil coup de force ni proposer quelque mesure comme on en avait souvent décidé à propos de moindres désordres, il fut réduit à un tel découragement que, jusqu'à sa sortie de charge, se tenant enfermé chez lui, il se contenta de manifester son opposition par des édits. A partir de ce moment, César régla seul, à sa guise, toutes les affaires de l'État ; aussi quelques personnes facétieuses, en manière de plaisanterie, ayant à signer un acte pour le rendre authentique, écrivaient-elles non point « fait sous le consulat de César et de Bibulus », mais « sous le consulat de Jules et de César », mentionnant ainsi deux fois le même personnage par son nom et par son surnom ; et bientôt coururent partout les vers suivants * :

> Ce n'est pas Bibulus, mais César qui a fait dernièrement telle chose,
> Car le consul Bibulus, que fait-il ? rien, que je sache.

La plaine de Stella (1), consacrée à l'État par nos ancêtres, et le territoire campanien, qui était resté soumis à l'impôt, pour les besoins de la république, fut divisé par lui, sans tirage au sort (2), entre vingt mille citoyens environ, qui avaient trois enfants ou davantage. Les fermiers publics demandant une remise, il réduisit d'un tiers leurs redevances et leur recommanda publiquement d'éviter la folle enchère pour l'adjudication des prochains impôts. Il prodigua de même les autres faveurs que chacun lui réclamait, sans que personne protestât et si quelqu'un s'y hasardait, il le réduisait par la terreur. Marcus Caton s'opposant à lui, il le fit traîner hors de la curie par un licteur et conduire en prison.

(1) Partie du territoire campanien située près du mont Callicula et du territoire de Falerne.

(2) Les lots de terre ne furent pas attribués par tirage au sort, mais suivant la décision de *uiginti uiri agris diuidundis*. Cf. *Aug.*, 4[3].

reperto, qui super tali consternatione referre aut censere aliquid auderet, qualia multa saepe in leuioribus turbis decreta erant, in eam coegit desperationem, ut, quoad potestate abiret, domo abditus nihil aliud quam per edicta obnuntiaret. | [4]Vnus ex eo tempore omnia in re publica et ad arbitrium administrauit, ut nonnulli urbanorum, cum quid per iocum testandi gratia signarent, non Caesare et Bibulo, sed Iulio et Caesare consulibus actum scriberent, bis eundem praeponentes nomine atque cognomine, utque uulgo mox ferrentur hi versus :

Non Bibulo quiddam nuper, sed Caesare factum est :
Nam Bibulo fieri consule nil memini.

[5]Campum Stellatem maioribus consecratum agrumque Campanum ad subsidia rei publicae uectigalem relictum diuisit extra sortem *ad* uiginti milibus ciuium, quibus terni pluresue liberi essent. [6]Publicanos remissionem petentis tertia mercedum parte releuauit ac, ne in locatione nouorum uectigalium inmoderatius licerentur, propalam monuit. [7]Cetera item, quae cuique libuissent, dilargitus est contra dicente nullo ac, si conaretur quis, absterrito. Marcum Catonem interpellantem extrahi curia per lictorem ducique in car-

3 qui : quae Mε ‖ turbis : -pis Q^1 culpis ΠRQ^2ρ ‖ **4** urbanorum : -iorum *Bentley* [*cf.* *Vesp.*, 20[1]] ‖ per iocum : *post* signarent *ponit* *Juste-Lipse del.* *C. Nägler* ‖ testandi : -tanti M^1 δ -tati M^2Q testationis ε ‖ Iulio et Caesare : cesare et iulio O *dett.* [*Oudendorp*] ‖ bis — cognomine : *del.* *Juste-Lipse* nomine atque cognomine *del.* *Modderman* ‖ utque : ut*que M ‖ quiddam MGVLS,ΠQεR : quicquam POT [*Roth Preud'homme*] ‖ nil : nihil M ‖ **5** Stellatem : -tum ΠQR, STP^2O^2 ‖ ad uiginti *Casaubon* : ac uig- *om. codd.* ‖ **6** licerentur : duce- LPOST ute- *et superscr.* + licitarentur ρ ‖ **7** libuissent : -et *dett.* [*Bentley Madvig*] ‖ Marcum : M. V,LPOS.

Comme Lucius Lucullus lui résistait avec trop de hardiesse (1), il lui inspira une telle crainte de ses imputations calomnieuses (2) que celui-ci se jeta de lui-même à ses genoux. Cicéron déplorant, dans un plaidoyer (3), le malheur des temps, le même jour et à la neuvième heure, César fit passer son ennemi Publius Clodius de la classe des patriciens dans celle de la plèbe (4), faveur que depuis longtemps ce dernier s'efforçait en vain d'obtenir. Enfin, contre tous ses adversaires en général, [il soudoya un dénonciateur], qui consentit, pour de l'argent, à déclarer que certains d'entre eux lui avaient demandé de tuer Pompée, et à comparaître à la tribune aux harangues pour désigner d'après ses indications les instigateurs du crime ; mais celui-ci s'étant trompé sur un ou deux noms, ce qui fit soupçonner la fraude, César, désespérant d'une entreprise si téméraire, l'aurait, dit-on, fait disparaître en l'empoisonnant.

XXI. Vers la même époque, il épousa Calpurnie, fille de L. Pison, qui devait lui succéder au consulat, et maria sa propre fille Julie à Gnaeus Pompée, en congédiant son premier fiancé, Servilius Cépion, qui, peu de temps auparavant, l'avait, plus que personne, aidé à combattre Bibulus. Depuis cette nouvelle alliance, ce fut Pompée qu'il se mit à interroger le premier au sénat, et non plus Crassus, comme d'habitude, quoique, d'après l'usage, le consul dût suivre pendant toute l'année, pour prendre les avis, l'ordre qu'il avait adopté aux calendes de janvier.

XXII. Choisissant donc, grâce à l'appui de son beau-

(1) Il faisait échec à César, qui cherchait à faire ratifier les actes de Pompée : cf. 19[4].

(2) César le menaçait d'une enquête sur sa conduite en Asie, au temps de son proconsulat.

(3) *De domo*, 41.

(4) Par adoption, pour qu'il pût devenir tribun de la plèbe et s'attaquer à Cicéron.

cerem iussit. Lucio Lucullo liberius resistenti tantum calumniarum metum iniecit, ut ad genua ultro sibi accideret. Cicerone in iudicio quodam deplorante temporum statum, Publium Clodium inimicum eius, frustra iam pridem a patribus ad plebem transire nitentem, eodem die horaque nona transduxit. [8]Postremo in uniuersos diuersae factionis****** inductum praemiis, ut se de inferenda Pompeio nece sollicitatum a quibusdam profiteretur productusque pro rostris auctores ex conpacto nominaret; sed uno atque altero frustra nec sine suspicione fraudis nominatis desperans tam praecipitis consilii euentum intercepisse ueneno indicem creditur.

XXI. | [1]Sub idem tempus Calpurniam L. Pisonis filiam successuri sibi in consulatu duxit uxorem suamque, Iuliam, Gnaeo Pompeio conlocauit repudiato priore sponso Seruilio Caepione, cuius uel praecipua opera paulo ante Bibulum inpugnauerat. [2]Ac post nouam adfinitatem Pompeium primum rogare sententiam coepit, cum Crassum soleret essetque consuetudo, ut quem ordinem interrogandi sententias consul Kal. Ianuariis instituisset, eum toto anno conseruaret.

XXII. | [1]Socero igitur generoque suffragantibus ex

7 Publium : P. V, LPOS ‖ **8** in uniuersos : in *om.* $R^1\varepsilon$ ‖ inductum *codd.* : inductum quendam *dett.* induxit *Estienne* induxit ⟨ Vettium ⟩ *Orsini* ⟨ Vettium subornasse ⟩ [*uel* immisisse] inductum *Oudendorp* ⟨ indicem subornauit Vettium ⟩ inductum *Roth* ‖ productusque : -tosque G.

XXI, 1 Calpurniam *edd. Aldinae* : Calph- *om. codd.* ‖ consulatu : -um LPOST [*Oudendorp*] [*cf. infra* 29^a] ‖ Bibulum : biduum V ‖ **2** Crassum soleret : Crassum [-us δ] sileret M^a L^1 POδ ‖ consul Kal. Ianuariis : Kal. Ianuar- csul V, LPOST.

père et de son gendre, entre toutes les provinces, il préféra les Gaules, *jugeant* qu'il y trouverait les ressources nécessaires et les occasions favorables pour remporter des triomphes. Il ne reçut d'abord que la Gaule Cisalpine avec l'Illyricum (1), en vertu de la loi Vatinia (2) ; le sénat y joignit bientôt la Gaule Chevelue (3), craignant, s'il la lui refusait pour sa part, qu'elle ne lui fût, elle aussi, donnée par le peuple. Alors, dans l'excès de sa joie, il ne se gêna pas, quelques jours plus tard, pour se vanter en présence de nombreux sénateurs « d'avoir, malgré la résistance et les lamentations de ses adversaires, obtenu ce qu'il avait désiré, et de pouvoir désormais, par conséquent, marcher sur leurs têtes à tous » ; et, comme un sénateur, pour l'outrager, déclarait que cela ne serait pas facile à une femme (4), il répondit, en ayant l'air de plaisanter : « que déjà Sémiramis avait régné en Syrie, et que les Amazones avaient dominé jadis une grande partie de l'Asie. »

XXIII. Au sortir de son consulat, les préteurs Gaius Memmius et Lucius Domitius déposant un rapport sur les faits de l'année précédente (5), il déféra au sénat l'instruction de l'affaire ; mais comme celui-ci ne s'en chargeait pas et que trois jours s'étaient passés en discussions vaines, il partit pour sa province ; aussitôt son questeur fut traîné en justice, sous plusieurs inculpations, en vue d'une enquête préjudicielle *. Bientôt après, il fut cité lui-même par Lucius Antistius, tribun de la plèbe,

(1) Contrée située sur la côte de la mer Adriatique, comprenant une partie du Frioul, de l'Istrie et de la Dalmatie.

(2) C'est-à-dire sans sénatusconsulte, directement du peuple, sur la proposition de Vatinius, tribun de la plèbe.

(3) Seulement la province romaine, la Narbonnaise. La Gaule Chevelue fut d'abord toute la Transalpine ; plus tard, à l'exclusion de la Narbonnaise, les trois provinces formées avec le pays conquis par César : la Lyonnaise, la Belgique et l'Aquitaine.

(4) Allusion à ses mœurs efféminées : cf. chap. 2[1].

(5) Ce rapport signalait les illégalités commises par César

omni prouinciarum copia Gallias potissimum elegit, † cuius emolumento et oportunitate idonea sit materia triumphorum. [2]Et initio quidem Galliam Cisalpinam Illyrico adiecto lege Vatinia accepit ; mox per senatum Comatam quoque, ueritis patribus ne, si ipsi negassent, populus et hanc daret. [3]Quo gaudio elatus non temperauit, quin paucos post dies frequenti curia iactaret : « inuitis et gementibus aduersaris adeptum se quae concupisset, proinde ex eo insultaturum omnium capitibus ; » ac negante quodam per contumeliam facile hoc ulli feminae fore, responderit quasi adludens : « in Suria quoque regnasse Sameramin magnamque Asiae partem Amazonas tenuisse quondam. »

XXIII. | [1]Functus consulatu, Gaio Memmio Lucioque Domitio praetoribus de superioris anni actis referentibus, cognitionem senatui detulit ; nec illo suscipiente triduoque per inritas altercationes absumpto, in prouinciam abiit et statim quaestor eius in praeiudicium aliquot criminibus arreptus est. [2]Mox et ipse a Lucio Antistio TR. PL. postulatus appellato demum collegio

XXII, 1 Gallias : -am *Bentley* ‖ cuius—sit [fit LPOT] materia *om. codd.* : Galliam... quae et emol- — materia *Bentley* Galliam... ⟨ in ⟩ cuius — materia *Burmann* cuius emolumenta et oportunitates idonea sint materia *Casaubon* [cuius] emolumento — idoneam materiam [idoneas et materia *propon. Preud'homme*] *Gruter* cuiuis — idoneas et [sibi *pro* et *Madvig*] materia *I. Gronov Madvig* quouis — idoneas sibi et materiam *Polak* ‖ **2** Vatinia : -icinia L^{1}POS -cina δ [*in* M *rasura supra* uatinia *et superscr. m.* 2 i. prophetali proprium legis apud romanos] [*cf. infra* 28^{4}] ‖ **3** responderit : -dit ρ [*ed. Ven.* 1490] -deret *dett.* [*Torrentius Roth*] ‖ Suria : sy- M^{2}GO^{2} si- L^{2}T assy- ΠQR ‖ Sameramin M^{1} : sami- [-im Vδ] M^{2} Vδ Semiramin [*uel*-em-en] *cett.*

XXIII, 1 aliquot : -quod M.

et il dut en appeler au collège des tribuns pour obtenir de ne pas être accusé, puisqu'il était absent pour le service de l'État (1). Aussi, pour assurer dans l'avenir sa sécurité, prit-il grand soin de s'attacher tous les ans les magistrats en charge et de soutenir ou de laisser parvenir aux honneurs les seuls candidats qui se seraient engagés à le défendre en son absence ; il n'hésita pas à exiger de certains un serment et même une promesse écrite.

XXIV. Mais, comme Lucius Domitius, candidat au consulat, le menaçait publiquement d'exécuter une fois consul ce qu'il n'avait pu réaliser comme préteur (2), et de lui retirer ses troupes, ayant convoqué Crassus et Pompée à Lucques, ville de sa province (3), il les décida, pour abattre Domitius, à briguer un second consulat (4), et réussit, grâce à l'intervention de l'un et de l'autre, à faire proroger son commandement pour cinq ans. Fort de ce succès, aux légions qu'il avait reçues de la république il en ajouta d'autres levées à ses frais (5) ; l'une d'entre elles fut même recrutée chez les Gaulois Transalpins et garda un nom gaulois, celui d'Alauda (6), mais il l'assujettit à la discipline des Romains, la pourvut de leur équipement et plus tard la gratifia tout entière du droit de cité. Depuis, il ne négligea aucune occasion de faire la guerre, même en dépit de la justice et du danger, attaquant sans provocation aussi bien des nations alliées que des peuplades ennemies et sauvages, si bien que le

durant son consulat et concluait à la nécessité d'une enquête.

(1) Conformément à un article de la loi des Douze Tables, confirmé par la loi Memmia.

(2) Cf. chap. 23[1].

(3) Située en Gaule Cisalpine.

(4) Pompée et Crassus avaient été consuls une première fois en 70 (cf. chap. 19[4], note 4) ; ils le furent pour la seconde fois en 55, car Domitius ne fut pas élu.

(5) Il avait reçu de l'État quatre légions, plus les garnisons des Gaules et de l'Illyricum. Il porta ensuite ce nombre à dix, à ses frais.

(6) L'alouette.

optinuit, cum rei publicae causa abesset, reus ne fieret. [3]Ad securitatem ergo posteri temporis in magno negotio habuit obligare semper annuos magistratus et e petitoribus non alios adiuuare aut ad honorem pati peruenire, quam qui sibi recepissent propugnaturos absentiam suam ; cuius pacti non dubitauit a quibusdam ius iurandum atque etiam syngrapham exigere.

XXIV. [1]Sed cum Lucius Domitius consulatus candidatus palam minaretur consulem se effecturum quod praetor nequisset ademptorumque ei exercitus, Crassum Pompeiumque in urbem prouinciae suae Lucam extractos conpulit, ut detrudendi Domitii causa consulatum alterum peterent perfecitque *per* utrumque ut in quinquennium sibi imperium prorogaretur. [2]Qua fiducia ad legiones, quas a re publica acceperat, alias priuato sumptu addidit, unam etiam ex Transalpinis conscriptam, uocabulo quoque Gallico (Alauda enim appellabatur), quam disciplina cultuque Romano institutam et ornatam postea uniuersam ciuitate donauit. [3]Nec deinde ulla belli occasione, *ne* iniusti quidem ac periculosi abstinuit, tam foederatis quam infestis ac feris gentibus ultro lacessitis, adeo ut senatus

3 recepissent : pepigissent LPOST promisissent uel recepissent δ [*ex glossa* i. promisissent *quam adscr.* M²] ‖ syngrapham : -um [sym- S sin- PO ciro- T] LPOST.

XXIV, 1 consulatus : -tu ΠR -ris, V, LPOST ‖ alterum peterent : alt- peteret MGR δ alter eorum peteret *Saumaise* ‖ perfecitque per utrumque ut *Roth* : fecitque per utr- ut ρ [*Casaubon*] perfecitque utrumque [-imque L] ut [et ut LPOST] MG, LPOST, ΠRδ et ut — prorogaretur perfecitque utrumque V [*sic et* Qε *at* perfecitque utrumque *om.*] ‖ **2** Qua : quia V ‖ alias — addidit ΠQεRS : al- — addit MGV aliis — additis LPOT alias — X addidit *Bentley* [*ex* Eutrop., VI, 17, 1] ‖ **3** ⟨ ne⟩ *suppleuit ed. Basil.* 1518.

sénat résolut un jour d'envoyer des commissaires enquêter sur la situation des Gaules et que quelques sénateurs proposèrent de le livrer aux ennemis (1). Mais, comme ses entreprises réussissaient, il obtint des supplications (2) plus souvent et pour un plus grand nombre de jours (3) que jamais aucun autre général.

XXV. Voici le résumé de ce qu'il accomplit durant ses neuf années de commandement. Toute la Gaule, qui est comprise entre les Pyrénées, les Alpes, les Cévennes, les fleuves du Rhin et du Rhône, et dont le pourtour mesure environ trois millions deux cent mille pas, fut, à l'exception des cités alliées et de celles qui avaient bien mérité de Rome, réduite par lui à l'état de province et il lui imposa un tribut annuel de quarante millions de sesterces (4). Le premier des Romains, au moyen d'un pont jeté sur le Rhin il attaqua les Germains habitant au-delà de ce fleuve et leur infligea de très lourdes défaites. Il attaqua aussi les Bretons, inconnus jusqu'alors, et, les ayant vaincus, en exigea de l'argent et des otages ; au milieu de tant de succès, il n'éprouva pas plus de trois revers : l'un, en Bretagne, où sa flotte fut presque anéantie par une violente tempête ; l'autre, en Gaule, devant Gergovie, où une légion fut mise en déroute ; le troisième, sur le territoire des Germains, où ses lieutenants Titurius et Aurunculeius périrent dans une embuscade.

XXVI. Dans le même espace de temps, il perdit d'abord sa mère, puis sa fille, et, peu de temps après, son petit-fils. Sur ces entrefaites, l'État fut bouleversé par le meurtre de

(1) La proposition était conforme aux usages romains : cf. Cic., *De off.*, III, 108.

(2) Prières publiques, faites en actions de grâces.

(3) Cinquante-cinq, d'après César lui-même, *B. G.*, *pass.*

(4) Environ 43.400.000 francs de notre monnaie stabilisée. Pour ne pas multiplier les notes, nous signalerons que la valeur du sesterce, en tenant compte de la stabilisation du franc, était de 1 fr. 085 (0 fr. 96, après Néron), et laisserons au lecteur le soin de faire, en chaque occasion, les calculs nécessaires.

quondam legatos ad explorandum statum Galliarum mittendos decreuerit ac nonnulli dedendum eum hostibus censuerint. Sed prospere decedentibus rebus et saepius et plurium quam quisquam umquam dierum supplicationes impetrauit.

XXV. [1] Gessit autem nouem annis, quibus in imperio fuit, haec fere. | [2] Omnem Galliam, quae saltu Pyrenaeo Alpibusque et monte Cebenna, fluminibus Rheno ac Rhodano continetur patetque circuitu ad bis et tricies centum milia passuum, praeter socias ac bene meritas ciuitates in prouinciae formam redegit, eique cccc in singulos annos stipendii nomine inposuit. [3] Germanos, qui trans Rhenum incolunt, primus Romanorum ponte fabricato adgressus maximis adfecit cladibus. [4] Adgressus est et Britannos ignotos antea superatisque pecunias et obsides imperauit, per tot successus ter nec amplius aduersum casum expertus : in Britannia classe ui tempestatis prope absumpta et in Gallia ad Gergouiam legione fusa et in Germanorum finibus Titurio et Aurunculeio legatis per insidias caesis.

XXVI. | [1] Eodem temporis spatio matrem primo, deinde filiam, nec multo post nepotem amisit. [2] Inter quae, consternata Publi Clodi caede re publica, cum

3 decedentibus : ced- ρ [*Ihm*] succed- ε ei ced- *uel* cad- *Casaubon* dein ced- *Graevius*.

XXV, 1 in : *om.* MR non P^1O^1 ‖ **2** saltu : a sal- ΠQεR ‖ Cebenna : geb- [geh- R] M^2, ΠQR, P^1OT ‖ fluminibus : -que LPOS ‖ centum: centena Eutrop., VI, 17. 3 ‖ socias V, LPOST, $\Pi^2\rho$: -os *cett.* ‖ cccc V : *in ras.* M *om. cett.* sestertium quadringenties Eutrop., *loc. cit.* ‖ nomine : -ina LPOST, δ -men ΠQR ‖ 4 antea : ante G ‖ expertus : est *add.* M^2.

XXVI, 2 Inter quae : interimque ΠR.

Publius Clodius (1) : comme le sénat était d'avis qu'on nommât un seul consul et désignait Gnaeus Pompée, il décida les tribuns de la plèbe qui voulaient faire de lui le collègue de Pompée à proposer de préférence au peuple qu'il lui fût permis de briguer en son absence un second consulat, quand son commandement serait près d'expirer, pour que cette candidature ne l'obligeât pas à quitter prématurément sa province, avant d'avoir terminé la guerre. Lorsqu'il eut obtenu cette faveur, méditant déjà des entreprises plus ambitieuses et rempli d'espérance, il prodigua largesses et services de tout genre à tous, à titre public et privé. Avec le produit du butin il fit commencer un forum dont le terrain coûta plus de cent millions de sesterces. Il promit au peuple un combat de gladiateurs et un festin en mémoire de sa fille, ce que personne n'avait fait avant lui. Pour donner à ces réjouissances le plus d'attrait possible, quoiqu'il eût confié à des traiteurs le soin du festin, il le faisait aussi préparer dans des maisons particulières. Partout où des gladiateurs fameux combattaient devant un public hostile, on devait, sur son ordre, les enlever de force et les lui réserver. Quant aux apprentis-gladiateurs, il les faisait former non pas dans une école ni par des maîtres d'escrime, mais dans des maisons privées, par des chevaliers romains et même par des sénateurs habiles dans cet art, qu'il conjurait, — ses lettres en font foi —, de se mettre à les instruire un par un et de diriger eux-mêmes leurs exercices. En ce qui regarde les légions, il doubla leur solde pour toujours. Toutes les fois que le blé était en abondance, il le leur fit même distribuer sans limitation ni mesure, et il donna de temps à autre à chaque homme un esclave pris sur le butin.

(1) Cf. chap. 18[7]. Clodius fut égorgé en 52, au cours d'une rixe, à Bovillae, par les bandes de Milon, dont la défense fut prononcée par Cicéron.

senatus unum consulem nominatimque Gnaeum Pompeium fieri censuisset, egit cum tribunis plebis collegam se Pompeio destinantibus, id potius ad populum ferrent, ut absenti sibi, quandoque imperii tempus expleri coepisset, petitio secundi consulatus daretur, ne ea causa maturius et inperfecto adhuc bello decederet. [3]Quod ut adeptus est, altiora iam meditans et spei plenus nullum largitionis aut officiorum in quemquam genus publice priuatimque omisit. Forum de manubiis incohauit, cuius area super sestertium milies constitit. Munus populo epulumque pronuntiauit in filiae memoriam, quod ante eum nemo. Quorum ut quam maxima expectatio esset, ea quae ad epulum pertinerent, quamuis macellaris ablocata, etiam domesticatim apparabat. [4]Gladiatores notos, sicubi infestis spectatoribus dimicarent, ui rapiendos reseruandosque mandabat. Tirones neque in ludo neque per lanistas, sed in domibus per equites Romanos atque etiam per senatores armorum peritos erudiebat, precibus enitens, quod epistulis eius ostenditur, ut disciplinam singulorum susciperent ipsique dictata exercentibus darent. [5]Legionibus stipendium in perpetuum duplicauit. Frumentum, quotiens copia esset, etiam sine modo mensuraque praebuit ac singula interdum mancipia *e* praeda uiritim dedit.

2 quandoque : -cumque L^3 et quando Π quando Qς ‖ 3 et Qρς : sed *cett.* [*cf. supra* 6^3] ‖ quam maxima G. *dett* : quam maxime [-ae *per compend.* L] *cett.* cum maxime *Bentley* ‖ ablocata : ad- T ob- P^1O^1 *dett.* [*vulgo*] [*cf. Vit.*, 7^8] ‖ 4 reseruandosque : ser- V ‖ 5 copia : *om.* G. inopia *dett.* ‖ e[ex *Orsini*] praeda *Roth* [*cf.* CAES., *B. G.*, VII, 89] ; et praedia [pran- Q] *om. codd.* et pecora *Burmann.*

XXVII. Par ailleurs, afin de rester le parent (1) et l'ami de Pompée, il lui offrit la main d'Octavie (2), petite-fille de sa sœur, qui avait été mariée à Gaius Marcellus, et lui demanda personnellement en mariage sa fille, destinée à Faustus Sylla. Non seulement il s'était attaché toutes les relations de Pompée et même une grande partie des sénateurs par des prêts gratuits ou d'intérêt peu élevé, mais lorsque des citoyens des autres ordres venaient le voir, soit sur son invitation, soit de leur propre mouvement, il les comblait de ses libéralités, sans oublier les affranchis et les moindres esclaves de chacun, pour peu qu'ils eussent les bonnes grâces de leur maître ou de leur patron. En outre, les accusés, les gens perdus de dettes, les jeunes prodigues trouvaient en lui leur unique soutien, toujours à leur disposition, à moins que le poids de leurs fautes, de leur misère ou de leurs désordres ne les accablât trop lourdement pour qu'il pût les secourir ; dans ce cas, il leur disait sans ambages « qu'ils avaient besoin d'une guerre civile. »

XXVIII. Il ne déployait pas moins de zèle pour se concilier tous les rois et toutes les provinces de la terre, offrant aux uns, à titre de présent, des milliers de captifs, envoyant aux autres des troupes auxiliaires où elles voulaient, aussi souvent qu'elles le voulaient, sans consulter le sénat ni le peuple, décorant par surcroît de magnifiques monuments les villes les plus puissantes de l'Italie, des Gaules, des Espagnes, voire même de l'Asie et de la Grèce ; enfin tout le monde commençait à se demander avec stupeur où il voulait en venir, lorsque le consul Marcus Claudius Marcellus, après avoir annoncé par un édit qu'il allait prendre des mesures de salut public, fit un rapport au sénat : il demandait qu'on donnât un

(1) Julie, fille de César et femme de Pompée (voir chap. 21[1]) était morte en août 54.

(2) La sœur d'Auguste, qui épousa plus tard Marc Antoine.

XXVII. [1]Ad retinendam autem Pompei necessitudinem ac uoluntatem Octauiam sororis suae neptem, quae Gaio Marcello nupta erat, condicionem ei detulit sibique filiam eius in matrimonium petit Fausto Sullae destinatam. [2]Omnibus uero circa eum atque etiam parte magna senatus gratuito aut leui faenore obstrictis, ex reliquo quoque ordinum genere uel inuitatos uel sponte ad se commeantis uberrimo congiario prosequebatur, libertos insuper seruulosque cuiusque, prout domino patronoue gratus qui esset. [3]*I*am reorum aut obaeratorum aut prodigae iuuentutis subsidium unicum ac promptissimum erat, nisi quos grauior criminum uel inopiae luxuriaeue uis urgeret, quam ut subueniri posset a se ; his plane palam « bello ciuili opus esse » dicebat.

XXVIII. [1]Nec minore studio reges atque prouincias per terrarum orbem adliciebat, aliis captiuorum milia dono offerens, aliis citra senatus populique auctoritatem, quo uellent et quotiens uellent, auxilia submittens, superque Italiae Galliarumque et Hispaniarum, Asiae quoque et Graeciae potentissimas urbes praecipuis operibus exornans ; [2]donec, attonitis iam omnibus et quorsum illa tenderent reputantibus, Marcus Claudius Marcellus consul edicto praefatus, de summa se re publica acturum, rettulit ad senatum, ut ei succederetur ante tempus, quoniam bello confecto pax esset

XXVII, 1 condicionem M^1GVL^1 : -ne *cett.* ‖ petit : -iit ΠQR ‖ **2** prosequebatur L^3 T *dett.* : per- *cett.* ‖ qui M^1 : Quivis G quis *cett.* ‖ **3** Iam *dett.* : tam MGV, LPOST tum ΠQεR *edd.* [*cf. Vit.*, 14²] ‖ nisi : nisi ⟨ si ⟩ *Polak* ‖ luxuriaeue : luxor- M [*sic semper*].
XXVIII, 2 et quorsum : quorsum V.

successeur à César avant le temps légal, vu que la guerre était achevée, la paix établie, et que l'on devait licencier une armée victorieuse ; il ajoutait que pour les élections l'on n'avait pas à tenir compte de sa candidature en son absence, puisque le plébiscite lui-même (1) avait été postérieurement abrogé par Pompée. Or, il s'était produit que Pompée, dans sa loi sur les pouvoirs des magistrats, avait rédigé l'article interdisant aux absents de briguer les honneurs, sans penser à faire au moins une exception en faveur de César, et plus tard, quand la loi se trouvait déjà gravée sur le bronze et déposée au trésor, avait corrigé cet oubli. Marcellus, non content d'arracher à César ses provinces et son privilège, demanda même que le droit de cité fût enlevé aux colons conduits par lui à Novum Comum (2) en vertu de la loi Vatinia, sous prétexte qu'il le leur avait donné dans une intention démagogique, en outrepassant les prescriptions de la loi.

XXIX. Ému par ces menaces et persuadé, comme on le lui entendit, paraît-il, répéter souvent, « qu'il serait plus difficile, pendant qu'il avait le premier rang dans l'État, de le faire descendre au second, qu'ensuite du second au dernier », César résista de tout son pouvoir, soit par le veto des tribuns, soit par l'intervention de Servius Sulpicius, l'autre consul. L'année suivante encore (3), Gaius Marcellus, qui avait succédé comme consul à Marcus, son cousin germain, renouvelant ces tentatives, César s'attacha comme défenseurs, moyennant des sommes énormes, Paul-Émile, le collègue de Marcellus, et Gaius Curion, le plus violent des tribuns. Mais, voyant que toujours on s'acharnait contre lui et qu'on avait même désigné comme consuls deux de ses adversaires, il écrivit

(1) Cf. chap. 26[2].
(2) Ville de la Gaule Transpadane, patrie de Pline le Jeune, aujourd'hui Côme. Elle fut rebâtie par César : de là son surnom.
(3) En 50 av. J.-C.

ac dimitti deberet uictor exercitus ; et ne absentis ratio comitiis haberetur, quando *et* plebi scito Pompeius postea *ob*rogasset. [3]Acciderat autem, ut is legem de iure magistratuum ferens eo capite, quo petitione honorum absentis submouebat, ne Caesarem quidem exciperet per obliuionem, ac mox lege iam in aes incisa et in aerarium condita corrigeret errorem. [4]Nec contentus Marcellus prouincias Caesari et priuilegium eripere, rettulit etiam, ut colonis, quos rogatione Vatinia Nouum Comum deduxisset, ciuitas adimeretur, quod per ambitionem et ultra praescriptum data esset.

XXIX. | [1]Commotus his Caesar ac iudicans, quod saepe ex eo auditum ferunt, « difficilius se principem ciuitatis a primo ordine in secundum quam ex secundo in nouissimum detrudi, » summa ope restitit, partim per intercessores tribunos, partim per Seruium Sulpicium alterum consulem. [2]Insequenti quoque anno Gaio Marcello, qui fratri patrueli suo Marco in consulatu successerat, eadem temptante collegam eius Aemilium Paulum Gaiumque Curionem uiolentissimum tribunorum ingenti mercede defensores parauit. [3]Sed cum obstinatius omnia agi uideret et designatos etiam consules e parte diuersa, senatum litteris depre-

2 quando et *Is. Fr. Gronov* : quando nec [ne *dett.*] *om. codd.* quando *Juste-Lipse* quando ei *Torrentius* [*Mommsen*] quando nae *Sabellicus* quando lege *O. Hirschfeld* || plebi scito : plebi cito Vδ plebis scito G,ΠQR, PO || postea : *om.* δ || obrogasset *Estienne* : ab- *om. codd.* || 3 petitione : a pet- [app- $Π^1$] ΠRP^2 O^2 ST || 4 Vatinia : — cinia LPOSTΠ[1] -cina δ [*cf. supra* 22^2].

XXIX, 1 ferunt : *corr. ex* fuerint M *ex* fertur P fertur Rρ || se : *om. dett.* [*ed. Ven.* 1471] || per intercessores : inter- G || 2 consulatu : -um $TΠ^2$ *dett.* [*cf. supra* 21^1] || 3 et designatos : et *om.* M.

au sénat en le conjurant de ne pas lui retirer une faveur accordée par le peuple ou d'ordonner également aux autres généraux de quitter leurs armées ; on pense qu'il se flattait de rassembler ses vétérans, dès qu'il le voudrait, plus facilement que Pompée ne lèverait de nouvelles troupes. Par ailleurs, il offrit à ses adversaires de licencier huit légions et d'abandonner la Gaule Transalpine, pourvu qu'on lui laissât deux légions et la province Cisalpine, ou même une seule légion avec l'Illyricum (1), jusqu'à ce qu'il devînt consul.

XXX. Mais, comme le sénat n'intervenait pas et que ses adversaires se refusaient à toute transaction concernant les affaires publiques, il passa dans la Gaule citérieure *, puis, après y avoir tenu ses assises *, il s'arrêta à Ravenne, résolu à venger par les armes les tribuns de la plèbe qui faisaient de l'opposition en sa faveur, si le sénat prenait contre eux une décision trop violente. Ce fut là, pour lui, le prétexte de la guerre civile, mais on croit que les causes en furent différentes. Gnaeus Pompée disait sans cesse que, se voyant incapable d'achever les monuments commencés par lui et de réaliser avec ses seules ressources les espérances qu'il avait fait concevoir au peuple pour le moment de son retour, il avait voulu tout bouleverser. Selon d'autres, il aurait craint qu'on ne le contraignît à s'expliquer sur ce qu'il avait fait durant son premier consulat, sans tenir compte des auspices, ni des lois, ni de l'opposition des magistrats ; car M. Caton annonça plus d'une fois, et non sans prêter serment, qu'il l'accuserait en justice, à l'instant même où il aurait licencié son armée ; et l'on proclamait couramment que s'il revenait sans aucune charge, il aurait à plaider sa cause, comme l'avait fait Milon *, devant des juges entourés d'hommes armés. Ce qui rend cette opinion plus probable, c'est que, d'après Asinius Pollion *,

(1) Cf. chap. 22[a], note 1.

catus est, ne sibi beneficium populi adimeretur, aut ut ceteri quoque imperatores ab exercitibus discederent ; confisus, ut putant, facilius se, simul atque libuisset, ueteranos conuocaturum quam Pompeium nouos milites. [4]Cum aduersariis autem pepigit, ut dimissis octo legionibus Transalpinaque Gallia duae sibi legiones et Cisalpina prouincia uel etiam una legio cum Illyrico concederetur, quoad consul fieret.

XXX. [1]Verum neque senatu interueniente et aduersariis negantibus ullam se de re publica facturos pactionem, transiit in citeriorem Galliam, conuentibusque peractis Rauennae substitit, bello uindicaturus si quid de tribunis plebis intercedentibus pro se grauius a senatu constitutum esset. | [2]Et praetextum quidem illi ciuilium armorum hoc fuit ; causas autem alias fuisse opinantur. [3]Gnaeus Pompeius ita dictitabat, quod neque opera consummare, quae instituerat, neque populi expectationem, quam de aduentu suo fecerat, priuatis opibus explere posset, turbare omnia ac permiscere uoluisse. [4]Alii timuisse dicunt, ne eorum, quae primo consulatu aduersus auspicia legesque et intercessiones gessisset, rationem reddere cogeretur ; cum M. Cato identidem nec sine iure iurando denuntiaret delaturum se nomen eius, simul ac primum exercitum dimisisset ; cumque uulgo fore praedicarent, ut si priuatus redisset, Milonis exemplo circumpositis armatis causam apud iudices diceret. [5]Quod probabilius facit Asinius Pollio, Pharsalica acie caesos profligatosque

XXX, 2 alias : alias alii Q^2 ⟨ alii ⟩ alias *Burmann* ‖ **3** suo ΠQεR: sui MGV, LPOST [*in* T *post* fecerat].

en voyant à la bataille de Pharsale ses adversaires taillés en pièces et complètement battus, César aurait dit en propres termes : « Ils l'ont voulu : après de si grands exploits, moi, Gaius César, j'aurais été condamné, si je n'avais pas demandé secours à mes soldats (1). » Certains pensent qu'il fut grisé par l'habitude du commandement et, qu'après avoir soigneusement pesé ses forces et celles ses ennemis, il profita d'une occasion pour s'emparer du pouvoir souverain qu'il avait convoité dès sa prime jeunesse. Cette opinion semblait avoir été partagée par Cicéron, car, dans le troisième livre du traité « Des devoirs » (2), il dit que César avait continuellement sur les lèvres deux vers d'Euripide (3), qu'il traduit lui-même de la manière suivante :

> S'il faut, en effet, violer le droit, que ce soit pour régner ;
> Dans les autres cas, respectez la justice.

XXXI. Donc, lorsqu'il eut appris que l'on avait passé outre à l'opposition des tribuns (4) et qu'ils avaient eux-mêmes quitté Rome, il fit aussitôt partir en avant quelques cohortes (5), secrètement, pour ne pas éveiller de soupçon, puis, afin de donner le change, vint assister à un spectacle public, examina le plan d'une école de gladiateurs qu'il voulait faire construire (6), et dîna en nombreuse compagnie, suivant son habitude. Ensuite, après le coucher du soleil, il fit atteler à un chariot les mulets d'une boulangerie voisine et partit dans le plus grand secret avec une faible escorte ; puis les lumières

(1) Cf. Plutarque, *Cés.*, chap. 46.
(2) Cicéron, *De off.*, III, 82.
(3) Sénèque, *Phénic.*, 524.
(4) Cf. chap. 30[1]. Les deux tribuns en question étaient M. Antonius et Q. Cassius (Caes., *B. C.*, I, 2).
(5) César ne disposait que de 300 cavaliers et de 4.000 légionnaires, car il avait laissé le reste de ses troupes dans la Gaule Transalpine : cf. Plutarque, *Cés.*, chap. 32.
(6) Les ruines de cette école subsistent encore à Ravenne.

aduersarios prospicientem haec eum ad uerbum dixisse referens : « Hoc uoluerunt ; tantis rebus gestis Gaius Caesar condemnatus essem, nisi ab exercitu auxilium petissem. » [6]Quidam putant captum imperii consuetudine pensitatisque suis et inimicorum uiribus usum occasione rapiendae dominationis, quam aetate prima concupisset. [7]Quod existimasse uidebatur et Cicero scribens de Officiis tertio libro semper Caesarem in ore habuisse [est in Phoenissis : εἴπερ γὰρ ἀδικεῖν χρή, τυραννίδος πέρι κάλλιστον ἀδίκημα· τὰ δ' ἄλλα εὐσεβεῖν χρεών] Euripidis uersus, quos sic ipse conuertit :

> Nam si uiolandum est ius, regnandi gratia
> Violandum est ; aliis rebus pietatem colas.

XXXI. | [1]Cum ergo sublatam tribunorum intercessionem ipsosque urbe cessisse nuntiatum esset, praemissis confestim clam cohortibus, ne qua suspicio moueretur, et spectaculo publico per dissimulationem interfuit et formam, qua ludum gladiatorium erat aedificaturus, considerauit et ex consuetudine conuiuio se frequenti dedit. [2]Dein post solis occasum mulis e proximo pistrino ad uehiculum iunctis occultissimum iter modico comitatu ingressus est ; et cum luminibus

5 prospicientem : -e Mδ ‖ **7 uidebatur** : -detur T ‖ [est — χρεών] *del. Torrentius Casaubon* : quod est — χρεώ⟨ν⟩ G ut est — χρεώ⟨ν⟩ *dett.* eos in Phoen-Eurip–uersus εἴπερ—χρεών *Estienne Graevius* istos [in Phoenissis] εἴπερ—χρεών *Turnèbe* ‖ κάλλιστον ἀδίκημα τὰ δ' ἄλλα : κάλλ-ἀδικεῖν τἄλλα δ' Euripid., *Phoen.*, 524 ‖ χρεών *ed. Rom. II* : ΧΡΕΩ *om. codd.* ‖ regnandi V² R² [*in hoc in marg.*] *dett.* : dominandi S² [*in marg. post* gratia] imperii T [*sic aut* regni *in om. cett.*] [*cf.* Cic., *De off.*, 3. 21. 82.].

XXXI, 1 esset G : est ΠQεR, STP²O² *edd.* fuisset δ *om. cett.* [s. esset *suprascr.* M²] esset nuntiatum *conicit Ihm, Herm.*, 36, *p.* 294 ‖ **gladiatorium** : -orum VPOST.

s'éteignirent, il perdit sa route et resta longtemps égaré, mais enfin, vers l'aube, il trouva un guide et parvint à son but à pied, par des sentiers tout à fait étroits. Ayant rejoint ses cohortes au bord du Rubicon, rivière qui marquait la limite de sa province, il s'arrêta un moment et, songeant à la portée de son entreprise, il dit en se tournant vers sa suite : « Maintenant, nous pouvons encore revenir en arrière, mais une fois que nous aurons franchi ce petit pont, tout devra être réglé par les armes. »

XXXII. Comme il hésitait, il reçut un signe d'en haut. Un homme d'une taille et d'une beauté extraordinaires apparut soudain, assis tout près de là et jouant du chalumeau ; des bergers étant accourus pour l'entendre ainsi qu'une foule de soldats des postes voisins, et parmi eux également des trompettes, cet homme prit à l'un d'entre eux son instrument, s'élança vers la rivière et, sonnant la marche avec une puissance formidable, passa sur l'autre rive. Alors César dit : « Allons où nous appellent les signes des dieux et l'injustice de nos ennemis. Le sort en est jeté. »

XXXIII. Et là-dessus, il fit passer son armée, puis, accompagné des tribuns de la plèbe, qui, chassés de Rome, étaient venus le rejoindre (1), il se présenta devant l'assemblée des soldats et fit appel à leur dévoûment avec des larmes, en déchirant ses vêtements sur sa poitrine (2). On croit même qu'il promit à chacun le cens des chevaliers *, mais cela résulte d'une méprise. En réalité, au cours de sa harangue et de ses exhortations, il montra bien souvent l'annulaire de sa main gauche en déclarant qu'il n'hésiterait pas à se dépouiller même de son anneau * pour s'acquitter envers tous ceux qui auraient contribué à la défense de son honneur, en sorte que les

(1) Cf. chap. 31[1], note 4.

(2) Geste habituel aux anciens, lorsqu'ils voulaient marquer une douleur, une émotion des plus violentes : cf. *Aug.*, 52[2].

extinctis decessisset uia, diu errabundus tandem ad lucem duce reperto per angustissimos tramites pedibus euasit. [3]Consecutusque cohortis ad Rubiconem flumen, qui prouinciae eius finis erat, paulum constitit, ac reputans quantum moliretur, conuersus ad proximos : « Etiam nunc », inquit, « regredi possumus ; quod si ponticulum transierimus, omnia armis agenda erunt. »

XXXII. [1]Cunctanti ostentum tale factum est. [2]Quidam eximia magnitudine et forma in proximo sedens repente apparuit harundine canens ; ad quem audiendum cum praeter pastores plurimi etiam ex stationibus milites concurrissent interque eos et aeneatores, rapta ab uno tuba prosiliuit ad flumen et ingenti spiritu classicum exorsus pertendit ad alteram ripam. [3]Tunc Caesar : « Eatur », inquit, « quo deorum ostenta et inimicorum iniquitas uocat. Iacta alea est », inquit.

XXXIII. [1]Atque ita traiecto exercitu, adhibitis tribunis plebis, qui pulsi superuenerant, pro contione fidem militum flens ac ueste a pectore discissa inuocauit. [2]Existimatur etiam equestres census pollicitus singulis ; quod accidit opinione falsa. [3]Nam cum in adloquendo adhortandoque saepius digitum laeuae manus ostentans adfirmaret se ad satis faciendum omnibus, per quos dignitatem suam defensurus esset, anulum quoque aequo animo detracturum sibi, extrema

3 paulum : -lulum M^2ST ‖ constitit : sub- POST re-Q.

XXXII, 2 canens : -rens Mε ‖ interque eos : interque V ‖ prosiliuit MΠT : -luit *cett.* ‖ **3** Iacta : I acta M ‖ est : esto *Erasme* ‖ inquit : *del. Juste-Lipse.*

XXXIII, 3 adhortandoque : adcohort- T ex[h]ort- Π*dett.* [*edd.*] ‖ detracturum : detracta -[um *per compend.*] M^1.

soldats du dernier rang, mieux placés pour voir l'orateur que pour l'entendre, lui prêtèrent les paroles qu'ils croyaient lire dans ce geste, et le bruit se répandit qu'il leur avait promis à chacun le droit de porter l'anneau et les quatre cent mille sesterces.

XXXIV. Voici, dans l'ordre chronologique, le résumé des actes qu'il accomplit ensuite. Il occupa le Picenum, l'Ombrie, l'Étrurie, réduisit à merci et renvoya Lucius Domitius (1), qui au milieu du désarroi lui avait été donné comme successeur et tenait garnison à Corfinium ; longeant ensuite l'Adriatique, il se dirigea vers Brindes, où les consuls et Pompée s'étaient réfugiés avec l'intention de franchir la mer au plus tôt. Après avoir inutilement essayé par tous les moyens d'empêcher leur départ, il remonta vers Rome, où il exposa aux sénateurs la situation politique, et marcha contre les meilleures troupes de Pompée, qui se trouvaient en Espagne sous les ordres de trois lieutenants, M. Petreius, L. Afranius et M. Varron (2), après avoir déclaré à ses amis : « qu'il allait combattre une armée sans général, et se tournerait ensuite contre un général sans armée. » Quoique retardé par le siège de Marseille (3), qui sur sa route lui avait fermé ses portes, et par une extrême pénurie de vivres (4), il triompha de tout en peu de temps.

XXXV. D'Espagne il revint à Rome, puis, passant en Macédoine, tint près de quatre mois Pompée assiégé derrière de formidables ouvrages, l'écrasa enfin à la bataille de Pharsale et le poursuivit dans sa fuite jusqu'à Alexandrie, où il le trouva égorgé. Voyant que le roi Ptolémée lui dressait à lui aussi des embûches, il mena contre lui une guerre des plus difficiles, dans une posi-

(1) Cf. chap. 23^{1} et *Ner.*, 2^{3}.
(2) Cf. Caes., *B. C.*, I, 37 sqq.
(3) Cf. *Ner.*, 2^{4}.
(4) En Espagne. Cf. Caes., *B. C.*, I, 48 sqq.

contio, cui facilius erat uidere contionantem quam audire, pro dicto accepit, quod uisu suspicabatur; promissumque ius anulorum cum milibus quadringenis fama distulit.

XXXIV. | [1]Ordo et summa rerum, quas deinceps gessit, sic se habent. [2]Picenum Vmbriam Etruriam occupauit et Lucio Domitio, qui per tumultum successor ei nominatus Corfinium praesidio tenebat, in dicionem redacto atque dimisso, secundum Superum mare Brundisium tetendit, quo consules Pompeiusque confugerant quam primum transfretaturi. [3] Hos frustra per omnis moras exitu prohibere conatus Romam iter conuertit appellatisque de re publica patribus ualidissimas Pompei copias, quae sub tribus legatis M. Petreio et L. Afranio et M. Varrone in Hispania erant, inuasit, professus ante inter suos : « ire se ad exercitum sine duce et inde reuersurum ad ducem sine exercitu. » [4]Et quanquam obsidione Massiliae, quae sibi in itinere portas clauserat, summaque frumentariae rei penuria retardante, breui tamen omnia subegit.

XXXV. [1]Hinc urbe repetita in Macedoniam transgressus Pompeium, per quattuor paene menses maximis obsessum operibus, ad extremum Pharsalico proelio fudit et fugientem Alexandriam persecutus, ut occisum deprehendit, cum Ptolem*a*eo rege, a quo sibi quoque

3 quam : *om.* M^1 || uisu : -um Qε || quadringenis L : -drigenis M^1V -dringentis Gδ -dragenis [*suprascr.* + quadringentis M^2] *cett.*
XXXIV, 2 dicionem : -tione Q deditionem GΠR [*uulgo*] || **4** summaque : summa Q.
XXXV, 1 et fugientem ΠQεR,T^2 : effug- MGV, LPOST || Alexandriam : ad alex-ε || Ptolemaeo *ed. Ven.* 1471 : -lomeo *om. codd.*

tion et dans une saison également désavantageuses, en hiver, dans les murs d'un ennemi largement approvisionné et très industrieux, tandis que lui-même manquait de tout et n'avait rien préparé. Vainqueur, il laissa le royaume d'Égypte à Cléopâtre et à son frère cadet, craignant, s'il le réduisait en province, que celle-ci ne devînt un jour, au pouvoir d'un gouverneur audacieux, le foyer d'une révolution (1). D'Alexandrie il passa en Syrie et de là dans le Pont, où l'appelaient de pressantes nouvelles concernant Pharnace, le fils du grand Mithridate, qui avait profité des circonstances pour se mettre en guerre et qu'exaltaient déjà de nombreux succès : moins de cinq jours après son arrivée, dans les quatre heures qui suivirent leur rencontre, César le défit complètement en une seule bataille ; aussi faisait-il souvent allusion à la chance de Pompée, qui avait conquis sur des ennemis aussi peu redoutables la plus grande part de sa gloire militaire. Ensuite il vainquit (2) Scipion et Juba, qui ranimaient en Afrique les restes du parti adverse, et les fils de Pompée, en Espagne (3).

XXXVI. Durant toutes ces guerres civiles, César n'essuya de défaites que par ses lieutenants : l'un d'eux, C. Curion, périt en Afrique ; un autre, C. Antonius, tomba dans l'Illyricum (4) entre les mains de ses adversaires ; P. Dolabella perdit sa flotte, encore dans l'Illyricum, et Cn. Domitius Calvinus, son armée, dans le Pont. Pour lui, il se battit toujours victorieusement et même le sort ne fut jamais incertain, sauf deux fois : d'abord à Dyrrachium, où, voyant que Pompée ne le poursuivait pas après l'avoir repoussé, il déclara qu'il ne savait pas vaincre ; puis en Espagne, au cours du

(1) L'Égypte fut réduite en province par Auguste, après Actium : voir *Aug.*, 18[2].
(2) A la bataille de Thapsus (46).
(3) A Munda, près de Cordoue (45).
(4) Cf. chap. 22[2], note 1.

insidias tendi uidebat, bellum sane difficillimum gessit, neque loco neque tempore aequo, sed hieme anni et intra moenia copiosissimi ac sollertissimi hostis, inops ipse omnium rerum atque inparatus. [2]Regnum Aegypti uictor Cleopatrae fratrique eius minori permisit, ueritus prouinciam facere, ne quandoque uiolentiorem praesidem nacta nouarum rerum materia esset. [3]Ab Alexandria in Syriam et inde Pontum transiit, urgentibus de Pharnace nuntiis, quem Mithridatis Magni filium ac tunc occasione temporum bellantem iamque multiplici successu praeferocem, intra quintum quam adfuerat diem, quattuor quibus in conspectum uenit horis, una profligauit acie ; crebro commemorans Pompei felicitatem, cui praecipua militiae laus de tam inbelli genere hostium contigisset. [4]Dehinc Scipionem ac Iubam reliquias partium in Africa refouentis deuicit, Pompei liberos in Hispania.

XXXVI. [1]Omnibus ciuilibus bellis nullam cladem nisi per legatos suos passus est, quorum C. Curio in Africa periit, C. Antonius in Illyrico in aduersariorum deuenit potestatem, P. Dolabella classem in eodem Illyrico, CN. Domitius Caluinus in Ponto exercitum amiserunt. [2]Ipse prosperrime semper ac ne ancipiti quidem umquam fortuna praeterquam bis dimicauit : semel ad Dyrrachium, ubi pulsus non instante Pompeio negauit eum uincere scire, iterum in Hispania ultimo

2 nouarum : -orum M ‖ materia esset : materi [a *suprascr.*] esset M materies esset *Saumaise* ‖ **3** ac : hac MVS[2] ‖ bellantem : rebell- *Bentley* [*cum* Eutrop., VI, 22, 3] ‖ **4** ac : et G ‖ in Africa ΠQεR, STO[2] : africam G in africam *cett.*

XXXVI, 1 ciuilibus : in ciuil- M[2].

dernier combat (1), lorsque, jugeant la situation désespérée, il songea même à se donner la mort.

XXXVII. Ses guerres terminées, il triompha cinq fois : après la défaite de Scipion, quatre fois, dans le même mois, mais à quelques jours d'intervalle, et une fois encore, après sa victoire sur les fils de Pompée. Le premier et le plus brillant de ses triomphes fut celui des Gaules, celui d'Alexandrie vint ensuite, puis celui du Pont, après, celui d'Afrique, et en dernier lieu celui d'Espagne (2), chacun comportant un appareil et des accessoires différents. Le jour de son triomphe sur les Gaules, en traversant le Vélabre (3), il faillit être précipité du haut de son char dont l'essieu s'était rompu et il monta au Capitole à la lumière des flambeaux que portaient dans des candélabres quarante éléphants, à sa droite et à sa gauche. Pour son triomphe du Pont, entre autres objets présentés dans le cortège, il fit porter devant lui un écriteau avec ces trois mots : « Veni, Vidi, Vici » (Je suis venu, j'ai vu, j'ai vaincu) (4), soulignant ainsi la rapidité de cette campagne au lieu d'en énumérer les faits comme pour les autres.

XXXVIII. Les fantassins de ses anciennes légions, en plus des deux mille sesterces qu'il leur avait comptés à chacun au début des troubles civils, en reçurent vingt-quatre mille, à titre de butin. Il leur assigna aussi des terres (5), mais non contiguës, afin de n'exproprier personne. Quant au peuple, il lui fit distribuer non seulement dix boisseaux de blé par tête et autant de livres d'huile, mais encore trois cents sesterces par personne, qu'il avait promis

(1) A Munda. Cf. Vell. Paterc., II, 55.

(2) Un an après, en 45 av. J.-C. D'après Dion Cass., XLIII, 42, ses deux lieutenants furent aussi honorés du triomphe.

(3) Quartier de Rome situé entre le forum romain, le Palatin et l'Aventin, près du forum boarium.

(4) Cf. Plutarque, *César*, 50.

(5) Avant la guerre d'Afrique, en 47 : cf. Dion Cass., XLII, 54.

proelio, cum desperatis rebus etiam de consciscenda nece cogitauit.

XXXVII. | [1]Confectis bellis quinquiens triumphauit, post deuictum Scipionem quater eodem mense, sed interiectis diebus, et rursus semel post superatos Pompei liberos. [2]Primum et excellentissimum triumphum egit Gallicum, sequentem Alexandrinum, deinde Ponticum, huic proximum Africanum, nouissimum Hispaniensem, diuerso quemque apparatu et instrumento. [3]Gallici triumphi die Velabrum praeteruehens paene curru excussus est axe diffracto ascenditque Capitolium ad lumina quadraginta elephantis dextra atque sinistra lychnuc*h*os gestantibus. [4]Pontico triumpho inter pompae fercula trium uerborum praetulit titulum « ueni, uidi, uici », non acta belli significantem sicut ceteris, sed celeriter confecti notam.

XXXVIII. [1]Veteranis legionibus praedae nomine in pedites singulos super bina sestertia, quae initio ciuilis tumultus numerauerat, uicena quaterna milia nummum dedit. Adsignauit et agros, sed non continuos, ne quis possessorum expelleretur. [2]Populo praeter frumenti denos modios ac totidem olei libras trecenos quoque nummos, quos pollicitus olim erat, uiritim

XXXVII, 1 quinquiens V : quinquies quinquenni M quinququinquennio δ quinquies *cett.* quinqu- in biennio *Burmann* quinqu- unoque anno *Oudendorp* ‖ 3 lumina : li-M² ‖ quadraginta : XL G, LPOST ‖ dextra atque sinistra ΠQεRδ [*Roth Preud'homme*]: dextraque sinistra [et sin- T sinistraque O²] MV, LPOST dextra sinistraque G *dett.* [*Ihm*] ‖ lychnuchos : lychnucos [lich-] MGVPS, ΠQR lychnos *dett.* [*cf. Dom.*, 4²] ‖ 4 fercula : -icula ΠQR ‖ ceteris : -i *dett.*

XXXVIII, 1 uicena : in equites uic- ΠQR, STP² ‖ quaterna : quater O¹ *del. Is. Fr. Gronov* [*ex* Cassio Dione, xliii, 21].

autrefois, et il en ajouta cent autres pour compenser le retard. En outre, il fit remise, pour un an, des loyers qui s'élevaient jusqu'à deux mille sesterces, à Rome, et n'en dépassaient pas cinq cents, en Italie. A ces libéralités il ajouta un repas ainsi qu'une distribution de viande et, après sa victoire en Espagne, deux collations, car, la première lui ayant paru insuffisante et peu digne de sa magnificence, quatre jours après il en fit servir une autre, tout à fait plantureuse.

XXXIX. Il offrit des spectacles de différents genres : un combat de gladiateurs, des représentations théâtrales données même dans tous les quartiers de la ville et, mieux encore, par des acteurs parlant toutes les langues, ainsi que des jeux du cirque, des luttes d'athlètes, une bataille navale. Au combat de gladiateurs donné dans le forum prirent part Furius Leptinus, issu d'une famille prétorienne, et Q. Calpenus, autrefois sénateur et avocat. La pyrrhique fut dansée par des fils de grandes familles d'Asie et de Bithynie. Au cours des représentations théâtrales, le chevalier romain Decimus Laberius joua un mime de sa composition, puis, après avoir reçu cinq cents sesterces et un anneau d'or, quitta la scène et traversa l'orchestre pour aller s'asseoir sur l'un des quatorze gradins (réservés aux chevaliers). Pour les jeux du cirque, on agrandit l'arène dans les deux sens, on l'entoura d'un fossé, et des jeunes gens de la plus haute noblesse y firent évoluer des quadriges, des biges et des chevaux d'écuyers. Des jeux troyens (1) y furent donnés par deux escadrons d'enfants, d'âge différent. Cinq jours furent consacrés à des chasses et l'on finit par une bataille entre deux troupes, comprenant chacune cinq cents fantassins, vingt éléphants et trente cavaliers. En effet, pour laisser plus d'espace aux combattants,

(1) Ces jeux consistaient en une lutte de vitesse entre cavaliers : cf. Festus, p. 367, et Friedländer, dans Marquardt, *StV.* III² 525.

diuisit et hoc amplius centenos pro mora. [3]Annuam etiam habitationem Romae usque ad bina milia nummum, in Italia non ultra quingenos sestertios remisit. [4]Adiecit epulum ac uiscerationem et post Hispaniensem uictoriam duo prandia ; nam cum prius parce neque pro liberalitate sua praebitum iudicaret, quinto post die aliud largissimum praebuit.

XXXIX. [1]Edidit spectacula uarii generis : munus gladiatorium, ludos etiam regionatim urbe tota et quidem per omnium linguarum histriones, item circenses athletas naumachiam. [2]Munere in foro depugnauit Furius Leptinus stirpe praetoria et Q. Calpenus senator quondam actorque causarum. Pyrricham saltauerunt Asiae Bithyniaeque principum liberi. [3]Ludis Decimus Laberius eques Romanus mimum suum egit donatusque quingentis sestertiis et anulo aureo sessum in quatuordecim *e* scaena per orchestram transiit. [4]Circensibus, spatio circi ab utraque parte producto et in gyrum euripo addito, quadrigas bigasque et equos desultorios agitauerunt nobilissimi iuuenes. Troiam lusit turma duplex maiorum minorumque puerorum. Venationes editae per dies quinque ac nouissime pugna diuisa in duas acies, quingenis peditibus, elephantis uicenis, tricenis equitibus hinc et inde commissis. Nam quo laxius dimicaretur, sublatae metae inque earum

4 ac : ad ΠQεR.

XXXIX, 1 spectacula : exspect- M [*sic saepe*] et spect- *Bentley* ‖ **2** principum : -pium MΠ ‖ **3** eques Romanus [-nos *al* v *suprascr.* M] : *del. Kraffert* ‖ donatusque : est *add.* ΠQεR, T ‖ ⟨ e ⟩ scaena *Turnèbe* : scaena *om. codd.* ‖ per orchestram : *om.* G ‖ **4** minorumque : minorum MV, LP^1O^1 ‖ puerorum : puerum M ‖ tricenis : tre- *Bentley*.

on avait enlevé les bornes * et dressé à leur place deux camps opposés l'un à l'autre. Des athlètes luttèrent pendant trois jours sur un stade construit pour la circonstance dans le quartier du Champ de Mars. Pour la naumachie, on creusa dans la petite Codète * un bassin où luttèrent des vaisseaux à deux, trois et quatre rangs de rames, figurant deux flottes, l'une tyrienne, l'autre égyptienne, et portant un grand nombre de combattants. Tous ces spectacles provoquèrent une telle affluence de gens venus de partout, que la plupart des étrangers logèrent sous des tentes dressées au milieu des rues ou dans les carrefours, et qu'il y eut en plusieurs occasions nombre de personnes écrasées et étouffées par la foule, entre autres deux sénateurs.

XL. Se consacrant ensuite à la réorganisation de l'État, César réforma le calendrier, où depuis longtemps, par la faute des pontifes qui abusaient des jours intercalaires (1), s'était introduit un tel désordre que les fêtes des moissons ne tombaient plus en été ni celles des vendanges, en automne ; réglant l'année sur le cours du soleil, il décida qu'elle aurait trois cent soixante-cinq jours, que le mois intercalaire serait supprimé et que l'on intercalerait seulement un jour tous les quatre ans. Mais, pour mieux assurer dorénavant la concordance des dates, à partir des calendes de janvier suivantes, il ajouta deux mois intermédiaires entre ceux de Novembre et de Décembre ; ainsi, l'année où il faisait cette réforme eut quinze mois, en comptant le mois intercalaire qui lui était échu, suivant l'ancien usage.

XLI. Il compléta le sénat, créa de nouveaux patriciens, augmenta le nombre des préteurs, des édiles, des ques-

(1) Le roi Numa avait décidé que tous les deux ans un mois supplémentaire serait intercalé parmi les autres ; mais les pontifes, chargés d'établir le calendrier, augmentaient ou diminuaient la longueur de ce mois, suivant qu'ils étaient favorables ou hostiles à tel magistrat, ce qui, à la longue, avait tout bouleversé.

locum bina castra exaduersum constituta erant. [5]Athletae stadio ad tempus extructo regione Marti campi certauerunt per triduum. [6]Nauali proelio in minore Codeta defosso lacu biremes ac triremes quadriremesque Tyriae et Aegyptiae classis magno pugnatorum numero conflixerunt. [7]Ad quae omnia spectacula tantum undique confluxit hominum, ut plerique aduenae aut inter uicos aut inter uias tabernaculis positis manerent, ac saepe prae turba elisi exanimatique sint plurimi et in his duo senatores.

XL. | [1]Conuersus hinc ad ordinandum rei publicae statum fastos correxit iam pridem uitio pontificum per intercalandi licentiam adeo turbatos, ut neque messium feriae aestate neque uindemiarum autumno conpeterent; annumque ad cursum solis accommodauit, ut trecentorum sexaginta quinque dierum esset et intercalario mense sublato unus dies quarto quoque anno intercalaretur. [2]Quo autem magis in posterum ex Kalendis Ianuariis no*u*is temporum ratio congrueret, inter Nouembrem ac Decembrem mensem interiecit duos alios; fuitque is annus, quo haec constituebantur, quindecim mensium cum intercalario, qui ex consuetudine in eum annum inciderat.

XLI. [1]Senatum suppleuit, patricios adlegit, praetorum aedilium quaestorum, minorum etiam magis-

4 exaduersum : -o V, LPOST, Q ‖ **5** regione : in reg- ΠQεR, STP^{3}O^3 ‖ **6** minore : -i T morem ΠQR ‖ Codeta : -cleta G-cleae [ae *per compend.*] ΠQ [-deae ae *per compend.* Q^1] R ‖ Tyriae : triae M ‖ classis : -es G, LPOST, δ.

XL, 1 aestate : -ti LPOST, Π^2 ‖ **2** nouis *Orsini* : -bis *om. codd.* -ua *Ernesti* ‖ ac : et V, LPOST, ερ.

teurs, et même des magistrats inférieurs (1) ; il réhabilita des citoyens dépouillés de leurs prérogatives par l'arrêt du censeur ou condamnés pour brigue par les juges. Il partagea avec le peuple le droit d'élire les magistrats, en décidant que, sauf pour les candidats au consulat, une moitié des élus serait prise parmi les candidats choisis par le peuple, l'autre moitié parmi ceux que lui-même aurait désignés. Or, il désignait ses candidats au moyen de circulaires adressées aux tribus et portant cette simple formule : « Le dictateur César à telle tribu. Je vous recommande un tel et un tel, afin qu'ils tiennent leur dignité de vos suffrages. » Il admit aux honneurs même les fils des proscrits. Pour la justice, il ne conserva que deux catégories de juges, ceux de l'ordre équestre et ceux de l'ordre sénatorial, mais supprima la troisième, celle des tribuns du trésor (2). Il fit recenser le peuple, non pas suivant l'usage ni dans le lieu habituel, mais dans chaque quartier, par les propriétaires d'îlots (3), et sur trois cent vingt mille plébéiens qui recevaient du blé de l'État il en retrancha environ cent cinquante mille ; en outre, pour qu'à l'avenir le recensement ne pût faire naître de nouveaux troubles, il établit que chaque année, pour remplacer les morts, le préteur tirerait au sort parmi les plébéiens qui n'auraient pas été inscrits (4).

XLII. Il répartit quatre-vingt mille citoyens dans des colonies d'outre-mer, mais, pour assurer en même temps à la capitale ainsi épuisée une population suffisante, il

(1) Par *minores*, il faut entendre les questeurs et les magistrats qui constitueront sous l'Empire l'échelon inférieur du vigintivirat. César porta, en septembre 45, à 40 le nombre des questeurs (Dion Cass., XLIII, 47).

(2) Appartenant à la plèbe. Ces trois catégories de juges avaient été créées sur l'initiative du préteur Aurelius Cotta, en 71.

(3) On appelait *insula* une maison ou un groupe de maisons isolées, dont les boutiques et les appartements étaient loués à différentes familles, par opposition à la *domus*, maison particulière, occupée par une seule famille.

(4) Parmi les bénéficiaires des distributions publiques de blé.

tratuum numerum ampliauit ; nudatos opere censorio aut sententia iudicum de ambitu condemnatos restituit. [2]Comitia cum populo partitus est, ut exceptis consulatus conpetitoribus de cetero numero candidatorum pro parte dimidia quos populus uellet pronuntiarentur, pro parte altera quos ipse *edi*disset. Et edebat per libellos circum tribum missos scriptura breui : « Caesar dictator illi tribui. Commendo uobis illum et illum, ut uestro suffragio suam dignitatem teneant. » [3]Admisit ad honores et proscriptorum liberos. [4]Iudicia ad duo genera iudicum redegit, equestris ordinis ac senatorii ; tribunos aerarios, quod erat tertium, sustulit. | [5]Recensum populi nec more nec loco solito, sed uicatim per dominos insularum egit atque ex uiginti trecentisque milibus accipientium frumentum e publico ad centum quinquaginta retraxit ; ac ne qui noui coetus recensionis causa moueri quandoque possent, instituit, quotannis in demortuorum locum ex iis, qui recensi non essent, subsortitio a praetore fieret.

XLII. [1]Octoginta autem ciuium milibus in transmarinas colonias distributis, ut exhaustae quoque urbis frequentia suppeteret, sanxit, ne quis ciuis maior annis

XLI, 1 nudatos : nota- G ‖ censorio : -ios ΠQR,ST -es O^2 ‖ sententia : senentia M seuitia POSTL^2 ‖ **2** Comitia : -tiam [am *per compend.*] M -ciam δ -tium G ‖ edidisset *Estienne* : dedi- *om. codd.* ‖ Et : *om.* M ‖ circum tribum *om. codd.* : circ-tribus *ed. Ven.* 1510 *et nonnullae aliae* cuique tribui *edd. Rom. al.* tributim circummissos *Bentley* ‖ tribui : tribui s. [=*salutem*] *Boot* ‖ **4** redegit : -igit M ‖ ac : et V, LPOST aut δ ‖ **5** instituit : inst- ⟨ut⟩ *Polak* ‖ iis R : his *cett.* ‖ recensi : -siti ΠRP^2O^2ST [*uulgo*].

XLII, 1 transmarinas : trama- LP^1OS ‖ urbis *om. codd.* : -bi *Casaubon*.

défendit à tout citoyen qui avait dépassé vingt ans ou n'en avait pas atteint soixante, à moins qu'il ne fût sous les drapeaux, de rester plus de trois ans de suite loin de l'Italie ; aux fils de sénateurs, de partir pour l'étranger, sinon dans l'état-major d'un général ou pour accompagner un magistrat ; il exigea que les éleveurs de bestiaux eussent parmi leurs bergers au moins un tiers d'hommes libres en âge de puberté. A tous ceux qui exerçaient la médecine ou enseignaient les arts libéraux dans Rome il conféra le droit de cité, pour les attacher à cette résidence et du même coup en attirer d'autres. A l'égard des dettes, dissipant ces espérances d'abolition que l'on réveillait souvent (1), il décida, pour en finir, que les débiteurs s'acquitteraient envers leurs créanciers en estimant leurs propriétés au prix que chacune d'elles leur avait coûté avant la guerre civile et en déduisant du chiffre de leurs dettes ce qu'ils auraient payé à titre d'intérêts, soit en argent soit en valeurs ; ces dispositions réduisaient les créances d'environ un quart. Il fit dissoudre toutes les associations, sauf celles qui existaient de toute antiquité. Il aggrava les sanctions prévues contre les crimes (2) et, comme les riches s'en rendaient d'autant plus facilement coupables qu'ils s'exilaient sans rien perdre de leur patrimoine, il établit, à ce que rapporte Cicéron (3), que les parricides seraient dépouillés de tous leurs biens et les autres criminels, d'une moitié de leur fortune.

XLIII. Il rendit la justice avec le plus grand zèle et d'une façon très rigoureuse. Il alla jusqu'à chasser de l'ordre sénatorial les magistrats convaincus de concussion. Il annula le mariage d'un ancien préteur qui avait épousé une femme séparée de son mari depuis deux jours

(1) En particulier en 48 et en 47 : cf. Dion Cass., XLII, 22 et 32.

(2) En ajoutant de nouvelles dispositions à la *lex Cornelia de sicariis*, portée par le dictateur Sylla.

(3) C. F. W. Mueller, *Frag. inc.*, I, 19.

uiginti minorue *LX*, qui sacramento non teneretur, plus triennio continuo Italia abesset, neu qui senatoris filius nisi contubernalis aut comes magistratus peregre proficisceretur ; neue ii, qui pecuariam facerent, minus tertia parte puberum ingenuorum inter pastores haberent. [2]Omnisque medicinam Romae professos et liberalium artium doctores, quo libentius et ipsi urbem incolerent et ceteri adpeterent, ciuitate donauit. [3]De pecuniis mutuis disiecta nouarum tabularum exspectatione, quae crebro mouebatur, decreuit tandem, ut debitores creditoribus satis facerent per aestimationem possessionum, quanti quasque ante ciuile bellum comparassent, deducto summae aeris alieni, si quid usurae nomine numeratum aut perscriptum fuisset ; qua condicione quarta pars fere crediti deperibat. [4]Cuncta collegia praeter antiquitus constituta distraxit. [5]Poenas facinorum auxit ; et cum locupletes eo facilius scelere se obligarent, quod integris patrimoniis exulabant, parricidas, ut Cicero scribit, bonis omnibus, reliquos dimidia parte multauit.

XLIII. [1]Ius laboriosissime ac seuerissime dixit. Repetundarum conuictos etiam ordine senatorio mouit. Diremit nuptias praetorii uiri, qui digressam a marito

1 ⟨L⟩X *Casaubon* [*Preud'homme*] : decem [X GT] *om. codd.* quadraginta *ed. Basil.* 1533 L *Oudendorp* ‖ qui M : quis *cett.* [*uulgo*] ‖ ii R : hi *cett.* ‖ 3 deducto summae : deducto summa LP^1 deducta summa ΠQR,STP^2O deducto a [*uel* de *uel* e] summa *Scriverius* [*Orsini Oudendorp*] ‖ fere G, ΠQ$_s$R, ST [*in hoc ante* quarta] P^2O^2 : fieret *cett.* ‖ deperibat : -iebat M ‖ 4 distraxit : de- [e *in ras.*]Π ‖ 5 exulabant : -arent L *dett.* ‖ ut Cicero scribit : *del. Wolf* [*iam Torrentio suspecta*] *ante* parricidas *ponit Burmann.*

XLIII, 1 mouit : re-G.

seulement, et cela sans qu'il y eût soupçon d'adultère. Il établit des droits d'importation sur les marchandises étrangères. Il ne permit l'usage des litières ainsi que des vêtements de pourpre et des perles qu'à certaines personnes, à certains âges, et pendant certains jours. Particulièrement strict dans l'application de la loi somptuaire, il aposta autour du marché des gardes chargés de saisir et d'apporter chez lui les denrées interdites ; parfois même il envoyait à l'improviste des licteurs et des soldats enlever jusque sur les tables des dîneurs celles qui avaient pu échapper aux gardes.

XLIV. De plus, en ce qui concerne l'embellissement et l'enrichissement de Rome, ainsi que la protection et l'agrandissement de l'empire, il formait chaque jour de plus nombreux et de plus vastes projets : il se proposait avant tout de construire un temple de Mars, le plus vaste qui fût au monde, en comblant et nivelant la pièce d'eau sur laquelle il avait donné le spectacle d'une naumachie, et un théâtre immense, adossé à la roche Tarpéienne ; de condenser le droit civil et de choisir dans la multitude énorme des lois éparses ce qu'il y avait de meilleur et d'indispensable pour le rassembler en un tout petit nombre de livres ; de mettre à la disposition du public des bibliothèques grecques et latines aussi riches que possible : il avait confié à Marcus Varron (1) le soin d'acquérir et de classer les livres ; de dessécher les marais Pontins ; d'ouvrir un débouché au lac Fucin (2) ; de construire une route allant de la mer Adriatique jusqu'au Tibre en franchissant la crête des Apennins ; de percer l'isthme de Corinthe (3) ; de contenir les Daces, qui

(1) Le célèbre polygraphe, né en 116, mort vers 26, dont nous avons conservé seulement le *De re rustica* et une partie du *De lingua Latina*, avec des fragments d'autres ouvrages.

(2) Cf. *Cl.*, 20[1].

(3) Cf. Pline, *Hist. Nat.*, IV, 10 : « *perfodere nauigabili alueo angustias eas tentauere Demetrius rex* [*Poliorcetes*], *dictator*

post biduum statim duxerat, quamuis sine probri suspicione. [2]Peregrinarum mercium portoria instituit. Lecticarum usum, item conchyliatae uestis et margaritarum nisi certis personis et aetatibus perque certos dies ademit. [3]Legem praecipue sumptuariam exercuit, dispositis circa macellum custodibus, qui obsonia contra uetitum retinerent deportarentque ad se, submissis nonnumquam lictoribus atque militibus, qui, si qua custodes fefellissent, iam adposita e triclinio auferrent.

XLIV. | [1]Nam de ornanda instruendaque urbe, item de tuendo ampliandoque imperio plura ac maiora in dies destinabat : [2]in primis Martis templum, quantum nusquam esset, extruere repleto et conplanato lacu, in quo naumachiae spectaculum ediderat, theatrumque summae magnitudinis Tarpeio monti accubans ; [3]ius ciuile ad certum modum redigere atque ex immensa diffusaque legum copia optima quaeque et necessaria in paucissimos conferre libros ; [4]bibliothecas Graecas Latinasque quas maximas posset publicare, data Marco Varroni cura comparandarum ac digerendarum ; [5]siccare Pomptinas paludes ; emittere Fucinum lacum ; uiam munire a mari Supero per Appennini dorsum ad Tiberim usque ; perfodere Isthmum ; [6]Dacos, qui se in Pontum

2 lecticarum : et lect-M ‖ item : *om.* LP¹O¹ ‖ **3** contra uetitum : ⟨ petita ⟩ *add. Polak* ⟨ uendentium ⟩ *Bücheler* ⟨ proposita ⟩ *conicit Ihm* ‖ adposita e : adposite M apposita LPOδ.

XLIV, 1 Nam : iam *dett.* [*Casaubon*] *del. C. Nägler* ‖ in dies : *om.* LP¹O ‖ **2** Martis : -i *Bentley* ‖ exstruere : exstruxit M ‖ quo : qua M ‖ **4** Graecas Latinasque : Graecam Latinamque *Gruter Casaubon* ‖ quas maximas : quam max-δ ‖ **5** Pomptinas : prompt-MG, ΠQεR, δ pont-T ‖ Fucinum : fulci-ΠQR ‖ Supero per : super opera Qε super LPOST, δ.

s'étaient répandus dans la Thrace et dans le Pont ; de porter ensuite la guerre chez les Parthes en passant par l'Arménie Mineure et de ne leur livrer bataille qu'après avoir éprouvé leurs forces. Au milieu de ces travaux et de ces projets, il fut surpris par la mort. Avant de raconter sa fin, il ne sera pas hors de propos d'exposer succinctement ce qui concerne sa personne, sa tenue, sa mise et ses mœurs, aussi bien que ses talents civils et militaires.

XLV. Il avait, dit-on, la taille haute, le teint blanc, les membres bien faits, le visage un peu trop plein, les yeux noirs et vifs, une santé robuste, quoique dans les derniers temps il fût sujet à des syncopes soudaines et même à des terreurs qui interrompaient son sommeil. Il eut aussi deux fois des attaques d'épilepsie en plein travail. Trop minutieux dans le soin de sa personne, il ne se bornait pas à se faire tondre et raser de près, mais allait jusqu'à se faire épiler, à ce que certains lui reprochèrent, et ne se consolait pas d'être chauve, ayant constaté plus d'une fois que cette disgrâce provoquait les plaisanteries de ses détracteurs. Aussi avait-il coutume de ramener en avant ses cheveux trop rares et, parmi tous les honneurs que lui décernèrent le sénat et le peuple, celui qu'il reçut et dont il profita le plus volontiers fut le droit de porter en toute occasion une couronne de laurier. On rapporte que sa mise, elle aussi, était remarquable : il portait, dit-on, un laticlave garni de franges descendant jusqu'aux mains, et c'était sur lui (1) qu'il attachait toujours sa ceinture, d'ailleurs fort lâche (2) ;

Caesar, *Caius princeps* [cf. *Cal.*, 21[4]], *Domitius Nero* [cf. *Ner.*, 19[3] et 37[6]], *infausto* (*ut omnium patuit exitu*) *incepto*. »

(1) Le laticlave était une double bande de pourpre tissée dans l'étoffe de la tunique. La toge étant jetée sur la tunique, on plaçait d'ordinaire la ceinture à la hauteur des cuisses, pour laisser voir les deux bandes de pourpre. César, au contraire, se ceinturait « sur le laticlave », c'est-à-dire plus haut, de sorte que sa tunique était entièrement cachée.

(2) Habitude particulière aux gens de mœurs efféminées.

et Thraciam effuderant, coercere ; mox Parthis inferre bellum per Armeniam minorem nec nisi ante expertos adgredi proelio. | [7]Talia agentem atque meditantem mors praeuenit. [8]De qua prius quam dicam, ea quae ad formam et habitum et cultum et mores, nec minus quae ad ciuilia et bellica eius studia pertineant, non alienum erit summatim exponere.

XLV. | [1]Fuisse traditur excelsa statura, colore candido, teretibus membris, ore paulo pleniore, nigris uegetisque oculis, ualitudine prospera, nisi quod tempore extremo repente animo linqui atque etiam per somnum exterreri solebat. [2]Comitiali quoque morbo bis inter res agendas correptus est. [3]Circa corporis curam morosior, ut non solum tonderetur diligenter ac raderetur, sed uelleretur etiam, ut quidam exprobrauerunt, caluitii uero deformitatem iniquissime ferret saepe obtrectatorum iocis obnoxiam expertus. [4]Ideoque et deficientem capillum reuocare a uertice adsueuerat et ex omnibus decretis sibi a senatu populoque honoribus non aliud aut recepit aut usurpauit libentius quam ius laureae coronae perpetuo gestandae. | [5]Etiam cultu notabilem ferunt : usum enim lato clauo ad manus fimbriato nec umquam aliter quam *ut* super eum cingeretur, et quidem fluxiore cinctura ; unde emanasse Sullae dictum optimates

8 pertineant : -ent G.

XLV, 3 diligenter ac raderetur : *om.* ΠQR ‖ ferret : ferre GS[2] ΠR[1] ferebat TNρδε tulit R[2] ‖ **4** a uertice : uertice G ad uerticem *Exc. Juste-Lipse Rep.*, 1. 4. 48 *Schulting* ‖ adsueuerat M : consue- HPOTN ass-*cett.* ‖ **5** ad manus fimbriato : usque ad man- fimbr- H at minus fimbr-Qε ad amussim striato *E. Schulze* ‖ quam ⟨ ut ⟩ *Bentley* : quam MGRV, LPOST [ut *post* nec ΠQε *edd.*].

de là ce mot que Sylla répétait aux grands : « Méfiez-vous de ce jeune homme mal ceinturé. »

XLVI. Il habita d'abord dans une modeste maison de Suburre (1), puis, lorsqu'il fut grand pontife, dans un bâtiment public (2), sur la Voie Sacrée. Bien dès témoignages le montrent passionné pour le luxe et la somptuosité : s'étant fait bâtir sur le territoire d'Aricie une maison de campagne entièrement neuve jusqu'aux fondations, mais trouvant, lorsqu'on l'eut achevée à grands frais, qu'elle ne répondait pas entièrement à son attente, il l'aurait fait démolir de fond en comble, quoiqu'il fût alors pauvre et chargé de dettes ; dans ses expéditions, il emportait, paraît-il, des carrelages et des mosaïques en pièces.

XLVII. On prétend qu'il attaqua la Bretagne dans l'espoir d'y trouver des perles (3), et que, pour reconnaître les plus grosses, il en soupesait parfois dans sa propre main ; qu'il collectionna toujours avec passion les pierres précieuses, les vases ciselés, les statues, les tableaux des maîtres anciens ; qu'il se procurait des esclaves extrêmement beaux et cultivés, à des prix si exorbitants qu'il en rougissait lui-même et défendait de les mentionner sur ses comptes ;

XLVIII. que dans les provinces, il donnait continuellement des festins, avec deux tables distinctes, l'une pour ses officiers et pour les Grecs, l'autre pour les Romains et pour les notabilités du pays. Chez lui, il maintenait une discipline si exacte et si rigoureuse, dans les petites choses comme dans les grandes, qu'il fit mettre aux fers un esclave boulanger qui servait à ses invités d'autre pain qu'à lui-même, et punit de mort, sans que personne eût porté plainte, l'un de ses plus chers affran-

(1) Quartier de Rome situé entre les Esquilies et le Viminal.
(2) Cf. Dion Cass., XLIII, 44 et LIV, 27.
(3) Cf. Tacite, *Agricola*, 12.

saepius admonentis, « ut male praecinctum puerum cauerent. »

XLVI. [1] Habitauit primo in Subura modicis aedibus, post autem pontificatum maximum in Sacra uia domo publica. [2]Munditiarum lautitiarumque studiosissimum multi prodiderunt : uillam in Nemorensi a fundamentis incohatam magnoque sumptu absolutam, quia non tota ad animum ei responderat, totam diruisse, quamquam tenuem adhuc et obaeratum ; in expeditionibus tessellata et sectilia pauimenta circumtulisse ;

XLVII. Britanniam petisse spe margaritarum, quarum amplitudinem conferentem interdum sua manu exegisse pondus ; gemmas, toreumata, signa, tabulas operis antiqui semper animosissime comparasse ; seruitia rectiora politioraque inmenso pretio, et cuius ipsum etiam puderet, sic ut rationibus uetaret inferri ;

XLVIII. [1]conuiuatum assidue per prouincias duobus tricliniis, uno quo sagati palliatiue, altero quo togati cum inlustrioribus prouinciarum discumberent. [2]Domesticam disciplinam in paruis ac maioribus rebus diligenter adeo seuereque rexit, ut pistorem alium quam sibi panem conuiuis subicientem compedibus uinxerit, libertum gratissimum ob adulteratam equitis Romani

XLVI, 2 in Nemorensi a fundamentis : innemorensiam fund- Mδ ‖ tota : nota ΠQR [*at in hoc suprascr.* + tota].

XLVII rectiora δ *dett.* V [*in hoc in marg.*] : ret- MV [*in textu*] LP^1O^1 recentiora ΠQεR, STP^2 [*in hoc* ret-] O^2 preciosiora G decentiora *Juste-Lipse* teret- *Heinsius* erect- *Baumgarten-Crusius Madvig* ‖ ipsum ΠQεR, P^2O^2T : ipse *cett.*

XLVIII, 1 prouinciarum : -cialium *Halbertsma.*

chis, qui avait séduit la femme d'un chevalier romain.

XLIX. Sa réputation de sodomite lui vint uniquement de son séjour chez Nicomède (1), mais cela suffit pour le déshonorer à tout jamais, et l'exposer aux outrages de tous. Je néglige les vers si connus de Licinius Calvus (2) :

> Tout ce que la Bithynie
> Et l'amant de César posséda jamais.

Je passe sur les discours de Dolabella (3) et de Curion le père (4), où le premier l'appelle « la rivale de la reine, le dossier de la litière royale (5) », et le second, « l'étable de Nicomède » et « le mauvais lieu de Bithynie. » Je laisse même de côté les édits (6) où Bibulus, sur les murs de Rome, appela son collègue : « la reine de Bithynie », en ajoutant : « Autrefois il était amoureux d'un roi, il l'est aujourd'hui de la royauté. » A la même époque, suivant Marcus Brutus (7), un certain Octavius, que le dérangement de son esprit autorisait à tout dire, ayant, devant une assemblée très nombreuse, donné à Pompée le titre de « roi », salua même César du nom de « reine ». Mais C. Memmius (8) va jusqu'à lui reprocher d'avoir, en compagnie d'autres mignons, servi d'échanson (9) à ce Nicomède, dans un grand festin auquel prirent part

(1) Cf. chap. 2[1].

(2) Baehrens, *Frag. poet. Rom.*, p. 322. Cicéron, *Brutus*, 283 sqq., consacre un long développement au talent oratoire de ce personnage. On citait également de lui un poème satirique.

(3) Prononcés au sénat. On ne sait s'il s'agit ici du Dolabella qui fut accusé par César (cf. chap. 4[1]), ou du fils de ce dernier.

(4) C. Scribonius Curio, qui fut consul en 77 av. J.-C. Cicéron apprécie son talent d'orateur, *Brutus*, 210 sqq.

(5) Cf. Aulu-Gelle, *N. A.*, VII, 12.

(6) Cf. chap. 20[3].

(7) L'assassin de César. On ne sait dans quel ouvrage.

(8) Cf. chap. 23[1].

(9) On choisissait pour cet office de jeunes garçons de bonne naissance et remarquables par leur beauté : cf. Horace, *Od.*, I, 29, 7 sq.

uxorem, quamuis nullo querente, capitali poena adfecerit.

XLIX. | [1]Pudicitiae eius famam nihil quidem praeter Nicomedis contubernium laesit, graui tamen et perenni obprobrio et ad omnium conuicia exposito. [2]Omitto Calui Licini notissimos uersus :

Bithynia quicquid
Et *p*aedicator Caesaris umquam habuit.

[3]Praetereo actiones Dolabellae et Curionis patris, in quibus eum Dolabella « p*a*elicem reginae », « spondam interiorem regiae lecticae », at Curio « stabulum Nicomedis » et « Bithynicum fornicem » dicunt. [4]Missa etiam facio edicta Bibuli, quibus proscripsit collegam suum « Bithynicam reginam, eique antea regem fuisse cordi, nunc esse regnum. » [5]Quo tempore, ut Marcus Brutus refert, Octauius etiam quidam, ualitudine mentis liberius dicax, conuentu maximo, cum Pompeium « regem » appellasset, ipsum « reginam » salutauit. [6]Sed C. Memmius etiam ad cyathum *ei* Nicomedi stetisse obicit, cum reliquis exoletis, pleno conuiuio, accubantibus nonnullis urbicis negotiatoribus, quorum

2 querente : quae-M.

XLIX, 2 Bithynia : bithiniae [ae *per compend.*] LPOST ‖ paedicator : ped- *ed. Rom. I* [*Ihm*] praed-*per compend.* [pre-S] *om. codd.* ‖ **3** at : ad M ac POT [*Roth Preud'homme*] a + aut *suprascr.* Π^2 ‖ **4** proscripsit : prae-Q ‖ Bithynicam [bithi-] ΠQεR² : bithyniam [bythy- M bithi-G, LPOST] MGV, LPOST Bithynam *Bentley* ‖ cordi : -e M¹ ‖ **6** ei Nicomedi *nos* : et ui Nico- MVL²δ et in Nico- L¹ ****Nico-P Nico- O¹ *dett.* [*Torrentius*] et uina Nico-G et uinum Nico- ΠQεR, STO² *edd.* eum Nico- *Saumaise* [*in archetypo nobis uid.* EINIC-*perscriptum esse unde uariae codicum lectiones, cf. infra* 52¹ Naso-uasa].

quelques négociants romains, dont il cite les noms. Et Cicéron ne se borna pas à écrire dans certaines de ses lettres (1) que des gardes le conduisirent dans la chambre du roi, qu'il s'y coucha dans un lit d'or, revêtu de pourpre, et qu'un descendant de Vénus (2) souilla en Bithynie la fleur de sa jeunesse, mais encore, un jour, au sénat, comme César plaidait la cause de Nysa, la fille de Nicomède (3), et rappelait les bienfaits qu'il devait au roi, il lui dit : « Passez là-dessus, je vous prie, car personne n'ignore ce qu'il vous a donné et ce qu'il a reçu de vous. » Enfin, pendant le triomphe des Gaules, parmi les vers satiriques que ses soldats, suivant l'usage, chantèrent en escortant son char, on entendit même ce couplet devenu populaire (4) :

César a soumis les Gaules, Nicomède a soumis César :
Vous voyez aujourd'hui triompher César qui a soumis les Gaules,
Mais non point Nicomède qui a soumis César.

L. Tout le monde s'accorde à dire qu'il était porté au plaisir, généreux dans ses amours, et qu'il séduisit un très grand nombre de femmes d'une illustre naissance, entre autres Postumia, l'épouse de Servius Sulpicius, Lollia, celle d'Aulus Gabinius, Tertulla, celle de Marcus Crassus, et même Mucia, la femme de Cn. Pompée (5). En tout cas, les deux Curions, le père et le fils, ainsi que beaucoup d'autres, ont reproché à Pompée d'avoir, par ambition du pouvoir, accepté pour femme la fille de l'homme qui l'avait auparavant contraint de répudier son épouse, mère de trois enfants, et qu'il ne cessait, en gémissant, d'appeler « Egisthe. » Mais sa plus

(1) C. F. Mueller, *Frag. inc.* E, XVIII, 5.
(2) Cf. chap. 6[2].
(3) Ce discours de César est mentionné par Aulu-Gelle, *N. A.*, V, 13.
(4) Baehrens, *Frag. poet. Rom.*, p. 330.
(5) Cf. Plutarque, *Pomp.*, 42.

refert nomina. [7]Cicero uero, non contentus in quibusdam epistulis scripsisse a satellitibus eum in cubiculum regium eductum in aureo lecto ueste purpurea decubuisse floremque aetatis a Venere orti in Bithynia contaminatum, quondam etiam in senatu defendenti ei Nysae causam, filiae Nicomedis, beneficiaque regis in se commemoranti : « Remoue, » inquit, « istaec, oro te, quando notum est, et quid ille tibi et quid illi tute dederis. » [8]Gallico denique triumpho milites eius inter cetera carmina, qualia currum prosequentes ioculariter canunt, etiam illud uulgatissimum pronuntiauerunt :

Gallias Caesar subegit, Nicomedes Caesarem :
Ecce Caesar nunc triumphat qui subegit Gallias,
Nicomedes non triumphat qui subegit Caesarem.

L. [1]Pronum et sumptuosum in libidines fuisse constans opinio est, plurimasque et illustres feminas corrupisse, in quibus Postumiam Serui Sulpicii, Lolliam Auli Gabini, Tertullam Marci Crassi, etiam CN. Pompei Muciam. [2]Nam certe Pompeio et a Curionibus patre et filio et a multis exprobratum est, quod cuius causa post tres liberos exegisset uxorem et quem gemens « Aegisthum » appellare consuesset, eius postea filiam potentiae cupiditate in matrimonium recepisset. [3]Sed

7 eductum : de- G *dett.* ‖ orti : -tum G -tae *per compend.* [-eT] LPOST ‖ **8** ecce — Gallias : *om.* MHGVLPO[1]δ [*propter quod hic uersus suspectus uid. Ludovico Roth et Maximiliano Ihm*] *post hunc uersum* Et quare triumphat caesar [ae *per compend.*] qui subegit Gallias. | nicomedes non triumphat qui subegit caesarem [ae *per compend.*] *add.* Q *et* ε *in marg.*

L, 1 Postumiam GL,ΠQεR : -minam *cett.* ‖ **2** recepisset : -isse Mδ [quod]..... recepisse *Bentley.*

grande passion fut pour Servilia, la mère de Marcus Brutus : lors de son premier consulat, il lui acheta une perle valant six millions de sesterces, et, durant la guerre civile, sans parler d'autres donations (1), il lui fit adjuger au plus bas prix d'immenses propriétés vendues aux enchères ; à cette occasion, comme beaucoup de gens s'étonnaient d'un prix si modique, Cicéron leur dit fort spirituellement : « Le marché est encore meilleur, sachez-le : il y a déduction du tiers. » On soupçonnait en effet que Servilia ménageait même à César les faveurs de sa fille Tertia (2).

LI. Il ne respecta même pas les femmes des provinciaux, comme le montre par exemple ce distique (3) également répété par ses soldats durant le triomphe des Gaules :

> Citadins, surveillez vos femmes : nous amenons un adultère chauve ;
> Tu as forniqué en Gaule avec l'or emprunté à Rome.

LII. Il eut aussi pour maîtresses des reines, entre autres celle de Maurétanie, Eunoë, femme de Bogud (4), et, d'après ce que dit Nason (5), il lui fit, à elle et à son mari, une foule de dons princiers ; mais sa plus grande passion fut pour Cléopâtre : non seulement il lui donna maintes fois des festins qui se prolongeaient jusqu'au jour, mais, l'emmenant avec lui sur un navire pourvu de cabines, il aurait traversé toute l'Égypte et atteint l'Ethiopie, si son armée n'avait pas refusé de le suivre ; enfin, l'ayant fait venir à Rome (6), il ne la renvoya que comblée d'honneurs et de récompenses magnifiques et

(1) Mentionnées par Dion Cassius, XLIII, 47.

(2) Jeu de mots sur le nom de Tertia, *tertia pars* signifiant « le tiers ».

(3) Baehrens, *Frag. poet. Rom.*, p. 330.

(4) La Maurétanie était alors divisée entre Bocchus et Bogud.

(5) Cf. chap. 9³.

(6) Cf. Dion Cass., XLIII, 27. Sur les relations de César avec Cléopâtre en Égypte, voir Plutarque, *César*, 49.

ante alias dilexit Marci Bruti matrem Seruiliam, cui et proximo suo consulatu sexagiens sestertium margaritam mercatus est et bello ciuili super alias donationes amplissima praedia ex auctionibus hastae minimo addixit ; cum quidem plerisque uilitatem mirantibus facetissime Cicero : « Quo melius », inquit, « emptum sciatis, tertia deducta ; » existimabatur enim Seruilia etiam filiam suam Tertiam Caesari conciliare.

LI. Ne prouincialibus quidem matrimoniis abstinuisse uel hoc disticho apparet iactato aeque a militibus per Gallicum triumphum :

Vrbani, seruate uxores : moechum caluom adducimus ;
Aurum in Gallia effutuisti, hic sumpsisti mutuum.

LII. [1]Dilexit et reginas, inter quas Eunoen Mauram Bogudis uxorem, cui maritoque eius plurima et immensa tribuit, ut *Naso* scripsit ; [2]sed maxime Cleopatram, cum qua et conuiuia in primam lucem saepe protraxit et eadem naue thalamego paene Aethiopia tenus Aegyptum penetrauit, nisi exercitus sequi recusasset, quam denique accitam in urbem non nisi maximis honoribus praemiisque auctam remisit filiumque natum

3 alias : alias repetisset MGδ ‖ cui et : cui S^1 ‖ proximo : in prox- P^2S^2OT primo *Torrentius* [*Roth Preud'homme*] [*cf. Ner.*, 7^3 proxima nocte] ‖ sestertium [-cium] : -cio δ -tio *dett.* [*Is. Fr. Gronov*] ‖ hastae : hasta e Qδ hastae [ae *per compend.*] e Π hastaec [ae *per compend.*] R hausta [aucta O^1] e LP^1OST ‖ addixit : -duxit LP^1OST ‖ facetissime : -mo M -mo uerbo usus δ ‖ inquit : -quid M [*sic saepe*] ‖ deducta : deducta est ΠQεR, STP^2O.

LI caluom *Roth* : -on MGVε -um *cett.* ‖ aurum : -ro ΠR ‖ Gallia ΠQεR, ST : -am *cett.* Galliis *Gujetus* ‖ effutuisti : effudisti L^3 *dett.* stuprum emisti ΠR.

LII, 1 ut : *om* V ‖ Naso *dett.* : uasa *corr. ex* uasu *aut* uasta *ut legit Bentley* M uasa V, LPOST, ΠQεR -as G ‖ **2** thalamego : thalamoque ΠQR,ST $P^2O^2L^3$ ‖ praemiisque : -misque *Roth*.

lui permit de donner son nom au fils qui lui était né. Quelques écrivains grecs ont prétendu que ce fils ressemblait aussi à César par son physique et par sa démarche. M. Antoine affirma au sénat qu'il avait même été reconnu par lui et que C. Matius, C. Oppius et les autres amis de César le savaient bien ; mais l'un de ceux-ci, Gaius Oppius, jugeant qu'il valait la peine de le défendre et de le justifier sur ce point, publia un livre pour démontrer que le fils attribué à César par Cléopâtre n'était pas de lui. Helvius Cinna, tribun de la plèbe, avoua à un très grand nombre de personnes qu'il avait eu entre les mains le texte déjà tout prêt d'une loi que César lui avait donné l'ordre de proposer en son absence, lui permettant d'épouser à son choix autant de femmes qu'il le voudrait, pour s'assurer une descendance. D'ailleurs, pour que personne ne puisse douter le moins du monde que César eut la plus triste réputation de sodomite et d'adultère, (j'ajouterai que) Curion le père l'appelle dans l'un de ses discours « le mari de toutes les femmes et la femme de tous les maris. »

LIII. Il buvait très peu de vin : ses ennemis eux-mêmes ne l'ont pas nié. C'est à Marcus Caton que l'on doit ce mot : « De tous ceux qui partirent pour renverser le gouvernement, César seul ne s'enivrait pas. » Aussi bien, pour la nourriture, Gaius Oppius le montre d'une telle indifférence, qu'un jour, à ce qu'il raconte, se voyant servir par un hôte de l'huile rance (1) au lieu d'huile fraîche, loin de la dédaigner comme les autres convives, il s'en montra même friand pour n'avoir pas l'air de reprocher à son hôte sa négligence ou son manque d'usage. Il ne fut désintéressé ni dans ses commandements ni dans ses magistratures.

(1) Cf. Plutarque, *Cés.*, 17. Montaigne (*Essais*, II, 33), traduisant Plutarque, parle d'huile aromatisée (*condĭtum*), mais chez Suétone il s'agit d'huile rance (*condĭtum*), puisqu'il l'oppose à de l'huile fraîche (*uiride*).

appellare nomine suo passus est. [3]Quem quidem nonnulli Graecorum similem quoque Caesari et forma et incessu tradiderunt. [4]M. Antonius adgnitum etiam ab eo senatui adfirmauit, *id*que scire C. Matium et C. Oppium reliquosque Caesaris amicos ; quorum Gaius Oppius, quasi plane defensione ac patrocinio res egeret, librum edidit, non esse Caesaris filium, quem Cleopatra dicat. [5]Heluius Cinna TR. PL. plerisque confessus est habuisse se scriptam paratamque legem, quam Caesar ferre iussisset cum ipse abesset, ut *e*i uxores liberorum quaerendorum causa quas et quot uellet ducere liceret. [6]At ne cui dubium omnino sit et impudicitiae et adulteriorum flagrasse infamia, Curio pater quadam eum oratione « omnium mulierum uirum et omnium uirorum mulierem » appellat.

LIII. | [1]Vini parcissimum ne inimici quidem negauerunt. Marci Catonis est : « unum ex omnibus Caesarem ad euertendam rem publicam sobrium accessisse. » [2]Nam circa uictum Gaius Oppius adeo indifferentem docet, ut quondam ab hospite conditum oleum pro uiridi adpositum aspernantibus ceteris solum etiam largius appetisse scribat, ne hospitem aut neglegentiae aut rusticitatis uideretur arguere. [3]Abstinentiam neque in imperiis neque in magistratibus praestitit.

2 nomine : ⟨ e ⟩ nom- *Modderman* ‖ **4** ⟨ id ⟩ que scire *Modderman* [*Preud'homme*] : quae [*uel* que *per compend.*] *om. codd.* scireque *Glareanus* ‖ Oppium : app- M ‖ Cleopatra dicat : de cleop- dicant ΠQεR ‖ **5** ut ⟨ e ⟩ i *Bücheler* : uti *om. codd.* ‖ quas : quos LPO quas quis *Oudendorp* ‖ uellet : -ent LPOST uellet quis ρ ‖ **6** At : ad M ac *Erasme* [*sic uel* atque *edd.*].

LIII, 1 Marci : uerbum Marci ΠQεR,STP²N [uerbum *post* est *ponit* O²] ‖ **2** appetisse scribat : dicat appetisse ΠQεR.

LIV. En effet, d'après ce que certains auteurs ont affirmé dans leurs écrits, étant proconsul en Espagne il ne se borna pas à recevoir de nos alliés des sommes qu'il avait mendiées auprès d'eux pour éteindre ses dettes, mais il saccagea comme des villes ennemies certaines places lusitaniennes, qui pourtant ne se dérobaient pas aux contributions de guerre et lui ouvraient leurs portes à son arrivée. En Gaule, il pilla les chapelles et les temples des dieux, qui étaient remplis d'offrandes, et, quand il détruisit des villes, ce fut plus souvent pour faire du butin que par représailles ; aussi arriva-t-il à regorger d'or et dut-il en faire vendre dans toute l'Italie et dans les provinces à raison de trois mille sesterces la livre. Au cours de son premier consulat, il déroba au Capitole trois mille livres d'or et les remplaça par un poids égal de bronze doré. Il vendit à prix d'argent les alliances et les trônes, extorquant ainsi au seul Ptolémée près de six mille talents (1), en son propre nom et au nom de Pompée. Par la suite, c'est à force de rapines et de sacrilèges manifestes qu'il put supporter les charges des guerres civiles, les dépenses de ses triomphes et de ses spectacles.

LV. Au point de vue de l'éloquence et de l'art militaire, il égala ou surpassa la gloire des plus grands maîtres. Après son réquisitoire contre Dolabella (2), on le rangea sans conteste parmi les premiers talents du barreau. En tout cas, Cicéron, énumérant les orateurs, dans son Brutus (3), déclare « qu'il n'en voit point à qui César doive le céder », et il ajoute « qu'il a une éloquence élégante, pleine d'éclat et même de magnificence, avec un certain air de noblesse native » ; ailleurs encore, dans

(1) Environ 166.827.000 francs de notre monnaie stabilisée.

(2) En 77 avant Jésus-Christ. César avait alors vingt-trois ans et pour ses débuts il accusait de concussion Dolabella, ancien proconsul de Macédoine.

(3) Cic., *Brut.*, 261.

LIV. [1]Vt enim quidam monumentis suis testati sunt, in Hispania pro consule et a sociis pecunias accepit emendicatas in auxilium aeris alieni et Lusitanorum quaedam oppida, quanquam nec imperata detrectarent et aduenienti portas patefacerent, diripuit hostiliter. [2]In Gallia fana templaque deum donis referta expilauit, urbes diruit saepius ob praedam quam ob delictum; unde factum, ut auro abundaret ternisque milibus nummum in libras promercale per Italiam prouinciasque diuenderet. [3]In primo consulatu tria milia pondo auri furatus e Capitolio tantundem inaurati aeris reposuit. [4]Societates ac regna pretio dedit, ut qui uni Ptolemaeo prope sex milia talentorum suo Pompeique nomine abstulerit. [5]Postea uero euidentissimis rapinis ac sacrilegis et onera bellorum ciuilium et triumphorum ac munerum sustinuit impendia.

LV. | [1]Eloquentia militarique re aut aequauit praestantissimorum gloriam aut excessit. [2]Post accusationem Dolabellae haud dubie principibus patronis adnumeratus est. Certe Cicero ad Brutum oratores enumerans negat « se uidere, cui debeat Caesar cedere », aitque « eum elegantem, splendidam quoque atque etiam magnificam et generosam quodam modo rationem dicendi tenere »; et ad Cornelium Nepotem de eodem ita

LIV, 1 pro consule : proconsule V proconsul MGLPO[1]δ a [ac ρ] proconsule *cett.* ‖ **2** abundaret : hab- Mδ ‖ milibus : milibus militib : M ‖ diuenderet : diuid- L *dett.* ‖ **5** onera VLS, ΠQεR : -re [ho- T] *cett.*

LV, 1 militarique re *Juste-Lipse* : militari quoque re *dett.* militari [mirabili N] quare [quare *om.* G *dett.*] *om. cett.* militarique arte *Heinsius* ‖ **2** aitque : atque LPOS.

une lettre à Cornelius Nepos *, il a parlé de lui en ces termes : « Mais quoi ? quel orateur lui préférerez-vous parmi ceux qui se sont consacrés uniquement à l'éloquence ? quel autre a plus d'abondance ou plus de finesse dans les pensées, plus d'art et plus d'élégance dans l'expression ? » Tout au moins durant sa jeunesse, il paraît avoir adopté le genre d'éloquence de César Strabon * et même il reproduisit mot pour mot dans sa Divination (1) quelques passages empruntés au discours de cet orateur qui est intitulé « Pour les Sardes. » Il parlait, dit-on, avec une voix pénétrante, des mouvements et des gestes pleins de feu, mais non sans grâce. Il a laissé quelques discours, mais il en est qui lui sont attribués à tort. En ce qui concerne le discours « Pour Quintus Metellus », Auguste estime non sans raison que son texte a été recueilli par des sténographes qui suivaient mal les paroles de l'orateur, plutôt que publié par César lui-même ; de fait, sur certains exemplaires, ce n'est même pas le titre de « Discours pour Metellus » que je trouve, mais celui de « Discours composé pour le compte de Metellus », et cependant c'était bien César qui parlait en personne pour se défendre ainsi que Metellus contre les accusations de leurs communs détracteurs. De même « les allocutions adressées aux soldats en Espagne » paraissent à Auguste d'une authenticité douteuse, et cependant on lui en attribue deux : l'une aurait été prononcée avant le premier combat, l'autre, avant le second ; or, Asinius Pollion * nous dit que, dans cette seconde affaire, il n'eut pas même le temps de haranguer ses troupes, par suite d'une attaque soudaine de l'ennemi.

LVI. César a laissé en outre des commentaires sur

(1) Discours à la suite duquel César fut agréé par le tribunal comme accusateur de Dolabella (voir p. 38, n. 2). La *diuinatio* était le débat préliminaire à la suite duquel était rendue la décision qui constituait l'accusateur.

scripsit : « Quid ? oratorem quem huic antepones eorum, qui nihil aliud egerunt ? quis sententiis aut acutior aut crebrior ? quis uerbis aut ornatior aut elegantior ? » [3]Genus eloquentiae dum taxat adulescens adhuc Strabonis Caesaris secutus uidetur, cuius etiam ex oratione, quae inscribitur « Pro Sardis », ad uerbum nonnulla transtulit in diuinationem suam. [4]Pronuntiasse autem dicitur uoce acuta, ardenti motu gestuque, non sine uenustate. [5]Orationes aliquas reliquit, inter quas temere quaedam feruntur. [6] « Pro Quinto Metello » non immerito Augustus existimat magis ab actuaris exceptam male subsequentibus uerba dicentis, quam ab ipso editam ; nam in quibusdam exemplaribus inuenio ne inscriptam quidem « Pro Metello », sed « quam scripsit Metello », cum ex persona Caesaris sermo sit Metellum seque aduersus communium obtrectatorum criminationes purgantis. [7] « Apud milites » quoque « in Hispania » idem Augustus uix ipsius putat, quae tamen duplex fertur : una quasi priore habita proelio, altera posteriore, quo Asinius Pollio ne tempus quidem contionandi habuisse eum dicit subita hostium incursione.

LVI. [1]Reliquit et rerum suarum commentarios Gal-

2 Quid ? oratorem quem huic : quid oratorum quem huic ΠQεR quem oratorum huic L^2 quis orator em [*per compend.*] quem δ ‖ antepones : -as δ ‖ qui : quid M^1 ‖ quis : qui M quid S^1 *om.* Π^1 ‖ **3** adulescens : adolescentis ΠQR ‖ **6** Pro : ⟨ ut ⟩ pro *Casaubon* ‖ Metello : quae [*uel* que] *add.* ΠQεR, STP^2 ‖ existimat : -mabat Π^1 [*C.G. Müller*] ‖ actuaris : -urisG-uariis [auct- ΠR] LPOST, ΠQR ‖ exceptam : -a ΠQεR, STO^2 ‖ editam : -a ΠQεR, STO ‖ quam scripsit : quam L *del. Torrentius* ‖ Metello : -us *Modderman* ‖ **7** uix : uix orationem esse [*in ras.* O] ΠQεR, STP^{2}O^2 orationem esse uix T.

la guerre des Gaules et sur la guerre civile, ou du moins sur sa lutte contre Pompée, car on n'est pas d'accord sur l'auteur des guerres d'Alexandrie, d'Afrique et d'Espagne : les uns désignent Oppius, les autres Hirtius, qui aurait même complété le dernier livre de la guerre des Gaules laissé inachevé par César. Sur les commentaires de César, voici ce que dit Cicéron, toujours dans son Brutus (1) : « Il a écrit des commentaires vraiment dignes de tout éloge : ils sont nus, sans détours et pleins de grâce, dépouillés de tout apprêt oratoire, comme un corps de son vêtement ; mais, en voulant préparer des matériaux pour ceux qui auraient dessein d'écrire l'histoire, peut-être a-t-il fait plaisir à des sots, qui s'efforceront de friser tout cela au petit fer ; quant aux gens sensés, il les a découragés d'écrire. » Hirtius (2) les célèbre en ces termes : « Tout le monde en fait de si grands éloges, que César, loin de servir les historiens, semble leur avoir enlevé toute ressource. Cependant, nous en sommes encore plus étonnés que les autres lecteurs, car ils sentent la perfection de ce style si châtié, mais nous, nous savons en outre avec quelle aisance et quelle rapidité ce livre fut écrit. » Asinius Pollion (3) prétend que ces commentaires ont été composés avec trop peu de soin et trop peu de respect pour la vérité, car, dit-il, la plupart du temps César a enregistré sur parole, sans contrôle, les actions des autres ; quant aux siennes, soit à dessein, soit même faute de mémoire, il les a présentées de façon inexacte ; à son avis, l'auteur se proposait de refaire et de corriger son ouvrage. César a laissé en outre deux livres « Sur l'analogie », deux autres intitulés « Anti-Catons », et un poème qui a pour titre « Le voyage. » Il composa le premier de ces ouvrages

(1) Cic., *Brut.*, 262.
(2) *B. G.*, VIII, pr.
(3) Cf. chap. 55[r].

lici ciuilisque belli Pompeiani. Nam Alexandrini Africique et Hispaniensis incertus auctor est : alii Oppium putant, alii Hirtium, qui etiam Gallici belli nouissimum imperfectumque librum suppleuerit. [2]De commentariis Caesaris Cicero in eodem Bruto sic refert : « Commentarios scripsit ualde quidem probandos : nudi sunt, recti et uenusti, omni ornatu orationis tamquam ueste detracta ; sed dum uoluit alios habere parata, unde sumerent qui uellent scribere historiam, ineptis gratum fortasse fecit, qui illa uolent calamistris inurere, sanos quidem homines a scribendo deterruit. » [3] De isdem commentariis Hirtius ita praedicat : « Adeo probantur omnium iudicio, ut praerepta, non praebita facultas scriptoribus uideatur. *Cuius tamen rei maior nostra quam reliquorum est admiratio* ; *ceteri enim, quam bene atque emendate*, nos etiam, quam facile atque celeriter eos perscripserit, scimus. » [4]Pollio Asinius parum diligenter parumque integra ueritate compositos putat, cum Caesar pleraque et quae per alios erant gesta temere crediderit et quae per se, uel consulto uel etiam memoria lapsus perperam ediderit ; existimatque rescripturum et correcturum fuisse. [5]Reliquit et « De analogia » duos libros et « Anticatones » totidem ac praeterea poema quod inscribitur « Iter ». [6]Quorum librorum primos in transitu Alpium, cum ex

LVI, 1 Oppium putant alii : *om.* V ‖ imperfectumque librum : libr- imperf- *Polak* ‖ suppleuerit : -uit *C.G. Müller* ‖ **2** Caesaris : *om.* ΠQεR ‖ **3** ⟨ Cuius — emendate ⟩ *dett. et* O [*in marg.*] [*ex* Hirtio, *praef. ad lib.*viii *B. G.*] : ⟨ alii enim quam eleganter ⟩ ρ *om. cett.* ‖ perscripserit VLOSTε : prae- *cett.* perfecerit Hirtius ‖ **4** cum : cui MGδ ‖ ediderit : -derat LPOST [et quae per se — ediderit *om.* Q] ‖ **5** Anticatones : -is *C.G. Müller* ‖ Iter : inter M.

pendant qu'il traversait les Alpes pour rejoindre son armée en revenant de la Gaule citérieure, où il avait tenu ses assises ; le second, vers l'époque de la bataille de Munda ; le dernier, pendant les vingt-trois jours que dura son voyage de Rome en Espagne ultérieure. On possède également ses lettres au sénat, qu'il fut, semble-t-il, le premier à diviser en pages à la façon d'un mémoire, car auparavant les consuls et les généraux écrivaient toujours leurs rapports sur toute la largeur de la feuille. On a conservé en outre ses lettres à Cicéron, et celles qu'il adressait à ses familiers sur ses affaires domestiques (1) ; quand il avait à leur faire quelque communications ecrète, il usa d'un chiffre (2), c'est-à-dire qu'il brouillait les lettres de telle façon qu'on ne pût reconstituer aucun mot : si l'on veut en découvrir le sens et les déchiffrer, il faut substituer à chaque lettre la troisième qui la suit dans l'alphabet, c'est-à-dire le D à l'A, et ainsi de suite. On cite *également* certains ouvrages écrits par lui dès sa prime jeunesse, par exemple un « Éloge d'Hercule », une tragédie « d'Œdipe », ainsi qu'un « Recueil de mots remarquables »; mais Auguste défendit de livrer au public ces divers opuscules, par une lettre tout à fait courte et pleine de simplicité adressée à Pompeius Macer (3), qu'il avait chargé d'administrer les bibliothèques.

LVII. César était un homme de guerre et un cavalier accomplis (4), d'une endurance incroyable. En marche, il précédait ses troupes, quelquefois à cheval, plus souvent

(1) Les lettres de César sont célébrées par Appien, *B. C.*, II, 79, et Plutarque, *Cés.*, 17, déclare qu'il inaugura l'usage d'entretenir une correspondance avec ses amis, même à Rome.

(2) Aulu-Gelle, *N. A.*, XVII, 9, signale également cette habitude de César, mais sans donner la clef de son chiffre ; il se borne à renvoyer au commentaire du grammairien Probus sur cette question. Cf. dans Suét., *Aug.* 88[3], ce qui concerne le chiffre d'Auguste.

(3) Le même, sans doute, qui est mentionné par Tacite, *Ann.*, I, 72[4].

(4) Cf. Plutarque, *César*, chap. 17.

citeriore Gallia conuentibus peractis ad exercitum rediret, sequentes sub tempus Mundensis proelii fecit; nouissimum, dum ab urbe in Hispaniam ulteriorem quarto et uicensimo die peruenit. [7]Epistulae quoque eius ad senatum extant, quas primum uidetur ad paginas et formam memorialis libelli conuertisse, cum antea consules et duces non nisi transuersa charta scriptas mitterent. [8]Extant et ad Ciceronem, item ad familiares domesticis de rebus, in quibus, si qua occultius perferenda erant, per notas scripsit, id est sic structo litterarum ordine, ut nullum uerbum effici posset : quae si qui inuestigare et persequi uelit, quartam elementorum litteram, id est D pro A et perinde reliquas commutet. [9]Feruntur et † aituero ab adulescentulo quaedam scripta, ut « Laudes Herculis », tragoedia « Oedipus », item « Dicta collectanea » : quos omnis libellos uetuit Augustus publicari in epistula, quam breuem admodum ac simplicem ad Pompeium Macrum, cui ordinandas bibliothecas delegauerat, misit.

LVII. | [1] Armorum et equitandi peritissimus, laboris ultra fidem patiens erat.[2] In agmine nonnumquam equo,

6 quarto : septimo *Casaubon* || **7** primum : -us *Torrentius Orsini* [*Roth Preud'homme*] primus is *Casaubon* || **8** perferenda : pro- LPOSδ pre- T || id est : idem MQ || si qui MGVL : si quis *cett. et edd.* || uelit ρ [*Ernesti*] : uellet *cett.* uolet *Estienne* [*Roth Preud'homme*] || **9** et aituero ab MV : et *om.* δ uero ab LSO² uero T et a puero et ab ΠQε *edd.* et a puero ab R et ab G ab PO¹ uero et ab *dett.* [*Oudendorp*] ut ait Varro ab [*uel* et ab] *Bentley* ut ait Q. Tubero ab *Reifferscheid* et a Quinto Tuberone ab *Modderman* || Oedipus : -pi [*uel*-ppi] LPOST, ΠR.

LVII, 1 et equitandi : equit- MVL¹P¹O¹δ equitandique L³ *dett.* [*cf. Tit.*, 3ª].

pied, la tête découverte malgré le soleil ou la pluie ; il couvrit de très longues étapes avec une incroyable célérité, sans rien emporter avec lui, dans une voiture de louage, parcourant chaque jour une distance de cent mille pas ; si des fleuves l'arrêtaient, il les franchissait à la nage ou soutenu par des outres gonflées, de sorte que bien souvent il devança ses courriers.

LVIII. Au cours de ses expéditions, on ne saurait dire s'il l'emportait en prudence ou en témérité : jamais il n'emmena son armée par des routes semées d'embûches sans avoir bien examiné la disposition des lieux, et ne la transporta en Bretagne qu'après avoir étudié par lui-même (1) les ports, la navigation, et les moyens d'aborder dans cette île. Au contraire, à la nouvelle qu'un de ses camps était assiégé, en Germanie, il franchit les postes ennemis, déguisé en Gaulois, et parvint jusqu'aux siens. Il fit en hiver la traversée de Brindes à Dyrrachium, en échappant aux flottes ennemies, et, comme les troupes auxquelles il avait ordonné de le suivre ne partaient pas, après leur avoir inutilement envoyé plusieurs fois des messagers pour les faire venir, il finit par monter lui-même, secrètement et de nuit, dans une toute petite barque, la tête voilée, et ne se fit connaître ou ne permit au pilote de céder à la tempête, qu'au moment où les flots menaçaient de l'engloutir (2).

LIX. Aucun scrupule religieux ne lui fit même abandonner ou différer jamais une seule de ses entreprises. Quoique la victime se fût enfuie au moment où il allait l'immoler, il ne remit pas son expédition contre Scipion et Juba. Bien plus, ayant fait une chute en débarquant,

(1) Affirmation erronée : César, *B. G.*, IV, 21, dit seulement qu'il envoya C. Volusenus reconnaître le pays.

(2) Ce fait, que César ne mentionne pas dans son *B. C.*, est également rapporté par Florus, 2, 13 (4, 2), 37.

saepius pedibus anteibat, capite detecto, seu sol seu imber esset; longissimas uias incredibili celeritate confecit, expeditus, meritoria raeda, centena passuum milia in singulos dies; si flumina morarentur, nando traiciens uel innixus inflatis utribus, ut persaepe nuntios de se praeuenerit.

LVIII.[1] In obeundis expeditionibus dubium cautior an audentior, exercitum neque per insidiosa itinera duxit umquam nisi perspeculatus locorum situs, neque in Britanniam transuexit, nisi ante per se portus et nauigationem et accessum ad insulam explorasset. [2]At idem, obsessione castrorum in Germania nuntiata, per stationes hostium Gallico habitu penetrauit ad suos. [3]A Brundisio Dyrrachium inter oppositas classes hieme transmisit cessantibusque copiis, quas subsequi iusserat, cum ad accersendas frustra saepe misisset, nouissime ipse clam noctu paruulum nauigium solus obuoluto capite conscendit, neque aut quis esset ante detexit aut gubernatorem cedere aduersae tempestati passus est quam paene obrutus fluctibus.

LIX.[1] Ne religione quidem ulla a quoquam incepto absterritus umquam uel retardatus est. Cum immolanti aufugisset hostia, profectionem aduersus Scipionem et Iubam non distulit. Prolapsus etiam in egressu nauis,

2 raeda MQ[1] : rhe- [rhae- *per compend.* L] VLΠQ[2] re-*cett.*

LVIII, 1 perspeculatus : prae- Qɛ [*Bentley al.*] perspeculatos LPOST, Nδ ‖ nisi ante : nisi ⟨ ut ⟩ ante *Modderman* nisi ⟨ cum ⟩ *uel* ⟨ ubi ⟩ ante *P.Thomas* antequam [nisi *deleto*] *Ernesti* ‖ per se : *del. L. Tross* per suos *Juste-Lipse* persaepe *Boxhorn* per ⟨ Volu ⟩ se ⟨ num ⟩ portubus et nauigatione et accessu... exploratis *Polak* [*cf.* Caes., *B. G.*, iv, 21].

LIX, 1 ulla : ulla uel augurio H ‖ immolanti -lati MV ‖ in egressu : egressu ɛ.

il tourna le présage dans un sens favorable et dit : « Afrique, je te tiens. » Mais, afin d'éluder les prédictions d'après lesquelles le succès et la victoire dans cette province étaient attachés par les destins au nom des Scipions (1), il garda auprès de lui dans son camp un membre tout à fait méprisé de la famille Cornelia, que l'infamie de sa conduite avait fait surnommer Salviton (2).

LX. Quant au combat, il ne l'engageait pas toujours à une heure prévue, mais encore en saisissant l'occasion, souvent aussitôt après une marche, quelquefois par les temps les plus affreux, quand on s'attendait le moins à le voir s'ébranler ; c'est seulement dans les derniers temps qu'il montra plus d'hésitation à combattre, dans la pensée que plus il avait remporté de victoires, moins il devait courir la chance, et que le succès ne lui vaudrait rien d'aussi précieux que ce qu'il pouvait perdre par une défaite (3). L'ennemi une fois en déroute, il ne manqua jamais de lui prendre encore son camp : de la sorte il ne lui laissait pas un instant pour revenir de sa terreur (4). Lorsque le combat était indécis, il renvoyait les chevaux en commençant par le sien, pour mieux imposer l'obligation de tenir, en ôtant la ressource de la fuite (5).

LXI. Il avait un cheval extraordinaire, dont les pieds ressemblaient à ceux de l'homme avec leurs sabots fendus en forme de doigts ; ce cheval était né dans sa maison et les haruspices ayant annoncé qu'il présageait à son maître l'empire du monde, il le fit nourrir avec un grand soin et fut le premier à le monter, car il ne

(1) Cf. Plutarque, *César*, chap. 52.

(2) On ignore quelle était la signification de ce surnom.

(3) Cf. les maximes prudentes d'Auguste, concernant l'art militaire : *Aug.*, 25[5] sqq.

(4) Cf. Caes., *B. C.*, III, 95.

(5) César, *B. G.*, I, 25, déclare, en effet, avoir agi de la sorte dans un combat contre les Helvètes. D'après Florus, 2, 13 (4, 2), 82, et Vell. Paterc., II, 55, il fit de même à Munda.

uerso ad melius omine : « Teneo te », inquit, « Africa ». [2]Ad eludendas autem uaticinationes, quibus felix et inuictum in ea prouincia fataliter Scipionum nomen ferebatur, despectissimum quendam ex Corneliorum genere, cui ad opprobrium uitae Saluitoni cognomen erat, in castris secum habuit.

LX. | [1] Proelia non tantum destinato, sed ex occasione sumebat ac saepe ab itinere statim, interdum spurcissimis tempestatibus, cum minime quis moturum putaret ; nec nisi tempore extremo ad dimicandum cunctatior factus est, quo saepius uicisset, hoc minus experiendos casus opinans nihilque se tantum adquisiturum uictoria, quantum *auferre calamitas posset.*[2] *Nullum umquam* hostem fudit, quin castris quoque exueret : ita [ut] nullum spatium perterritis dabat.[3] Ancipiti proelio equos dimittebat et in primis suum, quo maior permanendi necessitas imponeretur auxilio fugae erepto.

LXI. Vtebatur autem equo insigni, pedibus prope humanis et in modum digitorum ungulis fissis, quem natum apud se, cum haruspices imperium orbis terrae significare domino pronuntiassent, magna cura aluit nec patientem sessoris alterius primus ascendit ; cuius

2 Saluitoni : -uitem L¹ -lutioni *dett.*

LX, 1 destinato : -tos V ⟨ ex ⟩ destinato *Burmann* [*cf. Cal.*, 43¹] ‖ sed ex : set ex M sed Π¹ [*Burmann*] sed et *uel* sed ⟨ et ⟩ ex *Bentley* ‖ putaret : speraret Π *dett.* [*uulgo*] ‖ cunctatior : -antior V ‖ quantum : quam cum GT ‖ auferre — umquam *dett.* [*Roth Preud'homme*] : quantum hostem perditurum. Sepe postquam hostem fudit non cessabat priusquam castris ρ *om. cett.* ‖ **2** fudit : fundit [un *per compend.* t *expuncta*] S ‖ quin GTQ²ε : quem non *dett.* qui in *cett.* ‖ ita [adeo ρ] nullum — dabat ΠQρ : ita ut nullum [nullum ut R] — dabat [daret Gδ] *cett.*

LXI fissis : fisis M -xis NTδ ‖ ascendit : *asc- [a *corr. ex* e] M scandit H [*cf. Tit.*, 4³].

supportait pas d'autre cavalier ; plus tard, il fit même dresser sa statue devant le temple de Vénus Genetrix (1).

LXII. Souvent, à lui seul, il rétablit ses lignes qui pliaient, en se jetant au-devant des fuyards, en les arrêtant un à un, en les saisissant à la gorge pour les tourner vers l'ennemi, et cela maintes fois au milieu d'une panique si forte qu'un porte-aigle, ainsi arrêté, dirigea contre lui la pointe de son enseigne (2), et qu'un autre, pour lui échapper, la laissa entre ses mains.

LXIII. Voilà jusqu'où allait son intrépidité et l'on pourrait même en citer des traits plus remarquables. Après la bataille de Pharsale, ayant fait partir avant lui ses troupes pour l'Asie, il traversait le détroit de l'Hellespont sur un petit navire de transport, lorsqu'il rencontra dix vaisseaux de guerre, commandés par L. Cassius, qui était du parti adverse : il ne prit pas la fuite, mais s'approcha de lui, l'invita le premier à se rendre, et le reçut à son bord en suppliant.

LXIV. Dans Alexandrie, pendant l'attaque d'un pont, une brusque sortie de l'ennemi l'obligea de sauter dans une barque, mais comme un grand nombre de soldats s'y précipitaient aussi, il s'élança dans la mer et nagea sur une longueur de deux cents pieds jusqu'au navire le plus proche, tenant la main gauche levée, afin de ne pas mouiller des écrits qu'il portait (3), et serrant entre ses dents son manteau de général, pour ne pas laisser à l'ennemi cette dépouille (4).

LXV. César ne jugeait le soldat ni sur ses mœurs

(1) César avait fait vœu de construire ce temple, avant la bataille de Pharsale : Appien, *B. C.*, II, 68.

(2) La hampe des enseignes romaines se terminait en pointe, pour que l'on pût les enfoncer en terre. — Le fait se produisit dans un combat devant Dyrrachium : Plutarque, *César*, chap. 39.

(3) Cf. Plutarque, *César*, 49.

(4) Voir une version différente chez Dion Cass., XLII, 40.

etiam instar pro aede Veneris Genetricis postea dedicauit.

LXII. Inclinatam aciem solus saepe restituit obsistens fugientibus retinensque singulos et contortis faucibus conuertens in hostem et quidem adeo plerumque trepidos, ut aquilifer moranti se cuspide sit comminatus, alius in manu detinentis reliquerit signum.

LXIII. Non minor illa constantia eius, maiora etiam indicia fuerint. Post aciem Pharsalicam cum praemissis in Asiam copiis per angustias Hellesponti uectoria nauicula traiceret, L. Cassium partis aduersae cum decem rostratis nauibus obuium sibi neque refugit et comminus tendens, ultro ad deditionem hortatus, supplicem ad se recepit.

LXIV. Alexandriae circa oppugnationem pontis, eruptione hostium subita conpulsus in scapham, pluribus eodem praecipitantibus, cum desilisset in mare, nando per ducentos passus euasit ad proximam nauem, elata laeua, ne libelli quos tenebat madefierent, paludamentum mordicus trahens, ne spolio poteretur hostis.

LXV. | [1]Militem neque a moribus neque a fortuna

LXII aquilifer *Egnatius* : -fero *om. codd.* || se M : secus GΠRP² STδ *om.* VLP¹OQε || detinentis : re- *Burmann.*

LXIII minor MGVLP¹O¹δ : -a *cett.* [*Roth Preud'homme*] constantia MGVLPO¹Rδ -tiae *cett.* [*Roth Preud'homme*] || maiora etiam MVP¹O¹ : etiam [eci- δ *in quo praecedit* cuius] maiora G immo [quam L] maiora etiam LSTΠQεRP²O² [*Roth Preud'homme*] || fuerint MVLP¹OS : -runt *cett.* || uectoria : uic- P uictor ΠQεR || L. : lucium G Gaium *Xylander* Longinum *Oudendorp* || rostratis : rot- M || obuium : oui- M.

LXIV desilisset : dedisset P¹O dedisset se *Oudendorp* decidisset *Modderman* [*ex* Cassio Dione, XLII,40,4 || elata : eleta Q¹ eleuata L || poteretur M¹ : potir- M²N *cett.*

LXV, 1 fortuna : fortuna[tu *expunct.*] M forma *Torrentius* [*Roth*].

ni d'après les hasards de la fortune (1), mais seulement sur sa valeur et le traitait avec autant de sévérité que d'indulgence. Ce n'était pas en effet partout ni toujours qu'il sévissait, mais lorsque l'ennemi était proche : alors surtout il exigeait une discipline rigoureuse, ne faisait connaître ni l'heure de la marche ni celle du combat, mais tenant ses troupes toujours prêtes et en alerte, les entraînait tout-à-coup où il voulait. Très souvent même, il le faisait sans motif, de préférence par temps de pluie et les jours de fête. Très fréquemment, il recommandait à ses troupes d'avoir l'œil sur lui, puis il disparaissait tout-à-coup, soit de jour soit de nuit, et forçait sa marche pour lasser les traînards.

LXVI. Quand ses soldats étaient épouvantés par ce qu'on racontait sur la puissance de l'ennemi, ce n'était pas en la niant, ni en la rabaissant, qu'il les rassurait, mais en l'exagérant encore par ses mensonges (2). Ainsi, voyant qu'ils attendaient avec terreur l'arrivée de Juba, il convoqua l'assemblée et leur dit : « Sachez que dans très peu de jours le roi sera devant vous avec dix légions, trente mille cavaliers, cent mille soldats légèrement armés, et trois cents éléphants. Que certains d'entre vous cessent donc de chercher plus loin ou de faire des conjectures, et qu'ils s'en rapportent à moi, qui suis bien renseigné ; sinon, je les ferai embarquer sur le plus vieux de mes navires et ils iront au gré des vents aborder où ils pourront. »

LXVII. Il ne prêtait pas attention à toutes les fautes et ne leur proportionnait pas toujours les sanctions, mais, s'il pourchassait et frappait impitoyablement déserteurs et mutins, il fermait les yeux sur le reste. Quelquefois, après une bataille et une victoire importantes,

(1) Cf. 68^5.

(2) La même affirmation se retrouve dans Polyaen., VIII, 23, 19.

probabat, sed tantum a uiribus tractabatque pari seueritate atque indulgentia. [2]Non enim ubique ac semper, sed cum hostis in proximo esset, coercebat : tum maxime exactor grauissimus disciplinae, ut neque itineris neque proelii tempus denuntiaret, sed paratum et intentum momentis omnibus quo uellet subito educeret. [3]Quod etiam sine causa plerumque faciebat, praecipue pluuiis et festis diebus. Ac subinde obseruandum se admonens repente interdiu uel nocte subtrahebat, augebatque iter, ut serius subsequentis defetigaret.

LXVI. [1]Fama uero hostilium copiarum perterritos non negando minuendoue, sed insuper amplificando ementiendoque confirmabat. [2]Itaque cum expectatio aduentus Iubae terribilis esset, conuocatis ad contionem militibus : « Scitote, » inquit, « paucissimis his diebus regem adfuturum cum decem legionibus, equitum triginta, leuis armaturae centum milibus, elephantis trecentis. Proinde desinant quidam quaerere ultra aut opinari mihique, qui compertum habeo, credant ; aut quidem uetustissima naue impositos quocumque uento in quascumque terras iubebo auehi. »

LXVII. | [1]Delicta neque obseruabat omnia neque pro modo exsequebatur, sed desertorum ac seditiosorum et inquisitor et punitor acerrimus coniuebat in ceteris. [2]Ac nonnumquam post magnam pugnam atque uicto-

2 exactor : -auctor V,ΠQ^1R ‖ **3** subtrahebat : se sub- *Roth* ‖ defetigaret : defat- L,ΠQR,ST.

LXVII, 1 punitor [*corr. ex* poen-M] : poen-V paen- [*per compend.*] G ‖ coniuebat ΠR : -ibebat MV cohibebat *cett.* ‖ **2** pugnam : *om.* V.

exemptant ses hommes de tout service, il les laissait entièrement libres de se disperser et de s'abandonner aux plaisirs, car il aimait à se vanter « que ses soldats sauraient se battre, même inondés de parfums. » Dans ses harangues, au lieu de les appeler « soldats », il leur donnait le nom plus flatteur de « compagnons d'armes », et il prenait un tel soin de leur équipement, qu'il leur donnait des armes enrichies d'or et d'argent, tant pour frapper les yeux que pour les exciter à mieux se battre par crainte de les perdre. Il avait aussi pour eux une telle affection, qu'en apprenant le désastre de Titurius *, il laissa pousser sa barbe et sa chevelure et ne les fit tondre qu'après l'avoir vengé.

LXVIII. Par de tels gestes, il les rendit tout à fait dévoués à sa personne, mais aussi très courageux. Au début de la guerre civile, les centurions de chaque légion lui offrirent chacun, sur leurs propres économies, l'équipement d'un cavalier, et tous les soldats voulurent le servir à titre gracieux, sans recevoir ni blé ni solde, les plus riches se chargeant d'entretenir les plus pauvres. Pendant cette guerre si longue, absolument aucun d'entre eux ne l'abandonna et ceux que l'on fit prisonniers, se voyant offrir la vie sauve à condition de combattre contre lui, refusèrent pour la plupart. Quant à la faim et aux autres privations, non seulement comme assiégés mais aussi comme assiégeants il les supportaient avec tant de courage, que Pompée, ayant vu dans les retranchements de Dyrrachium un morceau du pain fait avec des herbes qui leur servait de nourriture, dit qu'il avait affaire à des bêtes sauvages et le fit disparaître bien vite, sans le laisser voir à personne, de peur que le courage de ses soldats ne fût brisé, s'ils connaissaient l'endurance et l'obstination de l'ennemi. Ce qui témoigne de la vaillance avec laquelle ils se battirent, c'est que, pour s'être laissé vaincre une seule fois, devant

riam remisso officiorum munere licentiam omnem passim lasciuiendi permittebat, iactare solitus « milites suos etiam unguentatos bene pugnare posse. » [3]Nec milites eos pro contione, sed blandiore nomine « commilitones » appellabat habebatque tam cultos, ut argento et auro politis armis ornaret, simul et ad speciem et quo tenaciores eorum in proelio essent metu damni. [4]Diligebat quoque usque adeo, ut audita clade Tituriana barbam capillumque summiserit nec ante dempserit quam uindicasset.

LXVIII. [1]Quibus rebus et deuotissimos sibi et fortissimos reddidit. [2]Ingresso ciuile bellum centuriones cuiusque legionis singulos equites e uiatico suo optulerunt, uniuersi milites gratuitam et sine frumento stipendioque operam, cum tenuiorum tutelam locupletiores in se contulissent. [3]Neque in tam diuturno spatio quisquam omnino desciuit, plerique capti concessam sibi sub condicione uitam, si militare aduersus eum uellent, recusarunt. [4]Famem et ceteras necessitates, non cum obsiderentur modo sed et si ipsi alios obsiderent, tantopere tolerabant, ut Dyrrachina munitione Pompeius, uiso genere panis ex herba, quo sustinebantur, cum feris sibi rem esse dixerit amouerique ocius nec cuiquam ostendi iusserit, ne patientia et pertinacia hostis animi suorum frangerentur. | [5]Quanta fortitudine dimicarint, testimonio est quod aduerso semel apud Dyrrachium proelio poenam in se ultro depopos-

3 politis : litis *Bentley*.
LXVIII, 1 Quibus : et quibus M ‖ **4** si ipsi : si *om.* VR¹P¹O¹T ‖ nec : ne MPO.

Dyrrachium, ils demandèrent d'eux-mêmes à être châtiés, si bien que leur général dut les consoler plutôt que les punir. Dans les autres batailles, ils l'emportèrent sans peine, quoique bien inférieurs en nombre, sur les forces innombrables de l'ennemi. Enfin, une seule cohorte de la VIme légion, préposée à la défense d'un fort, arrêta pendant nombre d'heures quatre légions de Pompée et presque tous ses hommes furent transpercés par la multitude des flèches ennemies, dont on retrouva cent-trente mille derrière le retranchement. Et ce fait ne surprendra pas, si l'on songe à certains exploits individuels, comme ceux du centurion Cassius Scaeva ou du simple soldat Gaius Acilius, pour ne pas en citer davantage. Le premier, ayant un œil arraché, la cuisse et l'épaule transpercées, son bouclier traversé par cent-vingt coups (1), continua de défendre la porte du fort qui lui avait été confié. Acilius, ayant eu, dans un combat naval près de Marseille, la main droite coupée, alors qu'il saisissait la poupe d'un navire ennemi, imita l'exemple de Cynégire (2), fameux chez les Grecs, et s'élança dans ce navire, en repoussant avec la bosse de son bouclier les adversaires qui se présentaient à lui.

LXIX. Ses soldats ne se révoltèrent jamais pendant les dix ans que dura la guerre des Gaules, quelquefois pendant les guerres civiles, mais ils furent promptement ramenés dans le devoir, moins par l'indulgence de leur chef que par sa fermeté, car bien loin de céder jamais aux mutins, toujours il leur tint tête. En particulier, près de Plaisance (3), il licencia ignominieusement la IXme légion tout entière, quoique Pompée fût encore en armes, et il fallut bien des supplications pour qu'il consentît à la reformer, et non sans avoir châtié les coupables.

(1) Cf. Caes., *B. C.*, III, 53.
(2) Cf. Hérodote, VI, 114.
(3) En 49 av. J.-C., après son premier retour d'Espagne.

cerunt, ut consolandos eos magis imperator quam puniendos habuerit. Ceteris proeliis innumeras aduersariorum copias multis partibus ipsi pauciores facile superarunt. [6]Denique una sextae legionis cohors praeposita castello quattuor Pompei legiones per aliquot horas sustinuit, paene omnis confixa multitudine hostilium sagittarum, quarum centum ac triginta milia intra uallum reperta sunt. [7]Nec mirum, si quis singulorum facta respiciat, uel Cassi Scaeuae centurionis uel Gai Acili militis, ne de pluribus referam. [8]Scaeua, excusso oculo, transfixus femore et umero, centum et uiginti ictibus scuto perforato, custodiam portae commissi castelli retinuit. [9]Acilius, nauali ad Massiliam proelio iniecta in puppem hostium dextera et abscisa, memorabile illud apud Graecos Cynaegiri exemplum imitatus transiluit in nauem umbone obuios agens.

LXIX. | [1]Seditionem per decem annos Gallicis bellis nullam omnino mouerunt, ciuilibus aliquas, sed ut celeriter ad officium redierint, nec tam indulgentia ducis quam auctoritate. [2]Non enim cessit umquam tumultuantibus atque etiam obuiam semper iit ; et nonam quidem legionem apud Placentiam, quanquam in armis adhuc Pompeius esset, totam cum ignominia missam fecit aegreque post multas et supplicis preces, nec nisi exacta de sontibus poena, restituit.

6 centum ac triginta : ad trig- [centum *deleto*] *Ernesti* [*ex* Caes., *B. C.*, 3, 53 milia sagittarum circiter XXX] || **7** Gai : G· ΠQR || **8** excusso : -cuso M || transfixus : -is *Bentley* || **9** puppem : -im G || dextera : -tra G || transiluit MLS¹ : -liit G -liuit *cett. et* N || nauem : -im G.

LXIX, 1 redierint : -irent LPOST || **2** Pompeius esset : esset Pomp-LPOST *pro* Pompeius Domitius *C. G. Müller.*

LXX. A Rome, lorsque les soldats de la Xme légion réclamaient leur congé et des récompenses, en proférant de terribles menaces et mettant la ville elle-même dans le plus grand danger, à un moment où la guerre embrasait l'Afrique, il n'hésita pas à se présenter devant eux malgré les conseils de ses amis, ni à les licencier ; mais il lui suffit d'un mot, — il les appela « Quirites (1) » au lieu de « soldats » —, pour les retourner et les fléchir si complètement, qu'ils ripostèrent aussitôt : « Nous sommes des soldats », et que, malgré son refus, ils le suivirent d'eux-mêmes en Afrique ; ce qui ne l'empêcha pas d'enlever aux plus séditieux le tiers de leur butin et des terres qu'il leur destinait.

LXXI. Son attachement et son zèle à l'égard de ses clients ne furent jamais en défaut, même durant sa jeunesse. Il mit tant de chaleur à défendre contre le roi Hiempsal Masintha, jeune homme de naissance illustre, que, prenant à partie Juba, le fils de ce roi, il le saisit par la barbe, et même quand son protégé fut déclaré tributaire (2), non seulement il l'arracha aussitôt à ceux qui se saisissaient de lui (3) et le cacha longtemps dans sa maison, mais plus tard, quand il partit pour l'Espagne, à l'issue de sa préture, le faisant passer au milieu de ses amis venus pour le saluer et de ses licteurs armés de leurs faisceaux, il l'emmena dans sa propre litière.

LXXII. Quant à ses amis, il les traita toujours avec tant de bonté et d'indulgence, que, voyant Gaius Oppius *, son compagnon de route, tomber subitement malade en pleine forêt, il lui céda la seule cabane qu'ils eussent rencontrée et coucha lui-même sur le sol à la belle étoile.

(1) C'est-à-dire « citoyens », « civils ».

(2) Hiempsal prétendait obliger Masintha à lui payer des redevances, *stipendia*. Celui-ci vint à Rome et plaida sa cause devant le sénat ; mais les sénateurs donnèrent raison, contre lui, à Juba, fils d'Hiempsal, et le déclarèrent *stipendiarius*.

(3) Soit pour le traîner en justice, soit pour le mener en prison.

LXX. [1]Decimanos autem Romae cum ingentibus minis summoque etiam urbis periculo missionem et praemia flagitantes, ardente tunc in Africa bello, neque adire cunctatus est, quanquam deterrentibus amicis, neque dimittere ; [2]sed una uoce, qua « Quirites » eos pro militibus appellarat, tam facile circumegit et flexit, ut ei milites esse confestim responderint et quamuis recusantem ultro in Africam sint secuti ; ac sic quoque seditiosissimum quemque et praedae et agri destinati tertia parte multauit.

LXXI. | Studium et fides erga clientis ne iuueni quidem defuerunt. Masintham nobilem iuuenem, cum aduersus Hiempsalem regem tam enixe defendisset, ut Iubae regis filio in altercatione barbam inuaserit, stipendiarium quoque pronuntiatum et abstrahentibus statim eripuit occultauitque apud se diu et mox ex praetura proficiscens in Hispaniam inter officia prosequentium fascesque lictorum lectica sua auexit.

LXXII. | [1]Amicos tanta semper facilitate indulgentiaque tractauit, ut Gaio Oppio comitanti se per siluestre iter correptoque subita ualitudine deuersoriolo, quod unum erat, cesserit et ipse humi ac sub diuo cubuerit.

LXX, 1 in Africa : Afr– *Burmann* || deterrentibus : detorr- M || **2** sed : et *Bentley* || esse : esse se *dett.* se esse *Bentley* || sic : si M [*cf. Ner.*, 23^6].

LXXI ne iuueni : neni iuu- M nec iuu- PO ne in iuuene *Bentley* || Masintham : -thiam [messin-O] LPOST nam masinthan δ || stipendiarium : -diarum MV^1PO^1δ -dium Q^{ε} || et abstrahentibus : ei abstr- Q^{ε} || praetura : praefec- G *dett.*

LXXII, 1 deuersoriolo *Casaubon* [*Ihm*] : diuersorio loco [deu- M in diu- IIQ^{ε}R diuerso N] *om. codd.* deuersoriolo eo *Politianus* [*Roth Preud'homme*] deuersoriolo cubiculo *Graevius* || et ipse : ipse *Bentley* || cubuerit : accu - IIQ^{ε}R.

Plus tard, devenu maître de l'État, il éleva aux charges les plus considérables même des hommes de condition infime et, comme on lui en faisait le reproche, il déclara publiquement « que si des bandits et des assassins lui avaient prêté leur aide pour défendre son honneur, il aurait témoigné même à de tels gens une égale reconnaissance. »

LXXIII. Inversement, il ne conçut jamais de rancune assez vive pour qu'il n'y renonçât pas volontiers, si l'occasion s'en présentait. Quoique Gaius Memmius eût prononcé contre lui des discours très violents auxquels il avait répondu par écrit avec non moins d'aigreur, il alla plus tard jusqu'à soutenir sa candidature au consulat. Comme Gaius Calvus, après l'avoir diffamé dans ses épigrammes, faisait intervenir ses amis pour le réconcilier avec lui, César lui écrivit de sa propre initiative et le premier. Valerius Catullus, avec ses petits vers sur Mamurra (1), lui avait imprimé, il ne s'en cachait point, une flétrissure ineffaçable, et pourtant lorsque ce poète lui fit amende honorable, il l'admit à sa table le jour même et jamais il n'interrompit ses relations d'hospitalité avec son père.

LXXIV. Manifestant, même dans la vengeance, l'extrême douceur de sa nature, quand il se fut rendu maître des pirates qui l'avaient capturé *, pour se conformer à ses serments antérieurs il les mit en croix, mais après les avoir fait étrangler. Cornelius Phagita l'avait autrefois traqué, la nuit, alors qu'il était malade et proscrit, et César avait à grand'peine, en l'achetant, obtenu qu'il ne le livrât pas à Sylla * : pourtant, il ne se décida jamais à lui faire du mal ; l'esclave Philémon, son secrétaire, avait promis à ses ennemis de l'empoisonner : il le fit mettre à mort, mais sans l'avoir torturé. Quand

(1) Catulle, 29. Mamurra fut le mignon de César, qui le gratifia de dons princiers.

[2]Iam autem rerum potens quosdam etiam infimi generis ad amplissimos honores prouexit, cum ob id culparetur, professus palam, « si grassatorum et sicariorum ope in tuenda sua dignitate usus esset, talibus quoque se parem gratiam relaturum. »

LXXIII. | [1]Simultates contra nullas tam graues excepit unquam, ut non occasione oblata libens deponeret. [2]Gai Memmi, cuius asperrimis orationibus non minore acerbitate rescripserat, etiam suffragator mox in petitione consulatus fuit. [3]Gaio Caluo post famosa epigrammata de reconciliatione per amicos agenti ultro ac prior scripsit. [4]Valerium Catullum, a quo sibi uersiculis de Mamurra perpetua stigmata imposita non dissimulauerat, satis facientem eadem die adhibuit caenae hospitioque patris eius, sicut consuerat, uti perseuerauit.

LXXIV. [1]Sed et in ulciscendo natura lenissimus piratas, a quibus captus est, cum in dicionem redegisset, quoniam suffixurum se cruci ante iurauerat, iugulari prius iussit, deinde suffigi ; [2]Cornelio Phagitae, cuius quondam nocturnas insidias aeger ac latens, ne perduceretur ad Sullam, uix praemio dato euaserat, numquam nocere sustinuit ; [3]Philemonem a manu seruum, qui necem suam per uenenum inimicis promiserat, non grauius quam simplici morte puniit ; [4]in Publium Clo-

2 professus palam : prof- est pal- ΠQR,P²O²TN [*uulgo*] professus palam est Gε.

LXXIII, 1 nullas MV : -os *cett.* || **4** sibi : *om.* V || consuerat [-sueuerat POTJV,LPOST perseuerat M¹G perserauerat Π persuerat M² persueuerat QR prius sueuerat *Bentley.*

LXXIV, 1 Sed et : sed M¹Gε¹ || dicionem : -ne M deditionem GΠR || **2** ne — Sullam : *del. Polak* || **3** seruum : *del. Torrentius al.*

on fit appel à son témoignage contre Publius Clodius, l'amant de sa femme Pompeia, accusé, pour la même raison, de sacrilège (1), il déclara qu'il ne savait rien, quoique sa mère Aurelia et sa sœur Julie eussent fait devant les mêmes juges une déposition détaillée et sincère, et, comme on lui demandait pourquoi donc il avait répudié son épouse, il répondit : « C'est parce que, à mon sens, les miens doivent être exempts de soupçon autant que de crime. »

LXXV. Il fit preuve d'une modération et d'une clémence admirables, soit dans sa conduite durant la guerre civile, soit dans l'usage de sa victoire. Pompée annonçant qu'il tiendrait pour ennemis ceux qui se déroberaient à la défense de l'État, César proclama qu'il compterait parmi ses amis les indifférents et les neutres. D'autre part, tous les centurions qu'il avait nommés sur la recommandation de Pompée furent laissés libres de passer dans l'armée ennemie. Devant Ilerda, Afranius et Petreius (2) ayant engagé des négociations en vue de se rendre, il s'était établi entre les deux armées un commerce et des relations continuels, mais tout-à-coup, saisis de remords, ils firent massacrer les soldats de César qu'ils surprirent dans leur camp : lui, cependant, ne voulut point imiter la perfidie dont il était victime. A la bataille de Pharsale, il cria d'épargner des concitoyens, puis il accorda à chacun de ses hommes la grâce d'un prisonnier, à son choix. Aussi ne trouverait-on aucun pompéien mis à mort après le combat, excepté seulement Afranius, Faustus * et Lucius César le jeune (3) ; encore ne croit-on pas qu'ils aient été tués par son ordre ; cependant les deux premiers avaient repris les armes après avoir reçu leur pardon,

(1) Cf. chap. 6[3].
(2) Cf. chap. 34[3].
(3) Fils de L. César, lieutenant de César pendant la guerre des Gaules.

dium, Pompeiae uxoris suae adulterum atque eadem de causa pollutarum caeremoniarum reum, testis citatus negauit se quicquam comperisse, quamuis et mater Aurelia et soror Iulia apud eosdem iudices omnia ex fide rettulissent ; interrogatusque, cur igitur repudiasset uxorem : « Quoniam », inquit, « meos tam suspicione quam crimine iudico carere oportere. »

LXXV. [1]Moderationem uero clementiamque cum in administratione tum in uictoria belli ciuilis admirabilem exhibuit. [2]Denuntiante Pompeio pro hostibus se habiturum qui rei publicae defuissent, ipse medios et neutrius partis suorum sibi numero futuros pronuntiauit. [3]Quibus autem ex commendatione Pompei ordines dederat, potestatem transeundi ad eum omnibus fecit. [4]Motis apud Ilerdam deditionis condicionibus, cum, assiduo inter utrasque partes usu atque commercio, Afranius et Petreius deprehensos intra castra Iulianos subita paenitentia interfecissent, admissam in se perfidiam non sustinuit imitari. [5]Acie Pharsalica proclamauit, ut ciuibus parceretur, deincepsque nemini non suorum quem uellet unum partis aduersae seruare concessit. [6]Nec ulli perisse nisi in proelio reperientur, exceptis dumtaxat Afranio et Fausto et Lucio Caesare iuuene ; ac ne hos quidem uoluntate ipsius interemptos putant, quorum tamen et priores post impetratam ueniam rebellauerant et Caesar, libertis seruisque eius

4 testis : testificatum G ‖ meos : *om.* V.

LXXV, 1 cum : tum Π^1QSTN ‖ **3** Quibus : *om.* MGV$L^1P^1O^1$ Sδ ‖ autem : *om.* S ‖ ad eum : *om.* V ‖ **5** nemini : me- Mδ ‖ **6** reperientur : -rirentur M^2 -riuntur ΠQεR,ST ‖ hos : eos PO ‖ rebellauerant R : -unt *cett.* ‖ Caesar : caesari MO^1δ c(a)esaris ΠRO^2T.

et le troisième, non content d'avoir sauvagement exterminé par le fer et par le feu les affranchis et les esclaves de César, avait encore fait égorger en masse les bêtes qu'il avait achetées pour un spectacle public. Enfin, dans les derniers temps, même ceux auxquels il n'avait pas encore pardonné reçurent en bloc l'autorisation de rentrer en Italie, d'exercer des magistratures et des commandements ; il fit même relever les statues de Lucius Sylla et de Pompée que la plèbe avait abattues ; et, par la suite, il aima mieux désarmer que punir ceux dont les vues ou les propos lui étaient hostiles. Ainsi, quand il découvrait des conjurations et des conciliabules nocturnes, il se contentait pour toute accusation de montrer par un édit qu'il était au courant ; lorsque des personnes le critiquaient avec aigreur, il se bornait à les sommer en pleine assemblée de ne pas le faire plus longtemps, et il supporta comme un simple citoyen de voir sa réputation déchirée par Aulus Caecina * dans un pamphlet des plus violents, et par Pitholaüs (1), dans des vers tout à fait injurieux.

LXXVI. Cependant, certains autres de ses actes et de ses discours l'emportent dans la balance, de sorte qu'il passe pour avoir abusé de la toute-puissance et mérité d'être assassiné. Il ne lui suffit pas, en effet, d'accepter des honneurs excessifs, comme plusieurs consulats de suite *, la dictature et la préfecture des mœurs à perpétuité, sans compter le prénom d'Imperator, le surnom de Père de la Patrie, une statue parmi celles des rois, une estrade dans l'orchestre, mais il se laissa encore attribuer des prérogatives qui l'élevaient même au-dessus de l'humanité : il eut un siège d'or au sénat et sur son tribunal, un char et une civière dans la procession du cirque *, des temples, des autels, des statues à côté de celles des dieux, un lit de parade *,

(1) Cf. Macrobe, *Sat.*, II, 2.

ferro et igni crudelem in modum enectis, bestias quoque ad munus populi comparatas contrucidauerat. [7]Denique tempore extremo, etiam quibus nondum ignouerat, cunctis in Italiam redire permisit magistratusque et imperia capere ; sed et statuas Luci Sullae atque Pompei a plebe disiectas reposuit ; ac si qua posthac aut cogitarentur grauius aduersus se aut dicerentur, inhibere maluit quam uindicare. [8]Itaque et detectas coniurationes conuentusque nocturnos non ultra arguit, quam ut edicto ostenderet esse sibi notas, et acerbe loquentibus satis habuit pro contione denuntiare ne perseuerarent, Aulique Caecinae criminosissimo libro et Pitholai carminibus maledicentissimis laceratam existimationem suam ciuili animo tulit.

LXXVI. | [1]Praegrauant tamen cetera facta dictaque eius, ut et abusus dominatione et iure caesus existimetur. [2]Non enim honores modo nimios recepit : continuum consulatum, perpetuam dictaturam praefecturamque morum, insuper praenomen Imperatoris, cognomen Patris patriae, statuam inter reges, suggestum in orchestra ; sed et ampliora etiam humano fastigio decerni sibi passus est : sedem auream in curia et pro tribunali, tensam et ferculum circensi pompa, templa, aras, simulacra iuxta deos, puluinar, flaminem,

6 populi : -lo *Oudendorp* publicum *Juste–Lipse del. Bentley* || comparatas : prae-PO || contrucidauerat : -ant [etruc- Π] ΠRPST || **7** permisit Nρ *dett.* : -serat [-sserat M] *cett.* || et statuas : stat- ε || aduersus : -um GN || **8** notas : -a VΠR || acerbe : -o M.

LXXVI, 1 caesus : census ΠQ^{1}R || **2** suggestum : -trum ΠQ^{1}R -tium V || ferculum : -iculum G,ΠQR.

un flamine, des luperques (1), et donna son nom à un mois * ; de plus, il n'y eut pas de magistrature qu'il ne prît et n'attribuât au gré de sa fantaisie. De son troisième et de son quatrième consulat, il ne prit que le titre et se contenta du pouvoir dictatorial qui lui avait été conféré en même temps (2), mais, ces deux années-là, il désigna deux consuls suppléants pour les trois derniers mois ; dans l'intervalle, il ne fit pas d'autres élections que celles des tribuns et des édiles plébéiens, et créa des préfets propréteurs, chargés d'administrer Rome en son absence. La mort subite d'un consul survenue la veille des calendes de janvier laissant cette charge vacante pour quelques heures, il la remit à celui qui la lui demandait. C'est avec le même sans-gêne qu'au mépris d'usages consacrés il attribua des magistratures pour plusieurs années, accorda les ornements consulaires à dix anciens préteurs, fit entrer au sénat des gens gratifiés du droit de cité et des Gaulois à demi barbares. En outre, il confia la direction de la Monnaie et des revenus publics à certains de ses propres esclaves. Il abandonna le soin et le commandement de trois légions qu'il laissait dans Alexandrie à Rufion, le fils d'un de ses affranchis, et l'un de ses mignons.

LXXVII. Certaines paroles qu'il prononçait publiquement, d'après Titus Ampius *, ne révélaient pas moins d'impudence : « La république, disait-il, n'est qu'un vain mot, sans consistance ni réalité. — Sylla se conduisit comme un écolier quand il abdiqua la dictature. — Il faut désormais que l'on me parle avec plus de retenue et que l'on tienne mes paroles pour des lois. »

(1) Prêtres de Pan. Aux deux collèges existant alors César ajouta celui des *lupercorum Iulianorum*.

(2) César avait été élu dictateur, en son absence, en 49 ; en octobre 48, il fut proclamé dictateur pour un an ; après Thapsus (46), dictateur pour dix ans, et peu de jours avant sa mort, dictateur à vie.

lupercos, appellationem mensis e suo nomine ; ac nullos non honores ad libidinem cepit et dedit. [3]Tertium et quartum consulatum titulo tenus gessit, contentus dictaturae potestate decretae cum consulatibus simul, atque utroque anno binos consules substituit sibi in ternos nouissimos menses, ita ut medio tempore comitia nulla habuerit praeter tribunorum et aedilium plebis praefectosque pro praetoribus constituerit, qui apsente se res urbanas administrarent. [4]Pridie autem Kalendas Ianuarias repentina consulis morte cessantem honorem in paucas horas petenti dedit. [5]Eadem licentia spreto patrio more magistratus in pluris annos ordinauit, decem praetoris uiris consularia ornamenta tribuit, ciuitate donatos et quosdam e semibarbaris Gallorum recepit in curiam. [6]Praeterea monetae publicisque uectigalibus peculiares seruos praeposuit. [7]Trium legionum, quas Alexandreae relinquebat, curam et imperium Rufioni, liberti sui filio, exsoleto suo demandauit.

LXXVII. [1]Nec minoris inpotentiae uoces propalam edebat, ut Titus Ampius scribit : « nihil esse rem publicam, appellationem modo sine corpore ac specie. Sullam nescisse litteras, qui dictaturam deposuerit. Debere homines consideratius iam loqui secum ac pro legibus habere quae dicat. » [2]Eoque arrogantiae progressus est,

2 nullos non : non nullos ΠQR, STO[2] non nullos non P[1] nullos P[2] || 3 utroque : in utr– POST || qui apsente *Torrentius* : quiapraesente [i *expunct.* ae *per compend.*] M quia praesente [ae *per compend.*] G qui praesente [ae *per compend.*] *cett.* || 5 praetoris : pre-MV [s *in* M *expuncta*] -iis *cett.* || 7 Rufioni : -sioni ΠQR -fini M [*Roth Preud'homme*] || exsoleto MGQ [*in* G ti *suprascr.*] : exo- *cett.*

LXXVII, 1 Ampius *Pulman Torrentius* : -prius [-plius QcT] *om. codd.* || specie : -em *Saumaise* [*item Graevius q. ante scrib.* ac sine corpore].

Il poussa même l'insolence jusqu'à dire, en entendant un jour l'haruspice annoncer que les présages étaient funestes et que la victime n'avait pas de cœur : « Ils seront plus favorables, quand il me plaira, et l'on ne doit pas regarder comme un prodige qu'une bête manque de cœur. »

LXXVIII. Mais ce qui excita contre lui une haine profonde et mortelle, ce fut surtout le geste suivant. Un jour que tout le corps du sénat venait lui présenter une foule de décrets lui conférant les plus grands honneurs, il l'accueillit sans quitter son siège, devant le temple de Vénus Genetrix. Certains pensent qu'il voulut se lever, mais fut retenu par Cornelius Balbus ; d'autres, qu'il ne l'essaya même pas du tout, mais au contraire jeta un regard courroucé à Gaius Trebatius qui l'avertissait de le faire. Or, cette conduite sembla d'autant plus intolérable que lui-même, passant sur son char de triomphe devant les banquettes des tribuns et voyant que dans tout leur collège Pontius Aquila était seul à ne pas se lever, s'écria, au comble de l'indignation : « Eh bien ! tribun Aquila, redemandez-moi donc la république ! » et ne manqua pas, plusieurs jours durant, lorsqu'il faisait à qui que ce fût n'importe quelle promesse, d'ajouter cette réserve : « Si toutefois Pontius Aquila le veut bien. »

LXXIX. A cet affront si cruel, à ce mépris du sénat, il ajouta un trait d'arrogance beaucoup plus grave. Il revenait des fêtes latines (1), salué par le peuple d'acclamations excessives et inouïes, lorsqu'un homme sortant de la foule couronna sa statue d'une branche de laurier que nouait par devant une bandelette blan-

(1) Les fêtes latines, instituées par Tarquin le Superbe, étaient célébrées chaque année par les consuls sur le mont Albain. En l'absence des magistrats, un *praefectus urbi feriarum Latinarum causa* administrait les affaires publiques.

ut, haruspice tristia et sine corde exta quondam nuntiante, « futura » diceret « laetiora, cum uellet, nec pro ostento ducendum, si pecudi cor defuisset. »

LXXVIII. | [1]Verum praecipuam et exitiabilem sibi inuidiam hinc maxime mouit. [2]Adeuntis se cum plurimis honorificentissimisque decretis uniuersos patres conscriptos sedens pro aede Veneris Genetricis excepit. [3]Quidam putant retentum a Cornelio Balbo, cum conaretur assurgere ; alii, ne conatum quidem omnino, sed etiam admonentem Gaium Trebatium ut assurgeret minus familiari uultu respexisse. [4]Idque factum eius tanto intolerabilius est uisum, quod ipse triumphanti et subsellia tribunicia praeteruehenti sibi unum e collegio Pontium Aquilam non assurrexisse adeo indignatus sit, ut proclamauerit : « Repete ergo a me Aquila rem publicam tribunus ! » [et] nec destiterit per continuos dies quicquam cuiquam nisi sub exceptione polliceri « si tamen per Pontium Aquilam licuerit. »

LXXIX. [1]Adiecit ad tam insignem despecti senatus contumeliam multo arrogantius factum. [2]Nam cum in sacrificio Latinarum, reuertente eo inter immodicas ac nouas populi acclamationes, quidam e turba statuae eius coronam lauream candida fascia praeligata inpo-

2 tristia : -itia VQ^{1}T ‖ exta MVL : exacta GP^{1}O^1 exacta sacra ΠQR, STP^{2}O^2.

LXXVIII, 1 exitiabilem : inexpia- ΠQR ‖ **2** excepit : es-M^1 sus-M^{2}G ‖ **3** ut assurgeret : *del. Polak* ‖ **4** Repete : -at *P. Thomas* -et [*tum* tribunus *deleto*] *Boot* ‖ [et] nec *Bentley* : et nec [et ne S] *om. codd.* et ⟨ ..... ⟩ nec *Bücheler* ‖ cuiquam : cui V.

LXXIX, 2 immodicas [imm *per compend.* ΠR] ΠQR : modicas *cett.* ‖ praeligata M : -tam *cett.* [*cf. infra* 82^1 gestum *in*].

che * : alors les tribuns de la plèbe Epidius Marullus et Caesetius Flavus donnèrent l'ordre d'arracher la bandelette et de conduire l'homme en prison ; mais César, furieux que cette allusion à la royauté eût obtenu si peu de succès, ou, comme il le prétendait alors, qu'on lui eût ravi la gloire de refuser le trône, blâma sévèrement les tribuns et les priva de leur charge. Depuis ce jour il ne réussit plus à dissiper le soupçon infamant d'avoir prétendu même au titre de roi ; cependant, un jour que la plèbe le saluait de ce nom, il répondit « qu'il était César et non pas roi », et pour les Lupercales *, à la tribune aux harangues, il repoussa le diadème que le consul Antoine avait à plusieurs reprises approché de sa tête, et le fit porter au Capitole, à Jupiter Très Bon et Très Grand. Bien plus, d'après différents bruits qui coururent, il songeait à partir pour Alexandrie ou pour Troie, emportant avec lui les richesses de l'empire, après avoir épuisé l'Italie à force de levées et confié à ses amis l'administration de Rome ; en outre, à la première séance du sénat, le quindécemvir Lucius Cotta (1) devait proposer de donner à César le nom de roi, parce qu'il était écrit dans les livres Sibyllins que seul un roi pouvait triompher des Parthes (2).

LXXX. C'est pour ce motif que les conjurés hâtèrent l'exécution de leur projet, pour ne pas être obligés de souscrire à cette proposition. Tous fondirent alors en un seul les plans jusque là distincts qu'ils avaient formés à plusieurs reprises, par groupes de deux ou de trois ; le peuple lui-même n'était plus favorable au régime actuel, mais, soit en secret soit ouvertement, il dénigrait la tyrannie et réclamait des libérateurs. A l'adresse des étrangers admis au sénat, on placarda l'affiche sui-

(1) L'une des fonctions principales des quindécemvirs était de garder les livres Sibyllins et de les consulter à la demande du Sénat.

(2) Contre lesquels César projetait une expédition : cf. chap. 44[6].

suisset et tribuni plebis Epidius Marullus Caesetiusque Flauus coronae fasciam detrahi hominemque duci in uincula iussissent, dolens seu parum prospere motam regni mentionem siue, ut ferebat, ereptam sibi gloriam recusandi, tribunos grauiter increpitos potestate priuauit. [3]Neque ex eo infamiam affectati etiam regii nominis discutere *ua*luit, quanquam et plebei regem se salutanti « Caesarem se, non regem esse » responderit et Lupercalibus pro rostris a consule Antonio admotum saepius capiti suo diadema reppulerit atque in Capitolium Ioui Optimo Maximo miserit. [4]Quin etiam uaria fama percrebruit migraturum Alexandream uel Ilium, translatis simul opibus imperii exhaustaque Italia dilectibus et procuratione urbis amicis permissa, proximo autem senatu Lucium Cottam quindecimuirum sententiam dicturum, ut, quoniam fatalibus* libris contineretur Parthos nisi a rege non posse uinci, Caesar rex appellaretur.

LXXX. [1]Quae causa coniuratis maturandi fuit destinata negotia, ne assentiri necesse esset. | [2]Consilia igitur dispersim antea habita et quae saepe bini terniue ceperant, in unum omnes contulerunt, ne populo quidem iam praesenti statu laeto, sed clam palamque detrectante dominationem atque assertores flagitante. [3]Peregrinis in senatum allectis libellus propositus est :

2 Flauus : -ius MG ‖ ferebat : ref- ΠQεR praef- *Torrentius* ‖ **3** ualuit *dett.* : uol- *cett.* ‖ plebei : -bi LPOST -beio [-eo Q] GΠQR ‖ reppulerit : -lit LPOST, δ ‖ **4** uaria : ualida *dett.* [*Casaubon*] ‖ Lucium : L· V, LPOST ‖ fatalibus libris *Ihm* : lib- fat- Π QεR, STP²O² [*Roth Preud'homme*] fatalibus [fact-V] *cett.* ‖ contineretur : -netur GT detineretur MV.

LXXX, 1 negotia : -tii G *del. Casaubon*

vante : « A tous salut ! (1) que personne ne s'avise d'indiquer le chemin de la curie à un nouveau sénateur », et l'on chantait partout ce couplet (2) :

Après avoir triomphé des Gaulois, César les fait entrer à la curie
Les Gaulois ont quitté leurs braies pour prendre le laticlave (3).

Au théâtre, un licteur ayant annoncé, suivant la coutume, l'entrée de Quintus Maximus, nommé consul suppléant pour trois mois, tous les spectateurs ensemble s'écrièrent « qu'il n'était pas consul. » Aux élections qui suivirent la révocation des tribuns Caesetius et Marullus (4), on trouva nombre de votes les désignant comme consuls. Des gens inscrivirent au bas de la statue de Lucius Brutus : « Ah ! si vous viviez ! » et de la statue de César lui-même :

Brutus, pour avoir chassé les rois, a, le premier, été fait consul ;
Cet homme, pour avoir chassé les consuls, a finalement été fait roi (5).

Plus de soixante citoyens conspirèrent contre lui, ayant à leur tête Gaius Cassius, Marcus et Decimus Brutus. Les conjurés se demandèrent d'abord s'ils l'assassineraient au Champ de Mars, pendant les élections, tandis qu'il appellerait les tribus à voter, les uns le précipitant du haut du pont (6), les autres l'attendant au bas pour l'égorger, ou s'ils l'attaqueraient sur la Voie Sacrée, ou encore à l'entrée du théâtre, mais lorsqu'on eut fixé que le sénat se réunirait aux Ides de Mars dans la curie de Pompée, ils n'eurent pas de peine à préférer cette date et ce lieu.

LXXXI. Par ailleurs, des prodiges manifestes annoncèrent à César le meurtre qui se préparait. Quelques

(1) Formule qui se plaçait en tête des édits et correspondait à l'ἀγαθῇ τύχῃ des Grecs. Cf. *Vit.*, 14[5].
(2) Baehrens, *Frag. poet. Rom.*, p. 330.
(3) Cf. chap. 76[5].
(4) Cf. chap. 79[1].
(5) Baehrens, *Frag. poet. Rom.*, p. 330.
(6) Sur lequel passaient les électeurs pour aller voter.

« Bonum factum ! Ne quis senatori nouo curiam monstrare uelit, » et illa uulgo canebantur :

Gallos Caesar in triumphum ducit, idem in curiam ;
Galli bracas deposuerunt, latum clauum sumpserunt.

[4]Quinto Maximo suffecto trimenstrique consule theatrum introeunte, cum lictor animaduerti ex more iussisset, ab uniuersis conclamatum est « non esse eum consulem. » [5]Post remotos Caesetium et Marullum tribunos reperta sunt proximis comitiis complura suffragia consules eos declarantium. [6]Subscripsere quidam Luci Bruti statuae : « utinam uiueres ! » item ipsius Caesaris :

Brutus, quia reges eiecit, consul primus factus est ;
Hic, quia consules eiecit, rex postremo factus est.

[7]Conspiratum est in eum a sexaginta amplius, Gaio Cassio Marcoque et Decimo Bruto principibus conspirationis. [8]Qui primum cunctati utrumne in Campo per comitia tribus ad suffragia uocantem partibus diuisis e ponte deicerent atque exceptum trucidarent, an in Sacra uia uel in aditu theatri adorirentur, postquam senatus Idibus Martiis in Pompei curiam edictus est, facile tempus et locum praetulerunt.

LXXXI. | [1]Sed Caesari futura caedes euidentibus prodigiis denuntiata est. [2]Paucos ante menses, cum in

4 more : -uere MV [ue *expunct. in* M] || **5** Marullum : mau- M^1 || declarantium : -ratum V || **6** Caesaris : *del. Polak* || quia reges : qui reg- *Faërnus* [*item infra* qui consules] || postremo : -us *ed. Iuntina et al. saec.* XVI || **7** amplius : uel ampl- EUTROP., VI, 25 || Decimo : -cio M^2ΠR || Bruto : -is *Graevius* || **8** utrumne : utrumne illum ΠQεR || tribus : -uis M || uocantem : -te MP^1,ΠQεR,δ -tes G || Martiis : -tis G,ΠQR.

LXXXI, 1 Caesari : -is G || **2** Paucos : Nam paucos δ [*cf. supra* 71 nam masintham].

mois auparavant, comme les colons conduits à Capoue en vertu de la loi Julia (1) démolissaient des tombeaux très anciens pour construire des maisons de campagne et le faisaient avec d'autant plus d'ardeur qu'ils découvraient en les explorant une quantité de vases d'un travail ancien, on trouva dans le sépulcre où, disait-on, était enseveli Capys, le fondateur de Capoue (2), une tablette de bronze portant une inscription en langue et en caractères grecs, dont voici le sens : « Quand on aura découvert les ossements de Capys, un descendant d'Iule (3) tombera sous les coups de ses proches et bientôt l'Italie expiera sa mort par de terribles désastres. » L'on ne peut considérer cette histoire comme un conte de pure invention, car elle est garantie par Cornelius Balbus, un ami très intime de César (4). Les derniers jours (avant sa mort), César apprit que les troupes de chevaux, qu'en franchissant le Rubicon il avait consacrées au dieu du fleuve et laissé errer sans gardien, se privaient obstinément de nourriture et versaient d'abondantes larmes. De plus, tandis qu'il sacrifiait, l'haruspice Spurinna l'avertit « de prendre garde à un péril qui ne serait pas reculé au-delà des ides de Mars. » La veille de ces mêmes ides, un roitelet portant un rameau de laurier volait vers la curie de Pompée, lorsque des oiseaux de différentes espèces quittant les arbres voisins le poursuivirent et le mirent en pièces dans cette même salle (5). Durant la nuit qui précéda le meurtre, César lui-même se vit en songe tantôt volant au-dessus des nues, tantôt serrant la main à Jupiter ; de son côté, sa femme Calpurnie (6) rêva

(1) Cf. chap. 20[5].
(2) Cf. Virg., *Aen.*, X, 143, et Tite-Live, IV, 37.
(3) Cf. Virg., *Aen.*, I, 288.
(4) Cf. 78[3].
(5) Où César fut assassiné : voir chap. 80[8].
(6) Cf. 21[1].

colonia Capua deducti lege Iulia coloni ad extruendas uillas uetustissima sepulcra dissicerent idque eo studiosius facerent, quod aliquantum uasculorum operis antiqui scrutantes reperiebant, tabula aenea in monimento, in quo dicebatur Cap*y*s conditor Capuae sepultus, inuenta est conscripta litteris uerbisque Graecis hac sententia : « quandoque ossa Cap*y*is detecta essent, fore ut Iulo prognatus manu consanguineorum necaretur magnisque mox Italiae cladibus uindicaretur. » [3]Cuius rei, ne quis fabulosam aut commenticiam putet, auctor est Cornelius Balbus, familiarissimus Caesaris. [4]Proximis diebus equorum greges, quos in traiciendo Rubiconi flumini consecrarat ac uagos et sine custode dimiserat, comperit pertinacissime pabulo abstinere ubertimque flere. [5]Et immolantem haruspex Spurinna monuit « caueret periculum, quod non ultra Martias Idus proferretur. » [6]Pridie autem easdem Idus auem regaliolum cum laureo ramulo Pompeianae curiae se inferentem uolucres uarii generis ex proximo nemore persecutae ibidem discerpserunt. [7]Ea uero nocte, cui inluxit dies caedis, et ipse sibi uisus est per quietem interdum supra nubes uolitare, alias cum Ioue dextram iungere ; et Calpurnia uxor imaginata est conlabi fastigium domus

2 dissicerent : disi- Π^1 discis- S disgi- T destruerent H ‖ operis : .O.eris M ‖ Capys *ed. Mediol.* 1475 : -pus Qεδ -piens M^1 -pians V -pis *cett. et* M^2HN ‖ quandoque : -cumque M^2N *dett.* quando OT ‖ Capyis *ed. Ven.* 1471 : -pus M^1VQδ -pis *cett. et* M^2HN ‖ Iulo LO^2SNδ *Roth Preud'homme* [*cf.* VERG., *Æn.*, I, 288] : iulio VPO^1 [*sic in* R *suprascr. manu rec.*] ilio MHG, ΠQεR iulius T *dett.* illo *Turnèbe* [*Ihm*] ‖ 3 Cuius rei [regi V] : quam rem Π^2R ‖ 4 Rubiconi [rudi-M rubu-δ]flumini MGVδ : rubicone [rud-Q] flumine *cett. et edd.* Rubicone flumini *Bentley* ‖ 6 laureo : aureo GV,$L^1P^1O^1$ ‖ 7 dextram : -teram LPOST,Π.

que le faîte de leur maison s'écroulait et que son mari était percé de coups entre ses bras ; puis tout à coup, la porte de leur chambre à coucher s'ouvrit d'elle-même. En raison de ces présages, mais aussi du mauvais état de sa santé, il fut longtemps à se demander s'il ne devait pas rester à la maison et remettre les affaires qu'il s'était proposé de traiter devant le sénat ; enfin, Decimus Brutus l'exhortant à ne point priver de sa présence les sénateurs qui étaient venus en grand nombre et l'attendaient depuis longtemps, il sortit vers la cinquième heure ; sur son passage, quelqu'un (1) lui tendit un billet dénonçant le complot, mais il le joignit à d'autres qu'il tenait dans sa main gauche, comme pour le lire plus tard. Puis, après avoir immolé plusieurs victimes sans pouvoir obtenir des présages favorables, il pénétra dans la curie, méprisant tout scrupule religieux et se moquant de Spurinna qu'il accusait de mensonge, parce que les ides de Mars étaient venues, sans qu'il eût le moindre mal ; à quoi l'haruspice répondit : « qu'elles étaient bien arrivées, mais non point passées. »

LXXXII. Tandis qu'il s'asseyait, les conjurés l'entourèrent, sous prétexte de lui rendre hommage, et tout de suite Tillius Cimber, qui s'était chargé du premier rôle, s'approcha davantage, comme pour lui demander une faveur ; mais César faisant un signe de refus et le renvoyant du geste à un autre moment, Tillius saisit sa toge aux deux épaules ; alors, comme César s'écriait : « Cette fois, c'est de la violence ! » l'un des deux Casca le blessa par derrière, un peu au-dessous de la gorge. César, lui ayant saisi le bras, le transperça de son poinçon *, et essaya de s'élancer en avant, mais il fut arrêté par une autre blessure. S'apercevant alors que de toutes parts on l'attaquait, le poignard à la main, il enroula sa toge autour de sa tête, tandis que de sa main gauche

(1) Le rhéteur Artémidore de Cnide (Plutarque, *Cés.*, 65).

maritumque in gremio suo confodi ; ac subito cubiculi fores sponte patuerunt. [8]Ob haec simul et ob infirmam ualitudinem diu cunctatus an se contineret et quae apud senatum proposuerat agere differret, tandem Decimo Bruto adhortante, ne frequentis ac iam dudum opperientis destitueret, quinta fere hora progressus est libellumque insidiarum indicem ab obuio quodam porrectum libellis ceteris, quos sinistra manu tenebat, quasi mox lecturus commiscuit. [9]Dein pluribus hostiis caesis, cum litare non posset, introiit curiam spreta religione Spurinnamque irridens et ut falsum arguens, quod sine ulla sua noxa Idus Martiae adessent, quanquam is uenisse quidem eas diceret, sed non praeterisse.

LXXXII. [1]Assidentem conspirati specie officii circumsteterunt, ilicoque Cimber T*i*llius, qui primas partes susceperat, quasi aliquid rogaturus propius accessit renuentique et gestu in aliud tempus differenti ab utroque umero togam adprehendit ; deinde clamantem « Ista quidem uis est ! » alter e Cas*cis* auersum uulnerat paulum infra iugulum. [2]Caesar Cascae brachium arreptum graphio traiecit conatusque prosilire alio uulnere tardatus est ; utque animaduertit undique se strictis pugionibus peti, toga caput obuoluit, simul sinistra

8 agere : -ret M^1V ‖ ne : neque M ‖ destitueret : distitueret e ε M ‖ insidiarum indicem : ind-insid- V,LPOST insidiarum δ ‖ obuio : ou- MV [*in hoc in textu*]Oδ.

LXXXII, 1 conspirati : compa- ΠQR [*corr. in* Π, *in* R *suprascr.* + conspirati] ‖ circumsteterunt : -stiterunt M^1V ‖ Tillius *Manutius* : tul- [tullus δ] *cett.* ‖ renuentique : renn- MGVLPOδ ‖ gestu Qε *dett* : -um *cett.* ‖ e Cascis *Beroald* : e cassiis Mδ e cassii V casias G cassius *cett.* ‖ auersum : adu- GVO^1ΠR ‖ **2** Cascae [-ce] ΠQεR : casiae G Cassii MV, LPOST etiam casche δ ‖ arreptum : -to **LPOST.**

il en faisait glisser les plis jusqu'au bas de ses jambes, pour tomber avec plus de décence, le corps voilé jusqu'en bas. Il fut ainsi percé de vingt-trois blessures, n'ayant poussé qu'un gémissement au premier coup, sans une parole ; pourtant, d'après certains, il aurait dit à Marcus Brutus qui se précipitait sur lui : « Toi aussi, mon fils ! (1) » Tous s'enfuyant en désordre, assez longtemps il resta sur le sol, privé de vie, puis on le déposa sur une civière, un bras pendant, et trois esclaves le rapportèrent chez lui. Or, parmi tant de blessures, d'après le médecin Antistius, il ne s'en trouva pas de mortelle, excepté celle qu'il avait reçue à la poitrine, en second lieu. Les conjurés avaient formé le projet de traîner au Tibre le cadavre de leur victime, de confisquer ses biens, d'annuler ses actes, mais ils y renoncèrent par crainte du consul Marc-Antoine et du maître de cavalerie Lépide (2).

LXXXIII. A la requête de Lucius Pison, son beau-père *, on ouvrit et on lut dans la maison d'Antoine le testament que César avait écrit aux dernières ides de septembre, dans sa propriété de Lavicum *, et qu'il avait confié à la grande Vestale. Quintus Tubéron rapporte qu'il n'avait pas cessé, depuis son premier consulat jusqu'au début de la guerre civile, de désigner pour héritier Cn. Pompée et qu'il avait lu devant l'assemblée des soldats un testament rédigé dans ce sens. Mais, dans son dernier testament, il institua trois héritiers, les petits-fils de ses sœurs, Gaius Octavius, pour les trois quarts, Lucius Pinarius et Quintus Pedius, pour l'autre quart ; à la fin *, il déclarait même adopter

(1) Ces mots, que Brutus pouvait prendre pour une formule vague, particulièrement affectueuse, avaient peut-être un sens des plus précis, étant donné les relations adultères de César avec Servilia, la mère de Brutus : cf. chap. 50 [2].

(2) César étant dictateur à vie (cf. chap. 76[2], note 2), avait comme lieutenant un *magister equitum*.

manu sinum ad ima crura deduxit, quo honestius caderet etiam inferiore corporis parte uelata. [3]Atque ita tribus et uiginti plagis confossus est, uno modo ad primum ictum gemitu sine uoce edito, etsi tradiderunt quidam Marco Bruto irruenti dixisse « Καὶ σὺ τέκνον ; » Exanimis diffugientibus cunctis aliquandiu iacuit, donec lecticae impositum, dependente brachio, tres seruoli domum rettulerunt. [4]Nec in tot uulneribus, ut Antistius medicus existimabat, letale ullum repertum est, nisi quod secundo loco in pectore acceperat. | [5]Fuerat animus coniuratis corpus occisi in Tiberim trahere, bona publicare, acta rescindere, sed metu Marci Antoni consulis et magistri equitum Lepidi destiterunt.

LXXXIII. [1]Postulante ergo Lucio Pisone socero, testamentum eius aperitur recitaturque in Antoni domo, quod Idibus Septembribus proximis in Lauicano suo fecerat demandaueratque uirgini Vestali maxi*m*ae. [2]Quintus Tubero tradit heredem ab eo scribi solitum ex consulatu ipsius primo usque ad initium ciuilis belli CN. Pompeium, idque militibus pro contione recitatum. [3]Sed nouissimo testamento tres instituit heredes sororum nepotes, Gaium Octauium ex dodrante, et Lucium Pinarium et Quintum Pedium ex quadrante reliquo ; in ima cera Gaium Octauium etiam in familiam

2 uelata : reuel- V ‖ 3 etsi tradiderunt : et sic [et sic̄ Π] trad- LSΠQ uel et sicut trad-M² [*in marg.*] 5 Lepidi : ⟨ M. ⟩ Lep- *Polak*.

LXXXIII, 1 maximae. | 2 Quintus : maximo aequintus [equin-δ] MVδ [ae *est emendatio litterae* o *in textum inserta ut censet Ihm*] Maxime ut quintus G Maxime quintus ΠQR ‖ 3 nepotes : nepost M neq. nepotem [em *per compend.*] post V nepotem δ ‖ et Lucium : Luc- *Torrentius* ‖ reliquo T [*Juste-Lipse*] : -quos *cett.*

Gaius Octavius, en lui léguant son nom ; il désignait plusieurs de ses assassins parmi les tuteurs du fils qui pourrait lui naître, et même Decimus Brutus parmi ses héritiers de seconde ligne. Il léguait au peuple, collectivement, ses jardins voisins du Tibre, et trois cents sesterces par tête.

LXXXIV. Quand la date des funérailles eut été annoncée, on dressa le bûcher sur le Champ de Mars, à côté du tombeau de Julie (1), et l'on édifia devant la tribune aux harangues une chapelle dorée sur le modèle du temple de Vénus Genetrix ; à l'intérieur fut placé un lit d'ivoire tendu de pourpre et d'or, et à sa tête, un trophée avec les habits portés par César au moment du meurtre. Comme la journée ne paraissait pas devoir suffire au défilé des personnes portant des offrandes, on édicta que chacune d'elles, sans observer aucun ordre, les apporterait au Champ de Mars, en suivant l'itinéraire qu'il lui plairait. Au cours des jeux funèbres, on chanta des vers propres à inspirer de la pitié pour César et de la haine contre ses assassins, celui-ci par exemple, emprunté au « Jugement des armes » de Pacuvius * : « Fallait-il les sauver pour qu'ils devinssent mes meurtriers ? » et d'autres, de sens analogue, tirés de l'Electre d'Atilius. En guise d'éloge funèbre, le consul Antoine fit lire par un crieur le sénatusconsulte qui avait décerné collectivement à César tous les honneurs divins et humains, ainsi que le serment par lequel tous les sénateurs s'étaient engagés à défendre la vie du seul César ; il n'ajouta lui-même que fort peu de mots. Le lit funèbre fut porté au forum devant la tribune aux harangues par des magistrats en exercice ou sortis de charge. Les uns voulaient qu'on le brûlât dans le sanctuaire de Jupiter Capitolin, les autres, dans la curie de Pompée,

(1) Fille de César et femme de Pompée, dont Suétone mentionne la mort au chap. 26[1].

nomenque adoptauit; plerosque percussorum in tutoribus fili, si qui sibi nasceretur, nominauit, Decimum Brutum etiam in secundis heredibus. [4]Populo hortos circa Tiberim publice et uiritim trecenos sestertios legauit.

LXXXIV. | [1]Funere indicto rogus exstructus est in Martio campo iuxta Iuliae tumulum et pro rostris aurata aedes ad simulacrum templi Veneris Genetricis collocata; intraque lectus eburneus auro ac purpura stratus et ad caput tropaeum cum ueste, in qua fuerat occisus. [2]Praeferentibus munera, quia suffecturus dies non uidebatur, praeceptum, ut omisso ordine, quibus quisque uellet itineribus urbis, portaret in Campum. [3]Inter ludos cantata sunt quaedam ad miserationem et inuidiam caedis eius accommodata, ex Pacuui Armorum iudicio:

Men seruasse, ut essent qui me perderent?

et ex Electra A*t*ili ad similem sententiam. [4]Laudationis loco consul Antonius per praeconem pronuntiauit senatus consultum, quo omnia simul ei diuina atque humana decreuerat, item ius iurandum, quo se cuncti pro salute unius astrinxerant; quibus perpauca a se uerba addidit. [5]Lectum pro rostris in forum magistratus et honoribus functi detulerunt. [6]Quem cum pars in Capitolini Iouis cella cremare, pars in curia Pompei

3 si qui MGδ : si quis *cett.*
LXXXIV, 2 praeceptum ut : praecep- est ut L^3 *dett.* [*uulgo*] ‖ urbis : *om.* PO ‖ **3** Pacuui Armorum : pacuuianorum [pacuma- L^1] LPOST ‖ Atili *Roth* [*Preud'homme*] [*cf.* Cic., *De fin.*, 1.5. Atilii] : attilii *dett.* acili [-ii GΠQR] *cett.* [*Ihm*] ‖ **4** pronuntiauit : prae- M.

mais tout à coup deux hommes ayant un glaive à la ceinture et tenant chacun deux javelots y mirent le feu avec des cierges allumés et à l'instant la foule des spectateurs entassa autour de lui du bois sec, les banquettes et les tribunaux des juges, enfin tous les présents qu'elle pouvait trouver. Ensuite, des joueurs de flûte et des acteurs, se dépouillant des habits empruntés à l'appareil de ses triomphes, qu'ils avaient revêtus pour la circonstance, les déchirèrent et les jetèrent dans les flammes ; les vétérans de ses légions y jetèrent les armes dont ils s'étaient parés pour les funérailles ; et même un grand nombre de matrones, les bijoux qu'elles portaient, avec les bulles (1) et les prétextes (2) de leurs enfants. Outre ces manifestations solennelles de la douleur publique, les colonies étrangères prirent le deuil séparément, chacune à sa manière, tout spécialement les Juifs (3), qui allèrent jusqu'à se réunir plusieurs nuits de suite autour de son tombeau.

LXXXV. Aussitôt après les funérailles, la plèbe se porta, munie de torches, vers les maisons de Brutus et de Cassius ; refoulée à grand'peine, elle trouva sur son passage Helvius Cinna (4) et, le prenant pour son homonyme Cornelius qu'elle recherchait parce qu'il avait prononcé la veille une violente harangue contre César, elle le mit à mort et promena sa tête à la pointe d'une pique. Plus tard, elle fit dresser sur le forum une colonne massive de vingt pieds environ, en marbre de Numidie, avec l'inscription : « Au Père de la Patrie. » L'usage se conserva longtemps d'offrir des sacrifices au pied de

(1) Bijoux de forme arrondie, en or, en argent ou en cuir, que les enfants portaient au cou.

(2) En règle générale, les enfants des deux sexes, nés libres, portaient la toge prétexte (voir chap. 16[a], n. 4) jusqu'à seize ou dix-sept ans ; ensuite, les jeunes gens revêtaient la toge virile.

(3) Parce qu'il avait vaincu Pompée, qui avait pris Jérusalem.

(4) Tribun de la plèbe, mentionné au chap. 52[b].

destinaret, repente duo quidam gladiis succincti ac bina iacula gestantes ardentibus cereis succenderunt confestimque circumstantium turba uirgulta arida et cum subselliis tribunalia, quicquid praeterea ad donum aderat, congessit. [7]Deinde tibicines et scaenici artifices uestem, quam ex triumphorum instrumento ad praesentem usum induerant, detractam sibi atque discissam iniecere flammae et ueteranorum militum legionarii arma sua, quibus exculti funus celebrabant; matronae etiam pleraeque ornamenta sua, quae gerebant, et liberorum bullas atque praetextas. | [8]In summo publico luctu exterarum gentium multitudo circulatim suo quaeque more lamentata est praecipueque Iudaei, qui etiam noctibus continuis bustum frequentarunt.

LXXXV. [1]Plebs statim a funere ad domum Bruti et Cassii cum facibus tetendit atque aegre repulsa obuium sibi Heluium Cinnam per errorem nominis, quasi Cornelius is esset, quem grauiter pridie contionatum de Caesare requirebat, occidit caputque eius praefixum hastae circumtulit. [2]Postea solidam columnam prope uiginti pedum lapidis Numidici in foro statuit scripsitque « Parenti Patriae. » Apud eam longo tempore sacrificare, uota suscipere, controuersias quasdam interposito

6 ad donum aderat : ad domum erat δ ad manum erat *Beroald* idoneum erat *Heinsius* ad munus erat *Fähse* ‖ **7** induerant : -rent M ‖ pleraeque : -raque δ.

LXXXV, 1 repulsa : pulsa V ‖ obuium [*cf. supra* 81[6]] : oui-M[1] ‖ Heluium *Egnatius* : heuilum MVQ heiul- GΠ heuil- *uel* heiul-LR eiul-POS elicium T ‖ requirebat : in- LPOST [in *corr. ex* re L] ‖ **2** uiginti : XX V,ΠQR,LPT LXX G ‖ scripsitque : in- *Bentley* [*Ihm*] ‖ eam : eandem LPOST ‖ sacrificare — suscipere : *om.* V ‖ quasdam : qua- M[1] quae- M[2].

cette colonne, d'y former des vœux et d'y régler certains différends en jurant par le nom de César.

LXXXVI. Certains de ses parents gardèrent l'impression qu'il ne tint pas à vivre davantage et qu'il vit avec indifférence décliner sa santé : c'est, à leur avis, pour ce motif, qu'il négligea les présages religieux et les avertissements de ses amis. D'après quelques personnes, c'est par suite de son entière confiance dans le dernier sénatusconsulte et le serment des sénateurs (1), qu'il renvoya même les gardes espagnols qui *l'escortaient*, armés de glaives ; selon d'autres, au contraire, [il aima mieux] succomber une fois aux complots qui le menaçaient de toutes parts que [d'être toujours dans l'inquiétude] et sur ses gardes. [Certains] rapportent [même] qu'il avait coutume [de dire] : « L'État est plus intéressé que moi à mon salut ; pour ma part, depuis longtemps j'ai atteint le comble de la puissance et de la gloire, mais, s'il m'arrive malheur, l'État, loin d'avoir le repos, souffrira bien davantage et sera en butte aux guerres civiles (2). »

LXXXVII. Presque tout le monde fut pleinement d'accord sur ce fait qu'il eut pour ainsi dire la mort de son choix. En effet, un jour, ayant lu dans Xénophon (3) que Cyrus, durant sa dernière maladie, prit certaines dispositions en vue de ses funérailles, il avait manifesté sa répugnance pour une mort si lente et souhaité d'en avoir une subite et rapide ; de plus, la veille de son assassinat, comme on en était venu, au cours d'un dîner chez Marcus Lepidus (4), à discuter sur le genre de mort le

(1) Voir chap. 84[4] : le sénatusconsulte qui décernait cumulativement à César tous les honneurs divins et humains, et le serment par lequel tous les sénateurs s'étaient engagés à défendre la vie du seul César.

(2) Cf. Senèque, *De clem.*, I, 4.

(3) *Cyrop.*, VIII, 7.

(4) Cf. Plutarque, *Cés.*, 63

per Caesarem iure iurando distrahere perseuerauit.

LXXXVI. | [1]Suspicionem Caesar quibusdam suorum reliquit neque uoluisse se diutius uiuere neque curasse quod ualitudine minus prospera uteretur, ideoque et quae religiones monerent et quae renuntiarent amici neglexisse. [2]Sunt qui putent, confisum eum nouissimo illo senatus consulto ac iure iurando etiam custodias Hispanorum cum gladiis † adinspectantium se remouisse. [3]Alii e diuerso opinantur insidias undique imminentis subire semel quam cauere *** solitum ferunt : « non tam sua quam rei publicae interesse, uti saluus esset : se iam pridem potentiae gloriaeque abunde adeptum ; rem publicam, si quid sibi eueniret, neque quietam fore et aliquanto deteriore condicione ciuilia bella subituram. »

LXXXVII. [1]Illud plane inter omnes fere constitit, talem ei mortem paene ex sententia obtigisse. [2]Nam et quondam, cum apud Xenophontem legisset Cyrum ultima ualitudine mandasse quaedam de funere suo, aspernatus tam lentum mortis genus subitam sibi celeremque optauerat, et pridie quam occideretur, in sermone nato super caenam apud Marcum Lepidum, quisnam esset

LXXXVI, 1 uoluisse se : uoluisse *Ernesti* ‖ amici : -ce M[1] ‖ **2** adinspectantium MG,ΠQεR : insp- *cett.* ad id sectantium *Juste-Lipse* sectant- *Casaubon* [nudis sectant- *Polak*] stipant- *Heinsius* [nudis stipant- *Bentley*] adsectant- *propon. Ihm* ‖ **3** Alii : -a M[1] ‖ e diuerso : diuersa δ ‖ cauere : *post hoc uerbum* ⟨ diu maluisse. Dicere ⟩ *addit* ρ *hic lacunam indicant Roth qui censebat* ⟨ sollicitum maluisse. Quidam dicere etiam ⟩ *esse scribendum et Ihm q.* semper *ante* sollicitum *addit* ; *post* semel ⟨ confessum satius esse ⟩ quam cauere *scribunt edd.* ⟨ satius esse ⟩ quam cauere ⟨ semper ⟩ ferunt ⟨ dicere ⟩ solitum *Torrentius.*

LXXXVII, 2 quondam : quan- M quo- V ‖ in sermone : sermone *Bentley.*

plus agréable, il avait marqué ses préférences pour une fin soudaine et inattendue.

LXXXVIII. Il mourut dans sa cinquante-sixième année et fut mis au nombre des dieux, non point seulement par une décision toute formelle des sénateurs, mais suivant la conviction intime du vulgaire. En effet, au cours des premiers jeux que célébrait en son honneur, après son apothéose, Auguste, son héritier (1), une comète, qui apparaissait vers la onzième heure, brilla pendant sept jours consécutifs et l'on crut que c'était l'âme de César admis au ciel : voilà pourquoi on le représente avec une étoile au-dessus de sa tête. On décida de murer la curie où il avait été assassiné, de nommer les Ides de Mars « [Jour] parricide », et d'interdire à tout jamais au sénat de se réunir à cette date.

LXXXIX. Quant à ses meurtriers, aucun, ou peu s'en faut, ne lui survécut plus de trois ans et ne périt de mort naturelle. Tous, après avoir été condamnés (2), moururent de façon tragique, les uns dans un naufrage, les autres dans une bataille ; quelques-uns se tuèrent avec le même poignard dont ils n'avaient pas craint de le frapper.

(1) Cf. *Aug.*, 10[2].
(2) Par la loi Pedia.

finis uitae commodissimus, repentinum inopinatumque praetulerat.

LXXXVIII. | [1]Periit sexto et quinquagensimo aetatis anno atque in deorum numerum relatus est, non ore modo decernentium, sed et persuasione uolgi. [2]Siquidem ludis, quos primos consecrato ei heres Augustus edebat, stella crinita per septem continuos dies fulsit exoriens circa undecimam horam, creditumque est animam esse Caesaris in caelum recepti ; et hac de causa simulacro eius in uertice additur stella. | [3]Curiam, in qua occisus est, obstrui placuit Idusque Martias « Parricidium » nominari, ac ne umquam eo die senatus ageretur.

LXXXIX. Percussorum autem fere neque triennio quisquam amplius superuixit neque sua morte defunctus est. Damnati omnes alius alio casu periit, pars naufragio, pars proelio ; nonnulli semet eodem illo pugione, quo Caesarem uiolauerant, interemerunt.

LXXXVIII, 2 primos consecrato *ed. Basil.* 1546 : primos [*om.* consecrato] G^1g [s *in* G^2 *erasa*] primo — -tos [-tis $L^1\delta$] *cett.* primos — -tos *Estienne* primo — -to *ed. Basil.* 1533 ‖ et hac : hac V,LPOS^1T.

LXXXIX defunctus est : defunctus V.

c. suetoni tranquilli de uita caesarum [rum *per compend.*] liber primus expl. incipit diuus augustus liber secundus feliciter [amen *in* V *add.* octauius *pro* diuus augustus O feliciter *om.* O, ΠQR] MVPOΠQR iulius caesar [ae *per compend.*] explicit. incipit diuus augustus G explicit liber primus. incipit de diuo [de diuo *om.* ST] liber secundus [de octauiano *add.* T] LST [*subscriptio capitalibus litt. usque ad* explic. *inde a uoce* incipit *uncialibus in* M *exarata est et sic in una quaque uita praeter Dom. in cett. codd. subscriptiones grandibus litt. at rusticioribus exaratae sunt*].

LIBER II

DIVVS AVGVSTVS

LIVRE II

AUGUSTE

I. La famille Octavia fut autrefois l'une des premières de Vélitres (1) : plusieurs faits le prouvent. En effet, l'un des quartiers les plus fréquentés de la ville était depuis longtemps appelé de ce nom ; de plus, on y montrait un autel consacré par un Octavius, qui, commandant les troupes lors d'une guerre contre des voisins et apprenant une incursion soudaine de l'ennemi, tandis qu'il se trouvait offrir un sacrifice à Mars, retira du feu et découpa les entrailles à moitié cuites, puis, ayant engagé le combat dans de telles conditions, revint victorieux. Il existait même une décision officielle prescrivant qu'à l'avenir les entrailles fussent toujours offertes à Mars de cette manière et que les restes de la victime fussent portés aux Octavii.

II. Cette famille, que le roi Tarquin l'Ancien avait admise au sénat parmi celles de second rang (2), et qu'après lui Servius Tullius avait élevée au patriciat, rede-

(1) Ville des Volsques, dans le Latium ; aujourd'hui Velletri.

(2) Sous Tarquin l'Ancien, les familles plébéiennes les plus considérables avaient été réparties entre les trois tribus et nommées *minores gentes*, c'est-à-dire « familles cadettes », par opposition aux *maiores gentes*, familles aînées, celles des compagnons de Romulus. On fit à leurs chefs, *patres*, une place au sénat, mais au-dessous des *patres maiorum gentium*. Voir Bouché-Leclercq, *Manuel des institut. rom.*, p. 23.

LIBER II

DIVVS AVGVSTVS

I. | [1]Gentem Octauiam Velitris praecipuam olim fuisse multa declarant. [2]Nam et uicus celeberrima parte oppidi iam pridem Octauius uocabatur et ostendebatur ara Octauio consecrata, qui bello dux finitimo, cum forte Marti rem diuinam faceret, nuntiata repente hostis incursione semicruda exta rapta foco prosecuit atque ita proelium ingressus uictor redit. [3]Decretum etiam publicum extabat, quo cauebatur, ut in posterum quoque simili modo exta Marti redderentur reliquiaeque ad Octauios referrentur.

II. [1]Ea gens a Tarquinio Prisco rege inter minor*es* gentis adlecta in senatum, mox a Ser*u*io Tullio in patricias traducta, procedente tempore ad plebem se contulit

I, 1 Gentem — olim *litt. capital. in* M *sim. in* VG ‖ Velitris : -triis MGV- tri Q trisq ; S ‖ 2 cum forte : -ti [cum *om.*] V ‖ foco : -ro Π ⟨ e ⟩ foco *propon. Ihm ex Vit.*, 13[6] ‖ redit : -iit G, ΠQR,T.

II, 1 minores *dett.* [*Sabellicus*] : minos MVQε minis LPOST primas G romanos Π[1]R -as Π[2] conterminas *uel* Veliternas *Bentley* ‖ gentis Q, LPOST : -es [*per compend.* ΠR] MGVΠR -ium *dett. om.* ρ ‖ Seruio *edd. princ. Rom. duae* : -illio *om. codd.* ‖ patricias : -trias [*suprascr.* ci] M -tricios *dett.*

vint plébéienne au cours des siècles, puis, après un long intervalle, fut rétablie dans son ancienne dignité par le divin Jules. Le premier de ses membres qui dut une magistrature aux suffrages du peuple fut C. Rufus. Ce personnage, qui devint questeur, eut deux fils, Cneius et Caius ; ils donnèrent naissance aux deux branches de la famille Octavia, qui eurent une destinée différente, car Gnaeus et tous ses descendants exercèrent les plus hautes magistratures, tandis que Caius et sa postérité, soit par hasard soit volontairement, demeurèrent dans l'ordre équestre, jusqu'au père d'Auguste. Le bisaïeul d'Auguste, durant la seconde guerre punique, servit en Sicile comme tribun militaire, sous les ordres du général Aemilius Papus. Son aïeul s'en tint aux magistratures municipales et parvint paisiblement à la vieillesse en jouissant d'une fortune considérable. Mais ces précisions ne sont pas fournies par Auguste lui-même, car, pour lui, il se contente de dire (1) qu'il est issu d'une famille de chevaliers, ancienne et riche, dans laquelle le premier sénateur fut son père. M. Antoine lui reproche d'avoir eu pour bisaïeul un affranchi, un cordier du canton de Thurium, et pour grand-père, un changeur. Je n'ai rien découvert de plus sur les ancêtres paternels d'Auguste.

III. C. Octavius, le père d'Auguste, jouit dès sa jeunesse d'une grande fortune et d'une haute considération ; dès lors, je suis vraiment surpris que certains le donnent, lui aussi, comme changeur, ou même le comptent parmi les agents électoraux et les courtiers du Champ de Mars. Élevé en effet au milieu de l'opulence, il obtint facilement les charges publiques et les remplit avec distinction. A l'issue de sa préture, il tira au sort la Macédoine et, tandis qu'il s'y rendait, massacra, en vertu d'une mission extraordinaire à lui confiée par le

(1) Dans ses mémoires, mentionnés par Suétone au chap. 85[1].

ac rursus magno interuallo per Diuum Iulium in patriciatum redit. [2]Primus ex hac magistratum populi suffragio cepit C. Rufus. Is quaestorius CN. et C. procreauit, a quibus duplex Octauiorum familia defluxit condicione diuersa, siquidem Gnaeus et deinceps ab eo reliqui omnes functi sunt honoribus summis; at C. eiusque posteri, seu fortuna seu uoluntate, in equestri ordine constiterunt usque ad Augusti patrem. [3]Proauus Augusti secundo Punico bello stipendia in Sicilia tribunus militum fecit Aemilio Papo imperatore. [4]Auus municipalibus magisteriis contentus abundante patrimonio tranquillissime senuit. [5]Sed haec alii; ipse Augustus nihil amplius quam equestri familia ortum se scribit uetere ac locuplete, et in qua primus senator pater suus fuerit. [6]M. Antonius libertinum ei proauum exprobrat, restionem e pago Thurino, auum argentarium. Nec quicquam ultra de paternis Augusti maioribus repperi.

III. | [1]C. Octauius pater a principio aetatis et re et existimatione magna fuit, ut equidem mirer hunc quoque a nonnullis argentarium atque etiam inter diuisores operasque campestris proditum; amplis enim innutritus opibus honores et adeptus est facile et egregie administrauit. [2]Ex praetura Macedoniam sortitus fugitiuos, residuam Spartaci et Catilinae manum, Thuri*n*um

1 magno interuallo per *dett.* V [*man. rec.*] : magno interuallo VLO^{1} magno inter M magna ui per ΠQ^{ε}R,$P^{2}O^{3}$T magno interuallo ante [*suprascr.* uel magna ui per] S magnanimiter per G ‖ redit : -iit G,ΠQR,T ‖ **3** Papo [-ppo G] GV [*in textu*] ΠQ^{ε}R : paulo V [*in marg. man.* 1] LPOST **paulo** M.

III, 1 amplis : -ius V^{1} -issimis G ‖ est facile : est et fac-M ‖ **2** Thurinum *ed. Bonon.* 1488 : -ringum [tur- S tirung- T] *om. codd.*

sénat, les esclaves fugitifs, restes des bandes de Spartacus et de Catilina, qui infestaient le territoire de Thurium (1). Dans le gouvernement de sa province, il ne montra pas moins de justice que de courage ; en effet, il écrasa dans une grande bataille les Besses et les Thraces, et traita si bien les alliés, que Cicéron, dans des lettres qui nous ont été conservées, conseille et recommande à son frère Quintus (2), qui à cette même date était peu apprécié comme proconsul d'Asie, de prendre modèle sur son voisin Octavius pour se faire bien venir des alliés.

IV. A son retour de Macédoine, avant de pouvoir poser sa candidature au consulat, il mourut subitement (3) ; il laissait plusieurs enfants : Octavie l'aînée, qu'il avait eue d'Ancharia, Octavie la cadette et Auguste, que lui avait donnés Atia. Atia était la fille de M. Atius Balbus et de Julie, sœur de C. César. Balbus, dont les ancêtres paternels étaient d'Aricie et dont la famille avait compté beaucoup de sénateurs, était par sa mère très étroitement apparenté au grand Pompée ; après avoir exercé la préture, il fut au nombre des vingt magistrats qui divisèrent entre les plébéiens le territoire de Capoue, en vertu de la loi Julia (4). Pourtant, le même Antoine, étendant son mépris aux ancêtres maternels d'Auguste, lui reproche d'avoir eu un bisaïeul d'origine africaine, qui exerça tour à tour dans Aricie le métier de parfumeur et celui de boulanger. De son côté, Cassius de Parme (5), dans l'une de ses lettres, le taxe d'avoir eu pour grands-pères non pas seulement un boulanger, mais aussi un courtier de monnaies, voici en quels termes : « Ta farine

(1) Ville de Lucanie, située sur le golfe de Tarente, à la place même de l'ancienne Sybaris.
(2) *Epist.*, I 1, 21. 2, 7.
(3) Cf. Cic., *Philipp.*, III, 6.
(4) Cf. *Caes.*, 20^5.
(5) L'un des assassins de César : cf. Appien, *B. C.*, V, 2.

agrum tenentis in itinere deleuit, negotio sibi in senatu extra ordinem dato. [3]Prouinciae praefuit non minore iustitia quam fortitudine ; namque Bessis ac Thracibus magno proelio fusis ita socios tractauit, ut epistulae M. Ciceronis extent, quibus Quintum fratrem eodem tempore parum secunda fama proconsulatum Asiae administrantem hortatur et monet, imitetur in promerendis sociis uicinum suum Octauium.

IV. [1]Decedens Macedonia, prius quam *pro*fiteri se candidatum consulatus posset, mortem obiit repentinam, superstitibus liberis Octauia maiore, quam ex Ancharia, et Octauia minore item Augusto, quos ex Atia tulerat. [2]Atia M. Atio Balbo et Iulia, sorore C. Caesaris, genita est. Balbus, paterna stirpe Aricinus, multis in familia senatoriis imaginibus, a matre Magnum Pompeium artissimo contingebat gradu functusque honore praeturae inter uigintiuiros agrum Campanum plebi Iulia lege diuisit. [3]Verum idem Antonius, despiciens etiam maternam Augusti originem, proauum eius Afri generis fuisse et modo unguentariam tabernam modo pistrinum Ariciae exercuisse obicit. [4]Cassius quidem Parmensis quadam epistula non tantum ut pistoris, sed etiam ut nummulari nepotem sic taxat Augustum : « Materna

2 in senatu : a sen- *Mommsen P. Thomas* ‖ **3** epistulae M. Ciceronis : I 1, 21. 2,7 ‖ quibus : in quibus G.

IV, 1 pro fiteri ρ *dett.* [*Estienne*] : con- *om. codd.* ‖ mortem obiit repentinam : morte obiit repentina G,ΠQεR mortem repentinam obiit LP[1] morte repentina obiit P[2]ST ‖ Octauia : uio V,LPOST ‖ quam : quem M[1]V, LPOST,ε ‖ Ancharia : hanch [hancch-V] MGVPO ‖ Octauia : -ui V -uio LPOST ‖ Atia : -cia ΠQεR ‖ Atia M. Atio : atiam atio M acia matio ΠQεR atia atio V Etiam atia G At atia LPOST ‖ **2** Iulia : iuua M ‖ **4** quidem : -dam ΠQR ‖ Parmensis ΠR *dett.* : carm- *cett.*

maternelle provient du plus grossier moulin d'Aricie, et c'est un changeur de Nerulum qui l'a pétrie de ses mains noircies au contact de l'argent (1). »

V. Auguste naquit sous le consulat de M. Tullius Cicéron et de C. Antonius *, le neuvième jour avant les calendes d'octobre, un peu avant le lever du soleil, dans la partie du Palatin appelée « aux têtes de bœufs », où il a maintenant un sanctuaire, qui fut bâti assez longtemps après sa mort. On voit en effet dans les actes du sénat qu'un jeune homme d'origine patricienne, C. Laetorius, ayant, afin d'obtenir qu'on adoucît en sa faveur le châtiment de l'adultère, invoqué devant les sénateurs, outre son âge et ses ancêtres, le fait qu'il était le possesseur et comme le gardien du sol touché par le divin Auguste aussitôt après sa naissance, et demandé grâce en considération de ce dieu qui, pour ainsi dire, lui appartenait en propre, l'on décida de consacrer à Auguste cette partie de sa maison.

VI. On montre encore aujourd'hui la maison où il fut élevé, dans une terre que possédait sa famille aux portes de Vélitres : elle est tout à fait modeste et semblable à un cellier ; les gens du pays persistent même à croire qu'il y est né. On se fait un scrupule religieux d'y pénétrer sans nécessité et sans dispositions pieuses, car on s'était mis à croire autrefois que les visiteurs irrévérencieux étaient arrêtés comme par un frisson de terreur et cette croyance fut même confirmée plus tard. Il advint, en effet, qu'un nouveau propriétaire de cette maison étant venu y coucher, soit sans intention soit par bravade, en fut subitement chassé, quelques

(1) C'est-à-dire : « Un changeur de Nerulum (petite ville de Lucanie, voisine de Thurium) épousa la fille d'un boulanger d'Aricie et de ce mariage naquit le père d'Auguste. » Le mot *nepotem* signifie donc à la fois petit-fils (du changeur) et arrière-petit-fils (du boulanger). Quant à l'expression *materna farina*, elle désigne non pas la mère, mais la grand'mère d'Auguste.

tibi farina est ex crudissimo Ariciae pistrino; hanc finxit manibus collybo decoloratis Nerulonensis mensarius. »

V. | [1]Natus est Augustus M. Tullio Cicerone C. Antonio conss. VIIII. Kal. Octob. paulo ante solis exortum, regione Palati ad Capita bubula, ubi nunc sacrarium habet, aliquanto post quam excessit constitutum. [2]Nam ut senatus actis continetur, cum C. Laetorius, adulescens patricii generis, in deprecanda grauiore adulterii poena praeter aetatem atque natales hoc quoque patribus conscriptis allegaret, esse possessorem ac uelut aedituum soli, quod primum Diuus Augustus nascens attigisset, peteretque donari quasi proprio suo ac peculiari deo, decretum est ut ea pars domus consecraretur.

VI. [1]Nutrimentorum eius ostenditur adhuc locus in auito suburbano iuxta Velitras permodicus et cellae penuariae instar, tenetque uicinitatem opinio tamquam et natus ibi sit. [2]Huc introire nisi necessario et caste religio est, concepta opinione ueteri, quasi temere adeuntibus horror quidam et metus obiciatur, sed et mox confirmata. [3]Nam cum possessor uillae nouus seu forte seu temptandi causa cubitum se eo contulisset, euenit ut post paucissimas noctis horas exturbatus

4 farina est [est *per compend.*] MV : farina si LPOT farina est [*per compend.*] si S farinae [-rie Qε] si ΠQεR farina G farinast *Politianus* [*Roth*].

V, 1 C. Antonio MG : anton- VLPOS[1] [-que S[2]] et anton- [et cint-Q] ΠQεR, Tδ ‖ bubula : bib- Π[1]Q,LPOST [*in* L i *suprascr. man.* 1] ‖ habet : -betur ΠQεR ‖ **2** esse : esse se LP[2]OST, ΠQεR.

VI, 1 penuariae MV [*in hoc in marg.*] : paenuariae [*corr. ex* paemar-] L paenuriae [ac *initio per compend. in textu*] V penuriae [*uel*-rie] *cett.* ‖ **2** nisi : nonnisi LPOST ‖ confirmata : est *add.* ΠRδ [*uulgo*].

heures après, au cours de la nuit, par une puissance inconnue, et qu'on le retrouva presque inanimé devant la porte, avec son lit.

VII. Durant sa première enfance, on lui donna le surnom de Thurinus, soit pour rappeler le lieu d'origine de ses ancêtres, soit parce que c'était dans la région de Thurium que son père Octavius, peu de temps après sa naissance, s'était battu avec succès contre les esclaves fugitifs. Pour prouver qu'on le surnomma Thurinus, il pourrait me suffire de signaler ma découverte d'une ancienne statuette de bronze, qui le représente encore enfant et sur laquelle ce nom est inscrit en lettres de fer déjà presque dévorées par la rouille : j'en ai fait don à l'empereur (1) qui l'honore parmi les dieux Lares de sa chambre à coucher. Mais, en outre, M. Antoine, dans ses lettres, l'appelle souvent Thurinus, en manière d'injure, et Octave se borne à lui répondre qu'il est surpris de se voir jeter comme une insulte son premier nom. Plus tard, il prit (le nom) de Gaius César, puis le surnom d'Auguste, le premier, en vertu du testament de son grand-oncle (2), le second, sur la motion de Munatius Plancus ; certains sénateurs proposaient qu'il fût appelé Romulus, comme étant le second fondateur de la ville, mais ce fut le surnom d'Auguste qui prévalut, tant à cause de sa nouveauté que de son caractère plus grandiose, car ce terme, dérivé soit d' « auctus », soit de l'expression « avium gestus » ou « gustus », s'applique également aux lieux sanctifiés par la religion et dans lesquels on fait une consécration quelconque, après avoir pris les augures, comme l'indique même le vers d'Ennius (3) : « Après que l'illustre Rome eut été fondée sous d'augustes augures. »

(1) Hadrien, dont Suétone fut le secrétaire *ab epistulis*. Voir introd., pp. VII sqq.

(2) Cf. *Caes.*, 83[3].

(3) Vahlen, *Ennianae poesis reliquiae*, 2e éd., *Ann.* 502.

inde subita ui et incerta paene semianimis cum strato simul ante fores inueniretur.

VII. | [1]Infanti cognomen Thurino inditum est, in memoriam maiorum originis, uel quod regione Thurina recens eo nato pater Octauius aduersus fugitiuos rem prospere gesserat. [2]Thurinum cognominatum satis certa probatione tradiderim nactus puerilem imagunculam eius aeream ueterem ferreis et paene iam exolescentibus litteris hoc nomine inscriptam, quae dono a me principi data inter cubicu*li* Lares colitur. [3]Sed et a M. Antonio in epistulis per contumeliam saepe Thurinus appellatur et ipse nihil amplius quam mirari se rescribit pro obprobrio sibi prius nomen obici. [4]Postea Gai Caesaris et deinde Augusti cognomen assumpsit, alterum testamento maioris auunculi, alterum Munati Planci sententia, cum, quibusdam censentibus Romulum appellari oportere quasi et ipsum conditorem urbis, praeualuisset, ut Augustus potius uocaretur, non solum nouo sed etiam ampliore cognomine, quod loca quoque religiosa et in quibus augurato quid consecratur augusta dicantur, ab auctu uel ab auium gestu gustuue, sicut etiam Ennius docet scribens :

Augusto augurio postquam incluta condita Roma est.

VII, 1 in memoriam : in memoria Qε ob memoriam PS¹T ‖ uel quod : quod LPS quod uel T ‖ regione : in reg- ΠQεR,P²T ‖ **2** cubiculi Lares *Juste-Lipse* : cubiculares *om. codd.* ‖ **3** ipse : -i MGδ ‖ **4** Gai : *del Casaubon* ‖ Caesaris : Caesaris ⟨ nomen ⟩ *Bentley* ‖ praeualuisset LP¹SQ : -luisse *cett.* et P² ‖ solum ε[*per compend. et suprascr.* + eum *per compend.*] : eum [*per compend.*] MQ cum [*per compend.*] GΠR enim [*per compend.*] V autem LPOST *om.* δ tantum *dett.* [*Erasme*] ‖ quod loca — Roma est : *del. Cannegieter* [*Roth Preud'homme*] ‖ ab auctu — gustuue : *del. Guyet* ‖ auctu : actu QεR ‖ augurio : -girio M ‖ incluta V : induta δ inclyta M -clita [indita Q] *cett.*

VIII. A quatre ans, il perdit son père ; au cours de sa douzième année, il prononça devant l'assemblée l'oraison funèbre de sa grand'mère Julie (1). Quatre ans plus tard, il revêtit la toge virile et fut gratifié des récompenses militaires, lors du triomphe de César sur l'Afrique, sans avoir pris part à la guerre, du fait de son âge. Ensuite, quand son oncle partit pour les Espagnes (2) afin de combattre les fils de Cn. Pompée, il l'y suivit de près, quoiqu'il fût à peine remis d'une maladie grave, passant avec une très faible escorte par des routes infestées d'ennemis, essuyant même un naufrage, et se fit grandement valoir (auprès de César), qui eut tôt fait d'apprécier même ses heureuses dispositions, outre la hardiesse de son voyage. Après la soumission des Espagnes, César, projetant une expédition contre les Daces, puis contre les Parthes (3), l'envoya d'avance à Apollonie, où il consacra ses loisirs à l'étude. Dès qu'il apprit l'assassinat de César et sut qu'il était son héritier, il resta longtemps à se demander s'il n'implorerait pas le secours des légions voisines, puis, jugeant l'entreprise téméraire et prématurée, il y renonça. Mais il revint à Rome et revendiqua son héritage, malgré les hésitations de sa mère et l'opposition énergique de son beau-père, le consulaire Marcius Philippus. Depuis, ayant levé des armées, il gouverna l'État, d'abord avec M. Antoine et M. Lépide, puis avec Antoine seulement pendant environ douze ans, et enfin tout seul pendant quarante-quatre ans.

IX. Ayant présenté en quelque sorte le sommaire de sa vie, je vais en examiner une à une les différentes parties, non point en suivant l'ordre chronologique, mais (en groupant les faits) par catégories, de façon à rendre plus nets leur exposé et leur étude. Auguste fit

(1) Cf. chap. 4[2].

(2) On distinguait l'Espagne citérieure ou Tarraconaise, l'Espagne ultérieure (cf. *Caes.*, 7[1], note 2) et la Lusitanie.

(3) Cf. *Caes.*, 44[6].

VIII. | [1]Quadrimus patrem amisit. Duodecimum annum agens auiam Iuliam defunctam pro contione laudauit. [2]Quadriennio post uirili toga sumpta militaribus donis triumpho Caesaris Africano donatus est, quanquam expers belli propter aetatem. [3]Profectum mox auunculum in Hispanias aduersus CN. Pompei liberos uixdum firmus a graui ualitudine per infestas hostibus uias paucissimis comitibus naufragio etiam facto subsecutus, magnopere demeruit, approbata cito etiam morum indole super itineris industriam. | [4]Caesare post receptas Hispanias expeditionem in Dacos et inde Parthos destinante praemissus Apolloniam studiis uacauit. [5]Vtque primum occisum eum heredemque se comperit, diu cunctatus an proximas legiones imploraret, id quidem consilium ut praeceps inmaturumque omisit. [6]Ceterum urbe repetita hereditatem adiit, dubitante matre, uitrico uero Marcio Philippo consulari multum dissuadente. [7]Atque ab eo tempore exercitibus comparatis primum cum M. Antonio M. que Lepido, deinde tantum cum Antonio per duodecim fere annos, nouissime per quattuor et quadraginta solus rem p. tenuit.

IX. | [1]Proposita uitae eius uelut summa, partes singillatim neque per tempora sed per species exsequar, quo distinctius demonstrari cognoscique possint. |

VIII, 1 Duodecimum : -decim M[1] decimum *Valesius* [*cf.* QUINT., *Inst. orat.*, 12.6.1] || **3** uixdum : uix tum ΠR || industriam : -a V,LPOST || **4** Parthos M [*Preud'homme*] : in Par- *cett.* [*cf.* *Caes.*, 35[3] inde Pontum] || Apolloniam : appo- MVLSδ [*sic saepe*] || **5** Vtque : -qui M || **7** M. que : M.O. MR || deinde M : dein *cett.*
IX, 1 partes *ed. Rom. II* : -te *om. codd.* || possint : -sit LPOST,δ.

cinq guerres civiles : celles de Modène, de Philippes, de Pérouse, de Sicile et d'Actium, la première et la dernière, contre M. Antoine, la seconde, contre Brutus et Cassius, la troisième, contre L. Antonius, frère du triumvir, la quatrième, contre Sextus Pompée, fils de Cneius (1).

X. Voici quelle fut la cause initiale de toutes ces guerres. Jugeant que son premier devoir était de venger l'assassinat de son oncle et de défendre son œuvre, dès qu'il fut revenu d'Apollonie il résolut d'employer la force contre Brutus et Cassius encore sans défiance, puis, lorsque, prévoyant le danger, ils s'y furent dérobés par la fuite, de les atteindre par une action légale et de les faire condamner pour meurtre, par contumace. Par ailleurs, comme les magistrats auxquels incombait le soin de célébrer les jeux commémorant la victoire de César (2) n'osaient pas s'en acquitter, il les fit donner lui-même. Puis, afin de pouvoir plus hardiment exécuter encore ses autres projets, un tribun de la plèbe venant à mourir, il se présenta pour le remplacer, malgré sa qualité de patricien et quoiqu'il ne fût pas encore sénateur. Mais, comme le consul M. Antoine, sur l'appui duquel il avait tout particulièrement compté, s'opposait à ses tentatives et prétendait le soumettre en toutes choses au droit commun et aux règles établies, encore en se faisant garantir par lui une énorme récompense, il passa du côté des grands : il voyait en effet qu'Antoine leur était odieux, surtout depuis qu'il tenait D. Brutus assiégé dans Modène et s'efforçait de le chasser par les armes d'une province qui lui avait été donnée par César et laissée par le sénat. Donc, sur les conseils de quelques-uns d'entre eux, Auguste lui soudoya des assassins, mais la tentative fut découverte ; alors, craignant pour lui-

(1) Le grand Pompée.
(2) Cf. *Caes.*, 88*.

[2]Bella ciuilia quinque gessit : Mutinense, Philippense, Perusinum, Siculum, Actiacum ; e quibus primum ac nouissimum aduersus M. Antonium, secundum aduersus Brutum et Cassium, tertium aduersus L. Antonium triumuiri fratrem, quartum aduersus Sextum Pompeium CN. F.

X. [1]Omnium bellorum initium et causam hinc sumpsit : nihil conuenientius ducens quam necem auunculi uindicare tuerique acta, confestim ut Apollonia rediit, Brutum Cassiumque et ui necopinantis et, quia prouisum periculum subterfugerant, legibus adgredi reosque caedis absentis deferre statuit. [2]Ludos autem uictoriae Caesaris non audentibus facere quibus optigerat id munus, ipse edidit. [3]Et quo constantius cetera quoque exequeretur, in locum TR. PL. forte demortui candidatum se ostendit, quanquam patricius necdum senator. [4]Sed aduersante conatibus suis M. Antonio consule, quem uel praecipuum adiutorem sperauerat, ac ne publicum quidem et translatiuum *ius* ulla in re sibi sine pactione grauissimae mercedis impertiente, ad optimates se contulit, quibus eum inuisum sentiebat, maxime quod D. Brutum obsessum Mutinae prouincia a Caesare data et per senatum confirmata expellere armis niteretur. [5]Hortantibus itaque nonnullis percussores ei subornauit, ac fraude deprehensa periculum in uicem me-

2 triumuiri ΠQεR,T : trium uirum *cett.* || F. MV : f. LS filium *cett.*

X, 1 et ui : et uim G, ΠQεR,S per uim *Bentley* || et : sed *Bentley* || translatiuum M [*at* s *expuncta*] : tralaticium [translaticum T] *cett.* || ius ulla *cod. Tornacensis teste Glareano* [*sic primum ed. R. Estienne*] : in sulla [sylla G sula δ] MG, ΠQεR,δ ulla, V,LPOST || in re : nire ΠQR || eum : cum MG || **5** ac fraude : hac fr- V,LPOST.

même, il appela les vétérans à le secourir, lui et la république, et les rassembla en faisant toutes les largesses qu'il put ; ensuite, ayant reçu l'ordre de se mettre comme propréteur à la tête de l'armée ainsi levée et de porter secours à D. Brutus, de concert avec Hirtius et Pansa, nommés consuls, il termina en l'espace de trois mois, en deux combats, la guerre qui lui avait été confiée. Dans la première bataille, si l'on en croit Antoine, il prit la fuite et ne reparut que deux jours après, sans son manteau de commandement ni son cheval ; dans la seconde, — la chose est sérieusement établie —, il fit son devoir non seulement comme chef, mais aussi comme soldat, et, voyant au fort de la lutte le porte-aigle de sa légion grièvement blessé, il prit son enseigne sur ses épaules et la porta longtemps.

XI. Hirtius et Pansa étant morts pendant cette guerre, le premier, sur le champ de bataille, l'autre, bientôt après, des suites d'une blessure, le bruit se répandit qu'il les avait fait périr tous deux (1), afin de pouvoir, une fois Antoine mis en déroute et l'État privé de ses consuls, rester seul maître des armées victorieuses. En tout cas, la mort de Pansa parut tellement suspecte, que l'on emprisonna son médecin Glycon, en l'accusant d'avoir empoisonné sa blessure. En outre, Aquilius Niger prétend qu'Auguste profita de la mêlée pour tuer de sa propre main Hirtius, l'autre consul.

XII. Mais, lorsqu'il apprit qu'Antoine, après sa défaite, avait trouvé refuge auprès de M. Lépide et que les autres généraux (2), avec leurs armées, se ralliaient au parti adverse, il n'eut aucune hésitation à déserter la cause des grands et donna pour prétexte de ce changement des paroles et des actes qu'il reprochait à certains d'entre eux : les uns, disait-il, avaient déclaré bien haut qu'il

(1) Ce bruit est mentionné aussi par Tacite, *Ann.*, I, 10[1].
(2) Asinius Pollion et Plancus.

tuens ueteranos simul in suum ac rei p. auxilium quanta potuit largitione contraxit; iussusque comparato exercitui pro praetore praeesse et cum Hirtio ac Pansa, qui consulatum susceperant, D. Bruto opem ferre, demandatum bellum tertio mense confecit duobus proeliis. [6]Priore Antonius fugisse eum scribit ac sine paludamento equoque post biduum demum apparuisse, sequenti satis constat non modo ducis, sed etiam militis functum munere atque in media dimicatione, aquilifero legionis suae grauiter saucio, aquilam umeris subisse diuque portasse.

XI. [1]Hoc bello cum Hirtius in acie, Pansa paulo post ex uulnere perissent, rumor increbruit ambos opera eius occisos, ut Antonio fugato, re p. consulibus orbata solus uictores exercitus occuparet. [2]Pansae quidem adeo suspecta mors fuit, ut Glyco medicus custoditus sit, quasi uenenum uulneri indidisset. [3]Adicit his Aquilius Niger alterum e consulibus Hirtium in pugnae tumultu ab ipso interemptum.

XII. [1]Sed ut cognouit Antonium post fugam a M. Lepido receptum ceterosque duces et exercitus consentire pro *part*ibus, causam optimatium sine cunctatione deseruit, ad praetextum mutatae uoluntatis dicta factaque quorundam calumniatus, quasi alii se « pue-

5 ac rei V,LPOST : aut rei *cett.* atque rei *propon. Ihm.*

XI, 1 Pansa : et pansa G pansaque [pens-Q] ΠQεR ‖ increbruit : -buit V,LPOST,ΠQε ‖ uictores : -tor T uictor tres *dett.* [*Preud'homme*] *ex* Eutrop., 7.1 ‖ **2** Pansae quidem : pansae]-sa Q] equidem LPOST,Q pansa aequidem [ae *per compend.*] V pansae quoque Π ‖ uenenum : *om.* V.

XII, 1 receptum : -to M ‖ partibus *dett.* [*Beroald*] : partibus uel patribus δ fratr-V patr-*cett.* partibus ⟨ eius ⟩ *Müller.*

était un enfant, les autres * « qu'il fallait le couvrir de fleurs et l'élever jusqu'au ciel (1) », cela pour ne point témoigner à lui-même ni à ses vétérans la reconnaissance qu'ils méritaient. Et, pour mieux faire voir qu'il regrettait de s'être attaché précédemment à eux, les habitants de Nursie ayant élevé à frais publics en l'honneur des citoyens morts devant Modène un monument portant l'inscription : « Ils sont tombés pour défendre la liberté », il leur infligea une amende énorme, et, comme ils étaient incapables de la payer, les bannit et les chassa de leur ville.

XIII. S'étant ligué avec Antoine et Lépide, il termina aussi en deux batailles la guerre de Philippes, quoiqu'il fût affaibli et malade, mais, au cours de la première, son camp ayant été pris par l'ennemi, c'est à peine s'il était parvenu à s'échapper en fuyant vers l'aile commandée par Antoine. Loin d'user de sa victoire avec modération, il envoya à Rome la tête de Brutus pour qu'on la mît au pied de la statue de César et s'acharna contre tous les prisonniers de marque, sans leur épargner ses paroles outrageantes ; ainsi, paraît-il, comme l'un d'entre eux implorait de lui une sépulture, il lui répondit : « que ce serait bientôt l'affaire des vautours », et deux autres captifs, le père et le fils, lui demandant la vie sauve, il leur ordonna de tirer au sort ou au jeu de mourre * celui des deux qui obtiendrait sa grâce, puis les regarda mourir l'un après l'autre, car le père s'étant offert de lui-même fut égorgé, et le fils à son tour se donna volontairement la mort. Aussi, quand les autres prisonniers, et parmi eux le célèbre M. Favonius, l'émule de Caton, furent menés au supplice, chargés de chaînes, ils saluèrent respectueusement Antoine du titre de général, mais cinglèrent publiquement Auguste des

(1) Jeu de mots sur le double sens de *tollere*, qui signifie à la fois « exalter » et « faire disparaître ». Cf. Vell. Paterc., II, 62.

rum », alii « ornandum tollendumque » iactassent, ne aut sibi aut ueteranis par gratia referretur. [2]Et quo magis paenitentiam prioris sectae approbaret, Nursinos grandi pecunia et quam pendere nequirent multatos extorres oppido egit, quod Mutinensi acie interemptorum ciuium tumulo publice extructo ascripserant pro libertate eos occubuisse.

XIII. | [1]Inita cum Antonio et Lepido societate Philippense quoque bellum, quamquam inualidus atque aeger, duplici proelio transegit, quorum priore castris exutus uix ad Antoni cornu fuga euaserat. [2]Nec successum uictoriae moderatus est, sed capite Bruti Romam misso, ut statuae Caesaris subiceretur, in splendidissimum quemque captiuum non sine uerborum contumelia saeuiit ; ut quidem uni suppliciter sepulturam precanti respondisse dicitur « iam istam uolucrum fore potestatem » ; alios, patrem et filium, pro uita rogantis sortiri uel micare iussisse, ut alterutri concederetur, ac spectasse utrumque morientem, cum patre, quia se obtulerat, occiso filius quoque uoluntariam occubuisset necem. [3]Quare ceteri, in his M. Fauonius ille Catonis aemulus, cum catenati producerentur, imperatore Antonio honorifice salutato, hunc foedissimo conuicio

1 alii : Cic., *Epist.*, XI 20.1 ‖ ne : neque *Torrentius* nec *Bentley*.

XIII, 1 cornu : cornum [um *per compend.*] $M^2V\delta$ ‖ **2** successum : -u V,LPOST -ui *Burmann* ‖ in splendidissimum $\Pi Q \varepsilon R, M^2P^2$: splendi *-cett.* ‖ saeuiit : se- M,ΠQR saeuiuit [ae *per compend.*] G seu V secuit LPOST extinxit δ ‖ ut : et *Bentley* ‖ precanti : praedi- M^1 ‖ dicitur MVδ : -catur *cett.* [*Roth Preud'homme*] ‖ istam : istam in LPS ista in *Bentley* ‖ micare : -ri Π^1 dimicare GL^2PT ‖ uoluntariam — necem : uoluntaria — nece LPOST,δ ‖ **3** in his : et in his δ.

outrages les plus sanglants. Dans le partage des rôles qui suivit la victoire, Antoine reçut mission de mettre ordre aux affaires d'Orient, Auguste, de ramener les vétérans en Italie et de les établir sur des terres municipales, ce qui lui aliéna aussi bien les vétérans que les propriétaires du sol, car les uns se plaignaient d'être expulsés, les autres, de ne pas être traités comme ils s'y attendaient d'après leurs mérites.

XIV. A ce moment, comme L. Antoine, fort du consulat qu'il exerçait (1) et de la puissance de son frère, fomentait une révolution, Auguste le contraignit à se réfugier dans Pérouse et le réduisit par la famine ; mais ce ne fut pas sans avoir couru de grands dangers soit avant soit pendant cette guerre. Assistant à des jeux publics, il avait fait expulser par son appariteur un simple soldat assis sur l'un des quatorze gradins (réservés aux chevaliers), et ses détracteurs ayant répandu le bruit qu'il l'avait ensuite fait torturer puis mettre à mort, une foule de soldats accoururent, pleins d'indignation, si bien qu'il fut à deux doigts de sa perte ; heureusement pour lui, celui que l'on croyait mort reparut tout à coup bien vivant et ne se plaignant de rien. Une autre fois, sous les murs de Pérouse, tandis qu'il offrait un sacrifice, il faillit être capturé par une troupe de gladiateurs qui avait fait une sortie.

XV. Après avoir pris Pérouse, il ordonna une foule d'exécutions et pour ceux qui cherchaient à implorer leur grâce ou à s'excuser il n'avait qu'une seule réponse : « Il faut mourir. » Certains auteurs disent que parmi les vaincus il en choisit trois cents appartenant aux deux ordres et les sacrifia comme des victimes pour les ides de Mars, devant un autel élevé en l'honneur du divin Jules. Il s'est trouvé des gens pour prétendre qu'il avait pris les armes à la suite d'un accord avec Antoine, pour

(1) En 41 av. J.-C., avec P. Servilius Isauricus.

coram prosciderunt. | [4]Partitis post uictoriam officiis cum Antonius Orientem ordinandum, ipse ueteranos in Italiam reducendos et municipalibus agris collocandos recepisset, neque ueteranorum neque possessorum gratiam tenuit, alteris pelli se, alteris non pro spe meritorum tractari querentibus.

XIV. [1]Quo tempore L. Antonium fiducia consulatus, quem gerebat, ac fraternae potentiae res nouas molientem confugere Perusiam coegit et ad deditionem fame compulit, non tamen sine magnis suis et ante bellum et in bello discriminibus. [2]Nam cum spectaculo ludorum gregarium militem in quattuordecim ordinibus sedentem excitari per apparitorem iussisset, rumore ab obtrectatoribus dilato quasi eundem mox et discruciatum necasset, minimum afuit quin periret concursu et indignatione turbae militaris. Saluti fuit, quod qui desiderabatur repente comparuit incolumis ac sine iniuria. [3]Circa Perusinum autem murum sacrificans paene interceptus est a manu gladiatorum, quae oppido eruperat.

XV. [1]Perusia capta in plurimos animaduertit, orare ueniam uel excusare se conantibus una uoce occurrens « moriendum esse ». [2]Scribunt quidam trecentos ex dediticiis electos utriusque ordinis ad aram Diuo Iulio extructam Idibus Martiis hostiarum more mactatos. [3]Extiterunt qui traderent co*m*pecto eum ad arma isse, ut occulti

4 meritorum : -toue *Bentley*.
XIV, 2 dilato : de- GPST || **3** eruperat : erumpebat ΠQεR.
XV, 2 Martiis : -tis GQε [*cf.* *Caes.*, 80⁸] || **3** compecto *Is. Fr. Gronov* [*sic uel* compacto *Juste-Lipse* conp- *Ihm*] : consulto εP²O² conspecto [-tu Q] *cett.*

démasquer ses ennemis secrets et ceux qui étaient retenus par la crainte plutôt que par leur volonté, en leur fournissant l'occasion de se rallier à L. Antoine, et pour pouvoir, en confisquant leurs biens, après les avoir battus, s'acquitter de ses promesses à l'égard de ses vétérans.

XVI. La guerre de Sicile est une des premières qu'il ait engagées, mais elle traîna en longueur (1), car il l'interrompit plusieurs fois, tantôt pour reconstituer ses flottes qui à deux reprises avaient été détruites par la tempête (2), et cela en plein été, tantôt pour faire la paix sur les instances du peuple, parce que les ravitaillements étaient interrompus et que la famine s'aggravait ; enfin, quand il eut fait construire de nouveaux vaisseaux et affranchi vingt mille esclaves pour avoir des rameurs, il créa près de Baïes le port de Jules, en faisant pénétrer la mer dans les lacs Lucrin et Averne (3). Après y avoir entraîné ses troupes durant tout un hiver, il battit Pompée entre Myles et Nauloque (4) ; vers l'heure du combat, il fut pris tout à coup d'un sommeil si profond, que ses amis durent le réveiller pour qu'il donnât le signal. C'est de cela, je pense, qu'Antoine s'autorise pour lui reprocher « de n'avoir pas même eu le courage de regarder en face une armée rangée en bataille, mais d'être resté, plein de stupeur, couché sur le dos, les yeux au ciel, et d'avoir attendu pour se lever et paraître devant les troupes que M. Agrippa eût mis en fuite les navires ennemis. » D'autres lui font un crime d'une parole et d'un acte, lui reprochant de s'être écrié, quand la tempête eut détruit ses

(1) Pendant sept ans : Sextus Pompée occupa la Sicile en 43 av. J.-C. et fut complètement vaincu en 36.

(2) En 38. Cf. Dion Cass., XLVIII, 45-49. Auguste occupa cette année et le commencement de la suivante à reconstruire sa flotte.

(3) Cf. Virg., *Georg.*, II, 160-163.

(4) La victoire fut remportée par Agrippa, et non par Auguste, qui essuya une grave défaite à Tauromenium.

aduersarii et quos metus magis quam uoluntas contineret, facultate L. Antoni ducis praebita, detegerentur deuictisque is et confiscatis promissa ueteranis praemia soluerentur.

XVI. | [1]Siculum bellum incohauit in primis, sed diu traxit intermissum saepius, modo reparandarum classium causa, quas tempestatibus duplici naufragio et quidem per aestatem amiserat, modo pace facta, flagitante populo ob interclusos commeatus famemque ingrauescentem ; [2]donec nauibus ex integro fabricatis ac uiginti seruorum milibus manumissis et ad remum datis portum Iulium apud Baias inmisso in Lucrinum et Auernum lacum mari effecit. [3]In quo cum hieme tota copias exercuisset, Pompeium inter Mylas et Naulochum superauit, sub horam pugnae tam arto repente somno deuinctus, ut ad dandum signum ab amicis excitaretur. [4]Vnde praebitam Antonio materiam putem exprobrandi : « ne rectis quidem oculis eum aspicere potuisse instructam aciem, uerum supinum, caelum intuentem, stupidum cubuisse nec prius surrexisse ac militibus in conspectum uenisse quam a M. Agrippa fugatae sint hostium naues. » [5]Alii dictum factumque eius criminantur, quasi classibus tempestate perditis

3 is MS^1 : iis VL his [hiis T] *cett. et* S^2 || soluerentur : per- *ed. Rom.* II *et nonnullae edd.* [*Roth*].

XVI, 1 modo reparandarum : modereparen- M^1 || **2** manumissis et : manumississet M || **3** Mylas : milas [-ias P^{1}T]GV,LPOST,ΠQR termopy + milas M milites δ || horam : -ra T || pugnae tam arto : pugnae e tam arto M pugnae etamarte G etiam pugne arto δ || deuinctus : -uictus V,LPOST,ΠQεR || ut — Antonio : *in P in marg. addit.* || **4** Vnde : unde ei PST || stupidum : -pendum V || uenisse : fuisse LP^{1}OS^{1}δ.

flottes, « qu'il remporterait la victoire même en dépit de Neptune », et d'avoir, pour les jeux qui suivirent, exclu de la procession traditionnelle la statue de ce dieu. Il n'est peut-être pas de guerre où il courut de plus nombreux et de plus grands périls. Après avoir fait passer en Sicile une armée, il retournait en Italie chercher le reste de ses troupes, quand il fut assailli à l'improviste par Démochare et Apollophane, lieutenants de Pompée, et c'est à grand'peine qu'il put leur échapper, avec un seul navire. Une autre fois, comme il passait à pied aux environs de Locres, pour aller à Rhégium, apercevant de loin des galères de Pompée qui longeaient la côte et persuadé qu'elles étaient des siennes, il descendit sur le rivage et faillit être pris. Et même, dans cette circonstance, pendant qu'il s'enfuyait par des sentiers détournés, en compagnie de Paul-Emile, un esclave de ce dernier, lui gardant rancune d'avoir proscrit autrefois Paul, le père (de son maître) et jugeant que l'heure de la vengeance était venue, essaya de le tuer. Après la fuite de Pompée, voyant son second collègue, M. Lépide, qu'il avait appelé d'Afrique à son secours, tout fier d'avoir derrière lui vingt légions, revendiquer le premier rôle, en cherchant à le terrifier par ses menaces, il le dépouilla de son armée, puis, devant ses supplications, lui laissa la vie, mais le relégua pour toujours à Circéies (1).

XVII. Son alliance avec M. Antoine avait toujours été très chancelante et leurs réconciliations successives n'étaient que de mauvais raccommodements ; il la rompit enfin et, pour mieux démontrer qu'Antoine avait dérogé à sa dignité de citoyen, il prit soin de faire décacheter et lire devant l'assemblée le testament, laissé par lui à Rome, dans lequel il désignait parmi ses héritiers même les enfants qu'il avait eus de Cléopâtre. Cependant,

(1) Ville du Latium, située près du promontoire de ce nom.

exclamauerit « etiam inuito Neptuno uictoriam se adepturum », ac die circensium proximo sollemni pompae simulacrum dei detraxerit. [6]Nec temere plura ac maiora pericula ullo alio bello adiit. Traiecto in Siciliam exercitu, cum partem reliquam copiarum continenti repeteret, oppressus ex inprouiso a Demochare et Apollophane praefectis Pompei uno demum nauigio aegerrime effugit. [7]Iterum cum praeter Locros Regium pedibus iret et prospectis biremibus Pompeianis terram legentibus suas ratus descendisset ad litus, paene exceptus est. [8]Tunc etiam per deuios tramites refugientem seruus Aemili Pauli comitis eius, dolens proscriptum olim ab eo patrem Paulum et quasi occasione ultionis oblata, interficere conatus est. | [9]Post Pompei fugam collegarum alterum M. Lepidum, quem ex Africa in auxilium euocarat, superbientem uiginti legionum fiducia summasque sibi partes terrore et minis uindicantem spoliauit exercitu supplicemque concessa uita Cerceios in perpetuum relegauit.

XVII. | [1]M. Antonii societatem semper dubiam et incertam reconciliationibusque uariis male focilatam abrupit tandem, et quo magis degenerasse eum a ciuili more approbaret, testamentum, quod is Romae etiam de Cleopatra liberis inter heredes nuncupatis reliquerat,

5 dei : dein MG die V [dei *in* R *suprascr.*] || **6** continenti : ⟨ e ⟩ contin- *Polak* || **8** dolens : -lentis *Polak* [*et tum del.* Paulum] || **9** supplicemque : supplicem Qε || Cerceios : -cios V cerocios L[1] Circeios *edd.* [*cf. Tib.*, 72[8]].

XVII, 1 quod : quo V || etiam GΠRδ : etiam et *cett.* || de Cleopatra MV, ΠQεRρ,δ : de cleopatrae [ae *per compend.* de *om.* P] G, LPOST de Cleopatra et de Cleopatrae *Casaubon* Cleopatra eiusque *Modderman* e Cleopatra *propon. Ihm.*

après l'avoir fait déclarer ennemi public, il lui renvoya tous ses parents et ses amis, entre autres C. Sosius et T. Domitius, encore consuls à ce moment. De même, il dispensa officiellement les habitants de Bologne, qui étaient depuis des siècles les clients des Antoines, de se ranger sous ses propres drapeaux, comme tout le reste de l'Italie. Peu de temps après, il battit Antoine sur mer, près d'Actium (1), et la lutte se prolongea si tard, qu'il dut, après sa victoire, passer la nuit sur son navire. D'Actium il se rendit à Samos pour y prendre ses quartiers d'hiver, mais, troublé par la nouvelle que les troupes de toute provenance (2) qu'il avait, après sa victoire, fait partir avant lui pour Brindes, se soulevaient en réclamant leur congé et des récompenses, il revint en Italie ; durant la traversée, il essuya deux tempêtes, — l'une, entre les promontoires du Péloponèse et de l'Etolie, l'autre, à la hauteur des monts Cérauniens (3) —, qui firent chacune sombrer une partie de ses galères (4), tout en arrachant les agrès et brisant le gouvernail de celle qui le portait. Il ne resta que vingt-sept jours à Brindes, le temps de tout arranger suivant les demandes des soldats, puis se rendit en Égypte en suivant la côte d'Asie et de Syrie, mit le siège devant Alexandrie (5), où Antoine s'était réfugié avec Cléopâtre, et s'en empara bientôt. Antoine fit une suprême tentative de paix, mais Auguste le contraignit à se tuer et vit son cadavre. Quant à Cléopâtre, il désirait si vivement la réserver à son triomphe, qu'il fit même venir

(1) En 31 av. J.-C.

(2) Elles comprenaient des soldats de sa propre armée et des soldats d'Antoine qui s'étaient ralliés à sa cause.

(3) Chaîne de hautes montagnes qui séparaient l'Épire de l'Illyrie.

(4) Les *liburnicae*, navires légers et très rapides, devaient leur nom aux Liburnes, peuplade d'Illyrie.

(5) Là, Antoine fut d'abord vainqueur dans un combat équestre, puis il fut battu par l'infanterie d'Octave et se résolut à mourir : 1 Plutarque, *Antoine*, 74 sqq.

aperiundum recitandumque pro contione curauit. [2]Remisit tamen hosti iudicato necessitudines amicosque omnes atque inter alios C. Sosium et T. Domitium tunc adhuc consules. [3]Bononiensibus quoque publice, quod in Antoniorum clientela antiquitus erant, gratiam fecit coniurandi cum tota Italia pro partibus suis. [4]Nec multo post nauali proelio apud Actium uicit in serum dimicatione protracta, ut in naue uictor pernoctauerit. [5]Ab Actio cum Samum in hiberna se recepisset, turbatus nuntiis de seditione praemia et missionem poscentium, quos ex omni numero confecta uictoria Brundisium praemiserat, repetit *It*alia*m* tempestate in traiectu bis conflictatus, primo inter promunturia Peloponensi atque Aetoliae, rursus circa montes Ceraunios utrubique parte liburnicarum demersa, simul eius, in qua uehebatur, fusis armamentis et gubernaculo diffracto; [6]nec amplius quam septem et uiginti dies, donec ad desideria militum *omnia* ordinarentur, Brundisii commoratus, Asiae Syriaeque circuitu Aegyptum petit obsessaque Alexandrea, quo Antonius cum Cleopatra confugerat, breui potitus est. [7]Et Antonium quidem seras condiciones pacis temptantem ad mortem adegit uiditque mortuum. [8]Cleopatrae, quam seruatam

2 iudicato L^{2} *dett.* : indi- *cett.* ‖ necessitudines : -is MLPOS^{1}δ ‖ T. Domitium : Cn. Domitium *oportuit, ut scrib. Torrentius* [*fuit filius L. Domitii de quo agitur Caes.*, 23^{1}-24^{1}-34^{2} *cf. Ner.*, 2^{3}] ‖ 4 naue : -ui GT ‖ 5 repetit Italiam *dett.* : repetita Italia ρ [*Scheffer*] repetit alia *cett.* ‖ Peloponensi : -penensi M -ponense G [-ponnense nn *per compend.* G^{3}] ‖ utrubique M^{1}: utro *cett.* ‖ liburnicarum : lu- M ‖ 6 donec ad desideria M : donec et desid- GV, LPOST,δ donec desid- ΠQεR donec ea desid- *Oudendorp* donec*** ac desid- *Modderman* ‖ ⟨ omnia ⟩ : *hoc uerbum post* militum *excidisse recte, ut nobis uidet., putat Ihm* ‖ petit : -iit V.

des psylles (1) pour sucer le venin de sa plaie, car on croyait qu'elle s'était tuée en se faisant mordre par un aspic (2). A tous deux il accorda l'honneur d'une sépulture commune et fit achever le tombeau qu'ils avaient eux-mêmes commencé. Le jeune Antoine, l'aîné des deux enfants de Fulvie, s'étant, après bien des supplications vaines, réfugié au pied de la statue du divin Jules, Auguste l'en fit arracher et mettre à mort. Césarion, le fils que Cléopâtre se vantait d'avoir eu de César, fut, lui aussi, arrêté dans sa fuite, et livré au supplice. Quant aux enfants d'Antoine et de la reine, il les traita comme s'ils eussent été ses proches : non seulement il leur laissa la vie, mais, par la suite, les soutint et les aida, chacun suivant sa situation.

XVIII. A la même époque, s'étant fait montrer le sarcophage et le corps d'Alexandre le Grand, que l'on retira de son tombeau, il lui rendit hommage en plaçant sur sa tête une couronne d'or et en le jonchant de fleurs, mais, comme on lui demandait s'il désirait visiter également les tombes des Ptolémées, il dit « qu'il avait voulu voir un roi et non des morts. » Il réduisit l'Égypte en province *, puis, afin de la rendre plus fertile et plus apte au ravitaillement de Rome, il fit curer par la main d'œuvre militaire tous les canaux dans lesquels déborde le Nil, qui s'étaient au cours des siècles engorgés de limon. Pour mieux perpétuer le souvenir de sa victoire d'Actium, il fonda près de cette ville celle de Nicopolis (3), où furent institués des jeux quinquennaux, agrandit l'ancien temple

(1) Peuplade africaine qui habitait au Sud-Ouest de la Grande Syrte et passait pour posséder le pouvoir de charmer les serpents ou de guérir leurs morsures. Voir Pline, *H. N.*, VII, 14.

(2) Personne n'était en mesure d'affirmer positivement la chose, car les seuls témoins de la scène, deux servantes, se donnèrent aussitôt la mort. Peut-être Cléopâtre s'était-elle piqué le bras avec une aiguille empoisonnée. Voir Plutarque, *Antoine*, 86, Dion Cass., LI, 14 et Vell. Paterc., II, 87.

(3) La ville de la Victoire.

triumpho magnopere cupiebat, etiam psyllos admouit, qui uenenum ac uirus exugerent, quod perisse morsu aspidis putabatur. [9]Ambobus communem sepulturae honorem tribuit ac tumulum ab ipsis incohatum perfici iussit. [10] Antonium iuuenem, maiorem de duobus Fuluia genitis, simulacro Diui Iuli, ad quod post multas et irritas preces confugerat, abreptum interemit. [11]Item Caesarionem, quem ex Caesare patre Cleopatra concepisse praedicabat, retractum e fuga supplicio adfecit. [12]Reliquos Antonii reginaeque communes liberos non secus ac necessitudine iunctos sibi et conseruauit et mox pro condicione cuiusque sustinuit ac fouit.

XVIII. [1]Per idem tempus conditorium et corpus Magni Alexandri, cum prolatum e penetrali subiecisset oculis, corona aurea imposita ac floribus aspersis ueneratus est consultusque, num et Ptolemaeum inspicere uellet, «regem se uoluisse» ait «uidere, non mortuos.» [2]Aegyptum in prouinciae formam redactam ut feraciorem habilioremque annonae urbicae redderet, fossas omnis, in quas Nilus exaestuat, oblimatas longa uetustate militari opere detersit. [3]Quoque Actiacae uictoriae memoria celebratior et in posterum esset, urbem Nicopolim apud Actium condidit ludosque illic quinquennales constituit et ampliato uetere Apollinis templo

8 admouit : — nuit $G^1P^1R^1$ || **10** de ΠQεR,STP^2 : *om.* $MGVLP^1$ || abreptum GR : arr- *cett.* || **11** Caesare patre : caesare partae [ae *per compend.*] V Caesare ΠQεR.

XVIII, 1 tempus : -pes M || subiecisset : -issent *Modderman* || aspersis HL^2 : -sus MV,LPOST,δ -persû [-perû Q -peru $Π^1$] G,ΠQεR asperis N || Ptolemaeum : -aeeum *Bernegger Bentley* || **3** Apollinis : appollo-M^1 appolli-M^2 [*sic saepe*].

d'Apollon, et, après avoir orné de dépouilles navales le lieu où il avait campé, en fit consécration à Neptune et à Mars.

XIX. Par la suite, un assez grand nombre de soulèvements, de tentatives révolutionnaires et de conjurations, découverts par sa police, avant qu'ils prissent de l'importance, furent étouffés par lui, à des époques diverses : d'abord le complot du jeune Lépide (1), puis ceux de Varron Murena et de Fannius Cépion, plus tard celui de M. Egnatius, de Plautius Rufus et de Lucius Paulus, le mari de sa petite-fille (2), puis encore celui de L. Audasius, un faussaire déjà vieux et cassé, celui d'Asinius Epicadus, un homme de race mêlée qui avait du sang illyrien (3), enfin celui de Télèphe, esclave nomenclateur d'une femme * ; car il ne fut pas à l'abri des conspirations et des attaques des gens même les plus infimes. Audasius et Epicadus avaient résolu de faire évader sa fille Julie et son petit-fils Agrippa des îles où ils étaient détenus * et de les conduire auprès des armées ; Télèphe, persuadé que les destins lui réservaient la souveraineté, avait projeté un attentat non seulement contre lui mais aussi contre le sénat. Bien plus, un valet de l'armée d'Illyrie, qui avait trompé la vigilance des portiers, fut surpris certaine nuit près de sa chambre à coucher, un couteau de chasse à la ceinture : on ne put savoir s'il était aliéné ou s'il feignait de l'être, car la torture ne lui arracha aucun aveu.

XX. En fait de guerres étrangères, il n'en dirigea

(1) Le fils du triumvir.

(2) La fille d'Agrippa et de Julie, qui portait le même nom que sa mère. Cf. chap. 64[1-2].

(3) Les *Parthini* étaient une peuplade illyrienne, qui avait été vaincue en 39 avant J.-C. par Asinius Pollion (Voir Dion Cass., XLVIII, 41). Cet Asinius Epicadus semble avoir été le fils d'un captif affranchi par ce général et d'une femme de race italienne : de là l'emploi du mot *ibridae*.

locum castrorum, quibus fuerat usus, exornatum naualibus spoliis Neptuno ac Marti consecrauit.

XIX. | [1]Tumultus posthac et rerum nouarum initia coniurationesque complures, prius quam inualescerent indicio detectas, compressit alias alio tempore : Lepidi iuuenis, deinde Varronis Murenae et Fanni Caepionis, mox M. *Eg*nati, exin Plauti Rufi Lucique Pauli progeneri sui, ac praeter has L. Audasi falsarum tabularum rei ac neque aetate neque corpore integri, item Asini Epicadi ex gente Parthina ibridae, ad extremum Telephi, mulieris serui nomenculatoris. [2]Nam ne ultimae quidem sortis hominum conspiratione et periculo caruit. [3]Audasius atque Epicadus Iuliam filiam et Agrippam nepotem ex insulis, quibus continebantur, rapere ad exercitus, Telephus quasi debita sibi fato dominatione et ipsum et senatum adgredi destinarant. [4]Quin etiam quondam iuxta cubiculum eius lixa quidam ex Illyrico exercitu, ianitoribus deceptis, noctu deprehensus est cultro uenatorio cinctus, imposne mentis an simulata dementia incertum ; nihil enim exprimi quaestione potuit.

XX. | [1]Externa bella duo omnino per se gessit,

XIX, 1 posthac : posthaec [ae *per compend.*] G,LPOST,δ || prius quam inualescerent : prius inualescentem V || alias VLP^1 : italias M et alias G,ΠQεR, STP^2O at alias δ || Egnati [-tii] *dett.* [*ed. Bonon.* 1488] : genaiti M gena V genati *cett.* || exin : -im δ || ac praeter : praeter V || corpore : -ri M^1 -ris M^2 -rum δ || integri item Asini [-nii G] GL^2 *dett* : integrite masini M^1 integritate masini M^2 integritate strenui masini δ integri temasini [them-Π] *cett.* || Parthina : -thyna M -thica V,LPOST || ibridae : ybr- [hybr-P hibr-ΠR] *om. codd.* || **3** Epicadus : -ius V,LPOST || ad exercitus : adorti V ad extremum ΠQεR,P^2OT || destinarant : -rat V || **4** imposne : inopsne L^2 *dett.*

personnellement que deux : celle de Dalmatie, quand il était encore tout jeune, et celle des Cantabres, après la défaite d'Antoine. Pendant la guerre de Dalmatie, il reçut même des blessures : dans un combat, il fut atteint par une pierre au genou droit, dans un autre, par suite de l'écroulement d'un pont, il fut blessé à la fois à la jambe et aux deux bras. Quant aux autres guerres, elles furent menées par ses lieutenants, mais toutefois, durant certaines campagnes en Pannonie et en Germanie, il intervint en personne ou se tint à une faible distance, s'éloignant de Rome jusqu'à Ravenne, Milan ou Aquilée.

XXI. Il soumit, soit par lui-même soit par ses lieutenants, le pays des Cantabres, l'Aquitaine, la Pannonie, la Dalmatie avec tout l'Illyricum, ainsi que la Rhétie, les Vindéliciens et les Salasses, peuplades des Alpes. Il mit fin également aux incursions des Daces, en massacrant trois de leurs chefs et un grand nombre de leurs soldats ; il rejeta les Germains au-delà du cours de l'Elbe, à l'exception des Suèbes et des Sigambres, qui firent leur soumission et qu'il transporta en Gaule pour les établir sur des terres voisines du Rhin. Il réduisit de même à l'obéissance d'autres peuples encore mal soumis. D'ailleurs, il ne fit jamais la guerre à aucune nation sans raison légitime et sans nécessité, car il était si loin de vouloir à tout prix étendre l'empire ou sa gloire militaire, qu'il obligea les notables de certains peuples barbares à jurer dans le temple de Mars Vengeur de respecter leurs engagements ainsi que la paix demandée par eux, et que, d'autre part, essayant d'une méthode nouvelle, il se fit livrer comme otages par quelques-uns d'entre eux des femmes et non plus des hommes, parce qu'il voyait que ceux-ci étaient à leurs yeux un gage négligeable ; pourtant, il leur accorda toujours à tous le droit de reprendre leurs otages, autant de fois qu'ils le voulaient ; et quand ils recommençaient la guerre trop

Delmaticum adulescens adhuc et Antonio deuicto Cantabricum. [2]Delmatico etiam uulnera excepit, una acie dextrum genu lapide ictus, altera et crus et utrumque brachium ruina pontis consauciatus. [3]Reliqua per legatos administrauit, ut tamen quibusdam Pannonicis atque Germanicis aut interueniret aut non longe abesset, Rauennam uel Mediolan*i*um uel Aquileiam usque ab urbe progrediens.

XXI. [1]Domuit autem partim ductu partim auspiciis suis Cantabriam, Aquitaniam, Pannoniam, Delmatiam cum Illyrico omni, item Raetiam et Vindelicos ac Salassos, gentes Inalpinas. [2]Coercuit et Dacorum incursiones tribus eorum ducibus cum magna copia caesis, Germanosque ultra Albim fluuium summouit, ex quibus S*u*ebos et Sigambros dedentis se traduxit in Galliam atque in proximis Rheno agris conlocauit. [3]Alias item nationes male quietas ad obsequium redegit. [4]Nec ulli genti sine iustis et necessariis causis bellum intulit tantumque afuit a cupiditate quoquo modo imperium uel bellicam gloriam augendi, ut quorundam barbarorum principes in aede Martis Vltoris iurare coegerit mansuros se in fide ac pace quam peterent, a quibusdam uero nouum genus obsidum, feminas, exigere temptauerit, quod neglegere marum pignera sentiebat ; et tamen potestatem semper omnibus fecit, quotiens uellent obsides

XX, 3 Mediolanium *Roth* : -neum MVO -num *cett.* ‖ ab urbe : ad urbem MT *del. Preud'homme.*

XXI, 1 Inalpinas : cis- P alp- ΠQεR ‖ **2** Albim ΠQ : abim MGδ abin VL albini RPS [*in* P *in ras.*] albinum T ‖ Suebos : seubos M sueuo V sueuos *cett.* Vbios *Pithou* ‖ Sigambros MVLε : sic- GΠRPST sac-Q ‖ **4** augendi : -ti M ‖ marum : -ium GLSQ ‖ pignera : -ora LPOST,ΠQR.

fréquemment ou contre la foi jurée, il n'alla jamais plus loin dans ses représailles que de faire vendre les prisonniers, en ordonnant qu'ils fussent esclaves dans un pays éloigné du leur et qu'on ne les affranchît pas avant trente ans. Aussi la renommée de sa vertu et de sa modération engagea-t-elle même les Indiens et les Scythes, dont on ne connaissait que le nom, à lui envoyer spontanément des ambassadeurs pour solliciter son amitié et celle du peuple romain. De leur côté, les Parthes, non seulement lui cédèrent sans difficulté l'Arménie, qu'il revendiquait, mais lui rendirent sur sa demande les enseignes qu'ils avaient enlevées à M. Crassus et à M. Antoine (1), en lui offrant par surcroît des otages, et enfin, dans une occasion où plusieurs d'entre eux se disputaient le trône, ils ne reconnurent que le souverain de son choix.

XXII. Le temple de Janus Quirinus, qui n'avait été fermé que deux fois avant lui depuis la fondation de Rome *, le fut trois fois sous son principat *, dans un espace de temps beaucoup moins long, la paix se trouvant établie sur terre et sur mer. Il entra deux fois dans Rome avec les honneurs de l'ovation, d'abord après la guerre de Philippes, et de nouveau après la guerre de Sicile. Il célébra trois triomphes curules *, ceux de Dalmatie, d'Actium et d'Alexandrie, tous en trois jours de suite.

XXIII. Il n'essuya que deux défaites graves et ignominieuses et seulement en Germanie : celle de Lollius * et celle de Varus * ; mais la première causa plus de honte que de pertes, tandis que la seconde faillit nous être fatale, car trois légions y furent massacrées avec leur général, ses lieutenants, et toutes les troupes auxiliaires. A cette nouvelle, Auguste fit placer des sentinelles dans

(1) A la bataille de Carrhes (53 av. J.-C.), à la suite de laquelle Crassus fut assassiné par les Parthes, et plus tard, en 35 av. J.-C., lorsqu'Antoine prit la direction de la guerre parthique : cf. chap. 13[4] et *Tib.*, 9[1].

recipiendi. [5]Neque aut crebrius aut perfidiosius rebellantis grauiore umquam ultus est poena, quam ut captiuos sub lege uenundaret, ne in uicina regione seruirent neue intra tricensimum annum liberarentur. [6]Qua uirtutis moderationisque fama Indos etiam ac Scythas auditu modo cognitos pellexit ad amicitiam suam populique Rom. ultro per legatos petendam. [7]Parthi quoque et Armeniam uindicanti facile cesserunt et signa militaria, quae M. Crasso et M. Antonio ademerant, reposcenti reddiderunt obsidesque insuper optulerunt, denique pluribus quondam de regno concertantibus, non nisi ab ipso electum probauerunt.

XXII. | [1]Ianum Quirinum semel atque iterum a condita urbe ante memoriam suam clausum in multo breuiore temporis spatio terra marique pace parta ter clusit. [2]Bis ouans ingressus est urbem, post Philippense et rursus post Siculum bellum. Curulis triumphos tris egit, Delmaticum, Actiacum, Alexandrinum, continuo triduo omnes.

XXIII. | [1]Graues ignominias cladesque duas omnino nec alibi quam in Germania accepit, Lollianam et Varianam, sed Lollianam maioris infamiae quam detrimenti, Varianam paene exitiabilem tribus legionibus cum duce legatisque et auxiliis omnibus caesis. [2]Hac nuntiata excubias per urbem indixit, ne quis tumultus

5 ultus : multatus ΠQεR ‖ tricensimum : uicesi- *Casaubon* [*ex* Cassio Dione, LIII, 25.4] ‖ **7** ademerant : -runt LPOS ‖ ipso : eo LPOST.

XXII, 1 a condita STL^{3}P^2,ΠQεR, δ : *om. cett.* ‖ clusit : clau- ΠRP^{2}ST [*cf. Mon. Ancyr.*, II, 42 *sqq.*].

XXIII, 1 quam — sed : quam *et tum* Lollianam *usque* sed *om.* V sed *om.* Π^{1}Q.

toute la ville, afin de prévenir tout désordre, et prolongea le commandement des gouverneurs de province, jugeant l'expérience et la pratique nécessaires pour contenir les alliés. Il promit aussi à Jupiter Très Grand et Très Bon des jeux solennels, si les affaires de l'État prenaient un meilleur tour, ce que l'on avait fait pour les guerres des Cimbres et des Marses. Enfin, il se montra, dit-on, si consterné, que, laissant pousser sa barbe et ses cheveux pendant plusieurs mois, de temps à autre il se frappait la tête contre sa porte en hurlant : « Quintilius Varus, rends-moi mes légions ! » et que l'anniversaire de ce désastre fut désormais pour lui un jour de tristesse et de deuil.

XXIV. Dans le domaine militaire, il introduisit une foule de réformes ou d'innovations et même, sur quelques points, rétablit les usages d'autrefois. Il maintint rigoureusement la discipline. Ses lieutenants eux-mêmes n'obtinrent jamais qu'à grand'peine et seulement pendant les mois d'hiver la permission d'aller revoir leurs femmes. Un chevalier romain ayant coupé les pouces de ses deux jeunes fils pour les dérober au service, il le fit vendre aux enchères avec tous ses biens, mais, voyant que les fermiers publics se disposaient à l'acheter (1), il le fit adjuger à l'un de ses affranchis, en lui ordonnant de le reléguer à la campagne, mais de le laisser vivre en homme libre. La Xme légion obéissant avec un air de révolte, il la licencia tout entière avec ignominie (2), et de même, comme d'autres réclamaient leur congé avec une insistance excessive, il les libéra sans leur donner les récompenses dues à leurs services. Quand des cohortes avaient lâché pied, il les fit décimer et nourrir avec de l'orge. Lorsque des centurions désertaient leur poste, il les punit de mort, comme de simples soldats, et, pour les autres

(1) Les publicains appartenaient à l'ordre équestre : par esprit de corps, ils voulaient acheter ce chevalier pour le libérer aussitôt.

(2) Suivant l'exemple donné par César : cf. *Caes.*, 69².

existeret, et praesidibus prouinciarum propagauit imperium, ut a peritis et assuetis socii continerentur. [3]Vouit et magnos ludos Ioui Optimo Maximo, si res p. in meliorem statum uertisset : quod factum Cimbrico Marsicoque bello erat. [4]Adeo denique consternatum ferunt, ut per continuos menses barba capilloque summisso caput interdum foribus illideret uociferans « Quintili Vare, legiones redde ! » diemque cladis quotannis maestum habuerit ac lugubrem.

XXIV. | [1]In re militari et commutauit multa et instituit atque etiam ad antiquum morem nonnulla reuocauit. [2]Disciplinam seuerissime rexit. Ne legatorum quidem cuiquam, nisi grauate hibernisque demum mensibus, permisit uxorem interuisere. [3]Equitem R., quod duobus filiis adulescentibus causa detrectandi sacramenti pollices amputasset, ipsum bonaque subiecit hastae ; quem tamen, quod inminere emptioni publicanos uidebat, liberto suo addixit, ut relegatum in agros pro libero esse sineret. [4]Decimam legionem contumacius parentem cum ignominia totam dimisit, item alias immodeste missionem postulantes citra commoda emeritorum praemiorum exauctorauit. Cohortes, si quae cessissent loco, decimatas hordeo pauit. [5]Centuriones statione deserta, itidem ut manipulares, capitali animaduersione puniit, pro cetero delictorum genere

2 propagauit : proro- *dett.* ‖ **3** res p. : rem p. ΠQεR r. p. T.
XXIV, 2 quidem : *om.* M^1 ‖ demum mensibus : domum mens- M mensibus domum δ ‖ **3** inminere : -ire M^1-nuire M^3 imminere [*uel* ĩmi-] *cett.* ‖ emptioni : -ne MVLPS¹ ‖ **4** cum ignominia OSTL³ P³,ΠQεR,N [*cf. Cal.*, 44¹] : ignom- *cett.* ‖ emeritorum praemiorum : emeritorum Q [*Torrentius*] ‖ **5** delictorum : *om.* ΠQεR.

fautes, il leur infligea diverses peines infamantes, les condamnant par exemple à rester debout toute une journée devant la tente du général, parfois vêtus d'une simple tunique, sans ceinturon, parfois tenant à la main une perche de dix pieds ou même une motte de gazon.

XXV. Jamais après les guerres civiles, soit dans une harangue, soit dans une proclamation, il ne traitait ses hommes de « compagnons d'armes (1) », mais toujours de « soldats », et il ne permit pas même à ses fils ni à ses beaux-fils, quand ils avaient le commandement, de les appeler d'un autre nom, car il estimait que la première formule, trop flatteuse, était incompatible soit avec les exigences de la discipline militaire, soit avec le règne de l'ordre, soit avec la majesté de sa personne ou de sa famille. Si l'on excepte les cas d'incendie à Rome et ceux où la cherté du blé faisait craindre des troubles, il n'enrôla que deux fois des affranchis comme soldats : la première, pour protéger les colonies voisines de l'Illyricum, la seconde, pour garder la rive (gauche) du Rhin ; c'étaient des esclaves que durent fournir des personnes riches des deux sexes, mais il les fit affranchir sur-le-champ et les plaça en première ligne, sans les mêler aux soldats de naissance libre ni leur donner les mêmes armes. En fait de récompenses militaires, Auguste décernait beaucoup plus facilement les décorations (2), les colliers et tous les autres insignes d'or ou d'argent, que les couronnes obsidionales et murales, dont la valeur était purement honorifique. Ces dernières, il les accordait on ne peut plus rarement, sans rechercher la popularité, et souvent même à de simples soldats. Il fit présent à M. Agrippa d'un drapeau azuré, après sa victoire navale en Sicile *. Les généraux honorés du triomphe, l'eussent-ils accompagné dans ses expéditions et contribué

(1) Ce qui était l'habitude de César : cf. *Caes.*, 67[a].
(2) Les *phalerae* étaient des rondelles affectant la forme d'un

uariis ignominis adfecit, ut stare per totum diem iuberet ante praetorium, interdum tunicatos discinctosque, nonnumquam cum decempedis, uel etiam caespitem portantes.

XXV. [1]Neque post bella ciuilia aut in contione aut per edictum ullos militum commilitones appellabat, sed milites, ac ne a filiis quidem aut priuignis suis imperio praeditis aliter appellari passus est, ambitiosius id existimans, quam aut ratio militaris aut temporum quies aut sua domusque suae maiestas postularet. [2]Libertino milite, praeterquam Romae incendiorum causa et si tumultus in grauiore annona metueretur, bis usus est : semel ad praesidium coloniarum Illyricum contingentium, iterum ad tutelam ripae Rheni fluminis ; eosque, seruos adhuc uiris feminisque pecuniosioribus indictos ac sine mora manumissos, sub priore uexillo habuit, neque aut commixtos cum ingenuis aut eodem modo armatos. | [3]Dona militaria aliquanto facilius phaleras et torques, quicquid auro argentoque constaret, quam uallares ac murales coronas, quae honore praecellerent, dabat ; has quam parcissime et sine ambitione ac saepe etiam caligatis tribuit. [4]M. Agrippam in Sicilia post naualem uictoriam caeruleo uexillo donauit. Solos triumphales, quamquam et socios expeditionum et participes uicto-

XXV, 1 appellabat ΠRP^{2}ST : -lat MGVLP^{1}Qδ -lauit *Saumaise* ‖ aliter : alter M^1 *om.*Π^{1}Q ‖ **2** bis : urbis MGVLP^{1}T ‖ usus est : usus ε ‖ priore : proprio *Torrentius* primore *Casaubon* priuo *Burmann Mommsen* peiore *O. Hirschfeld* ‖ **3** et torques : torques et *dett.* [*edd. Rom.*] ‖ **4** Sicilia T *dett.* : cici-Q cilicia [-tia S] GΠRN ciliciam MVLP.

à ses victoires, furent les seuls auxquels il crut ne jamais devoir accorder ces récompenses, parce qu'eux-mêmes aussi avaient eu le droit de les décerner à leur guise (1). Par ailleurs, d'après lui, rien ne convenait moins au général parfait que la hâte et la témérité. Aussi répétait-il fréquemment ces maximes : « Hâte-toi lentement (2). — Chez un chef, prudence vaut mieux que hardiesse (3) », et encore : « On fait toujours assez vite ce que l'on fait assez bien. » Il déclarait qu'il ne fallait absolument pas engager une bataille ni une guerre, si le profit qu'on pouvait en attendre ne l'emportait pas visiblement sur les pertes que l'on avait à craindre ; il comparait ceux qui hasardaient beaucoup pour gagner très peu à des pêcheurs se servant d'un hameçon d'or, dont la perte, si la ligne se rompait, ne pouvait être compensée par aucune prise.

XXVI. Il est des magistratures et des charges qu'il prit avant le temps légal (4), il en est que l'on créa pour lui ou qui lui furent attribuées à perpétuité. Il s'empara du consulat durant sa vingtième année (5), en faisant marcher contre Rome ses légions menaçantes, et en envoyant des soldats le réclamer pour lui au nom de l'armée ; comme le sénat balançait, le centurion Cornelius, chef de la délégation, rejeta en arrière son manteau et, montrant la poignée de son glaive, n'hésita pas à dire en pleine curie : « Si vous ne le faites pas consul, celui-ci s'en chargera. » Il exerça un second consulat neuf ans plus tard (6), un troi-

plateau légèrement creusé, comme une coupe, avec un bouton saillant au milieu. Elles étaient décernées, comme nos décorations, pour faits de guerre, mais seulement, semble-t-il, aux simples soldats, aux sous-officiers, *principales*, et aux centurions.

(1) Tibère, lui aussi, affecta de laisser aux généraux le droit de décerner eux-mêmes les récompenses militaires : voir *Tib.*, 32 [1].

(2) Cf. Aulu-Gelle, *N. A.*, X, 11.

(3) Paroles de Polynice, dans Euripide, *Phénic.*, 612.

(4) Cf. chap. 10[3] et [5].

(5) En 43 av. J.-C.

(6) En 33, c'est-à-dire neuf ans après la fin du premier.

riarum suarum, numquam donis impertiendos putauit, quod ipsi quoque ius habuissent tribuendi ea quibus uellent. [5]Nihil autem minus [in] perfecto duci quam festinationem temeritatemque conuenire arbitrabatur. Crebro itaque illa iactabat : Σπεῦδε βραδέως !

Ἀσφαλὴς γάρ ἐστ' ἀμείνων ἢ θρασὺς στρατηλάτης

et : « Sat celeriter fieri quidquid fiat satis bene. » [6]Proelium quidem aut bellum suscipiendum omnino negabat, nisi cum maior emolumenti spes quam damni metus ostenderetur. Nam minima commoda non minimo sectantis discrimine similes aiebat esse aureo hamo piscantibus, cuius abrupti damnum nulla captura pensari posset.

XXVI. | [1]Magistratus atque honores et ante tempus et quosdam noui generis perpetuosque cepit. [2]Consulatum uicesimo aetatis anno inuasit, admotis hostiliter ad urbem legionibus missisque qui sibi nomine exercitus deposcerent ; cum quidem cunctante senatu Cornelius centurio, princeps legationis, reiecto sagulo ostendens gladii capulum, non dubitasset in curia dicere : « Hic faciet, si uos non feceritis. » [3]Secundum consulatum post nouem annos, tertium anno interiecto gessit,

5 [in] perfecto duci *Bentley* [*Roth Ihm*] [cf. Epit., 1.11 neque imperatori bono quidquam minus quam temeritatem congruere] : inperfecto [imp- PS¹]duci MGV¹ LPS in perfecto duce ΠQεRV²TN [*Preud'homme*] ‖ conuenire : uenire ΠQεR ‖ βραδέως *edd. Rom.* II : ΒΓΑ- *om. codd.* ‖ ἀσφαλὴς—στρατηλάτης : Eurip., *Phoen.*, 599 ‖ ἀσφαλὴς : ΑCΦΑΑΗC M ΑΦΑΑΕ.C V ‖ γάρ S : ΤΑΡ[ΤΑΑΡ V] ‖ ἀμείνων ἢ : Α. ΜΕΙΝΩΝΤΑ. V ‖ θρασύς : ΟΡΑCΥC MV — CIC G [O *pro* θ *in omnibus*] ‖ στρατηλάτης V : CΥΡΑΤΗΛΑΤΗC *om. cett.* ‖ **6** maior : -re M¹V¹Q¹ε¹ ‖ emolumenti : -tio M ‖ aureo hamo : ha-aur- G Epit., 1.12 ‖ posset : -sit N.

XXVI, 1 et ante : sed ante MG,ΠQεR.

sième, après un intervalle d'un an, et les autres sans interruption, jusqu'au onzième inclusivement ; ensuite, après en avoir refusé beaucoup qu'on lui offrait, il en demanda lui-même un douzième, après un long intervalle, — exactement dix-sept ans plus tard —, puis de nouveau un treizième, deux ans après, car il voulut être en possession de la magistrature suprême pour présenter au forum ses fils Caius et Lucius, lorsqu'ils firent leurs débuts, chacun à son tour. Cinq de ses consulats, — depuis le sixième jusqu'au dixième inclus —, durèrent toute l'année, les autres, neuf, six, quatre ou trois mois, et le second, quelques heures seulement. (Cette année-là), en effet, il siégea un moment sur la chaise curule devant le temple de Jupiter Capitolin, le matin des calendes de janvier, puis il se démit de sa charge, après s'être donné un remplaçant. Ce n'est pas toujours à Rome qu'il entra en charge : son quatrième consulat fut inauguré en Asie, le cinquième, dans l'île de Samos, le huitième et le neuvième, à Tarragone.

XXVII. Il fit partie, pendant dix ans, du triumvirat institué pour réorganiser la république ; dans cette charge, assez longtemps il empêcha ses collègues d'ouvrir les proscriptions, mais, quand elles furent commencées, il se montra plus impitoyable que les deux autres. Souvent ceux-ci, en effet, vu la qualité des personnes, auraient cédé aux recommandations et aux prières, mais lui seul tint obstinément à ce que nul ne fût épargné, et il proscrivit même C. Toranius, son tuteur, qui de plus avait été le collègue de son père Octavius comme édile. Julius Saturninus (1) rapporte en outre qu'après la clôture des proscriptions M. Lépide ayant au sénat tâché d'excuser le passé et donné l'espoir qu'on serait clément à l'avenir, parce qu'on avait suffisamment châtié, Auguste déclara au

(1) Auteur de l'époque d'Hadrien, contemporain de Suétone.

sequentis usque ad undecimum continuauit, multisque mox, cum deferrentur, recusatis duodecimum magno, id est septemdecim annorum, interuallo et rursus tertium decimum biennio post ultro petit, ut C. et Lucium filios amplissimo praeditus magistratu suo quemque tirocinio deduceret in forum. [4]Quinque medios consulatus a sexto ad decimum annuos gessit, ceteros aut nouem aut sex aut quattuor aut tribus mensibus, secundum uero paucissimis horis. [5]Nam die Kal. Ian. cum mane pro aede Capitolini Iouis paululum curuli sella praesedisset, honore abiit, suffecto alio in locum suum. [6]Nec omnes Romae, sed quartum consulatum in Asia, quintum in insula Samo, octauum et nonum Tarracone init.

XXVII. | [1]Triumuiratum rei p. constituendae per decem annos administrauit ; in quo restitit quidem aliquandiu collegis ne qua fieret proscriptio, sed inceptam utroque acerbius exercuit. [2]Namque illis in multorum saepe personam per gratiam et preces exorabilibus, solus magnopere contendit ne cui parceretur, proscripsitque etiam C. Toranium tutorem suum, eundem collegam patris sui Octaui in aedilitate. [3]Iulius Saturninus hoc amplius tradit, cum peracta proscriptione M. Lepidus in senatu excusasset praeterita et spem clementiae in posterum fecisset, quoniam satis poenarum exactum esset, hunc e diuerso professum :

3 petit : -iit ΠQεR,STP *edd.* ‖ **4** decimum : unde-[XI. Rρ] ΠQεRρ ‖ **6** init V : mit **M** iniit *cett.* [*uulgo*].

XXVII, 1 ne qua : *om.* V ‖ **2** personam : -a *Madvig* ‖ eundem : eundemque ΠS²[*uulgo*] ‖ patris : -i **M** ‖ aedilitate : -dulitate **M** ‖ **3** Iulius MVδ : -nius *cett.* [*edd.*].

contraire « qu'il avait mis un terme aux proscriptions, mais en gardant toute liberté. » Cependant, il se repentit plus tard de cet acharnement et promut au rang de chevalier T. Vinius Philopoemen, qui passait pour avoir autrefois caché son patron alors proscrit. Dans ces mêmes fonctions, il souleva la haine par plusieurs de ses actes. Ainsi, un jour qu'il haranguait ses soldats en présence d'une foule de civils qu'on avait laissé approcher, voyant un chevalier romain nommé Pinarius prendre des notes en cachette, il l'accusa d'indiscrétion et d'espionnage et le fit percer de coups en sa présence. Une autre fois, comme Tedius Afer, consul désigné, avait critiqué en termes mordants l'un de ses actes, Auguste lui fit de si terribles menaces, qu'il se précipita dans le vide. Le préteur Quintus Gallius étant venu le saluer en tenant des tablettes doubles (1) cachées sous sa toge, il le soupçonna de dissimuler un glaive, mais n'osant pas s'en assurer aussitôt, par crainte de découvrir autre chose, il le fit arracher un moment après à son tribunal par des centurions et par des soldats, et mettre à la torture comme un esclave, puis, n'obtenant aucun aveu, il ordonna de le tuer, après lui avoir crevé les yeux de sa propre main ; pourtant, il dit (dans ses mémoires) que ce personnage lui ayant demandé une audience particulière attenta à sa vie, qu'il fut jeté en prison puis relâché, avec interdiction de séjourner à Rome, et qu'il périt ensuite dans un naufrage ou fut assassiné par des brigands. Il reçut la puissance tribunicienne à perpétuité et par deux fois, pour deux lustres différents, il s'adjoignit un collègue (2). Il fut aussi chargé du contrôle des mœurs et des lois, également à perpétuité, et, à ce titre, quoiqu'il n'eût pas la charge

(1) Tablettes composées de deux plaques de bois enduites de cire s'appliquant et se refermant l'une sur l'autre.

(2) En 18 av. J.-C., Agrippa, et en 6 av. J.-C., Tibère : cf. *Tib.*, 9[a].

« ita modum se proscribendi statuisse, ut omnia sibi reliquerit libera. » [4]In cuius tamen pertinaciae paenitentiam postea T. Vinium Philopoemenem, quod patronum suum proscriptum celasse olim diceretur, equestri dignitate honorauit. [5]In eadem hac potestate multiplici flagrauit inuidia. [6]Nam Pinarium equitem R., cum contionante se, admissa turba paganorum, apud milites subscribere quaedam animaduertisset, curiosum ac speculatorem ratus coram confodi imperauit; [7]et Tedium Afrum consulem designatum, quia factum quoddam suum maligno sermone carpsisset, tantis conterruit minis, ut is se praecipitauerit; [8]et Quintum Gallium praetorem, in officio salutationis tabellas duplices ueste tectas tenentem, suspicatus gladium occulere, nec quicquam statim, ne aliud inueniretur, ausus inquirere, paulo post per centuriones et milites raptum e tribunali seruilem in modum torsit ac fatentem nihil iussit occidi, prius oculis eius sua manu effossis; [9]quem tamen scribit conloquio petito insidiatum sibi coniectumque a se in custodiam, deinde urbe interdicta dimissum, naufragio uel latronum insidiis perisse. [10]Tribuniciam potestatem perpetuam recepit, in qua semel atque iterum per singula lustra collegam sibi cooptauit. [11]Recepit et morum legumque regimen aeque perpetuum, quo iure, quamquam sine censurae honore,

4 Vinium MGδ : iuni — *cett.* || **7** Tedium Afrum : Vttiedium Afr- *Borghesi ex* C.I.L., XIV, 3615 || carpsisset : - pisse M capsisset V || ut is se : uti se G utisset V || **8** nec : ne GV || e tribunali : et trib- M ex trib- G || oculis : -los Mδ || effossis : -os δ effosis Tε effusos M -sis *Heinsius* || **9** in custodiam : in *om.* VS || dimissum : ad- ΠQεR || **10** iterum : it- ⟨ per decennium, ter ⟩ *Bergk* it- ⟨ M. Agrippam, ter Tiberium ⟩ *Mommsen* || cooptauit : coapt- [coact-T] LPOST, ΠQR.

de censeur, fit trois fois le recensement du peuple, la première et la troisième, avec un collègue, la seconde, seul (1).

XXVIII. Il songea par deux fois à rétablir la république : d'abord, aussitôt après avoir écrasé Antoine, en se rappelant que ce dernier lui avait bien souvent objecté qu'il était le seul obstacle à son rétablissement ; puis, de nouveau, dans le découragement où le jeta une longue maladie ; cette fois, il fit même venir chez lui les magistrats et les sénateurs, auxquels il remit une statistique de l'empire *. Mais, réfléchissant que le retour à la vie privée ne serait pas sans danger pour lui, et que, d'autre part, il était imprudent de remettre l'État entre les mains de plusieurs, il conserva le pouvoir, sans qu'on puisse dire lequel fut le meilleur, du résultat ou de l'intention. Cette intention, non content de la proclamer à diverses reprises, il l'attesta en ces termes dans un édit : « Fasse le ciel que l'État se maintienne en pleine prospérité et qu'en retour je recueille la récompense à laquelle j'aspire, d'être désigné comme le fondateur du régime le plus heureux et d'emporter en mourant l'espérance que les fondements de l'État demeureront inébranlables, tels que je les aurai jetés. » Lui-même se chargea de réaliser son vœu, en faisant tous ses efforts pour que personne n'eût à se plaindre du régime nouveau. La beauté de Rome ne répondait pas à la majesté de l'empire et la ville se trouvait exposée aux inondations et aux incendies : Auguste l'embellit à tel point qu'il put se vanter à bon droit « de la laisser en marbre, après l'avoir reçue en briques. » Quant à la sécurité, il la lui garantit même pour l'avenir, autant que la prudence humaine put y pourvoir.

XXIX. Il construisit un très grand nombre de monu-

(1) En 28 av. J.-C., avec Agrippa ; en 8 av. J.-C., tout seul ; en 14 ap. J.-C., avec Tibère. Cf. Mommsen, *Res gestae Diui Augusti*, 2e éd., pp. 35 sqq.

census tamen populi ter egit, primum ac tertium cum collega, medium solus.

XXVIII. | [1]De reddenda re p. bis cogitauit : primum post oppressum statim Antonium, memor obiectum sibi ab eo saepius, quasi per ipsum staret ne redderetur ; ac rursus taedio diuturnae ualitudinis, cum etiam, magistratibus ac senatu domum accitis, rationarium imperii tradidit. [2]Sed reputans et se priuatum non sine periculo fore et illam plurium arbitrio temere committi, in retinenda perseuerauit, dubium euentu meliore an uoluntate. [3]Quam uoluntatem, cum prae se identidem ferret, quodam etiam edicto his uerbis testatus est : « Ita mihi saluam ac sospitem rem p. sistere in sua sede liceat atque eius rei fructum percipere, quem peto, ut optimi status auctor dicar et moriens ut feram mecum spem, mansura in uestigio suo fundamenta rei p. quae iecero. » [4]Fecitque ipse se compotem uoti nisus omni modo, ne quem noui status paeniteret. | [5]Vrbem neque pro maiestate imperii ornatam et inundationibus incendiisque obnoxiam excoluit adeo, ut iure sit gloriatus « marmoream se relinquere, quam latericiam accepisset. » [6]Tutam uero, quantum prouideri humana ratione potuit, etiam in posterum praestitit.

XXIX. [1]Publica opera plurima extruxit, e quibus

XXVIII, 1 primum M : — mo *cett.* ‖ ac : e *dett. edd. Rom.* [*Torrentius*] ‖ **2** priuatum : -tim MGVLP^1 ‖ **3** prae se identidem LP^1 : praesident idem MV praesidenti dein G praesidens [pres-S] identidem P^2OST praesidens [prae *per compend.*] idem ΠQεR,δ ‖ quodam : quon-*Bentley* ‖ etiam edicto : etiam *om.* R^1δ ‖ optimi : -mo M^1 ‖ mansura : men- M^1 mansuram Q ‖ **4** paeniteret : peniterent M^1 ‖ **5** neque : nam-ΠQεR,T *om.* N.

ments publics, dont voici les principaux : un forum avec un temple de Mars Vengeur, un temple d'Apollon sur le Palatin, un autre de Jupiter Tonnant sur le Capitole. Il construisit un forum, parce qu'étant donné l'affluence de la foule et le nombre des procès, les deux anciens ne suffisaient plus et qu'un troisième semblait encore nécessaire (1) ; c'est pourquoi l'on se hâta, sans attendre que le temple de Mars fût achevé, de l'ouvrir au public, et l'on eut soin de l'affecter spécialement aux procès publics et au tirage au sort des juges. Quant au temple de Mars, c'est après avoir entrepris la guerre de Philippes pour venger son père qu'il avait fait vœu de l'élever ; aussi décida-t-il que le sénat délibérerait dans ce temple au sujet des guerres et des triomphes, que de là partirait le cortège des magistrats se rendant en province avec un commandement et que là seraient portés par les généraux vainqueurs les insignes de leurs triomphes. Il fit élever le temple d'Apollon dans une partie de sa maison du Palatin qui avait été frappée par la foudre, et que ce dieu, d'après la réponse des haruspices, réclamait pour lui ; il y ajouta des portiques, avec une bibliothèque latine et grecque ; souvent même, lorsqu'il était déjà vieux, c'est en cet endroit qu'il réunit le sénat et passa en revue les décuries des juges. Il consacra un temple à Jupiter Tonnant, parce qu'il avait été épargné par la foudre, qui, durant une marche de nuit, lors de son expédition contre les Cantabres, avait effleuré l'avant de sa litière et tué l'esclave la précédant avec un flambeau. Auguste bâtit encore certains monuments au nom d'autres personnes, à savoir de ses petits-fils, de sa femme et de sa sœur, comme le portique et la basilique de Gaius et de Lucius, ainsi que les portiques de Livie et d'Octavie et le

(1) Le nouveau forum fut appelé forum d'Auguste. Les deux anciens étaient le forum Romanum et le forum de Jules César (sur ce dernier, cf. *Caes.*, 26[2]).

uel praecipua : forum cum aede Martis Vltoris, templum Apollinis in Palatio, aedem Tonantis Iouis in Capitolio. [2]Fori extruendi causa fuit hominum et iudiciorum multitudo, quae uidebatur non sufficientibus duobus etiam tertio indigere ; itaque festinatius necdum perfecta Martis aede publicatum est cautumque, ut separatim in eo publica iudicia et sortitiones iudicum fierent. [3]Aedem Martis bello Philippensi pro *ult*ione paterna suscepto uouerat ; sanxit ergo, ut de bellis triumphisque hic consuleretur senatus, prouincias cum imperio petituri hinc deducerentur, quique uictores redissent, huc insignia triumphorum conferrent. [4]Templum Apollinis in ea parte Palatinae domus excitauit, quam fulmine ictam desiderari a deo haruspices pronuntiar*a*nt ; addidit porticus cum bibliotheca Latina Graecaque, quo loco iam senior saepe etiam senatum habuit decuriasque iudicum recognouit. [5]Tonanti Ioui aedem consecrauit liberatus periculo, cum expeditione Cantabrica per nocturnum iter lecticam eius fulgur praestrinxisset seruumque praelucentem exanimasset. [6]Quaedam etiam opera sub nomine alieno, nepotum scilicet et uxoris sororisque fecit, ut porticum basilicamque Gai et Luci, item porticus Liuiae et Octauiae theatrumque Marcelli. [7]Sed

XXIX, 2 perfecta — publicatum : perfectã martis aeduplicatum [um *per compend.*] V ‖ **3** Aedem : -de M²V ‖ Martis : -ti LPOST ‖ ultione ρ *dett.* : uisione *cett.* ‖ **4** ictam : hic- MΠ¹ ‖ pronuntiarant *Estienne* : -rent [-runt T *Bentley*] *om. codd.* ‖ decuriasque : decurias V ‖ **5** seruumque — exanimasset : *om.* V ‖ praelucentem : pr(a)educentem LPOST ‖ **6** Quaedam : quae V ‖ sororisque ΠQεR : et sororis Gδ ac sororis LPOST sororis MV ac sororis ⟨ generique ⟩ *Modderman.*

théâtre de Marcellus *. En outre, il exhorta souvent les autres citoyens de marque à embellir la ville, chacun suivant ses moyens, soit en édifiant de nouveaux monuments, soit en restaurant ou enrichissant les anciens. Et une foule d'édifices furent alors construits par beaucoup d'entre eux : ainsi Marcius Philippus * éleva le temple d'Hercule aux Muses, L. Cornificius, celui de Diane, Asinius Pollion, le parvis du temple de la Liberté (1), Munatius Plancus, le temple de Saturne, Cornelius Balbus, un théâtre, Statilius Taurus, un amphithéâtre, et M. Agrippa, plusieurs monuments splendides *.

XXX. Auguste divisa l'ensemble de la ville en régions et en quartiers *, et il établit que les premières seraient administrées par certains des magistrats annuels, désignés par le sort, les seconds, par des chefs choisis dans chaque quartier parmi la plèbe du voisinage. Contre les incendies, il créa des gardes de nuit et des veilleurs ; pour prévenir les inondations, il fit élargir et curer le lit du Tibre, à la longue rempli de décombres et rétréci par l'extension des édifices. Puis, afin que Rome fût d'un accès plus facile dans toutes les directions, il se chargea lui-même de faire réparer la voie Flaminienne jusqu'à Ariminum, et répartit les autres entre les généraux honorés du triomphe, qui eurent à les faire paver sur l'argent du butin. Il reconstruisit les temples ruinés par le temps ou consumés par le feu, et les enrichit, eux et les autres, de dons princiers : c'est ainsi qu'il fit porter en une seule fois dans le sanctuaire de Jupiter Capitolin seize mille livres d'or, avec des pierres précieuses et des perles représentant cinquante millions de sesterces.

XXXI. Lorsqu'il devint grand pontife après la mort de Lépide, car il n'avait jamais voulu, de son vivant,

(1) Il existait déjà autrefois sur l'Aventin un temple de la Liberté avec atrium, et Tite-Live le mentionne souvent.

et ceteros principes uiros saepe hortatus est, ut pro facultate quisque monimentis uel nouis uel refectis et excultis urbem adornarent. [8]Multaque a multis tunc extructa sunt, sicut a Marcio Philippo aedes Herculis Musarum, a L. Cornificio aedes Dianae, ab Asinio Pollione atrium Libertatis, a Munatio Planco aedes Saturni, a Cornelio Balbo theatrum, a Statilio Tauro amphitheatrum, a M. uero Agrippa complura et egregia.

XXX. | [1]Spatium urbis in regiones uicosque diuisit instituitque, ut illas annui magistratus sortito tuerentur, hos magistri e plebe cuiusque uiciniae lecti. [2]Aduersus incendia excubias nocturnas uigilesque commentus est ; ad coercendas inundationes alueum Tiberis laxauit ac repurgauit, completum olim ruderibus et aedificiorum prolationibus coartatum. [3]Quo autem facilius undique urbs adiretur, desumpta sibi Flaminia uia Arimino tenus munienda reliquas triumphalibus uiris ex manubiali pecunia sternendas distribuit. | [4]Aedes sacras uetustate conlapsas aut incendio absumptas refecit easque et ceteras opulentissimis donis adornauit, ut qui in cellam Capitolini Iouis sedecim milia pondo auri gemmasque ac margaritas quingenties sestertium una donatione contulerit.

XXXI. [1]Postquam uero pontificatum maximum,

7 hortatus : ort- MVS[1] adhort-R [*Bentley*].

XXX, 1 uiciniae lecti [uicini electi T]V,LOST : uicinae [ae *per compend.*] lecti P[1] uicinia [-na Q] electi M,ΠQR uiciniae [ae *per compend.*] electi G uici quaterni electi *Modderman* || **2** repurgauit : -pugnauit VII purgauit R[1] || prolationibus : -lapsionibus ΠQR, P[2]OT prolax- S[2] || **4** refecit easque : easque *om.* G || ut : -pote ΠQεR || sestertium *om. codd.* : -tii *Is. Fr. Gronov* [*cf. Caes.*, 50[2]].

lui retirer cette charge, ayant rassemblé tous les recueils de prophéties grecs et latins qui, sans aucune autorité ou sans autorité suffisante, avaient cours dans l'empire, soit plus de deux mille ouvrages, il les fit brûler, et ne conserva que les livres Sibyllins, encore après y avoir fait un choix, puis il les enferma dans deux armoires dorées, sous la statue d'Apollon Palatin. Il rétablit dans le calendrier l'ordre que le divin Jules y avait introduit, et qui avait été complètement bouleversé depuis, faute de soin ; il en profita pour attribuer son surnom au mois de Sextilis plutôt qu'à celui de Septembre, où il était né, parce que c'était en Sextilis qu'il avait obtenu son premier consulat et ses grandes victoires (1). Il accrut le nombre, le prestige, mais aussi les prérogatives des prêtres, particulièrement des Vestales ; comme le décès de l'une d'entre elles imposait le choix d'une remplaçante, voyant beaucoup de citoyens faire des démarches pour ne point soumettre leurs filles au tirage, il jura que, « si l'une ou l'autre de ses petites-filles (2) avait eu l'âge convenable, lui-même l'aurait offerte. » Il rétablit même quelques institutions religieuses d'autrefois, peu à peu tombées en désuétude, comme l'augure du Salut (3), la dignité de flamine de Jupiter, la cérémonie des Lupercales, les jeux séculaires et ceux des Compitales. Il interdit la course des Lupercales aux jeunes garçons encore imberbes et défendit aux jeunes gens des deux sexes d'assister, durant les jeux séculaires, à aucune représentation nocturne, sans être accompagnés d'une personne âgée de leur famille. Il décida que les Lares des carrefours seraient ornés de fleurs deux fois par an, au printemps

(1) Ces victoires purent être l'entrée d'Auguste à Alexandrie, la victoire de Drusus sur les Breuni, et la victoire sur Sextus Pompée, mais non celles de Modène, de Philippes, de Pérouse ni d'Actium.

(2) Julie et Agrippine, qui fut plus tard mariée à Germanicus : cf. chap. 64[1-2].

(3) Genre de divination auquel on avait recours tous les ans en

quem numquam uiuo Lepido auferre sustinuerat, mortuo demum suscepit, quidquid fatidicorum librorum Graeci Latinique generis nullis uel parum idoneis auctoribus uulgo ferebatur, supra duo milia contracta undique cremauit ac solos retinuit Sibyllinos, hos quoque dilectu habito; condiditque duobus forulis auratis sub Palatini Apollinis basi. [2]Annum a Diuo Iulio ordinatum, sed postea neglegentia conturbatum atque confusum, rursus ad pristinam rationem redegit; in cuius ordinatione Sextilem mensem e suo cognomine nuncupauit magis quam Septembrem quo erat natus, quod hoc sibi et primus consulatus et insignes uictoriae optigissent. [3]Sacerdotum et numerum et dignitatem sed et commoda auxit, praecipue Vestalium uirginum. [4]Cumque in demortuae locum aliam capi oporteret ambirentque multi ne filias in sortem darent, adiurauit, « si cuiusquam neptium suarum competeret aetas, oblaturum se fuisse eam. » [5]Nonnulla etiam ex antiquis caerimonis paulatim abolita restituit, ut Salutis augurium, Diale flamonium, sacrum Lupercale, ludos Saeculares et Compitalicios. [6]Lupercalibus uetuit currere inberbes, item Saecularibus ludis iuuenes utriusque sexus prohibuit ullum nocturnum spectaculum frequentare nisi cum aliquo maiore natu propinquorum. Compitales Lares ornari bis anno instituit uernis floribus et aestiuis. | [7]Proxi-

XXXI, 1 dilectu : de- ΠR ‖ condiditque : condidit V ‖ **2** Annum a Diuo : annum diuo MGδ anno [*suprascr.* um *per compend.*] duo V [*man.* 1] annua diuo Qε anno a diuo P¹ ‖ ordinatione GT : -nem *cett.* ‖ **4** darent : -ret T *dett.* ‖ **5** flamonium : -minium ΠQεR [*Roth Preud'homme*] ‖ **6** anno : in anno Pεδ.

et en été. Presque à l'égal des dieux immortels, il honora la mémoire des généraux qui avaient rendu tout-puissant le peuple romain d'abord si faible ; ainsi, non seulement il restaura, en conservant les inscriptions primitives, les édifices bâtis par chacun d'eux, mais il fit ériger, sous les deux portiques de son forum, des statues qui les représentaient tous avec leurs insignes de triomphateurs, en déclarant même dans un édit : « qu'il avait imaginé cela, pour que lui-même, tant qu'il vivrait, et les princes ses successeurs, fussent tenus, devant leurs concitoyens, de se modeler, pour ainsi dire, [sur l'image] de ces grands hommes. » Il fit aussi transporter la statue de Pompée hors de la curie où César avait été assassiné, et la plaça en face de la galerie contiguë à son théâtre (1), au sommet d'un arc de marbre.

XXXII. Beaucoup d'abus tout à fait déplorables compromettant l'ordre public et passés en habitude grâce à la licence des guerres civiles avaient subsisté depuis ; d'autres même s'étaient introduits pendant la paix. Ainsi, quantité de brigands paraissaient en public avec un poignard à la ceinture, soi-disant pour se défendre ; dans la campagne, on enlevait les voyageurs et on les retenait, sans distinguer entre les hommes libres et les esclaves, dans les ergastules des propriétaires ; il se constituait, sous le titre de collèges nouveaux, une foule d'associations ayant en vue toutes sortes de mauvais coups. Auguste réprima le brigandage en installant des postes à des endroits bien choisis ; il fit inspecter les ergastules et dissoudre tous les collèges qui n'étaient pas anciens et légalement constitués. Il fit mettre au feu les listes des anciens débiteurs du trésor, source la plus riche des

temps de paix, afin de savoir si les dieux approuvaient qu'on les priât de continuer cette faveur à l'État. Voir Bouché-Leclercq, *Manuel des institut. rom.*, p. 534, n. 1.

(1) Cf. *Caes.*, 80[8].

mum a dis immortalibus honorem memoriae ducum praestitit, qui imperium P. R. ex minimo maximum reddidissent. [8]Itaque et opera cuiusque manentibus titulis restituit et statuas omnium triumphali effigie in utraque fori sui porticu dedicauit, professus et edicto : « commentum id se, ut ad illorum*** uelut ad exemplar et ipse, dum uiueret, et insequentium aetatium principes exigerentur a ciuibus. » [9]Pompei quoque statuam contra theatri eius regiam marmoreo Iano superposuit translatam e curia, in qua C. Caesar fuerat occisus.

XXXII. | [1]Pleraque pessimi exempli in perniciem publicam aut ex consuetudine licentiaque bellorum ciuilium durauerant aut per pacem etiam extiterant. [2]Nam et grassatorum plurimi palam se ferebant succincti ferro, quasi tuendi sui causa, et rapti per agros uiatores sine discrimine liberi seruique ergastulis possessorum supprimebantur, et plurimae factiones titulo collegi noui ad nullius non facinoris societatem coibant. [3]Igitur grassaturas dispositis per oportuna loca stationibus inhibuit, ergastula recognouit, collegia praeter antiqua et legitima dissoluit. [4]Tabulas ueterum

7 a dis [addis d *prior expuncta* M] : a diis G,LPOST,ΠQR,N. ‖ **8** porticu : par- M [*in marg.* la+o] ‖ professus et *Bentley* : professus N *dett.* [*Roth Preud'homme*] prof- est *cett.* ‖ ad illorum **** uelut ad *Ihm* : ad id uelut [uelud N] GQN *dett.* [*Roth Preud'homme*] ad ill- uelut ad *cett.* illorum uelut ad *ed. Rom. II* [*vulgo*] ad illos uelut ad *Casaubon* ad illorum ⟨ normam ⟩ [uitam *Bücheler*] uelut ad *Oudendorp* ‖ aetatium $M^1L^1O^1$: -tuum P^1 -tum *cett. et* N.

XXXII, 1 exempli : exempli correxit [-repsit O] quae ΠQεR,STP^2O ‖ aut — extiterant : *om.* V ‖ **2** factiones : -is Mεδ ‖ collegi : -ligi M -legii *cett.* ‖ **3** grassaturas V [*cf. Tib.*, 37^1] : grassatur ad [d *expunct.*] M grassaturam [am *per compend.*] G [*Madvig*] grassatores *cett.*

accusations calomnieuses ; dans Rome, il adjugea aux propriétaires actuels les terrains qui leur étaient contestés par l'État ; quant aux accusés maintenus depuis longtemps dans cette situation uniquement pour réjouir leurs ennemis, il fit rayer leurs noms, en édictant que si quelqu'un voulait de nouveau poursuivre l'un d'entre eux, il s'exposerait à la même peine. Afin que nul délit ne restât impuni, et que nulle affaire ne fût classée, à force de retards, il rendit ouvrables pour la justice plus de trente jours qui étaient consacrés aux jeux honoraires (1). Aux trois décuries de juges il en ajouta une quatrième, composée de citoyens moins riches, qui, sous le nom de « ducenarii (2) », auraient à statuer sur des sommes inférieures. Il enrôla les juges dès l'âge de trente ans, c'est-à-dire cinq ans plus tôt que d'habitude *, mais, comme la plupart des citoyens se dérobaient aux fonctions judiciaires, il concéda péniblement que chaque décurie tour à tour aurait un an de vacances et que les tribunaux chômeraient, contrairement à l'usage, durant les mois de novembre et de décembre.

XXXIII. Pour lui, il rendit la justice avec assiduité, et quelquefois jusqu'à la nuit ; quand il se sentait trop faible, il faisait placer sa litière devant le tribunal ou même jugeait de son lit, dans sa maison. Il s'en acquitta non seulement avec une conscience scrupuleuse, mais avec une extrême indulgence ; ainsi, jugeant un homme convaincu de parricide et désirant lui épargner d'être cousu dans un sac, supplice réservé à ceux qui avouent ce crime, il l'interrogea, dit-on, en ces termes : « Assurément,

(1) Tandis que les *ludi publici* étaient célébrés en l'honneur de quelque dieu, les *ludi honorarii* étaient donnés par les préteurs ou autres magistrats, à l'occasion de leur entrée en charge.

(2) C'est-à-dire ayant une fortune de deux cent mille sesterces, alors que les juges des trois autres décuries devaient en posséder quatre cent mille.

aerari debitorum, uel praecipuam calumniandi materiam, *exussit*; loca in urbe publica iuris ambigui possessoribus adiudicauit; diuturnorum reorum et ex quorum sordibus nihil aliud quam uoluptas inimicis quaereretur nomina aboleuit condicione proposita, ut si quem quis repetere uellet, par periculum poenae subiret. [5]Ne quod autem maleficium negotiumue inpunitate uel mora elaberetur, triginta amplius dies, qui honoraris ludis occupabantur, actui rerum accommodauit. [6]Ad tris iudicum decurias quartam addi*d*it ex inferiore censu, quae ducenariorum uocaretur iudicaretque de leuioribus summis. [7]Iudices a tricensimo aetatis anno adlegit, id est quinquennio maturius quam solebant. [8]Ac plerisque iudicandi munus detractantibus uix concessit, ut singulis decuriis per uices annua uacatio esset et ut solitae agi Nouembri ac Decembri mense res omitterentur.

XXXIII. [1]Ipse ius dixit assidue et in noctem nonnumquam, si parum corpore ualeret, lectica pro tribunali collocata uel etiam domi cubans. [2]Dixit autem ius non diligentia modo summa sed et lenitate, siquidem manifesti parricidii reum, ne culleo insueretur,

4 aerari : -rio G -rii ΠQR *om.* LPOST ‖ uel : uel ⟨ ut ⟩ *G. Becker.* ‖ exussit *Beroald* [ἔκαυσε Cassius Dio, LIII, 2. 3] : excu- *om. codd.* ‖ inimicis : -ci V ‖ condicione : -tio V ‖ **5** mora elaberetur : more lab- MVL^{1}POS mora lab-L^{2}T ‖ honoraris : -riis M^{2}G, LPOST -tis ΠQεR ‖ **6** addidit *Estienne* : -dixit *om. codd.* ‖ ex : et V ‖ **7** a : ac M ‖ tricensimo M : trice- [trige- GQ] *cett.* uicesimo *Cujas* [uicen- *Roth*] XXV *Schuckburgh* [*Preud'homme*] ‖ id est — solebant : *del. Oudendorp* ‖ **8** Ac : at *dett. pars edd.* ‖ detractantibus : detrec- [detraec- L] G,LPOST, ΠQR ‖ uacatio : uoc- Π^{1}QR.
XXXIII, 1 ualeret lectica : uideret lecticam [am *per compend.*] V ‖ **2** manifesti G,ΠQεR,ST : -sta Mδ -stum [um *per compend.*] VLPO -sto *Bentley*.

vous n'avez pas tué votre père ? » De même, dans une affaire de faux testament, quoique tous les signataires fussent passibles de la loi Cornelia (1), il fit remettre aux juges instruisant la cause avec lui non pas seulement deux tablettes, l'une pour condamner, l'autre pour acquitter, mais encore une troisième, leur permettant de faire grâce à ceux d'entre eux qui manifestement avaient été victimes d'une tromperie ou d'une erreur. Pour juger les procès en appel, il déléguait toutes les années ses pouvoirs, dans Rome, au préteur urbain, mais, dans chaque province, à un ancien consul préposé par lui au règlement des affaires.

XXXIV. Il remania les lois et refit entièrement certaines d'entre elles, comme la loi somptuaire, et celles qui concernaient les adultères, la sodomie, la brigue, le mariage des ordres (2). Comme il avait amendé cette dernière avec beaucoup plus de sévérité que les autres, les protestations furent si violentes, qu'il fut obligé, pour la faire passer, de supprimer ou d'atténuer une partie des sanctions, d'accorder un délai de trois ans et d'augmenter les récompenses. Voyant, même après cela, au cours d'un spectacle public, les chevaliers réclamer obstinément son abolition, il se fit amener les enfants de Germanicus (3) et les présentant, les uns dans ses bras, les autres dans ceux de leur père, il leur fit comprendre du geste et du regard qu'ils ne devaient pas craindre d'imiter l'exemple de ce jeune homme. Et, lorsqu'il s'aperçut que, soit en prenant des fiancées trop jeunes, soit en changeant fréquemment de femme, on éludait encore la loi, il réduisit le temps des fiançailles et réglementa les divorces.

(1) Loi portée sur l'initiative de Cornelius Sulla, le dictateur.

(2) Cette dernière loi, portée en 16 av. J.-C., fut suivie en 9 ap. J.-C. de la loi Papia Poppaea : cf. *Cl.*, 19, notes complémentaires.

(3) Germanicus eut d'Agrippine neuf enfants, dont six lui survécurent : voir *Cal.*, 7.

quod non nisi confessi adficiuntur hac poena, ita fertur interrogasse : « Certe patrem tuum non occidisti ? » et cum de falso testamento ageretur omnesque *sig*natores lege Cornelia tenerentur, non tantum duas tabellas, damnatoriam et absolutoriam, simul cognoscentibus dedit, sed tertiam quoque, qua ignosceretur iis, quos fraude ad signandum uel errore inductos constitisset. [3]Appellationes quotannis urbanorum quidem litigatorum praetori delegabat urbano, at prouincialium consularibus uiris, quos singulos cuiusque prouinciae negotiis praeposuisset.

XXXIV. | [1]Leges retractauit et quasdam ex integro sanxit, ut sumptuariam et de adulteriis et de pudicitia, de ambitu, de maritandis ordinibus. [2]Hanc cum aliquanto seuerius quam ceteras emendasset, prae tumultu recusantium perferre non potuit nisi adempta demum lenitaue parte poenarum et uacatione trienni data auctisque praemiis. [3]Sic quoque abolitionem eius publico spectaculo pertinaciter postulante equite, accitos Germanici liberos receptosque partim ad se partim in patris gremium ostentauit, manu uultuque significans ne grauarentur imitari iuuenis exemplum. [4]Cumque etiam inmaturitate sponsarum et matrimoniorum crebra mutatione uim legis eludi sentiret, tempus sponsas habendi coartauit, diuortiis modum imposuit.

2 hac poena : haec [e *expunct. man.* 2] paena M ‖ signatores *Beroald* : senator- *om. codd.* ‖ tabellas : -bulas MV,LPOST,δ ‖ iis V : iis [*suprascr.* h] M his *cett.* ‖ **3** quotannis : quod- M ‖ praetori — urbano : praefecto — urbis *Juste - Lipse* ‖ delegabat : -gebat M ‖ at : ad M¹Vδ [*locus in hoc interpolat.*] a M²Q ac ε [*Roth Preud'homme*] [*in* ε *suprascr.* + ad] ‖ praeposuisset : pro- M.

XXXIV, 2 adempta demum : adepta [demum *omisso*] M.

XXXV. Le sénat était peuplé de toute une foule mêlée et sans prestige, — il comptait, en effet, plus de mille membres et certains tout à fait indignes, que la faveur et la corruption y avaient introduits après le meurtre de César et que le public nommait « sénateurs d'outre-tombe » — (1) : Auguste le ramena au chiffre d'autrefois et lui rendit son ancien éclat, au moyen d'une double sélection, la première opérée par les sénateurs eux-mêmes, chacun d'eux se choisissant un collègue, la seconde, par lui et par Agrippa ; on croit que, dans ces circonstances, il avait, pour présider, une cuirasse sous sa toge, un glaive à la ceinture, et, tout autour de sa chaise, dix sénateurs de ses amis, choisis parmi les plus robustes. Cremutius Cordus écrit que, pendant cette période, nul sénateur ne fut même reçu par lui sans être seul et sans avoir été fouillé. Il en décida quelques-uns à démissionner par convenance et laissa, même aux démissionnaires, le privilège du laticlave, le droit de se placer dans l'orchestre pour les spectacles et de participer aux festins publics. Puis, afin que les sénateurs, choisis (par leurs collègues) et agréés (par lui), remplissent leurs fonctions avec plus de conscience et moins de peine, il décréta que chacun d'eux, avant de siéger, brûlerait de l'encens et ferait une libation devant l'autel du dieu dans le temple duquel on se réunirait ; que, d'autre part, on ne tiendrait pas plus de deux séances régulières par mois, l'une pour les calendes, l'autre pour les ides, et que, pendant les mois de septembre et d'octobre, seule serait tenue d'être présente une commission tirée au sort, atteignant le quorum nécessaire pour le vote des sénatusconsultes ; de plus, il décida qu'il se recruterait chaque semestre par tirage au sort un conseil, avec lequel il étudierait par avance les affaires à soumettre aux assemblées plénières du sénat. Sur les questions importantes, il ne prenait pas les avis dans

(1) Cf. Dion Cass., LII, 42.

XXXV. | [1]Senatorum affluentem numerum deformi et incondita turba (erant enim super mille, et quidam indignissimi et post necem Caesaris per gratiam et praemium adlecti, quos orciuos uulgus uocabat) ad modum pristinum et splendorem redegit duabus lectionibus : prima ipsorum arbitratu, quo uir uirum legit, secunda suo et Agrippae ; quo tempore existimatur lorica sub ueste munitus ferroque cinctus praesedisse, decem ualentissimis senatorii ordinis amicis sellam suam circumstantibus. [2]Cordus Cremutius scribit ne admissum quidem tunc quemquam senatorum nisi solum et praetemptato sinu. [3]Quosdam ad excusandi se uerecundiam compulit seruauitque etiam excusatis insigne uestis et spectandi in orchestra epulandique publice ius. [4]Quo autem lecti probatique et religiosius et minore molestia senatoria munera fungerentur, sanxit, ut prius quam consideret, quisque ture ac mero supplicaret apud aram eius dei, in cuius templo coiretur, et ne plus quam bis in mense legitimus senatus ageretur, Kal. et Idibus, neue Septembri Octobriue mense ullos adesse alios necesse esset quam sorte ductos, per quorum numerum decreta confici possent ; sibique instituit consilia sortiri semenstria, cum quibus de negotiis ad frequentem senatum referendis ante tractaret. [5]Sententias de maiore negotio non more atque ordine sed prout

XXXV, 1 deformi : ⟨ a ⟩ def- *Madvig* ‖ et post : ut post *Modderman* post *Bentley* ‖ praemium : pret- *Madvig* ‖ orciuos : abortiuos LPOST orcinos *dett.* ‖ **3** seruauitque etiam : seruauitque VS ‖ excusatis T *dett.* [*Roth Preud'homme*] [*cf.* TAC., *Ann.*, XI, 25[4]] : -santis MGV,LPOS,δ -santes *cett.* -santibus *uulgo* ‖ **4** fungerentur : fug- M ‖ ture : thu- LPOST,ΠQR ‖ in mense : mense *Graevius* ‖ **5** atque ordine : neque ord- GO.

l'ordre traditionnel, mais suivant son bon plaisir, pour que chacun fût aussi attentif que s'il allait avoir à donner son opinion plutôt qu'à se ranger à celle d'autrui.

XXXVI. Entre autres mesures dont il fut encore l'auteur, il défendit de publier les actes du sénat (1) et d'envoyer les magistrats dans les provinces, aussitôt après qu'ils auraient déposé leur charge ; il décida qu'une indemnité fixe serait allouée aux proconsuls pour leurs mulets et leurs tentes, qui leur étaient auparavant fournis par adjudication ; que le trésor ne serait plus administré par les questeurs urbains, mais par d'anciens préteurs ou des préteurs en exercice ; que les centumvirs (2), convoqués jusqu'alors par des questeurs honoraires, le seraient par les décemvirs.

XXXVII. Pour faire participer un plus grand nombre de citoyens à l'administration de l'État, il créa de nouveaux offices : l'intendance des travaux publics, des routes, des eaux, du lit du Tibre, des distributions de blé au peuple, la préfecture de Rome, un triumvirat pour recruter les sénateurs, un autre pour passer en revue les escadrons de chevaliers, chaque fois qu'il en serait besoin. Il nomma des censeurs, ce que l'on avait cessé de faire depuis longtemps. Il augmenta le nombre des préteurs. Il demanda même qu'on lui donnât deux collègues au lieu d'un, chaque fois qu'il serait chargé du consulat, mais il ne put l'obtenir, car tous (les sénateurs) se récrièrent qu'il s'abaissait déjà bien assez en partageant cette magistrature avec un autre, au lieu de l'exercer tout seul.

XXXVIII. Ne ménageant pas davantage les honneurs au mérite militaire, il fit décerner le triomphe complet

(1) Contrairement à l'habitude introduite par César, durant son premier consulat : voir *Caes.*, 20[1].

(2) Les centumvirs étaient des juges qui siégeaient en un endroit où l'on avait planté une *hasta* : de là l'expression *centumuiralis hasta*, pour *iudicium centumuirorum*.

libuisset perrogabat, ut perinde quisque animum intenderet ac si censendum magis quam adsentiendum esset.

XXXVI. | Auctor et aliarum rerum fuit, in quis : ne acta senatus publicarentur, ne magistratus deposito honore statim in prouincias mitterentur, ut proconsulibus ad mulos et tabernacula, quae publice locari solebant, certa pecunia constitueretur, ut cura aerari a quaestoribus urbanis ad praetorios praetoresue transiret, ut centumuiralem hastam, quam quaesturam functi consuerant cogere, decemuiri cogerent.

XXXVII. [1]Quoque plures partem administrandae rei p. caperent, noua officia excogitauit : curam operum publicorum, uiarum, aquarum, aluei Tiberis, frumenti populo diuidundi, praefecturam urbis, triumuiratum legendi senatus et alterum recognoscendi turmas equitum, quotiensque opus esset. [2]Censores creari desitos longo interuallo creauit. Numerum praetorum auxit. [3]Exegit etiam, ut quotiens consulatus sibi daretur, binos pro singulis collegas haberet, nec optinuit, reclamantibus cunctis satis maiestatem eius imminui, quod honorem eum non solus sed cum altero gereret.

XXXVIII. [1]Nec parcior in bellica uirtute honoranda, super triginta ducibus iustos triumphos et aliquanto

XXXVI deposito *dett.* [*edd. Rom. Ven. I*] : dis- *om. codd.* ‖ ut proconsulibus : pro- M ‖ quaesturam : -ra δ [*uulgo*] ‖ consuerant : -euerant VRT.

XXXVII, 1 uiarum : uiar- uariarum [*hoc uerbum in ras.* um *per compend.*] M [*Mommsen*] ‖ frumenti : -to M ‖ diuidundi : -dundo M -dendi V,LPOST, ΠQR ‖ quotiensque : --cumque *uulgo* [*cf. Cal.*, 7] ‖ **3** nec optinuit : ne opt- M.

à plus de trente généraux, et les insignes du triomphe (1) à beaucoup plus encore. Il permit aux fils de sénateurs, pour les familiariser plus vite avec les affaires publiques, de revêtir le laticlave et d'assister aux séances du sénat, aussitôt après avoir reçu la toge virile, et dès leur entrée dans la carrière militaire, il leur donna le grade de tribuns de légion et même le commandement d'une aile de cavalerie ; et, pour que nul d'entre eux ne restât étranger à la vie des camps, il mit d'ordinaire à la tête de chaque aile deux officiers portant le laticlave. Il passa fréquemment en revue les escadrons de chevaliers (2) et rétablit leur défilé traditionnel tombé en désuétude depuis longtemps. Mais il ne toléra pas que, durant ce défilé, un accusateur arrêtât l'un d'entre eux (3), ce qui se faisait auparavant, et permit à ceux que signalait leur grand âge ou quelque disgrâce physique de laisser leur cheval figurer seul dans le cortège et de venir à pied répondre à tous les appels ; par la suite, lorsqu'après l'âge de trente-cinq ans ils ne voulaient plus garder leur cheval, il leur accorda l'autorisation de le rendre.

XXXIX. Assisté de dix adjoints qu'il s'était fait donner par le sénat, Auguste obligea chacun des chevaliers à lui rendre compte de sa conduite et ceux qu'il trouva en faute se virent infliger, les uns, une punition, les autres, une flétrissure, la plupart, une réprimande présentée de différentes manières ; le genre de réprimande le plus doux consistait à leur remettre directement une note (4) qu'ils devaient lire tout bas, aussitôt et sur place ; quel-

(1) C'est-à-dire les habits du triomphateur, le droit de porter la couronne de laurier dans les spectacles publics et de se faire dresser une statue triomphale.

(2) Ce rôle appartenait auparavant aux censeurs, mais Auguste s'en chargea en qualité de « préfet des mœurs ».

(3) Pour le traîner devant les juges.

(4) Renfermant un blâme pour les diverses fautes dont ils étaient coupables.

pluribus triumphalia ornamenta decernenda curauit. | [2]Liberis senatorum, quo celerius rei p. assuescerent, protinus *a* uirili toga latum clauum induere et curiae interesse permisit militiamque auspicantibus non tribunatum modo legionum, sed et praefecturas alarum dedit ; ac ne qui expers castrorum esset, binos plerumque laticlauios praeposuit singulis alis. | [3]Equitum turmas frequenter recognouit, post longam intercapedinem reducto more trauectionis. Sed neque detrahi quemquam in trauehendo ab accusatore passus est, quod fieri solebat, et senio uel aliqua corporis labe insignibus permisit, praemisso in ordine equo, ad respondendum quotiens citarentur pedibus uenire ; mox reddendi equi gratiam fecit eis, qui maiores annorum quinque et triginta retinere eum nollent.

XXXIX. Impetratisque a senatu decem adiutoribus, unum quemque equitum rationem uitae reddere coegit atque in exprobratis alios poena, alios ignominia notauit, plures admonitione, sed uaria. Lenissimum genus admonitionis fuit traditio coram pugillarium, quos taciti et ibidem statim legerent ; notauitque ali-

XXXVIII, 2 rei p. : R.P. ΠQR ‖ ⟨ a ⟩ uirili toga *quidam apud Torrentium* : uirili toga MGVQ uirili togae ΠR die uirilis togae ρ uirilem togam LPOST uirilem togam ⟨ ac ⟩ *Casaubon* sumpta uirili toga *propon. Ihm* ‖ induere : -ducere P[1]Π[1]Qε ‖ sed et G,ΠQεR : sed ut δ sed *cett.* ‖ ne qui : ne quis L[2] *dett.* [*uulgo*] ‖ alis : -iis MQ ‖ **3** trauectionis : tra * uectionis M transu- LPOST, δ ‖ in trauehendo : in trans- LPOST, δ *om.* T ‖ aliqua : alia Q ‖ reddendi : retin- *Casaubon* ‖ gratiam : -tia Mδ ‖ nollent : uellent ε [*suprascr.* +nollent] L[1] *dett.* mallent *Mommsen.*

XXXIX in exprobratis [*in* M *posterior* r *suprascr.*] : ex improbatis *dett. et edd.* in probatione *Modderman* ‖ sed : et *Modderman* ‖ uaria : -iae [*per compend.*] V ‖ traditio : -to Q *dett.* ‖ legerent ΠQεR,L[1]T : -rint MGVL[2]S legêr P.

ques-uns furent notés d'infamie pour avoir placé à un taux usuraire des sommes qu'ils s'étaient fait prêter à faible intérêt.

XL. Lorsque pour les élections des tribuns il ne se présentait pas suffisamment de sénateurs (1), il nomma des chevaliers romains, en leur laissant le droit de rester, à l'expiration de leur charge, dans l'ordre qu'ils préféreraient. Comme un très grand nombre de chevaliers, ruinés par les guerres civiles, n'osaient plus dans les jeux publics s'asseoir sur les quatorze gradins (réservés à leur ordre), par crainte des sanctions prévues par la loi sur les spectacles (2), il proclama qu'elle ne s'appliquait pas à ceux qui avaient possédé eux-mêmes ou dont les parents avaient eu autrefois la fortune équestre. Quant au peuple, il en fit le recensement par quartiers, et, pour que les plébéiens ne fussent pas trop souvent détournés de leurs affaires par les distributions de blé, il projeta de faire délivrer trois fois par an des bons représentant la provision de quatre mois, mais, comme la plèbe regrettait l'ancienne habitude, il permit de nouveau que les distributions eussent lieu tous les mois. Il rétablit aussi l'ancienne réglementation des comices (3) et, après avoir édicté diverses peines contre la brigue, les jours d'élection il faisait distribuer aux tribus Fabia et Scaptia, dont il était membre, mille sesterces par tête, sur sa cassette particulière, pour qu'elles n'attendissent rien d'aucun candidat. En outre, comme il jugeait important de conserver à la race romaine sa pureté, et de ne pas la laisser corrompre par le moindre mélange de sang étranger ou servile, il fut très avare du droit de cité romaine et restreignit le nombre des affranchissements. Tibère lui

(1) Depuis l'époque de Sylla, il fallait être sénateur pour pouvoir devenir tribun de la plèbe ; cf. 10^3.

(2) La *lex Iulia theatralis.*

(3) Celle qu'avait établie César : cf. *Caes.*, 41^2.

quos, quod pecunias leuioribus usuris mutuati grauiore faenore collocassent.

XL. [1]Ac comitiis tribuniciis si deessent candidati senatores, ex equitibus R. creauit, ita ut potestate transacta in utro uellent ordine manerent. [2]Cum autem plerique equitum, attrito bellis ciuilibus patrimonio, spectare ludos e quattuordecim non auderent metu poenae theatralis, pronuntiauit non teneri ea, quibus ipsis parentibusue equester census umquam fuisset. | [3]Populi recensum uicatim egit, ac ne plebs frumentationum causa frequentius ab negotiis auocaretur, ter in annum quaternum mensuum tesseras dare destinauit ; sed desideranti consuetudinem ueterem concessit rursus, ut sui cuiusque mensis acciperet. [4]Comitiorum quoque pristinum ius reduxit ac, multiplici poena coercito ambitu, Fabianis et Scapt*i*ensibus tribu*l*ibus suis die comitiorum, ne quid a quoquam candidato desiderarent, singula milia nummum a se diuidebat. | [5]Magni praeterea existimans sincerum atque ab omni colluuione peregrini ac seruilis sanguinis incorruptum seruare populum, et ciuitates Romanas parcissime dedit et manumittendi modum terminauit.

XL, 1 Ac [*ex* at *corr.* Q] : a LPOST,Π¹ at *propon. Ihm* || **2** theatralis : theatr- ⟨ legis ⟩ *Casaubon* || **3** recensum ΠQεR : r. [*uel* R., romanum *per compend.* P¹] censum MGV, LP¹OST romanum [*per compend.*] recensum P² || ab : ac R a T || auocaretur : uoca- MG, ΠQεR, δ || quaternum [quatt- V] GVLP¹Sδ : -nuum Mε -nium Q -norum ΠRP²O -nas T || mensuum Mε [*cf. infra* 65²] : -sium *cett.* -sum *Roth* || sui cuiusque : sui quisque *Egnatius* suam [suas *Bentley*] cuiusque *Duker* || **4** Scaptiensibus tribulibus *Beroald* : scaptentribubus *om. codd.* || a se : asse LPOST [esse *at* e *expunct. et* a *suprascr.* L] || **5** ab omni : omni G || populum et : pop- G || ciuitates Romanas : ciuitatem Romanam *dett. et edd.* [*cf. Gal.*,14²] || dedit et : dedit MGVLP¹δ.

demandant le droit de cité pour un Grec de ses clients, il lui écrivit : « Je ne le lui donnerai que si vous me démontrez de vive voix à quel point sont légitimes les motifs de votre demande » ; et comme Livie sollicitait la même faveur pour un Gaulois tributaire, il la refusa, mais lui offrit de l'exempter du tribut, en déclarant « qu'il lui serait moins pénible de causer un préjudice au trésor impérial que de profaner la dignité de citoyen romain. » En ce qui concerne les esclaves, non content d'avoir multiplié les obstacles pour les tenir à l'écart de la liberté simple, et bien plus encore de la liberté complète *, en déterminant avec minutie le nombre, la situation et les différentes catégories de ceux qui pouvaient être affranchis, il ajouta encore que jamais aucun genre de liberté ne pourrait conférer la qualité de citoyen à un esclave qui aurait été enchaîné ou mis à la torture. Il s'efforça même de faire reprendre la tenue et le costume d'autrefois, et, voyant un jour dans l'assemblée du peuple une foule de gens vêtus de sombre, il s'écria tout indigné : « Voici

> les Romains, maîtres de l'univers, le peuple vêtu de la toge ! » (1)

et il chargea les édiles de ne laisser désormais les gens stationner sur le forum ou dans ses alentours qu'après avoir quitté le manteau couvrant leur toge (2).

XLI. Il saisit maintes occasions de témoigner sa libéralité aux différents ordres. Ainsi, quand on eut transporté à Rome, lors du triomphe d'Alexandrie, le trésor des rois d'Égypte, il en résulta une si grande abondance de numéraire que, le taux de l'argent ayant diminué, la valeur des terres s'accrut de façon considérable, et, par la suite, chaque fois que des confiscations faisaient surabonder l'argent (dans le trésor), il en prêta gratuitement pour un temps déterminé à ceux qui pouvaient répondre

(1) Virg., *Aen.*, I, 282.

(2) La *lacerna* était un vêtement grossier que portaient les Romains au-dessus de leur toge.

[6]Tiberio pro cliente Graeco petenti rescripsit : « non aliter se daturum, quam si praesens sibi persuasisset, quam iustas petendi causas haberet ; » et Liuiae pro quodam tributario Gallo roganti ciuitatem negauit, immunitatem optulit affirmans : « facilius se passurum fisco detrahi aliquid, quam ciuitatis Romanae uulgari honorem. » [7]Seruos non contentus multis difficultatibus a libertate et multo pluribus a libertate iusta remouisse, cum et de numero et de condicione ac differentia eorum, qui manumitterentur, curiose cauisset, hoc quoque adiecit, ne uinctus umquam tortusue quis ullo libertatis genere ciuitatem adipisceretur. | [8]Etiam habitum uestitumque pristinum reducere studuit, ac uisa quondam pro contione pullatorum turba indignabundus et clamitans : « en

Romanos, rerum dominos gentemque togatam ! »

negotium aedilibus dedit, ne quem posthac paterentur in foro circaue nisi positis lacernis togatum consistere.

XLI. | [1]Liberalitatem omnibus ordinibus per occasiones frequenter exhibuit. [2]Nam et inuecta urbi Alexandrino triumpho regia gaza tantam copiam nummariae rei effecit, ut faenore deminuto plurimum agrorum pretiis accesserit, et postea, quotiens ex damnatorum bonis pecunia superflueret, usum eius gratuitum iis, qui cauere in duplum possent, ad certum tempus

8 en : en ait ΠQεR,δ ‖ Romanos — togatam : VERG., *Aen.*, I, 282 ‖ circaue : circo- G,ΠQεR *et in* L *corr. man. rec.* [*cf. infra* 44[8] *et* LYD., *De mag.*, 1.12 ἐν τῷ ἱπποδρομίῳ].

XLI, 2 nummariae : nummuma- M nummummarinae [*per compend.*] G ‖ effecit : -ficit V ‖ deminuto : di- ΠQR,T.

du double. Il éleva le cens sénatorial, en le portant de huit cent mille sesterces à douze cent mille et fournit la différence aux sénateurs insuffisamment riches. Il fit souvent des largesses au peuple (1), mais la somme variait presque chaque fois : tantôt c'étaient quatre cents sesterces par tête, tantôt trois cents, quelquefois deux cent cinquante ; il n'en exclut même pas les plus jeunes enfants, quoique, d'après l'usage, il fallût avoir dix ans accomplis pour y participer. Souvent aussi (2), lorsque le blé était cher, il en fit mesurer (une certaine quantité) à chaque citoyen pour un prix tout à fait modique, quelquefois gratuitement, et doubla la valeur des bons échangeables contre de l'argent.

XLII. Mais ce qui prouve qu'il recherchait le bien public plutôt que la popularité, c'est qu'un jour, comme le peuple se plaignait de la rareté du vin et de son prix, il prononça, pour le rappeler à l'ordre, ces paroles très dures : « Mon gendre Agrippa, en construisant plusieurs aqueducs, a suffisamment pourvu à ce que personne n'eût soif. » De même, le peuple réclamant une distribution d'argent qu'il lui avait promise, il répondit « qu'il était de parole » ; mais, une autre fois, comme il en sollicitait une, en dehors de toute promesse, Auguste, dans un édit, lui reprocha son impudence éhontée et lui affirma « qu'il ne donnerait rien, quoiqu'il se fût proposé de le faire. » Il ne fut ni moins rigoureux ni moins ferme (dans d'autres occasions) ; apprenant qu'à l'annonce d'une distribution d'argent on avait affranchi et fait inscrire au nombre des citoyens une foule d'esclaves, il déclara qu'il n'y aurait rien pour les gens qui n'avaient pas reçu de promesse et, quant aux autres, il leur donna moins qu'il ne leur avait

(1) Dion Cassius mentionne, en effet, plusieurs *congiaria* distribués par Auguste : voir LI, 21 (en 29 av. J.-C.), LIII, 28 (en 24 av. J.-C.), LV, 10 (en 2 av. J.-C.).

(2) Douze fois, d'après l'*Index rerum*.

indulsit. [3]Senatorum censum ampliauit ac pro octingentorum milium summa duodecies sestertium taxauit suppleuitque non habentibus. [4]Congiaria populo frequenter dedit, sed diuersae fere summae : modo quadringenos, modo trecenos, nonnumquam ducenos quinquagenosque nummos ; ac ne minores quidem pueros praeteriit, quamuis non nisi ab undecimo aetatis anno accipere consuessent. [5]Frumentum quoque in annonae difficultatibus saepe leuissimo, interdum nullo pretio uiritim admensus est tesserasque nummarias duplicauit.

XLII. [1]Sed ut salubrem magis quam ambitiosum principem scires, querentem de inopia et caritate uini populum seuerissima coercuit uoce : « satis prouisum a genere suo Agrippa perductis pluribus aquis, ne homines sitirent. » [2]Eidem populo promissum quidem congiarium reposcenti « bonae se fidei esse » respondit ; non promissum autem flagitanti turpitudinem et impudentiam edicto exprobrauit affirmauitque « non daturum se quamuis dare destinaret. » [3]Nec minore grauitate atque constantia, cum proposito congiario multos manumissos insertosque ciuium numero comperisset, negauit accepturos quibus promissum non esset, cete-

3 Senatorum : -ium *Bentley* [*cf. Vesp.*, 17]. || duodecies : decies *Juste-Lipse* [*cf.* Cassius Dio, LIV, 17. 3] || sestertium : -tio *Ernesti* [*cf. Caes.*, 50³ –*Aug.*, 30⁴] || **4** diuersae fere : diuersae V || quadringenos : quadra- GIIR || trecenos *Torrentius* : tri- *om. codd.* || quinquagenosque : quingen- S quadra- *Mommsen* || non nisi : non IIQεR || **5** uiritim admensus : uiritum admensum [*per compend.*] V.

XLII, 2 Eidem : id- *Bentley* || populo : -um [*per compend.*] M *del. Torrentius* || reposcenti : de- *Polak* || destinaret : -asset N *dett.* -arit *Reitzius* -arat *ed. Ven.* 1506 || **3** Nec : ne MVQRεδ || grauitate : gratui- MP¹δ || proposito congiario : praeposito [prae *per compend.*] congrua [a *expunct. et suprascr.* o *man.* 1] V || ceterisque : *corruptum dicit Modderman.*

promis, pour que la somme prévue pût suffire (1). Lors d'une terrible disette (2), difficile à combattre, il avait chassé de Rome les esclaves à vendre, les troupes de gladiateurs et tous les étrangers, à l'exception des médecins et des professeurs, ainsi qu'une partie des esclaves ; aussi, lorsqu'enfin le ravitaillement fut assuré, « il eut, dit-il (dans ses mémoires), la pensée de supprimer pour toujours les distributions de blé faites par l'État, parce que le peuple, comptant sur elles, abandonnait la culture de la terre ; mais, ajoute-t-il, il ne s'y arrêta point, dans la conviction que le désir de la popularité pourrait un jour les faire rétablir. » Par la suite, il les réglementa de façon à ménager les intérêts des agriculteurs et des commerçants, aussi bien que ceux du peuple.

XLIII. Par le nombre, par la variété et par la magnificence de ses spectacles, il surpassa tous ses prédécesseurs. Il déclare (3) « qu'il célébra des jeux publics quatre fois en son propre nom et vingt-trois fois pour d'autres magistrats, qui étaient absents ou manquaient de ressources. » Il en célébra même quelquefois dans les différents quartiers et sur plusieurs scènes, avec des acteurs parlant toutes les langues ; il donna, non seulement dans le forum et dans l'amphithéâtre, mais encore dans le cirque et dans l'enceinte des élections (4) [des spectacles], qui se réduisaient parfois à des chasses. Il donna aussi des luttes d'athlètes dans le Champ de Mars, où furent disposés des bancs de bois, ainsi qu'un combat naval, pour lequel il fit creuser le sol dans le voisinage

(1) La seconde mesure paraît faire double emploi avec la première ; mais il est probable que Suétone, comme d'ordinaire, résume trop : il oublie de nous dire que la discrimination entre citoyens et affranchis ne put pas être faite sérieusement.

(2) En 6 ap. J.-C., d'après Dion Cass., LV, 26.

(3) Dans l'*Index rerum gestarum* : cf. *Aug.*, 101[6].

(4) Grande place fermée par des barrières, sur le Champ de Mars, où le peuple s'assemblait pour voter.

risque minus quam promiserat dedit, ut destinata summa sufficeret. [4]Magna uero quondam sterilitate ac difficili remedio cum uenalicias et lanistarum familias peregrinosque omnes exceptis medicis et praeceptoribus partimque seruitiorum urbe expulisset, ut tandem annona conualuit : « impetum se cepisse » scribit « frumentationes publicas in perpetuum abolendi, quod earum fiducia cultura agrorum cessaret, neque tamen perseuerasse, quia certum haberet posse per ambitionem quandoque restitui. » [5]Atque ita post ha[n]c rem temperauit, ut non minorem aratorum ac negotiantium quam populi rationem deduceret.

XLIII. | [1]Spectaculorum et assiduitate et uarietate et magnificentia omnes antecessit. « Fecisse se ludos » ait « suo nomine quater, pro aliis magistratibus, qui aut abessent aut non sufficerent, ter et uicies. » [2]Fecitque nonnumquam etiam uicatim ac pluribus scaenis per omnium linguarum histriones *** non in foro modo, nec in amphitheatro, sed et in circo et in Saeptis, et aliquando nihil praeter uenationem edidit ; athletas quoque extructis in campo Martio sedilibus ligneis ;

4 quondam : qua- ΠQR [+ quondam *suprascr. in* R] ‖ partimque : partem- G,ΠQεR,Tδ ‖ cessaret ε [*suprascr.* + cesserit] *aliique dett.* : cesserat *om. cett.* ‖ perseuerasse ; -asset MV, LPOST ‖ posse [poss & V *om.* L] : post se *dett.* ‖ restitui : restitutum iri *Madvig* [*ante scribit* post se] ‖ 5 posthac QR *dett.* : post hanc *cett.* ‖ deduceret : duc- *Estienne.*

XLIII, 1 Fecisse se ludos : fecisse lud- V fec- lud- se II ‖ 2 nonnumquam etiam : nonnumquam *edd. Rom. II Ven. I Iunt.* 1515 [*Roth*] ‖ histriones **** non *fere edd.* : ⟨ Munera ⟩ *suppl. Perizonius* ⟨ circensibus ludis gladiatoriisque muneribus frequentissime editis interiecit plerumque bestiarum Africanarum uenationes ⟩ *uel similia propon. Roth* [*cf.* Mon. Anc., IV, 39 *sqq. et Cl.,* 21] ‖ sed et : sed T ‖ circo et ΠQεR,T : circo *cett.* ‖ edidit : dedit Π[2].

du Tibre, à l'endroit où se trouve aujourd'hui le bois des Césars (1). Les jours de spectacle, il fit placer des gardes dans la ville, pour qu'elle ne devînt pas la proie des voleurs, vu qu'il n'y restait presque personne. Dans le cirque, il produisit des conducteurs de chars, des coureurs, des bestiaires, quelquefois même recrutés parmi les jeunes gens les plus nobles. En outre, il fit très souvent donner des jeux troyens (2) par des enfants de deux âges différents, car c'était, à son avis, un noble usage d'autrefois que de mettre ainsi en lumière la valeur d'une lignée illustre. Nonius Asprenas s'étant estropié en tombant au cours de ces jeux, il lui fit présent d'un collier d'or et l'autorisa, lui et ses descendants, à porter le surnom de Torquatus (3). Plus tard, il mit fin aux représentations de ce genre, parce que l'orateur Asinius Pollion s'était plaint avec une vive amertume, devant le sénat, d'une chute faite par son petit-fils Æserninus, qui s'était lui aussi brisé la jambe. Il fit quelquefois aussi participer même des chevaliers romains aux représentations théâtrales et aux combats de gladiateurs, tant qu'un sénatus-consulte ne l'eût pas interdit. Depuis, il ne présenta plus qu'un tout jeune adolescent, un Lycien de bonne famille, et seulement pour le faire voir, parce qu'il n'avait pas deux pieds de haut, pesait dix-sept livres et possédait une voix formidable. Un jour de représentation, conduisant au spectacle des otages parthes, les premiers que l'on eût envoyés à Rome, il les fit passer au milieu de l'arène et les installa au second rang, au-dessus de lui. Il avait coutume, même en dehors des jours de spectacle, s'il arrivait qu'on eût transporté à Rome quelque animal curieux et méritant d'être vu, de le présenter au peuple à

(1) Ainsi nommé en l'honneur de Caius et de Lucius César, les fils d'Agrippa et de Julie.

(2) Cf. *Caes.*, 39[4], note 1.

(3) Surnom dérivé de *torques*, le collier.

item nauale proelium circa Tiberim cauato solo, in quo nunc Caesarum nemus est. [3]Quibus diebus custodes in urbe disposuit, ne raritate remanentium grassatoribus obnoxia esset. [4]In circo aurigas cursoresque et confectores ferarum, et nonnumquam ex nobilissima iuuentute, produxit. [5]Sed et Troiae lusum edidit frequentissime ma*i*orum minorumque puerorum, prisci decorique moris existimans clarae stirpis indolem sic notescere. [6]In hoc ludicro Nonium Asprenatem lapsu debilitatum aureo torque donauit passusque est ipsum posterosque Torquati ferre cognomen. [7]Mox finem fecit talia edendi, Asinio Pollione oratore grauiter inuidioseque in curia questo A*e*sernini nepotis sui casum, qui et ipse crus fregerat. | [8]Ad scaenicas quoque et gladiatorias operas et equitibus Romanis aliquando usus est, uerum prius quam senatus consulto interdiceretur. [9]Postea nihil sane praeterquam adulescentulum Lycium honeste natum exhibuit, tantum ut ostenderet, quod erat bipedali minor, librarum septemdecim ac uocis immensae. [10]Quodam autem muneris die Parthorum obsides tunc primum missos per mediam arenam ad spectaculum induxit superque se subsellio secundo collocauit. [11]Solebat etiam citra spectaculorum dies, si quando quid inuisitatum dignumque cognitu aduectum esset, id extra ordinem quolibet

4 ferarum : fer- ex equestri G ‖ et nonnumquam : nonnum- *Torrentius* ‖ **5** maiorum *dett.* : magn- *cett.* ‖ puerorum : puer- delectu ΠRP²O [*uulgo*] ‖ **6** aureo : -a ΠR ‖ ipsum : *om.* M ‖ **7** talia : alia MQRδΠ² ‖ Aesernini *Beroald* : aser- [aserni G -mini V] *om. codd.* ‖ fregerat : eff- ΠQεR ‖ **8** operas et : op- *dett.* ‖ usus : -su [s *eras.*] M ‖ **9** Lycium : lyt- S lic- ΠT luc- R L. Itium *Torrentius* L. Icium *Roth* ‖ **11** inuisitatum MRT : inusi- *cett.*

titre extraordinaire, en n'importe quel lieu, par exemple un rhinocéros, dans l'enceinte des élections (1), un tigre, sur une scène, un serpent de cinquante coudées, devant la place des élections. Lors de certains jeux votifs célébrés dans le cirque, une subite indisposition le força de rester couché dans sa litière pour ouvrir le défilé des chars sacrés ; une autre fois, durant les jeux publics donnés pour l'inauguration du théâtre de Marcellus (2), les joints de sa chaise curule s'étant relâchés, il tomba à la renverse. De plus, pendant un spectacle célébré par ses petits-fils, voyant le peuple affolé par la crainte d'un écroulement, sans qu'il y eût moyen de le retenir et de le rassurer, il quitta sa place et vint s'asseoir à l'endroit le plus menacé.

XLIV. Il régnait dans les spectacles la confusion et le sans-gêne le plus complets : Auguste y introduisit l'ordre et la discipline, car il s'était ému de l'affront subi par un sénateur, qui, à Pouzzoles, durant des jeux tout à fait courus, n'avait été accueilli par personne, au milieu d'une nombreuse assistance. Il fit donc décréter par le sénat, que, pour tout spectacle public donné en quelque lieu que ce fût, le premier rang de banquettes devait être réservé aux sénateurs, et défendit qu'à Rome les ambassadeurs des nations libres ou alliées prissent place dans l'orchestre, parce qu'il s'était aperçu que leurs délégations comprenaient même des affranchis. Il sépara les soldats du peuple. Il assigna aux plébéiens mariés des gradins spéciaux, aux jeunes gens vêtus de la prétexte, un secteur * particulier, et celui d'à côté, à leurs précepteurs ; il interdit les places du milieu * à tout spectateur vêtu de sombre *. Quant aux femmes, il ne leur permit de se placer, même pour les combats de gladiateurs, qu'un usage établi les autorisait à suivre pêle-mêle avec les hommes, que sur les gradins supérieurs et toutes seules. Les Vestales

(1) Cf. p. 99, note 4.
(2) Cf. chap. 29*.

loco publicare, ut rhinocerotem apud Saepta, tigrim in scaena, anguem quinquaginta cubitorum pro comitio. | [12]Accidit uotiuis circensibus, ut correptus ualitudine lectica cubans tensas deduceret; rursus commissione ludorum, quibus theatrum Marcelli dedicabat, euenit ut laxatis sellae curulis compagibus caderet supinus. [13]Nepotum quoque suorum munere cum consternatum ruinae metu populum retinere et confirmare nullo modo posset, transiit e loco suo atque in ea parte consedit, quae suspecta maxime erat.

XLIV. | [1]Spectandi confusissimum ac solutissimum morem correxit ordinauitque, motus iniuria senatoris, quem Puteolis per celeberrimos ludos consessu frequenti nemo receperat. [2]Facto igitur decreto patrum ut, quotiens quid spectaculi usquam publice ederetur, primus subselliorum ordo uacaret senatoribus, Romae legatos liberarum sociarumque gentium uetuit in orchestra sedere, cum quosdam etiam libertini generis mitti deprendisset. [3]Militem secreuit a populo. Maritis e plebe proprios ordines assignauit, praetextatis cuneum suum, et proximum paedagogis, sanxitque ne quis pullatorum media cauea sederet. [4]Feminis ne gladiatores quidem, quos promiscue spectari sollemne olim erat, nisi ex superiore loco spectare concessit solis. Virginibus Vestalibus locum in theatro separatim et

11 rhinocerotem : hrino-MV || pro : in G || 13 cum — confirmare : cum *om.* G cum construere et confirimare [*cett. omissis*] V || posset : -se MG.

XLIV, 1 concessu : -sensu MVRδ || 2 sedere : consid- ΠR consist- Q || deprendisset : deprehen- V,LPOST,ΠR || 3 ne quis : *om*- V || 4 sollemne : -ni M || solis. Virginibus *sic disting. Casaubon al.* : Solis Virg- *uulgo* || separatim : -tum V *dett.*

eurent au théâtre leur loge à part, en face du tribunal du préteur. Mais, pour les luttes d'athlètes, il exclut si rigoureusement toute personne du sexe féminin, que, durant les jeux pontificaux (1), le peuple ayant réclamé un couple de lutteurs, il remit sa présentation à la séance matinale du lendemain et fit proclamer, « qu'il ne voulait pas voir les femmes venir au théâtre avant la cinquième heure. »

XLV. Quant à lui, pour assister aux jeux du cirque, il s'installait d'ordinaire dans la salle à manger (2) d'un de ses amis ou de ses affranchis, et parfois dans sa loge (3), ayant même à ses côtés sa femme et ses enfants. Il quittait le spectacle pour plusieurs heures, quelquefois pour des jours entiers, après avoir fait ses excuses et recommandé au peuple les magistrats qui devaient présider à sa place. Mais, chaque fois qu'il y assistait, il ne faisait rien autre, soit par crainte de l'opinion, car il se rappelait que le peuple avait reproché à son père César d'occuper le temps des jeux à lire des lettres et des pétitions ou à leur répondre, soit parce qu'il avait du goût pour les spectacles et qu'il y prenait plaisir, penchant dont il ne fit jamais mystère et que souvent il confessa en toute simplicité. Aussi, même pour des représentations et pour des jeux donnés par d'autres, il offrait souvent sur sa cassette particulière des couronnes et des récompenses magnifiques, et n'assista jamais à un concours grec (4), sans honorer chacun des adversaires selon son mérite. Il eut un goût tout particulier pour les lutteurs, surtout de race latine, et non seulement pour les professionnels des

(1) Jeux que le grand pontife donnait à son entrée en charge.

(2) Il choisissait une maison voisine du cirque, d'où il pouvait suivre le spectacle, la salle à manger se trouvant placée d'ordinaire à l'étage supérieur.

(3) Cf. *Cl.*, 4e.

(4) Concours ayant lieu à Rome, mais suivant les coutumes de la Grèce.

contra praetoris tribunal dedit. [5]Athletarum uero spectaculo muliebre secus omne adeo summouit, ut pontificalibus ludis pugilum par postulatum distulerit in insequentis diei matutinum tempus edixeritque « mulieres ante horam quintam uenire in theatrum non placere. »

XLV. [1]Ipse circenses ex amicorum fere libertorumque cenaculis spectabat, interdum ex puluinari et quidem cum coniuge ac liberis sedens. [2]Spectaculo plurimas horas, aliquando totos dies a*b*erat, petita uenia commendatisque qui suam uicem praesidendo fungerentur. [3]Verum quotiens adesset, nihil praeterea agebat, seu uitandi rumoris causa, quo patrem Caesarem uulgo reprehensum commemorabat, quod inter spectandum epistulis libellisque legendis aut rescribendis uacaret, seu studio spectandi ac uoluptate, qua teneri se neque dissimulauit umquam et saepe ingenue professus est. [4]Itaque corollaria et praemia in alienis quoque muneribus ac ludis et crebra et grandia de suo offerebat nullique Graeco certamini interfuit, quo non pro merito quemque certantium honorarit. [5]Spectauit autem studiosissime pugiles et maxime Latinos, non legitimos atque ordinarios modo, quos etiam com-

5 muliebre secus [sexus Qε] omne MQε : muliebrem sexum omnem [*per compend. in* V] *cett.* muliebre secus omnes *Is. Fr. Gronov* ‖ summouit : subsummouit [summ *per compend.*] M ‖ edixeritque : edixerit quo M,ΠQR edixeritque quo G edixitque T ‖ uenire V,LPOST : -rent *cett.*

XLV, 1 cum coniuge : coniuge δ coniugem MQε [cum *omisso*] ‖ 2 Spectaculo : -la MQε Edens spectacula *Bentley* ‖ aberat *dett.* [*ed. Basil.* 1533] : ad- *cett.* [*lacunam esse post* aderat *suspicatur Modderman*] ‖ suam uicem : sua uice LPOST ‖ fungerentur : -gentur M ‖ 3 nihil : *om.* M ‖ aut : ac ΠR.

jeux, qu'il se plaisait même à mettre aux prises avec des Grecs, mais encore pour les gens du peuple qui se battaient en troupes au coin des rues, à leur fantaisie et sans art. Enfin, il jugea dignes de sa sollicitude toutes les catégories de gens qui prêtaient un concours quelconque aux spectacles publics : non seulement il maintint les privilèges des athlètes, mais il les augmenta ; il interdit de faire combattre les gladiateurs sans espoir de congé ; à l'égard des histrions, il limita au temps des jeux et au théâtre le pouvoir coercitif des magistrats, qu'une vieille loi étendait à tous les lieux et à tous les temps. Il n'en fit pas moins régner jusqu'au bout la discipline la plus rigoureuse dans les luttes des gymnases ou les combats de gladiateurs. Quant aux histrions, il réprima impitoyablement leurs désordres : ainsi, ayant appris qu'un acteur de pièces romaines, appelé Stéphanion, se faisait servir à table par une matrone ayant les cheveux coupés à la façon des jeunes garçons, il le fit battre de verges (1) dans trois théâtres (2), puis le relégua ; sur une plainte du préteur, il fit fouetter le pantomime Hylas (3) dans l'atrium de sa maison, devant tout le monde ; il chassa de Rome et de l'Italie un certain Pylade, parce qu'il avait montré du doigt et signalé à tous un spectateur qui le sifflait.

XLVI. Ayant réglé de la sorte ce qui concernait Rome et son administration, Auguste peupla l'Italie de vingt-huit colonies fondées par lui-même, dota de monuments et de revenus publics plusieurs de ses villes, et lui reconnut même, en quelque manière et dans une certaine me-

(1) D'après Tacite, *Ann.*, I, 77, Auguste avait interdit que l'on frappât de verges les histrions. Cette immunité aurait donc été levée à l'égard de Stéphanion.

(2) Ceux de Pompée, de Marcellus et de Cornelius Balbus : sur ces deux derniers, cf. 29[6] et 29[8].

(3) Sur Hylas et sur son maître Pylade, pantomimes alors très en vogue, cf. Macrobe, *Sat.*, II, 7.

mittere cum Graecis solebat, sed et cateruarios oppidanos inter angustias uicorum pugnantis temere ac sine arte. [6]Vniuersum denique genus operas aliquas publico spectaculo praebentium etiam cura sua dignatus est : athletis et conseruauit priuilegia et ampliauit, gladiatores sine missione edi prohibuit, coercitionem in histriones magistratibus omni tempore et lo*c*o lege uetere permissam ademit praeterquam lud*is* et scaen*a*. Nec tamen eo minus aut xysticorum certationes aut gladiatorum pugnas seuerissime semper exegit. [7]Nam histrionum licentiam adeo compescuit, ut Stephanionem togatarium, cui in puerilem habitum circumtonsam matronam ministrasse compererat, per trina theatra uirgis caesum relegauerit, Hylan pantomimum querente praetore in atrio domus suae nemine excluso flagellis uerberarit et Pyladen urbe atque Italia summouerit, quod spectatorem, a quo exibilabatur, demonstrasset digito conspicuumque fecisset.

XLVI. | [1]Ad hunc modum urbe urbanisque rebus administratis, Italiam duodetriginta coloniarum numero deductarum a se frequentauit operibusque ac uectigalibus publicis plurifariam instruxit, etiam iure ac

6 operas : -is M$^{?}$δ ‖ coercitionem : coertio- M¹OQε ‖ omni : in omni Π [*uulgo*] ‖ et loco *dett.* [*ed. Iunt.* 1515] : *om.* δ et longo *cett.* ‖ ludis et scaena *Estienne* : in ludos et scaena *dett.* ludos et sc(a)enam *cett.* per ludos et sc- *Burmann* ‖ aut xysticorum : auxistic- M ‖ **7** querente : quaerentem MV ‖ uerberarit : -uit M -uerit ΠQε ‖ exibilabatur : exhila- L¹ exilaratur P exhilarabatur [exi- T] L²ST.

XLVI, 1 Ad hunc modum : ad hunc modo M¹ adhuc modicum V ‖ a se frequentauit G : ad se fre- ΠR se fre- MQ refrequentauit V, LPOST ab se fre- *dett.* [*Beroald et edd.*].

sure, une importance et des droits égaux à ceux de Rome, car il imagina un genre de scrutin permettant aux décurions des colonies de voter, chacun dans sa ville, pour élire les magistrats de Rome, et de faire parvenir leurs suffrages dans la capitale, le jour des comices, sous pli cacheté. Pour encourager partout les gens de mérite et les familles nombreuses de la classe populaire, il accordait les grades équestres à ceux qui les demandaient, simplement sur une recommandation officielle de leur cité, et, quand il visitait les régions (1) de l'Italie, tout plébéien fournissant la preuve qu'il avait des fils ou des filles recevait de lui mille sesterces par enfant.

XLVII. Parmi les provinces, il se chargea lui-même des plus puissantes, qu'il n'aurait pas été commode ni prudent de faire gouverner par des magistrats annuels, et confia les autres à des proconsuls tirés au sort (2) ; pourtant, il lui arriva d'en changer quelques-unes de catégorie, et la plupart des unes et des autres furent assez fréquemment visitées par lui. Certaines villes, d'ailleurs fédérées, mais que l'anarchie précipitait à la ruine, furent privées de leur liberté ; d'autres, que leurs dettes accablaient, furent secourues ; quelques-unes, renversées par un tremblement de terre, furent fondées à nouveau ; d'autres, qui faisaient valoir des services rendus au peuple romain, reçurent le droit de cité ou celui des Latins. Et je ne sache pas qu'une seule province n'ait point reçu sa visite, à l'exception uniquement de l'Afrique et de la Sardaigne. Comme il se préparait, après la défaite de Sextus Pompée, à s'y rendre en partant de la Sicile, une série de tempêtes exceptionnelles l'en empêcha et depuis il n'eut plus d'occasion ou de motif pour faire cette traversée.

(1) Elles étaient au nombre de onze.
(2) Ainsi fut établie la distinction entre provinces impériales et provinces sénatoriales.

dignatione urbi quodam modo pro parte aliqua adaequauit, excogitato genere suffragiorum, quae de magistratibus urbicis decuriones colonici in sua quisque colonia ferrent et sub die comitiorum obsignata Romam mitterent. [2]Ac necubi aut honestorum deficeret copia aut multitudinis suboles, equestrem militiam petentis etiam ex commendatione publica cuiusque oppidi ordinabat, at *iis*, qui e plebe regiones sibi reuisenti filios filiasue approbarent, singula nummorum milia pro singulis diuidebat.

XLVII. | [1]Prouincias ualidiores et quas annuis magistratuum imperiis regi nec facile nec tutum erat, ipse suscepit, ceteras proconsulibus sortito permisit ; et tamen nonnullas commutauit interdum atque ex utroque genere plerasque saepius adiit. [2]Vrbium quasdam, foederatas sed ad exitium licentia praecipites, libertate priuauit, alias aut aere alieno laborantis leuauit aut terrae motu subuersas denuo condidit aut merita erga populum R. adlegantes Latinitate uel ciuitate donauit. [3]Nec est, ut opinor, prouincia, excepta dum taxat Africa et Sardinia, quam non adierit. In has fugato Sex. Pompeio traicere ex Sicilia apparantem continuae et immodicae tempestates inhibuerunt nec mox occasio aut causa traiciendi fuit.

1 quodam modo : *del. Juste-Lipse al.* || sua — colonia : suam — coloniam ΠQεR || 2 deficeret : -re Mδ || at [ad V] : *del. Casaubon* et *Müller* || iis *ed. Rom. I* : his *om. codd.* [*sic saepe*] || sibi reuisenti : reuisenti V.

XLVII, 2 Vrbium : -bes G || alias [alia V] aut — leuauit : *om.* ΠQR || aut merita : at mer- ΠQR || 3 fugato Sex. : fugatos ex MGVL[1]Q fugato [-tos S[1]] sexto ΠRPST [*in* P sexto *in ras.*] || apparantem : -rentem MP[1]T || immodicae : mod- V.

XLVIII. Les royaumes dont il s'empara par droit de conquête furent, sauf de rares exceptions, rendus à leurs anciens maîtres ou attribués à des étrangers. Quant aux rois alliés de Rome, il ne craignit point de les unir même entre eux par des liens de parenté, se montrant toujours disposé à faire naître et à favoriser ces rapprochements et ces amitiés ; en outre, il eut pour eux tous autant de sollicitude que s'ils avaient été les membres divers de l'empire, allant même jusqu'à donner des mentors aux princes trop jeunes ou faibles d'esprit, en attendant qu'ils eussent grandi ou recouvré la raison ; de plus, il éleva et fit instruire avec ses propres enfants ceux de plusieurs rois (1).

XLIX. En ce qui concerne les forces militaires, il répartit entre les provinces les légions et les auxiliaires, établit une flotte à Misène, une autre à Ravenne, pour la défense des mers Adriatique et Tyrrhénienne, et affecta le reste de l'effectif soit à la garde de Rome, soit à la sienne, quand il eut licencié la troupe des Calagurritains (2), puis celle des Germains, qu'il avait eus comme gardes du corps, les premiers, jusqu'à la défaite d'Antoine, les seconds, jusqu'au désastre de Varus. Pourtant, il ne laissa jamais stationner à Rome plus de trois cohortes, encore sans leur donner de caserne ; quant aux autres, il avait coutume de les envoyer prendre leurs quartiers d'hiver et d'été aux alentours des villes voisines. Par ailleurs, pour toutes les troupes de l'empire, il fixa de manière précise la durée du service et l'importance des primes, en déterminant, selon les grades, le temps à passer sous les drapeaux et les avantages attachés à la libération, de façon que les soldats, après leur congé, ne pussent pas être entraînés, en raison de leur âge ou de

(1) Ainsi Agrippa, petit-fils d'Hérode : cf. Josèphe, *Ant. Iud.*, XVIII, 6.

(2) Des Espagnols, comme les gardes du corps de César : cf. *Caes.*, 86[a].

XLVIII. | [1]Regnorum quibus belli iure potitus est, praeter pauca, aut isdem quibus ademerat reddidit aut alienigenis contribuit. [2]Reges socios etiam inter semet ipsos necessitudinibus mutuis iunxit, promptissimus affinitatis cuiusque atque amicitiae conciliator et fautor ; nec aliter uniuersos quam membra partisque imperii curae habuit, rectorem quoque solitus apponere aetate paruis aut mente lapsis, donec adolescerent aut resipiscerent ; ac plurimorum liberos et educauit simul cum suis et instituit.

XLIX. | [1]Ex militaribus copiis legiones et auxilia prouinciatim distribuit, classem Miseni et alteram Rauennae ad tutelam Superi et Inferi maris conlocauit ; ceterum numerum partim in urbis partim in sui custodiam adlegit, dimissa Calagurritanorum manu, quam usque ad deuictum Antonium, item Germanorum, quam usque ad cladem Varianam inter armigeros circa se habuerat. [2]Neque tamen umquam plures quam tres cohortes in urbe esse passus est easque sine castris, reliquas in hiberna et aestiua circa finitima oppida dimittere assuerat. [3]Quidquid autem ubique militum esset, ad certam stipendiorum praemiorumque formulam adstrinxit, definitis pro gradu cuiusque et temporibus militiae et commodis missionum, ne aut aetate aut inopia post missionem sollicitari ad res nouas pos-

XLVIII, 1 Regnorum : -na N *dett.* [*uulgo*] ‖ potitus est : potitus M ‖ isdem : isquidem M[1] [qui *eras.*] ‖ ademerat : -rant M ‖ aut : aut ⟨ haut ⟩ *Polak* ‖ contribuit : cor tribuit M ‖ **2** partisque: partes- G,ΠQR partem- LPOST,N.

XLIX, 1 ceterum : certum *edd. Rom. Ven. I* [*uulgo*] ‖ sui : suam LPOST ‖ **2** hiberna et : hiberna V.

leur dénûment, à faire une révolution. Afin de pouvoir trouver en tout temps et sans difficulté l'argent nécessaire pour entretenir et récompenser les troupes, il créa une caisse militaire alimentée par de nouveaux impôts (1). Et, pour que l'on pût facilement et plus vite lui annoncer et lui faire connaître ce qui se passait dans chaque province, il fit placer de distance en distance, sur les routes stratégiques, d'abord des jeunes gens à de faibles intervalles, puis des voitures. Le second procédé lui parut plus pratique, parce que, le même porteur de dépêches faisant tout le trajet, on peut en outre l'interroger, en cas de besoin.

L. Pour cacheter les brevets (2), les pièces officielles et ses lettres, il employa d'abord l'image d'un sphinx, ensuite une effigie d'Alexandre le Grand, enfin son propre portrait gravé par Dioscuride, qui resta le sceau des empereurs suivants. Sur toutes ses lettres, il ajoutait aussi l'indication de l'heure, non seulement du jour mais de la nuit, à laquelle il les faisait partir.

LI. On a, de sa clémence et de sa simplicité digne d'un citoyen (3), une foule de preuves frappantes. Ne voulant pas énumérer tous les membres du parti adverse auxquels il accorda le pardon et la vie sauve et qu'il laissa même occuper une place prépondérante dans l'État, (je me contenterai de mentionner) Junius Novatus et Cassius de Padoue, deux plébéiens qu'il punit simplement, l'un, d'une amende, l'autre, d'un exil bénin, quoiqu'ils eussent, le premier, fait courir une prétendue lettre du jeune

(1) Dion Cassius, LV, 25, mentionne ce ταμιεῖον στρατιωτικόν et déclare qu'il fut créé en 6 ap. J.-C. Auguste y versa une somme considérable prélevée sur sa fortune et il établit pour l'alimenter l'impôt du vingtième sur les successions.

(2) On appelait *diploma* une lettre par laquelle un magistrat octroyait à quelqu'un telle ou telle faveur.

(3) Suétone consacre ce chapitre aux exemples de clémence, puis, de 52-56, il énumère des traits de *ciuilitas*.

sent. [4]Vtque perpetuo ac sine difficultate sumptus ad tuendos eos prosequendosque suppeteret, aerarium militare cum uectigalibus nouis constituit. | [5]Et quo celerius ac sub manum adnuntiari cognoscique posset, quid in prouincia quaque gereretur, iuuenes primo modicis interuallis per militaris uias, dehinc uehicula disposuit. Commodius id uisum est, ut qui a loco idem perferunt litteras, interrogari quoque, si quid res exigant, possint.

L. In diplomatibus libellisque et epistulis signandis initio sp*h*inge usus est, mox imagine Magni Alexandri, nouissime sua, Dioscuridis manu sculpta, qua signare insecuti quoque principes perseuerarunt. Ad epistulas omnis horarum quoque momenta nec diei modo sed et noctis, quibus datae significarentur, addebat.

LI. | [1]Clementiae ciuilitatisque eius multa et magna documenta sunt. [2]Ne enumerem, quot et quos diuersarum partium uenia et incolumitate donatos principem etiam in ciuitate locum tenere passus sit, Iunium Nouatum et Cassium Patauinum e plebe homines alterum pecunia, alterum leui exilio punire satis habuit, cum ille Agrippae iuuenis nomine asperrimam de se epis-

4 perpetuo ac : perpetuo G || constituit : in- PTN || **5** Et quo : equos V || manum : -nu Tε *dett.* || a loco idem : a loco eodem *uel* idemque *dett.* a loco *et* iidem *post* litteras *scrib. pars edd.* idem *del. Roth* a loco * idem *Preud'homme* alicunde ei *Casaubon* alicunde *Graevius* aliquo *propon. Ihm* || exigant : -at *Estienne* [*Saumaise*] -erant [*et tum* possent] *Graevius.*

L sphinge : spin- [-gae MGV] *om. codd.* || sculpta [-ulta VS] *om. codd.* : scal- *Ernesti* [*Ihm*].

LI, 1 documenta sunt : documenta V || **2** Ne enumerem : et ne enum- V,LPOST ne emerem M[1] nec * mirum [r *in ras.* um *per compend.*] G || quot et quos : quod et quos MVδ [*in* M *corr. man.* 1] quod et quosdam G quot et quam *Polak* || de se : de eo Πε.

Agrippa (1), très dure pour l'empereur, le second, proclamé au milieu d'un festin qu'il ne lui manquait ni l'envie ni le courage de le tuer. Jugeant un jour un certain Æmilius Ælianus de Cordoue et lui entendant reprocher, comme sa faute la plus grave, de se plaire à dire du mal de l'empereur, il se tourna vers l'accusateur et lui dit avec un air courroucé : « Je voudrais que vous m'en fournissiez la preuve ; je ferais alors savoir à Ælianus que moi aussi j'ai une langue, car j'en dirais bien davantage sur son compte » ; et il ne poussa pas plus loin son enquête, ni sur le moment ni plus tard. Tibère, à son tour, mais avec une plus grande violence, lui ayant adressé par lettre des plaintes à ce même sujet, il lui répondit : « Mon cher Tibère, gardez-vous de céder sur ce point à l'emportement de votre âge et de vous indigner trop vivement qu'il se trouve des gens pour oser dire du mal de moi : contentons-nous de l'assurance que personne ne peut nous en faire. »

LII. On élevait couramment des temples, il le savait bien, même à des proconsuls, et cependant il n'en accepta dans aucune province sans faire associer le nom de Rome au sien (2) ; mais à Rome, il refusa obstinément cet honneur ; il alla même jusqu'à faire fondre toutes les statues d'argent qui lui avaient été dressées autrefois, et avec la somme ainsi produite il consacra des trépieds d'or à l'Apollon Palatin (3). La dictature (4) lui étant offerte avec une grande insistance par le peuple, il se mit à genoux, rejeta sa toge de ses épaules (5), et, la poitrine découverte, l'adjura de ne pas la lui imposer.

(1) Agrippa Postumus, le petit-fils d'Auguste : voir chap. 64[1] et 65[3].

(2) Cf. Dion Cassius, LI, 20.

(3) Suivant le conseil de Mécène. Cf. l'*Index rerum*.

(4) Cf. Vell. Paterc., II, 89. En 44, le consul Antoine avait fait porter une loi abolissant la dictature : Appien, *B. C.*, III, 25.

(5) Cf. *Caes.*, 33[1], note 2.

tulam in uulgus edidisset, hic conuiuio pleno proclamasset neque uotum sibi neque animum deesse confodiendi eum. [3]Quadam uero cognitione, cum Aemilio Aeliano Cordubensi inter cetera crimina uel maxime obiceretur quod male opinari de Caesare soleret, conuersus ad accusatorem commotoque similis : « Velim », inquit, « hoc mihi probes ; faciam sciat Aelianus et me linguam habere : plura enim de eo loquar ; » nec quicquam ultra aut statim aut postea inquisiit. [4]Tiberio quoque de eadem re, sed u*i*olentius apud se per epistulam conquerenti ita rescripsit : « Aetati tuae, mi Tiberi, noli in hac re indulgere et nimium indignari quemquam esse, qui de me male loquatur ; satis est enim, si hoc habemus, ne quis nobis male facere possit. »

LII. | [1]Templa, quamuis sciret etiam proconsulibus decerni solere, in nulla tamen prouincia nisi communi suo Romaeque nomine recepit. Nam in urbe quidem pertinacissime abstinuit hoc honore ; atque etiam argenteas statuas olim sibi positas conflauit omnis exqu*e* iis aureas cortinas Apollini Palatino dedicauit. | [2]Dictaturam magna ui offerente populo genu nixus deiecta ab umeris toga nudo pectore deprecatus est.

2 hic— proclamasset : *om.* V ‖ 4 sed uiolentius *Pithou* [*et ut uidet. corrector codicis* V *in marg. adscribens* uiol] : sedulo lentius MGV,ΠQεR sedulo uiolentius LPOST,N sed dolentius *Bentley* ‖ se per : semper M ‖ ita rescripsit : rescripsit V ‖ Aetati : iaetati [i *prior expunct.*] M pietati δ [*cf. Cl.*, 16[a] aetatulae] ‖ male : -la V ‖ satis est : satis V.

LII, 1 quamuis : quem- M[1] ‖ decerni solere : decerni ΠQεR ‖ exque iis *Casaubon* [exque ea pecunia Mon. Ancyr., IV, 53] : ex quiis MV [*in* M i *prior expuncta man.* 2] ex quib ; Sε eque δ ex quis [quis G] *cett.*

LIII. Considérant le titre de « maître » comme une injure infamante, il le repoussa toujours avec horreur. Durant des jeux auxquels il assistait, les mots « O maître juste et bon ! » ayant été prononcés dans un mime, tous les spectateurs ensemble lui en firent l'application et les approuvèrent avec enthousiasme, mais lui, non content d'avoir aussitôt, par son geste et par son regard, mis fin à ces adulations indécentes, les blâma encore le lendemain dans un édit tout à fait sévère. Par la suite, il ne se laissa jamais appeler maître, fût-ce par ses enfants ou ses petits-enfants, ni sur un ton sérieux, ni pour plaisanter, et leur interdit même entre eux les cajoleries de ce genre. En règle générale, pour sortir d'une ville ou d'un bourg, ou faire son entrée quelque part, il attendait le soir ou la nuit, afin que personne ne se dérangeât pour le saluer. Durant ses consulats, ce fut presque toujours à pied qu'il circula en public ; le reste du temps, ce fut souvent dans une litière fermée. A ses audiences publiques il admettait même les plébéiens, accueillant avec tant de bonne grâce les demandes de ses visiteurs, qu'il reprocha plaisamment à l'un d'entre eux de lui présenter une pétition avec autant d'embarras « que s'il tendait une pièce de monnaie à un éléphant. » Les jours où les sénateurs tenaient séance, il ne les salua jamais ailleurs que dans la curie (1), et même après les avoir fait asseoir, en désignant chacun par son nom, sans que personne le lui rappelât ; même quand il partait, il prenait congé de la même manière, sans les obliger à se lever. Il entretint des relations avec beaucoup de sénateurs, et ne cessa de se rendre aux solennités célébrées par chacun d'eux qu'aux approches de la vieillesse, et parce qu'un jour il avait été bousculé dans la foule pour une cérémonie de fiançailles. Quoique le sénateur Gallus

(1) C'est-à-dire qu'il ne laissa jamais le sénat venir le saluer chez lui, mais vint toujours lui-même à la curie.

LIII. [1]Domini appellationem ut maledictum et obprobrium semper exhorruit. [2]Cum spectante eo ludos pronuntiatum esset in mimo :

O dominum aequum et bonum !

et uniuersi quasi de ipso dictum exultantes comprobassent, et statim manu uultuque indecoras adulationes repressit et insequenti die grauissimo corripuit edicto ; dominumque se posthac appellari ne a liberis quidem aut nepotibus suis uel serio uel ioco passus est atque eius modi blanditias etiam inter ipsos prohibuit. [3]Non temere urbe oppidoue ullo egressus aut quoquam ingressus est nisi uespera aut noctu, ne quem officii causa inquietaret. [4]In consulatu pedibus fere, extra consulatum saepe adoperta sella per publicum incessit. [5]Promiscuis salutationibus admittebat et plebem, tanta comitate adeuntium desideria excipiens, ut quendam ioco corripuerit, quod « sic sibi libellum porrigere dubitaret, quasi elephanto stipem. » [6]Die senatus numquam patres nisi in curia salutauit et quidem sedentis ac nominatim singulos nullo submonente ; etiam discedens eodem modo sedentibus ualere dicebat. [7]Officia cum multis mutuo exercuit, nec prius dies cuiusque sollemnes frequentare desiit, quam grandi*or* iam *n*atu et in turba quondam sponsaliorum die uexatus. [8]Gal-

LIII, 2 et statim : statim GTδN [et *eras. in* ΠS] ‖ passus est : passus V ‖ **3** ne quem officii causa : neque officii causam M^1 ‖ **4** adoperta *om. codd.* : adap- *Beroald* [*Roth Preud'homme*] ‖ **5** sic sibi : sibi G ‖ dubitaret : -uerit N ‖ **6** submonente : -tes M^1 se monente NL^3 ‖ eodem : eo ΠRQ ‖ **7** mutuo : -a *Is. Fr. Gronov* ‖ grandior iam natu *dett.* [*ed. Rom.I*] : iam grandior natu ρ grandi iam natu L^3 *dett.* [*ed. Mediol.* 1494 *al.*] grandi iam ornatu *cett.* ‖ quondam : *om.* $Π^1Q$ quod- *Goesius.*

Terrinius ne fût pas de ses intimes, quand il devint subitement aveugle et résolut pour ce motif de se laisser mourir de faim, Auguste alla en personne le consoler et lui rendit goût à la vie.

LIV. Pendant qu'il parlait au sénat, quelqu'un dit : « Je n'ai pas compris », et un autre : « Je te contredirais, si tu m'en laissais le temps. » Comme il lui arrivait, quand les débats dégénéraient en disputes trop violentes, de se précipiter avec colère hors de la curie, certains lui crièrent : « qu'il devait être permis à des sénateurs de discuter sur les affaires publiques. » Lors de l'épuration du sénat, quand chacun de ses membres se choisissait un collègue (1), Antistius Labeo (2) désigna M. Lépide, autrefois l'ennemi d'Auguste, alors en exil, et, se voyant demander par l'empereur s'il n'y en avait pas d'autres plus dignes, il répondit : « que chacun avait son avis. » Et cependant aucun ne fut puni de sa franchise ou de son obstination (3).

LV. Il ne s'effraya même pas des pamphlets dirigés contre lui que l'on répandait dans la curie, mais il prit grand soin de les réfuter et, sans même en faire rechercher les auteurs, il proposa seulement que l'on informât désormais contre les gens qui publieraient sous un nom emprunté des libelles ou des poèmes pour diffamer qui que ce fût.

LVI. De même, harcelé par les plaisanteries haineuses ou insultantes de certaines gens, il leur riposta dans un édit. Et, cependant, il intervint pour que l'on n'arrêtât aucune mesure de répression contre l'insolence des testa-

(1) Cf. chap. 35[1].

(2) Célèbre jurisconsulte. Tacite, *Ann.*, III, 75[3], vante son « *incorrupta libertas* ».

(3) Suivant l'habitude de Suétone, cette phrase reprend les deux groupes de faits rapportés dans ce chapitre : le mot « franchise » s'applique aux deux premiers exemples ; le mot « obstination », au cas d'Antistius Labeo.

lum Terrinium senatorem minus sibi familiarem, sed captum repente oculis et ob *id* inedi*a* mori destinantem praesens consolando reuocauit ad uitam.

LIV. | [1]In senatu uerba facienti dictum est « Non intellexi », et ab alio « Contra dicerem tibi, si locum haberem. » Interdum ob immodicas disceptantium altercationes e curia per iram se proripienti quidam ingesserunt « licere oportere senatoribus de re p. loqui. » [2]Antistius Labeo senatus lectione, cum *uir* uirum legeret, M. Lepidum hostem olim eius et tunc exulantem legit interrogatusque ab eo an essent alii digniores, « suum quemque iudicium habere » respondit. Nec ideo libertas aut contumacia fraudi cuiquam fuit.

LV. Etiam sparsos de se in curia famosos libellos nec expauit et magna cura redarguit ac ne requisitis quidem auctoribus id modo censuit, cognoscendum posthac de *i*is, qui libellos aut carmina ad infamiam cuiuspiam sub alieno nomine edant.

LVI. | [1]Iocis quoque quorundam inuidiosis aut petulantibus lacessitus contra dixit edicto. Et tamen ne de inhibenda testamentorum licentia quicquam cons-

8 Terrinium MV,ΠQR : terminum G terrinum LPOST Cerrinium *Rohden* [*Ihm*] ‖ ob id inedia *ed. Bonon.* 1488 : ob inediam *om. codd.*

LIV, 2 uir uirum *Torrentius* [*cf. supra* 35[1]] : triumuirum *om. codd. et* N ‖ exulantem [-te L[1]] V,LPOST,R[1] : —tantem *cett.* ‖ fuit : de- ΠQεR.

LV et magna : nec mag- *Torrentius* aut mag- *Burmann* ‖ iis *ed. Rom. II* : his *om. codd.* ‖ libellos aut carmina : libellis aut crimina V ‖ sub alieno : suo alienoue *Torrentius.*

LVI, 1 tamen ne de inhibenda — quicquam constitueretur : ne *om.* M de *om.* G[*in hoc* inhabenda *pro* inhib-] tamen de inhibenda — ne quicquam [ne senatus quicquam ΠQεR] constitueretur [-ret ΠQεR] ΠQεR,δ.

teurs (1). Chaque fois qu'il assistait aux élections des magistrats, il circulait au milieu des tribus avec ses candidats et sollicitait les voix, suivant l'usage établi. Il votait lui-même dans sa tribu, comme un citoyen quelconque. Quand il témoignait en justice, il se laissait interroger et contredire avec une patience parfaite. Il fit un forum * trop étroit, parce qu'il n'osa pas exproprier les possesseurs des maisons voisines. Jamais il ne recommanda ses fils * au peuple sans ajouter : « Si plus tard ils le méritent. » Voyant qu'à leur entrée au théâtre, quand ils portaient encore la prétexte, tous les spectateurs se levaient, puis les applaudissaient en restant debout, il s'en plaignit très vivement. Quant à ses amis, il voulut que, malgré leur rang et leur puissance dans l'État, ils fussent, comme tout le monde, soumis au droit commun et aux lois criminelles. Asprenas Nonius *, avec lequel il était étroitement lié, ayant à se défendre contre une accusation d'empoisonnement intentée par Cassius Severus, il demanda au sénat « ce qu'il jugeait être son devoir, car il hésitait, craignant qu'on lui reprochât, s'il venait à son aide, d'arracher aux lois un accusé, et, s'il s'abstenait, d'abandonner un ami et de le condamner d'avance » ; puis, selon l'avis unanime du sénat, il vint s'asseoir sur les bancs (de la défense) pendant plusieurs heures, mais sans rien dire et sans même témoigner à sa décharge. Il assista encore ses clients, par exemple un certain Scutarius, l'un de ses anciens rengagés volontaires, qui était poursuivi pour injures. Il n'arracha aux tribunaux qu'un seul accusé, et, même dans ce cas, sans faire autre chose que de fléchir l'accusateur par ses prières, en présence des juges : ce fut Castricius, qui lui avait dénoncé la conjuration de Murena *.

(1) Il n'était pas rare de trouver dans les testaments toutes sortes d'injures à l'adresse des empereurs : voir par exemple Tacite, *Ann.*, VI, 38 (44[a], Goelzer).

titueretur intercessit. [2]Quotiens magistratuum comitiis interesset, tribus cum candidatis suis circuibat supplicabatque more sollemni. Ferebat et ipse suffragium in trib*u*, ut unus e populo. [3]Testem se in iudiciis et interrogari et refelli aequissimo animo patiebatur. Forum angustius fecit, non ausus extorquere possessoribus proximas domos. [4]Numquam filios suos populo commendauit, ut non adiceret « Si merebuntur. » Eisdem praetextatis adhuc assurrectum ab uniuersis in theatro et a stantibus plausum grauissime questus est. [5]Amicos ita magnos et potentes in ciuitate esse uoluit, ut tamen pari iure essent quo ceteri, legibusque iudiciariis aeque tenerentur. [6]Cum Asprenas Nonius artius ei iunctus causam ueneficii accusante Cassio Seuero diceret, consuluit senatum : « quid officii sui putaret ; cunctari enim se, ne si superesset, eriper*e* legibus reum, sin deesset, destituere ac praedamnare amicum existimaretur ; » et consentientibus uniuersis sedit in subselliis per aliquot horas, uerum tacitus et ne laudatione quidem iudiciali data. [7]Affuit et clientibus, sicut Scutario cuidam euocato quondam suo, qui postulabatur iniuriarum. Vnum omnino e reorum numero ac ne eum quidem nisi precibus eripuit, exorato coram iudicibus accusatore, Castricium, per quem de coniuratione Murenae cognouerat.

2 tribu *Erasme* : -bubus T *dett.* tribus [trib : M *perscriptum in solo* G] *cett.* tribu s ⟨ ua ⟩ *Torrentius* ‖ ut unus : et ut un- Π et unus Q ‖ 3 angustius : aug- GV ‖ 4 adiceret : adie- M¹ addi- V ‖ et a stantibus : et adstant- VLPSQ ‖ 5 iudiciariis : iudica- VQ ac iudiciis *Modderman* ‖ 6 quid GN : quod *cett.* [*per compend.* V,ΠQR,LT] ‖ eripere *Juncker* : -ret *om. codd.*

LVII. Il est facile de mesurer toute l'affection que lui valurent de pareils mérites. Je laisse de côté les sénatusconsultes, parce qu'ils peuvent paraître commandés soit par la nécessité soit par la déférence. Mais les chevaliers romains, de leur propre mouvement et d'un commun accord, célébrèrent toujours pendant deux journées l'anniversaire de sa naissance. Tous les ordres de l'État jetaient chaque année des pièces de monnaie dans le lac de Curtius (1), en conséquence d'un vœu formé pour sa conservation ; de même, pour les calendes de janvier, ils apportaient, même en son absence, des étrennes au Capitole (2) : avec cet argent Auguste achetait de magnifiques statues de dieux, qu'il consacrait dans les différents quartiers, comme l'Apollon Sandaliarius (3), le Jupiter Tragédien, et d'autres. Pour l'aider à reconstruire sa maison du Palatin consumée par un incendie, les vétérans, les décuries, les tribus et même des gens de toute classe, à titre individuel, lui apportèrent volontairement des sommes proportionnées à leurs ressources, mais il se contenta d'effleurer les tas de monnaie sans prendre dans chacun plus d'un denier. Quand il revenait de province, c'était non seulement avec des acclamations de bienvenue qu'on l'escortait, mais encore avec des cantates. On prit même pour règle de surseoir à toute exécution, chaque fois qu'il rentrait à Rome.

LVIII. Le surnom de « Père de la Patrie » lui fut décerné par tous, d'un soudain et parfait accord : ce fut d'abord la plèbe qui le lui offrit, en lui envoyant une délégation à Antium ; puis, comme il refusait, une foule considérable et couronnée de laurier, quand il entra au spectacle

(1) Gouffre au N. du forum, où M. Curtius s'était précipité pour accomplir un oracle. Cf. Tite-Live, VII, 6.

(2) Cf. Dion Cass., LIV, 35.

(3) Ainsi appelé parce qu'il se trouvait dans le *uicus Sandaliarius*, situé dans la quatrième région de Rome.

LVII. | [1]Pro quibus meritis quantopere dilectus sit, facile est aestimare. [2]Omitto senatus consulta, quia possunt uideri uel necessitate expressa uel uerecundia. Equites R. natalem eius sponte atque con*sen*su biduo semper celebrarunt. [3]Omnes ordines in lacum Curti quotannis ex uoto pro salute eius stipem iaciebant, item Kal. Ian. strenam in Capitolio etiam absenti, ex qua summa pretiosissima deorum simulacra mercatus uicatim dedicabat, ut Apollinem Sandaliarium et Iouem Tragoedum aliaque. [4]In restitutionem Palatinae domus incendio absumptae ueterani, decuriae, tribus atque etiam singillatim e cetero genere hominum libentes ac pro facultate quisque pecunias contulerunt, delibante tantum modo eo summarum aceruos neque ex quoquam plus denario auferente. [5]Reuertentem ex prouincia non solum faustis ominibus, sed et modulatis carminibus prosequebantur. Obseruatum etiam est, ne quotiens introiret urbem, supplicium de quoquam sumeretur.

LVIII. [1]Patris patriae cognomen uniuersi repentino maximoque consensu detulerunt ei : prima plebs legatione Antium missa ; dein, quia non recipiebat, ineunti Romae spectacula frequens et laureata ; mox in curia

LVII, 2 consensu *edd. Rom.* : -cessu *om. codd.* [*at in* R ces *in ras.*] || **3** Curti : -tii LPOST -tis G || strenam Π^2R : -ennam T -enuam *cett.* [*cf. Tib.*, 34[4]] || in Capitolio : in Cap- ⟨ conferebant ⟩ *Duker* — ⟨ fundebant ⟩ *Modderman* || Sandaliarium : -liarum M^1G || **4** restitutionem ΠQR : -ne *cett.* || absumptae : -ruptae LPOST || e cetero genere : ecetere genere M caetera [ae *per compend.*] genera G || libentes : -er G || contulerunt : -ferebant N || auferente : autfe- M aut frequente V || **5** ominibus G : omni- *cett. et* N [*per compend. plerique*] nominibus *Torrentius.*

LVIII, 1 uniuersi : -so MQεδ.

à Rome ; enfin, le sénat, dans la curie, non point sous forme de décret, ni par acclamation, mais par la bouche de Valerius Messala, qui lui dit, au nom de tous : « Que mes paroles soient un présage de bonheur pour vous et pour votre famille, César Auguste ! Nous croyons, en effet, qu'elles assureront à l'État une éternelle prospérité tout en faisant sa joie : le sénat, d'accord avec le peuple romain, vous salue « Père de la Patrie ». Alors Auguste, versant des larmes, lui répondit en ces termes — je les cite textuellement comme ceux de Messala — : « Ayant obtenu la réalisation de mes vœux, sénateurs, que puis-je désormais demander aux dieux immortels, sinon de voir cet accord se maintenir entre vous jusqu'au dernier jour de ma vie ? »

LIX. Son médecin Antonius Musa l'ayant tiré d'une maladie dangereuse (1), on lui éleva par souscription une statue, à côté de celle d'Esculape. Quelques chefs de famille, dans leurs testaments, prescrivirent à leurs héritiers de conduire au Capitole des victimes précédées d'un écriteau (2), en exécution du vœu qu'ils avaient fait, si Auguste vivait après eux. Certaines villes d'Italie firent commencer l'année par le jour où il les avait visitées pour la première fois. La plupart des provinces lui dédièrent non seulement des temples et des autels, mais aussi, presque dans chaque ville, des jeux quinquennaux.

LX. Les rois amis et alliés fondèrent, chacun dans son royaume, des villes portant le nom de Césarée, et tous ensemble décidèrent de faire terminer à frais communs, dans Athènes, le temple de Jupiter Olympien, resté inachevé depuis des siècles, pour le dédier au Génie d'Auguste ; et souvent ils quittèrent leurs royaumes pour venir chaque jour lui rendre leurs hommages, non seule-

(1) En 23 av. J.-C., d'après Dion Cassius, LIII, 30. Cf. *Aug.*, 28[1].

(2) Indiquant la raison du sacrifice.

senatus, neque decreto neque adclamatione, sed per Valerium Messalam. [2]Is mandantibus cunctis : « Quod bonum », inquit, « faustumque sit tibi domuique tuae, Caesar Auguste ! sic enim nos perpetuam felicitatem rei p. et laeta huic precari existimamus : senatus te consentiens cum populo R. consalutat patriae patrem. » [3]Cui lacrimans respondit Augustus his uerbis (ipsa enim, sicut Messalae, posui) : « Compos factus uotorum meorum, P. C., quid habeo aliud deos immortales precari, quam ut hunc consensum uestrum ad ultimum finem uitae mihi perferre liceat ? »

LIX. | [1]Medico Antonio Musae, cuius opera ex ancipiti morbo conualuerat, statuam aere conlato iuxta signum Aesculapi statuerunt. [2]Nonnulli patrum familiarum testamento cauerunt, ut ab heredibus suis praelato titulo uictimae in Capitolium ducerentur uotumque pro se solueretur, quod superstitem Augustum reliquissent. [3]Quaedam Italiae ciuitates diem, quo primum ad se uenisset, initium anni fecerunt. Prouinciarum pleraeque super templa et aras ludos quoque quinquennales paene oppidatim constituerunt.

LX. Reges amici atque socii et singuli in suo quisque regno Caesareas urbes condiderunt et cuncti simul aedem Iouis Olympii Athenis antiquitus incohatam perficere communi sumptu destinauerunt Genioque eius dedicare ; ac saepe regnis relictis non Romae modo

2 Is M^1GVL^1 : id ΠQR,L^3 non ST^1 *del.* M^2T^2 *in ras.* P ‖ et : ut *Bentley* ‖ huic : huic ⟨ urbi ⟩ *Oudendorp* [*Roth*] huic ⟨ ordini ⟩ *Torrentius* senatui [huic *omisso*] *Perizonius* [*Preud'homme*].
LIX, 2 uictimae : -tumae MVδ ‖ **3** ad se : ad M^1.
LX Olympii : -phii M -pici ΠQR.

ment à Rome, mais durant ses voyages dans les provinces, et cela en toge, sans leurs insignes royaux, comme de simples clients.

LXI. Ayant exposé ce que fut Auguste dans ses commandements, dans ses magistratures et dans l'administration des affaires publiques à travers le monde entier, pendant la paix et pendant la guerre, je vais maintenant décrire sa vie domestique et familiale, en exposant quels furent sa conduite et son sort, dans sa maison et au milieu des siens, depuis sa jeunesse jusqu'au dernier jour de sa vie. Il perdit sa mère (1) durant son premier consulat, sa sœur Octavie (2), au cours de sa cinquante-quatrième année. Après les avoir, de leur vivant, comblées d'égards l'une et l'autre, il leur rendit, même après leur mort, les plus grands honneurs.

LXII. Il avait eu comme fiancée durant son adolescence la fille de P. Servilius Isauricus, mais lors de la réconciliation qui suivit son premier désaccord avec Antoine, comme leurs deux armées insistaient pour qu'ils s'unissent également par un lien de parenté quelconque, il épousa Claudia, la belle-fille d'Antoine, fille de Fulvie et de P. Clodius, bien qu'elle fût à peine nubile, puis, s'étant brouillé avec sa belle-mère Fulvie, il la renvoya encore vierge. Plus tard, il prit pour femme Scribonia, veuve de deux consulaires et qui même avait eu des enfants de l'un d'eux. Cette fois encore, il divorça, « écœuré », comme il l'écrit lui-même, « par le dérèglement de sa conduite », et aussitôt il épousa Livia Drusilla, l'enlevant à son mari Tiberius Néron, quoiqu'elle fût enceinte, et lui garda jusqu'au bout une tendresse et une estime sans égales.

LXIII. Scribonia lui donna une fille, Julie, mais il

(1) Atia : voir chap. 4.

(2) La cadette, qui fut mariée d'abord à Marcellus, puis à Marc-Antoine : cf. *ibid*.

sed et prouincias peragranti cotidiana officia togati ac sine regio insigni more clientium praestiterunt.

LXI. | [1]Quoniam qualis in imperis ac magistratibus regendaque per terrarum orbem pace belloque re p. fuerit, exposui, referam nunc interiorem ac familiarem eius uitam quibusque moribus atque fortuna domi et inter suos egerit a iuuenta usque ad supremum uitae diem. | [2]Matrem amisit in primo consulatu, sororem Octauiam quinquagensimum et quartum agens aetatis annum. Vtrique cum praecipua officia uiuae praestitisset, etiam defunctae honores maximos tribuit.

LXII. | [1]Sponsam habuerat adulescens P. Seruili Isaurici filiam ; sed reconciliatus post primam discordiam Antonio, expostulantibus utriusque militibus ut et necessitudine aliqua iungerentur, priuignam eius Claudiam, Fuluiae ex P. Clodio filiam, duxit uxorem uixdum nubilem ac, simultate cum Fuluia socru orta, dimisit intactam adhuc et uirginem. [2]Mox Scriboniam in matrimonium accepit, nuptam ante duobus consularibus, ex altero etiam matrem. [3]Cum hac quoque diuortium fecit, « pertaesus », ut scribit, « morum peruersitatem eius », ac statim Liuiam Drusillam matrimonio Tiberi Neronis et quidem praegnantem abduxit dilexitque et probauit unice ac perseueranter.

LXIII. | [1]Ex Scribonia Iuliam, ex Liuia nihil libe-

sed et : sed ΠQR.

LXI, 1 pace : -em M[1] ‖ re p. : re publica G rei p. MΠ[2]Rδ ‖ **2** quartum : tertium *Clinton.*

LXII, 1 habuerat : -uit *dett.* ‖ iungerentur : unirentur LPOST ‖ uixdum : uix tum ΠR ‖ orta : ex- Πδ ‖ **2** matrem GΠL[2]S : -tre *cett.*

n'eut pas d'enfant de Livie, quoiqu'il le désirât très vivement : Livie eut une grossesse, mais l'enfant naquit avant terme. Il maria Julie, d'abord à Marcellus, fils de sa sœur Octavie, à peine sorti de l'enfance, puis, quand ce dernier fut mort, à M. Agrippa, en obtenant de sa sœur qu'elle lui cédât son gendre, car Agrippa était alors marié avec l'une des deux Marcella et il en avait des enfants. Lorsqu'Agrippa fut mort à son tour, il hésita longtemps entre de nombreux partis, cherchant même dans l'ordre équestre, puis il choisit son beau-fils Tibère, qu'il contraignit à renvoyer sa femme, bien qu'elle fût enceinte et qu'elle l'eût déjà rendu père (1). M. Antoine prétend qu'il avait d'abord promis Julie à son fils Antoine, puis à Cotison, roi des Gètes, et qu'à cette époque il avait en retour demandé pour lui-même à ce roi la main de sa fille.

LXIV. Agrippa et Julie lui donnèrent trois petits-fils, Caius, Lucius et Agrippa, et deux petites-filles, Julie et Agrippine. Il maria Julie à L. Paulus, le fils du censeur, Agrippine à Germanicus, le petit-fils de sa sœur. Il adopta Gaius et Lucius, après les avoir achetés dans leur maison avec l'as et la balance à leur père Agrippa (2), puis, tout jeunes encore, il les fit participer à l'administration de l'État, et, quand ils furent consuls désignés, les envoya visiter les provinces et les armées. Sa fille et ses petites-filles furent élevées avec tant de sévérité qu'il les habitua même au travail de la laine et leur défendit de cacher la moindre de leurs paroles ou de leurs actions, qui toutes devaient pouvoir être relatées dans le journal de sa maison. Il leur interdit si rigoureusement tout rapport avec des étrangers qu'il écrivit un

(1) Cf. *Tib.*, 7[3].

(2) Comme Gaius et Lucius étaient encore, vu leur âge, sous l'autorité de leur père, il fut obligé de recourir à la *mancipatio*, sorte d'achat symbolique, qui avait lieu, avec le consentement du père, dans la maison même de celui-ci.

rorum tulit, cum maxime cuperet. Infans, qui conceptus erat, immaturus est editus. [2]Iuliam primum Marcello, Octauiae sororis suae filio, tantum quod pueritiam egresso, deinde, ut is obiit, M. Agrippae nuptum dedit, exorata sorore, ut sibi genero cederet; nam tunc Agrippa alteram Marcellarum habebat et ex ea liberos. [3]Hoc quoque defuncto, multis ac diu, etiam ex equestri ordine, circumspectis condicionibus, Tiberium priuignum suum elegit coegitque praegnantem uxorem et ex qua iam pater erat dimittere. [4]M. Antonius scribit primum eum Antonio filio suo despondisse Iuliam, dein Cotisoni Getarum regi, quo tempore sibi quoque in uicem filiam regis in matrimonium petisset.

LXIV. | [1]Nepotes ex Agrippa et Iulia tres habuit C. et L. et Agrippam, neptes duas Iuliam et Agrippinam. [2]Iuliam L. Paulo censoris filio, Agrippinam Germanico sororis suae nepoti collocauit. [3]Gaium et L. adoptauit domi per assem et libram emptos a patre Agrippa tenerosque adhuc ad curam rei p. admouit et consules designatos circum prouincias exercitusque dimisit. [4]Filiam et neptes ita instituit, ut etiam lanificio assuefaceret uetaretque loqui et agere quicquam nisi propalam et quod in diurnos commentarios referretur; extraneorum quidem coetu adeo prohibuit, ut

LXIII, 2 tantum quod : tant- quo V tantumq; GΠPSTL³ || Marcellarum : -lam G || 4 Cotisoni : cosoni * M cosoni GV [*in hoc* s *in ras.*] cosini LPOST,δ || Getarum : genit- P genist- T.

LXIV, 3 Gaium : gai. MGVL || L. : lucium P,ΠQR || libram : -bam MGVQε [*et sic suprascr. in* R] || ad curam : curram M curam VL curae POST || 4 et quod ΠQεR, STN ; et MGVLP ut *Bentley* et ⟨ ut ⟩ *Bücheler* || diurnos Nδ : -no *dett.* diuturnos *cett.* || commentarios : -rio M *dett.* || coetu : -tum LPOST,N.

jour à L. Vinicius (1), jeune homme de la plus haute distinction : « Vous avez pris une liberté excessive en venant saluer ma fille à Baïes. » Quant à ses petits-fils, c'est lui-même, la plupart du temps, qui leur enseigna l'alphabet, la cryptographie, ou autres connaissances élémentaires, et il s'appliqua par-dessus tout à leur faire imiter son écriture. Il ne manqua jamais, quand ils dînaient avec lui, de les faire asseoir au pied de son lit (2), et, lorsqu'ils l'accompagnaient en voyage, de les faire aller devant lui, en voiture, ou chevaucher à ses côtés.

LXV. Mais ni sa joie d'avoir une nombreuse lignée ni sa confiance dans la discipline de sa maison ne lui furent laissées par le destin. Les deux Julies, sa fille et sa petite-fille, se souillèrent de tous les opprobres et il les relégua (3). Caius et Lucius lui furent enlevés l'un et l'autre, dans l'espace de dix-huit mois, Gaius étant mort en Lycie, Lucius, à Marseille (4). Il adopta au forum, en vertu de la loi curiate, son troisième petit-fils, Agrippa, et en même temps son beau-fils Tibère ; mais bientôt, vu la grossièreté et l'humeur brutale d'Agrippa, il le déclara déchu et le fit déporter à Sorrente. Cependant, il supporta la mort des siens beaucoup plus courageusement que leur déshonneur, car la perte de Caius et de Lucius ne lui firent pas perdre tout ressort, mais, lorsqu'il s'agit de sa fille, il informa le sénat, sans paraître lui-même, par une note que lut un questeur, puis la honte le retint longtemps à l'écart de toute société et il songea même à la faire périr. En tout cas, vers la même époque, l'une de ses complices, l'affranchie Phoebé,

(1) Velleius Paterculus mentionne trois Vinicii, le père, le fils et le petit-fils, auquel il a dédié son histoire, II, 101. Cf. également *Aug.*, 71[4], où un Vinicius est mentionné parmi les familiers de l'empereur.

(2) Cf. *Cl.*, 32[3] : « ad fulcra lectorum ».

(3) En 2 av. J.-C. Cf. Dion Cass., LV, 10.

(4) Voir *Tib.*, 15[2].

L. Vinicio, claro decoroque iuueni, scripserit quondam « parum modeste fecisse eum, quod filiam suam Baias salutatum uenisset. » [5]Nepotes et litteras et notare aliaque rudimenta per se plerumque docuit, ac nihil aeque elaborauit quam ut imitarentur chirographum suum ; neque caenauit una, nisi ut in imo lecto assiderent, neque iter fecit, nisi ut uehiculo anteirent aut circa adequitarent.

LXV. [1]Sed laetum eum atque fidentem et subole et disciplina domus Fortuna destituit. [2]Iulias, filiam et neptem, omnibus probris contaminatas relegauit ; C. et L. in duodeuiginti mensuum spatio amisit ambos, Gaio in Lycia, Lucio Massiliae defunctis. [3]Tertium nepotem Agrippam simulque priuignum Tiberium adoptauit in foro lege curiata ; ex quibus Agrippam breui ob ingenium sordidum ac ferox abdicauit sepo-suitque Surrentum. | [4]Aliquanto autem patientius mortem quam dedecora suorum tulit. Nam C. Lucique casu non adeo fractus, de filia absens ac libello per quaestorem recitato notum senatui fecit abstinuitque congressu hominum diu prae pudore, etiam de necanda deliberauit. [5]Certe cum sub idem tempus una ex consciis

4 L. Vinicio *ed. Basil.* 1533 [*cf. infra* 71^{4}] : l. Vicinio [-no V^{1}R[MGV, ΠQεR [*Roth Preud'homme*] lucinio LPOS^{1} licinio S^{2}N linicinio T ‖ **5** notare *Juste-Lipse* : nat- *om. codd.* ‖ una : unquam *Bentley* [*Polak*] ‖ ut in imo : ut in uno ΠLPOT ut mimo Q ut imo R in imo S.

LXV, 2 Iulias [*cf. infra* 101^{5}] : -am M^{2} [*Ihm*] ‖ mensuum MGε [*cf. supra* 40^{2}] : -sium *cett.* -sum *Roth* ‖ spatio : -tium [um *per compend.*] M ‖ **3** sordidum : stoli- *Casaubon* ‖ **4** mortem : -tes *Modderman* [*ex* EINHARD., 19] ‖ de filia ΠRP^{2}ST : filia MGVL^{1}P^{1} -liae Qε ut de filia L^{3} ‖ de necanda : deneg- MGδ.

ayant mis fin à ses jours en se pendant, il déclara « qu'il aurait préféré être le père de Phoebé. » Ayant relégué sa fille, il lui interdit, avec l'usage du vin, toute sorte de luxe, et lui défendit de recevoir aucun homme, libre ou esclave, sans qu'on eût demandé son avis, en lui faisant connaître l'âge du visiteur, sa taille, son teint, et même les signes particuliers ou les cicatrices qu'il portait sur le corps (1). Il laissa passer cinq ans avant de la transférer de son île sur le continent (2) et d'adoucir un peu ce régime. Mais aucune prière ne put le faire consentir à la rappeler auprès de lui et, comme le peuple romain, avec une insistance obstinée, implorait fréquemment sa grâce, il lui souhaita en pleine assemblée de telles filles et de telles épouses. Sa petite-fille Julie ayant eu un enfant après sa condamnation, il défendit de le reconnaître et de l'élever. Comme Agrippa, loin de devenir en aucune façon plus traitable, sombrait toujours davantage dans la folie, Auguste le fit transporter dans une île (3) et de plus entourer d'une garde de soldats. Il prit même soin de le faire condamner par sénatusconsulte à une détention perpétuelle dans le même lieu. Chaque fois même qu'on mentionnait en sa présence soit les deux Julies, soit Agrippa, il s'écriait en gémissant :

> Plût au ciel que je ne me fusse pas marié et que je fusse mort sans [descendance ! (4)

et il ne les appelait pas autrement que « ses trois abcès et ses trois chancres. »

LXVI. Il ne prodigua pas son amitié, mais elle fut inébranlable, car il ne se contenta point de récompenser dignement les vertus et les mérites de tous ses amis, mais

(1) Par crainte que sa fille entretînt des relations avec ses ennemis d'autrefois et conspirât contre lui.

(2) Elle était reléguée dans l'île de Pandataria et fut transférée à Regium, sur le détroit de Sicile : voir Tacite, *Ann.*, I, 53[1].

(3) Celle de Planasie.

(4) Hom., *Il.*, III, 40.

liberta *Phoebe* suspendio uitam finisset, « maluisse se » ait « *Phoebes* patrem fuisse. » [6]Relegatae usum uini omnemque delicatiorem cultum ademit neque adiri a quoquam libero seru*o*ue nisi se consulto permisit, et ita ut certior fieret, qua is aetate, qua statura, quo colore esset, etiam quibus corporis notis uel cicatricibus. [7]Post quinquennium demum ex insula in continentem lenioribusque paulo condicionibus transtulit eam. Nam ut omnino reuocaret, exorari nullo modo potuit, deprecanti saepe P. R. et pertinacius instanti tales filias talesque coniuges pro contione inprecatus. [8]Ex nepte Iulia post damnationem editum infantem adgnosci alique uetuit. [9]Agrippam nihilo tractabiliorem, immo in dies amentiorem in insulam transportauit saepsitque insuper custodia militum. Cauit etiam S. C. ut eodem loci in perpetuum contineretur. [10]Atque ad omnem et eius et Iuliarum mentionem ingemiscens proclamare etiam solebat :

Αἴθ' ὄφελον ἄγαμός τ' ἔμεναι ἄγονός τ' ἀπολέσθαι,

nec aliter eos appellare quam tris uomicas ac tria carcinomata sua.

LXVI. | [1]Amicitias neque facile admisit et constantissime retinuit, non tantum uirtutes ac merita cuiusque

5 Phoebe *Pulmann* [*ex* CASSIO DIONE, LV, 10. 16 *item infra* Phoebes] : foede [fe- G *al.*] *om. codd.* ‖ maluisse se : maluisse V ‖ Phoebes : foedes [fae-*per compend.* ΠQεR fe- P] MVP, ΠQεR faede *uel* fedae [ae *per compend.*] *cett.* ‖ 6 quoquam : -piam *Casaubon* ‖ seruoue *ed. Basil.* 1518 [*in marg.*] : -uoque *om. codd.* ‖ qua is : quia is M[1] quasi G ‖ 7 deprecanti saepe : deprecatus a epe V ‖ inprecatus : -creatus Q precatus G ‖ 8 adgnosci : agn- [aggn-S PST adcogn- [acc- Π] MVLΠQε cogn- GR ‖ 9 insuper : in V ‖ 10 aliter eos : aliter [ter *per compend.*] * reos Mδ aliterreos [ter *per compend.*] G.

en outre il supporta leurs vices et leurs torts, pourvu qu'ils ne fussent pas trop graves. En fait, dans leur nombre, on n'en trouverait guère qu'il ait disgrâciés, à part Salvidienus Rufus et Cornelius Gallus, qu'il avait élevés tous deux de la condition la plus basse, le premier, jusqu'au consulat, le second, à la préfecture d'Égypte. Salvidienus Rufus machinait une révolution : il le fit condamner par le sénat (1) ; quant à l'autre, pour le punir de son ingratitude et de sa haine, il lui interdit la maison et les provinces impériales. Mais, lorsque Gallus, à son tour, eut été réduit au suicide (2), tant par les accusations des délateurs que par les décrets du sénat, il loua sans doute le dévoûment de ceux qui le défendaient avec tant d'indignation, mais il pleura cette mort et se plaignit de sa condition, « lui seul ne pouvant à sa guise limiter les effets de sa colère contre ses amis. » Quant aux autres, puissants et riches, ils brillèrent jusqu'à la fin de leur vie, chacun à la tête de son ordre, quoiqu'ils l'eussent même offensé parfois. En effet, il eut quelquefois à se plaindre, pour ne pas citer d'autres exemples, de la susceptibilité de M. Agrippa (3) et de l'indiscrétion de Mécène, car le premier, sur un léger soupçon de froideur et sous prétexte qu'on lui préférait Marcellus, avait tout quitté pour se retirer à Mitylène, et le second avait dévoilé à sa femme Terentia le secret de la conjuration de Murena (4), que l'on venait de découvrir. En retour, il exigea lui-même de ses amis les mêmes bontés, aussi bien après leur mort que de leur vivant. En effet, quoiqu'il ne convoitât nullement les héritages, puisqu'il ne voulut jamais accepter aucun legs d'un inconnu, il pesa

(1) Cf. Velleius Paterc., II, 76. Il mourut en 40 av. J.-C.

(2) En 26 av. J.-C. Il avait été le premier préfet d'Égypte ; cf. chap. 18[2].

(3) Cf. *Tib.*, 10[2].

(4) Cf. chap. 19[1]. Terentia était la maîtresse d'Auguste.

digne prosecutus, sed uitia quoque et delicta, dumtaxat modica, perpessus. [2]Neque enim temere ex omni numero in amicitia eius afflicti reperientur praeter Saluid*ie*num Rufum, quem ad consulatum usque, et Cornelium Gallum, quem ad praefecturam Aegypti, ex infima utrumque fortuna prouexerat. [3]Quorum alterum res nouas molientem damnandum senatui tradidit, alteri ob ingratum et maliuolum animum domo et prouinciis suis interdixit. [4]Sed, Gallo quoque et accusatorum denuntiationibus et senatus consultis ad necem conpulso, laudauit quidem pietatem tantopere pro se indignantium, ceterum et inlacrimauit et uicem suam conquestus est, « quod sibi soli non liceret amicis, quatenus uellet, irasci. » [5]Reliqui potentia atque opibus ad finem uitae su*i* quisque ordinis principes floruerunt, quanquam et offensis interuenientibus. [6]Desiderauit enim nonnumquam, ne de pluribus referam, et M. Agrippae patientiam et Maecenatis taciturnitatem, cum ille ex leui *f*rigoris suspicione et quod Marcellus sibi anteferretur, Mytilenas se relictis omnibus contulisset, [et] hic secretum de comperta Murenae coniuratione uxori Terentiae prodidisset. | [7]Exegit et ipse in uicem ab amicis beniuolentiam mutuam, tam a defunctis quam a uiuis. [8]Nam quamuis minime appeteret hereditates, ut qui numquam ex ignoti testamento capere

LXVI, 2 reperientur : repperiuntur V ‖ Saluidienum *ed. Basil.* 1533 : -denium [-demum LS] *om. codd.* ‖ **3** alteri : -rum GT ‖ **4** inlacrimauit : lacri- L ‖ conquestus est : conquestus MV,LPOST [et *ante* uicem *eras. in* L] ‖ **5** sui *ed. Basil.* 1533 : suae *om. codd.* ‖ quisque : cuiusque Π^{2}R ‖ **6** patientiam : im- MGΠQδ ‖ frigoris *Juste-Lipse* [*edd.*] : rig- *om. codd.* ‖ omnibus : omnibus ⟨ rebus ⟩ *Polak* ‖ et *Torrentius* ‖ **7** ab amicis : amicis VL^{1}P^{1}S.

très minutieusement les déclarations suprêmes de ses amis, ne dissimulant pas son chagrin, s'ils lui mesuraient les dons ou les éloges, ni sa joie, s'ils lui témoignaient leur reconnaissance ou leur attachement. Quant aux legs ou aux parts d'héritage qui lui étaient attribués par quiconque avait de la famille, il avait coutume de les abandonner tout de suite aux enfants du défunt (1) ou, s'ils étaient trop jeunes, de les leur restituer, soit quand ils prenaient la toge virile, soit le jour de leur mariage, en y ajoutant du sien.

LXVII. Comme patron et comme maître, il fut sévère, mais aussi indulgent et plein de clémence (2) ; il honora grandement et traita en familiers beaucoup de ses affranchis, par exemple Licinus, Celadus et d'autres. Son esclave Cosmus le critiquant sans ménagement, il se contenta de le mettre aux fers. Son intendant Diomède se promenant avec lui l'avait par frayeur jeté contre un sanglier qui s'élançait brusquement sur eux, mais il aima mieux le traiter de poltron que de criminel, et, quoique le danger eût été grand, il tourna la chose en plaisanterie, parce que Diomède avait agi sans malice. Au contraire, il fit mourir Polus, l'un de ses plus chers affranchis, convaincu de relations adultères avec des matrones ; son secrétaire Thallus ayant pour cinq cents deniers (3) trahi le secret d'une lettre, il lui fit briser les jambes ; comme le précepteur et les domestiques de son fils Gaius avaient profité de la maladie puis de la mort de leur maître pour déployer dans la province leur orgueil et leur cupidité, il les fit précipiter dans un fleuve, une lourde masse attachée au cou.

(1) Par exemple aux fils d'Hérode : Josèphe, *Ant. Iud.*, XVII, 11.

(2) Suétone indique d'abord la division de son développement, puis il cite successivement des traits de clémence et de sévérité.

(3) Environ 2.170 francs, le denier valant quatre sesterces.

quicquam sustinuerit, amicorum tamen suprema iudicia morosissime pensitauit, neque dolore dissimulato, si parcius aut citra honorem uerborum, neque gaudio, si grate pieque quis se prosecutus fuisset. [9]Legata uel partes hereditatium a quibuscumque parentibus relicta sibi aut statim liberis eorum concedere aut, si pupillari aetate essent, die uirilis togae uel nuptiarum cum incremento restituere consueuerat.

LXVII. | [1]Patronus dominusque non minus seuerus quam facilis et clemens multos libertorum in honore et usu maximo habuit, ut Lici*n*um e*t* Celadum aliosque. [2]Cosmum seruum grauissime de se opinantem non ultra quam compedibus coercuit. Diomeden dispensatorem, a quo simul ambulante incurrenti repente fero apro per metum obiectus est, maluit timiditatis arguere quam noxae remque non minimi periculi, quia tamen fraus aberat, in iocum uertit. [3]Idem Polum ex acceptissimis libertis mori coegit compertum adulterare matronas ; Thallo a manu, quod pro epistula prodita denarios quingentos accepisset, crura ei fregit ; paedagogum ministrosque C. fili, per occasionem ualitudinis mortisque eius superbe auareque in prouincia grassatos, oneratos graui pondere ceruicibus praecipitauit in flumen.

9 partes : -te LPOST ‖ hereditatium : -tuum G -tum ΠRL[2]T ‖ consueuerat MGN : -stituerat ΠQεR -suerat [-seuerat T] V, LPOST.

LXVII, 1 Licinum *Torrentius* : -nium *om. codd.* ‖ et Celadum *Casaubon* : enceladum *om. codd.* Eunum Celadum *Oudendorp* ‖ **2** Diomeden : -dem ΠQR, PS ‖ **3** Polum : proculum RΠ[2] [*uulgo*] pop + m Q ‖ ei fregit : effre- ΠR [*Preud'homme*] ‖ oneratos : onenitos G oneratis [hon- T] Tδ *dett.* [*cf. Caes.*, 68[8] transfixus femore].

LXVIII. Il passa pour s'être déshonoré, durant sa prime jeunesse, par divers opprobres. Sextus Pompée l'accusa d'être un efféminé ; M. Antoine, d'avoir acheté par ses infâmes complaisances l'adoption de son oncle (1) ; de même, Lucius Antoine, le frère de Marcus, prétendit qu'il avait encore, en Espagne, prostitué à Aulus Hirtius, moyennant trois cent mille sesterces, sa vertu déflorée par César, et qu'il avait l'habitude de se brûler les poils des jambes avec une coquille de noix enflammée pour les faire repousser moins durs ; certain jour même, pendant des jeux publics, la foule tout entière accueillit comme une injure à l'adresse d'Auguste, et fut unanime pour applaudir ce vers (2) que récitait un acteur en désignant un prêtre de Cybèle qui jouait du tambourin :

Vois-tu comme ce giton gouverne son disque (3) avec le doigt ?

LXIX. Quant à ses adultères, ses amis eux-mêmes ne les nient pas, mais ils les excusent en disant qu'il les commit à coup sûr non point par libertinage, mais par politique, pour découvrir plus facilement les desseins de ses adversaires, en questionnant leurs femmes. M. Antoine lui a reproché, outre son mariage précipité avec Livie, d'avoir, sous les yeux du mari, fait sortir de table pour la conduire dans sa chambre la femme d'un consulaire, qu'il ramena ensuite à sa place avec les oreilles rouges et la chevelure en désordre ; d'avoir renvoyé Scribonia, parce qu'elle avait déploré avec trop de franchise qu'un homme sans mœurs eût un pouvoir excessif ; de s'être procuré des femmes par l'intermédiaire de ses amis, qui faisaient dévêtir, pour les examiner, des mères de famille et des jeunes filles adultes, soi-

(1) Cf. Cic., *Philipp.*, III, 6.
(2) Ribbeck, *Com. Rom. frag.*, p. 143.
(3) L'allusion, intraduisible en français, s'explique par le double sens du mot *orbis*, qui signifie à la fois le cercle, ici le tambourin, et l'univers, *orbis terrarum*.

LXVIII. | [1]Prima iuuenta uariorum dedecorum infamiam subiit. Sextus Pompeius ut effeminatum insectatus est; M. Antonius adoptionem auunculi stupro meritum; item L. Marci frater, quasi pudicitiam delibatam a Caesare Aulo etiam Hirtio in Hispania trecentis milibus nummum substrauerit solitusque sit crura suburere nuce ardenti, quo mollior pilus surgeret. [2]Sed et populus quondam uniuersus ludorum die et accepit in contumeliam eius et adsensu maximo conprobauit uersum in scaena pronuntiatum de gallo Matris deum tympanizante :

Videsne, ut cin*a*edus orbem digito temperat ?

LXIX. [1]Adulteria quidem exercuisse ne amici quidem negant, excusantes sane non libidine, sed ratione commissa, quo facilius consilia aduersariorum per cuiusque mulieres exquireret. [2]M. Antonius super festinatas Liuiae nuptias obiecit et feminam consularem e triclinio uiri coram in cubiculum abductam, rursus in conuiuium rubentibus auriculis incomptiore capillo reductam ; dimissam Scriboniam, quia liberius doluisset nimiam potentiam paelicis ; condiciones quaesitas per amicos, qui matres familias et adultas aetate uirgines denudarent atque perspicerent, tamquam

LXVIII, 1 adoptionem : ⟨ ut ⟩ adopt- *Bentley* ‖ **2** adsensu : adsensum um *per compend.* [asc- V] GV ‖ uersum — pronuntiatum Π¹Qε : uersu [-so V] — pronuntiato *cett.* ‖ in scaena : scaena *dett.* [*Modderman*] ‖ uidesne : uides HG uiden *Torrentius.*

LXIX, 2 obiecit : -iicit *Bentley* ‖ uiri : -o *dett.* [*Beroald*] ‖ abductam rursus : adductam rursum V ‖ dimissam : et dimi- ΠQεR ‖ paelicis M : *per compend.* VL [*cf. Caes.*, 49³] ‖ condiciones : et condit- ΠQR ‖ qui matres : matrem [qui *omisso*] V ‖ adultas : -ta *Bentley.*

disant mises en vente par le marchand d'esclaves Toranius. Il écrivit même à Auguste, avec sa familiarité ancienne, quand ils n'étaient pas encore entièrement brouillés ni en guerre : « Pourquoi avez-vous changé (à mon égard) ? est-ce parce que je [possède] (1) une reine ? c'est ma femme. Est-ce d'aujourd'hui ou d'il y a neuf ans ? Et vous, [possédez-vous] seulement Drusilla ? Portez-vous bien, si au moment où vous lirez cette lettre, vous n'avez pas [possédé] Tertulla, ou Terentilla (2), ou Rufilla, ou Salvia Titisenia, ou toutes les autres. Qu'importe en quel endroit et avec qui [vous faites l'amour ?] »

LXX. On parla beaucoup aussi d'un dîner secret donné par Auguste et que tout le monde appelait le festin des « douze dieux » ; les convives y parurent, en effet, travestis en dieux ou en déesses, et Auguste lui-même, déguisé en Apollon, à ce que leur reprochent non seulement les lettres d'Antoine, qui énumère tous leurs noms avec une cruelle ironie, mais encore ces vers anonymes et bien connus (3) :

Dès que cette tablée sacrilège eut embauché le maître du chœur (4),
et que Mallia vit six dieux et six déesses,
Quand César, dans son impiété, osa parodier Phébus,
quand il régala ses convives des nouveaux adultères des dieux,
Alors toutes les divinités s'éloignèrent de ce monde,
Jupiter lui-même s'enfuit loin de son trône doré.

Ce qui accrut le scandale de ce dîner, c'est que Rome souffrait alors cruellement de la disette et de la famine ; aussi, le lendemain, entendit-on crier, « que les dieux

(1) Les termes que nous plaçons entre crochets droits correspondent à des mots latins que leur crudité rend intraduisibles.
(2) Terentia, la femme de Mécène : cf. p. 117, n. 4.
(3) Baehrens, *Frag. poet. Rom.*, p. 340.
(4) Auguste lui-même, jouant le rôle de Phébus. — Mallia ne semble pas être le nom d'une femme, mais celui de la maison où le banquet eut lieu.

Toranio mangone uendente. [3]Scribit etiam ad ipsum haec familiariter adhuc necdum plane inimicus aut hostis : « Quid te mutauit ? quod reginam ineo ? uxor mea est. Nunc coepi an abhinc annos nouem ? tu deinde solam Drusillam inis ? ita ualeas, uti tu, hanc epistulam cum leges, non inieris Tertullam aut Terentillam aut Rufillam aut Saluiam Titiseniam aut omnes. An refert, ubi et in qua arrigas ? »

LXX. | [1]Cena quoque eius secretior in fabulis fuit, quae uulgo δωδεκάθεος uocabatur ; in qua deorum dearumque habitu discubuisse conuiuas et ipsum pro Apolline ornatum non Antoni modo epistulae singulorum nomina amarissime enumerantis exprobrant, sed et sine auctore notissimi uersus :

> Cum primum istorum conduxit mensa choragum,
> Sexque deos uidit Mallia sexque deas,
> Impia dum Phoebi Caesar mendacia ludit,
> Dum noua diuorum cenat adulteria,
> Omnia se a terris tunc numina declinarunt,
> Fugit et auratos Iuppiter ipse thronos.

[2]Auxit cenae rumorem summa tunc in ciuitate penuria ac fames adclamatumque est postridie : « omne fru-

2 Toranio : tho- [-ano V -inio G] MGV, ΠQR [*cf. infra* 27^{a} *idem est nomen quanquam non idem homo*] || **3** reginam : -a PST || ineo : mea LPOST || uti : ut LPOST || Titiseniam : -nia R -sceniam Π || An : an te QR [*et sic suprascr.* Π^{2}] anne Π^{1} || qua : quam *dett.*

LXX, 1 enumerantis : -tes L^{1}POST -ratis Π^{1} || exprobrant : -bant MV || primum : -stinum V mimum *Heinsius* || istorum : iustum Π^{1}Qε histrorum *Heinsius* astrorum *Bährens* || mensa : thensa *uel* scaena *Bentley* || choragum : -angum Π^{1}Q -agium *Casaubon* -agi *Heinsius* chorum omnem *Bährens* || cenat : -na et *Bährens* curat *Mähly* || thronos : toros *dett.* || **2** adclamatumque : accla- R.

avaient mangé tout le blé et que César était vraiment Apollon, mais Apollon Bourreau », vocable sous lequel on honorait ce dieu dans un quartier de la ville. On l'accusa également d'être passionné pour les meubles de prix et pour les vases de Corinthe, et de trop aimer le jeu. Ainsi, au temps des proscriptions, on inscrivit sur sa statue * :

Mon père était argentier (1), moi j'en suis pour le bronze,

parce qu'on le soupçonnait d'avoir fait mettre certaines personnes au nombre des proscrits, pour s'approprier leurs vases de Corinthe ; et plus tard, durant la guerre de Sicile, on fit courir cette épigramme (2) :

Après avoir perdu ses navires dans deux défaites sur mer,
Pour vaincre enfin, il joue continuellement aux dés.

LXXI. Parmi ces accusations ou ces calomnies, c'est l'imputation infamante de sodomie qu'il réfuta le plus facilement par la correction de ses mœurs, soit à cette époque *, soit plus tard ; de même, le reproche d'aimer le luxe, car, après s'être emparé d'Alexandrie, dans tout le trésor royal il se réserva seulement un calice myrrhin (3), et plus tard il mit à la fonte tous ses vases d'or d'usage courant. Quant aux plaisirs, il y fut toujours attaché, et plus tard même, dit-on, sa passion fut de déflorer des jeunes filles, que sa femme elle-même faisait venir pour lui de partout. Sa réputation de joueur ne l'effraya en aucune façon, et il continua de jouer, sans le moindre mystère, afin de se divertir, jusque dans sa vieillesse, et non seulement en décembre *, mais aussi durant les autres mois, les jours ouvrables comme les jours fériés. La chose est incontestable, car, dans une

(1) Cf. chap. 3[1].
(2) Baehrens, *Frag. poet. Rom.*, p. 341.
(3) Les vases myrrhins étaient faits avec de la murrhe (ou myrrhe), matière minérale venue d'Orient. Ils étaient très recherchés par les Anciens.

mentum deos comedisse et Caesarem esse plane Apollinem, sed Tortorem, » quo cognomine is deus quadam in parte urbis colebatur. [3]Notatus est et ut pretiosae supellectilis Corinthiorumque praecupidus et aleae indulgens. [4]Nam et proscriptionis tempore ad statuam eius ascriptum est :

Pater argentarius, ego Corinthiarius,

cum existimaretur quosdam propter uasa Corinthia inter proscriptos curasse referendos ; et deinde bello Siciliensi epigramma uulgatum est :

Postquam bis classe uictus naues perdidit,
Aliquando ut uincat, ludit assidue aleam.

LXXI. [1]Ex quibus siue criminibus siue maledictis infamiam impudicitiae facillime refutauit et praesentis et posterae uitae castitate ; item lautitiarum inuidiam, cum et Alexandria capta nihil sibi praeter unum murrinum calicem ex instrumento regio retinuerit et mox uasa aurea assiduissimi usus conflauerit omnia. [2]Circa libidines haesit, postea quoque, ut ferunt, ad uitiandas uirgines promptior, quae sibi undique etiam ab uxore conquirerentur. [3]Aleae rumorem nullo modo expauit lusitque simpliciter et palam oblectamenti causa etiam senex ac praeterquam Decembri mense, aliis quoque, festis et profestis diebus. [4]Nec id dubium est. Auto-

3 et ut : ut et P et *dett.* ‖ supellectilis : -ili MGV [*in hoc in textu at corr. in marg.*]δ ‖ **4** deinde ΠQεR,δ : inde MLPOS inde inde GV in T ‖ aleam : -liam G -lea L[3] *dett.*

LXXI, 1 murrinum : myrr- [mirr- T] MV, LPOST myrrihnum G myrrhi- ΠQR ‖ **2** ut — uitiandas : ut ferã diuitiandas V ‖ promptior : pronior *Bentley* ‖ **3** aliis : -as *Modderman* ‖ 4 Nec id : nec LPOST.

lettre autographe, il écrit : « J'ai dîné, mon cher Tibère, avec les mêmes personnes ; à ces convives se joignirent Vinicius et Silius le père. Durant le repas, nous avons joué comme des vieillards *, soit hier soit aujourd'hui ; on jetait les dés et, chaque fois que l'un d'entre nous amenait le coup du chien ou le six (1), il ajoutait aux enjeux un denier par dé, et celui qui faisait le coup de Vénus ramassait tout. » Il dit encore, dans une autre lettre : « Pour nous, mon cher Tibère, nous avons passé les Quinquatries * assez agréablement, car nous avons joué pendant tous ces jours et nous avons chauffé la table de jeu. Ton frère * a bataillé en poussant les hauts cris ; en fin de compte, cependant, il n'a pas perdu grand'chose, mais, après de lourdes pertes, il s'est peu à peu remonté, contre son attente. Quant à moi, j'ai perdu vingt mille sesterces, pour ma part personnelle, mais parce que, suivant mon habitude, je fus un joueur d'une excessive générosité, car, si j'avais exigé les mises dont j'ai fait grâce à chaque joueur, ou gardé les sommes que je leur ai données, j'aurais bien gagné cinquante mille sesterces. Mais je préfère cela, car ma bonté m'élèvera jusqu'à la gloire céleste. » Il écrit à sa fille : « Je t'envoie deux cent cinquante deniers (2), somme que j'ai donnée à chacun de mes convives, en les priant de jouer entre eux pendant le dîner, soit aux dés, soit à pair impair. »

LXXII. Sous les autres rapports, il est notoire qu'il ne commit point d'excès et qu'on ne le soupçonna d'aucun vice. Il habita d'abord près du forum romain, au-

(1) Les dés, *tali*, étaient marqués seulement sur quatre faces. Pour jouer, on se servait de quatre *tali*. Le coup le plus heureux, coup de Vénus ou coup royal, avait lieu lorsque les *tali* marquaient chacun un nombre différent. Le coup le plus faible, coup du chien, se produisait lorsque les *tali* marquaient tous le même nombre.

(2) Environ 1.085 francs.

grapha quadam epistula : « Cenaui », ait, « mi Tiberi, cum isdem ; accesserunt conuiuae Vinicius et Silius pater. Inter caenam lusimus geronticos et heri et hodie ; talis enim iactatis, ut quisque canem aut senionem miserat, in singulos talos singulos denarios in medium conferebat, quos tollebat uniuersos, qui Venerem iecerat. » [5]Et rursus aliis litteris : « Nos, mi Tiberi, Quinquatrus satis iucunde egimus ; lusimus enim per omnis dies forumque aleatorum calfecimus. Frater tuus magnis clamoribus rem gessit ; ad summam tamen perdidit non multum, sed ex magnis detrimentis praeter spem paulatim retractus est. Ego perdidi uiginti milia nummum meo nomine, sed cum effuse in lusu liberalis fuissem, ut soleo plerumque. Nam si quas manus remisi cuique exegissem aut retinuissem quod cuique donaui, uicissem uel quinquaginta milia. Sed hoc malo : benignitas enim mea me ad caelestem gloriam efferet. » [6]Scribit ad filiam : « Misi tibi denarios ducentos quinquaginta, quos singulis conuiuis dederam, si uellent inter se inter cenam uel talis uel par impar ludere. »

LXXII. | [1]In ceteris partibus uitae continentissimum *fuisse* constat ac sine suspicione ullius uitii. [2]Habitauit

4 geronticos : γεροντικῶς *uulgo* ‖ talis enim : talis V ‖ aut : ad *I. Marquardt* ‖ singulos denarios : denarios V ‖ 5 Quinquatrus : -triis GV, LPOST, ΠQR ‖ aleatorum : -rium *ed. Ven.* 1490 ‖ retractus LPOST [*in* L -us *in ras.*] *edd.* : -tractatus R[1] -tractatum [ta *expunct.*] M -tractum *cett.* [*Ihm*] ‖ liberalis : -ali LPOST ‖ efferet : efferet. ⟨ Et ⟩ *Bücheler* ‖ 6 Scribit ad filiam : *om.* ΠQR *item* GV *at spatio uacuo relicto* ‖ quos : quot *Juste-Lipse* ‖ conuiuis : -uiuiis ΠQST ‖ inter se : del. *Torrentius* ‖ inter cenam : super cen- *Bentley*.

LXXII, 1 fuisse STP[2]Π : *om. cett.*

dessus des escaliers des orfèvres (1), dans l'ancienne maison de l'orateur Calvus ; ensuite, sur le Palatin, mais dans la maison également modeste d'Hortensius, qui ne se distinguait ni par son ampleur ni par son luxe, car les colonnes de ses portiques, d'ailleurs peu développés, étaient en pierre du mont Albain, et dans les appartements ne se voyait ni marbre ni précieuse mosaïque. Pendant plus de quarante ans, il coucha dans la même chambre, hiver comme été, quoiqu'il constatât qu'en hiver le climat de Rome était contraire à sa santé, et bien qu'il y passât régulièrement cette saison. Pour les cas où il voulait travailler dans la solitude ou sans être dérangé, il possédait à l'étage supérieur un cabinet spécial, qu'il appelait son « Syracuse » (2) et son « atelier » : c'est là qu'il se retirait, ou encore dans la maison de banlieue d'un de ses affranchis ; quand il était malade, il couchait dans la maison de Mécène. Ses lieux de villégiature favoris furent la côte et les îles de la Campanie, ou les villes voisines de Rome, Lanuvium, Préneste, Tibur, localité où très souvent même il rendit la justice sous les portiques du temple d'Hercule. Il détestait les maisons de campagne immenses et luxueuses ; et même, sa petite-fille Julie s'en étant fait construire de splendides, il ordonna de les raser au niveau du sol ; quant aux siennes, bien qu'elles fussent modestes, il les embellit en les ornant moins de statues et de tableaux que de colonnades et de bosquets, ainsi que de curiosités antiques et rares, comme ces restes énormes de bêtes mons-

(1) Les *scalae anulariae* se trouvaient dans le huitième quartier de Rome, mais on ignore la véritable origine de ce nom ; sans doute désignait-il le quartier des orfèvres ou marchands d'anneaux.

(2) On ne sait pas au juste l'origine de cette appellation ; peut-être Auguste faisait-il allusion à l'habitude des Syracusains qui choisissaient pour s'y retirer une chambre haute de leur maison : cf. Corn. Nep., *Dion.*, 9.

primo iuxta Romanum forum supra Scalas anularias, in domo quae Calui oratoris fuerat ; postea in Palatio, sed nihilo minus aedibus modicis Hortensianis, et neque laxitate neque cultu conspicuis, ut in quibus porticus breues essent Albanarum columnarum et sine marmore ullo aut insigni pauimento conclauia. [3]Ac per annos amplius quadraginta eodem cubiculo hieme et aestate mansit, quamuis parum salubrem ualitudini suae urbem hieme experiretur assidueque in urbe hiemaret. [4]Si quando quid secreto aut sine interpellatione agere proposuisset, erat illi locus in edito singularis, quem Syracusas et te*ch*noph*y*on uocabat : huc transibat aut in alicuius libertorum suburbanum ; aeger autem in domo Maecenatis cubabat. [5]Ex secessibus praecipue frequentauit maritima insulasque Campaniae aut proxima urbi oppida, Lanuuium, Praeneste, Tibur, ubi etiam in porticibus Herculis templi persaepe ius dixit. Ampla et operosa praetoria grauabatur. [6]Et neptis quidem suae Iuliae, profuse ab ea extructa, etiam diruit ad solum, sua uero quamuis modica non tam statuarum tabularumque pictarum ornatu quam xystis et nemoribus excoluit rebusque uetustate ac raritate notabilibus, qualia sunt Capreis immanium

2 Romanum : romañ V romanorum LPOST *del. Torrentius* ‖ **3** mansit quamuis — experiretur assidueque — hiemaret : mansit assidueque — hiemauit quamuis — experiretur *Mähly* mansit ⟨et⟩ quamuis — experiretur assidue — hiemauit *Baumgarten-Crusius aliter alii* ‖ in urbe ΠQεR : in urbem MG extra urbem [urbe V] V,LPOST ‖ **4** quid : quod M^1 ‖ technophyon [τεχνόφυον] *ed. pr. Ven.* [*uulgo*] : tegnophion [tegnof- S tegnaph- T] *om. codd.* technyphion *Roth* ‖ libertorum : -tinorum Π ‖ **5** ampla et : ampla VL^1P^1 amplet G.

trueuses découverts à Caprée, que l'on appelle les os des géants et les armes des héros.

LXXIII. Son matériel domestique et son mobilier étaient des plus simples, comme on le voit par les lits et les tables conservés jusqu'à nos jours, et dont la plupart conviendraient à peine à un simple particulier. Il ne coucha même, dit-on, que sur un lit bas et sans riches couvertures. Il ne portait guère d'autre costume qu'un vêtement d'intérieur confectionné par sa sœur, sa femme, sa fille et ses petites-filles ; ses toges n'étaient ni serrées ni lâches (1), sa bande de pourpre, ni large ni étroite, ses chaussures un peu hautes (2), pour le faire paraître plus grand. Il tint toujours prêts dans sa chambre un costume de ville et des souliers pour les cas imprévus.

LXXIV. Il donnait constamment des repas, mais toujours dans les règles (3), et non sans tenir grand compte des rangs et des personnes. Valerius Messala (4) rapporte qu'il ne reçut jamais à sa table aucun affranchi, sauf Menas (5), encore après l'avoir assimilé aux citoyens de naissance libre, parce qu'il lui avait livré la flotte de Sextus Pompée. Auguste lui-même écrit qu'un jour il invita un affranchi, dont il se trouvait l'hôte à la campagne, et qui avait jadis appartenu à sa garde. Quelquefois il arrivait en retard ou partait avant la fin du repas, car les convives commençaient à dîner sans attendre qu'il fût là, et restaient après son départ. Il faisait servir trois plats ou six au maximum, dans les plus grandes occasions, mais s'il modérait la dépense, il déployait toute son amabilité. En effet, quand les

(1) Cf. *Caes.*, 45[5].

(2) Comme César, d'après Dion Cassius, XLIII, 43.

(3) La *recta cena*, ou simplement *recta*, repas ordinaire et complet, s'opposait à la *sportula*, simple distribution de vivres ou petit repas improvisé. Cf. *Cl.*, 21[8] et *Dom.*, 7[1].

(4) Déjà mentionné au chap. 58[1].

(5) Ou Ménodore. Cf. Dion Cass., XLVIII, 30-45 sqq. — XLIX, 1.

beluarum ferarumque membra praegrandia, quae dicuntur gigantum ossa et arma heroum.

LXXIII. [1]Instrumenti eius et supellectilis parsimonia apparet etiam nunc residuis lectis atque mensis, quorum pleraque uix priuatae elegantiae sint. Ne toro quidem cubuisse aiunt nisi humili et modice instrato. [2]Veste non temere alia quam domestica usus est, ab sorore et uxore et filia neptibusque confecta; togis neque restrictis neque fusis, clauo nec lato nec angusto, calciamentis altiusculis, ut procerior quam erat uideretur. [3]Et forensia autem et calceos numquam non intra cubiculum habuit ad subitos repentinosque casus parata.

LXXIV. | [1]Conuiuabatur assidue nec umquam nisi recta, non sine magno hominum ordinumque dilectu. [2]Valerius Messala tradit, neminem umquam libertinorum adhibitum ab eo cenae excepto Mena, sed asserto in ingenuitatem post proditam Sexti Pompei classem. [3]Ipse scribit inuitasse se quondam, in cuius uilla maneret, qui speculator suus olim fuisset. [4]Conuiuia nonnumquam et serius inibat et maturius relinquebat, cum conuiuae et cenare inciperent, prius quam ille discumberet, et permanerent digresso eo. [5]Cenam ternis ferculis aut cum abundantissime senis praebebat, ut non nimio sumptu, ita summa comitate. Nam et ad communio-

6 beluarum : bell- MT.

LXXIII, 1 quorum *Sabellicus* : qua- *om. codd.* || **2** alia quam domestica usus est : alia domestica usus est quam *Torrentius*.

LXXIV, 1 dilectu : de- RL^{a}P^{a}S || **2** Messala tradit : mensala tradidit M || **3** quondam MGVQε [*Ihm*] : quen- LPOST,ΠR [*Roth Preud'homme*] || **5** ferculis : feri- GR || nimio : minimio [mi *prior expunct.*] M,

convives se taisaient ou causaient à voix basse, il provoquait une conversation générale, et faisait venir au cours du repas des artistes (1), des histrions, ou même de vulgaires pantomimes du cirque et plus fréquemment des bouffons.

LXXV. Il célébrait les jours de fête et les solennités par de magnifiques largesses et quelquefois par de simples amusements. Pour les Saturnales et dans n'importe quelle circonstance, au gré de son caprice, il faisait distribuer tantôt des présents, des habits, des objets d'or ou d'argent, tantôt des pièces de toute frappe, même des monnaies anciennes, datant des rois, ou étrangères, parfois seulement des couvertures de soldat, des éponges, des pique-feu et des pinces, ou d'autres objets de ce genre accompagnés de légendes obscures et équivoques. Il avait aussi l'habitude de mettre en vente, au cours d'un repas, des lots constitués par des objets de valeur tout à fait différente et des tableaux retournés, pour voir le hasard frustrer ou remplir les espérances des acheteurs : à chaque lit s'organisait alors une vente aux enchères et les convives devaient proclamer leurs gains ou leurs pertes.

LXXVI. En fait de nourriture, — car je ne veux pas négliger même ces détails —, il était fort sobre et de goûts presque vulgaires. Ce qu'il préférait, c'était le pain de ménage, les petits poissons, le fromage de vache pressé à la main, et les figues fraîches, de cette espèce qui donne deux fois l'an ; il mangeait même avant le dîner, à toute heure et en tout lieu, suivant les exigences de son estomac. Il dit lui-même dans une de ses lettres : « En voiture, nous avons goûté avec du pain et des dattes » ; dans une autre :

(1) Les *acroamata* étaient des lecteurs, des musiciens ou des bouffons chargés d'égayer les convives. Ce mot, emprunté au grec, signifie proprement « audition » : c'est dans ce sens qu'il st employé par Cic., *Pro Arch.*, 9.

nem sermonis tacentis uel summissim fabulantis prouocabat, et aut acro*a*mata et histriones aut etiam triuiales ex circo lud*i*os interponebat ac frequentius aretalogos.

LXXV. | [1]Festos et sollemnes dies profusissime, nonnumquam tantum ilocalariter celebrabat. [2]Saturnalibus, et si quando alias libuisset, modo munera diuidebat, uestem et aurum et argentum, modo nummos omnis notae, etiam ueteres regios ac peregrinos, interdum nihil praeter cilicia et spongias et rutabula et forpices atque alia id genus titulis obscuris et ambiguis. [3]Solebat et inaequalissimarum rerum sortes et auersas tabularum picturas in conuiuio uenditare incertoque casu spem mercantium uel frustrari uel explere, ita ut per singulos lectos licitatio fieret et seu iactura seu lucrum communicaretur.

LXXVI. [1]Cibi (nam ne haec quidem omiserim) minimi erat atque uulgaris fere. [2]Secundarium panem et pisciculos minutos et caseum b*u*bulum manu pressum et ficos uirides biferas maxime appetebat ; uescebaturque et ante cenam quocumque tempore et loco, quo stomachus desiderasset. [3]Verba ipsius ex epistulis sunt : « Nos in essedo panem et palmulas gustauimus. »

5 acroamata *ed. Ven.* 1490 [*cf. Vesp.*, 19^{1}] : cromata M^{1} acromata M^{2} *et cett.* || ludios *dett.* [*Beroald*] : -dos *cett.*

LXXV, 1 iocelariter : uolgariter *Mähly* || 2 spongias $G\Pi^{1}$: sphon- Q sphongyas S^{2} -geas MVLPS^{1} spongeas Π^{2}RT || 3 auersas : ad- VS auersa *et tum* pictarum *Bentley* || picturas : plictura M^{1} plicturas M^{2}VR.

LXXVI, 1 erat : -ant M || 2 bubulum *dett.* [*edd.*] : -balum et T *dett.* bibulum *cett.* || ficos : -co V -cus G,LPOST || et ante : ante H || tempore et : tempore quo LPOST || loco quo : loco H [*Egnatius Preud'homme*] || 3 ex epistulis : epistulis V.

« Pendant que ma litière me ramenait de la galerie (1) chez moi, j'ai mangé une once de pain et quelques grains d'un raisin dur » ; ailleurs encore : « Mon cher Tibère, même un Juif, le jour du sabbat, n'observe pas aussi rigoureusement le jeûne (2) que je l'ai fait aujourd'hui, car c'est seulement au bain, passé la première heure de la nuit, que j'ai mangé deux bouchées, avant que l'on se mît à me frictionner. » Cet appétit capricieux l'obligeait quelquefois à dîner tout seul, soit avant soit après un banquet, alors qu'il ne prenait rien au cours du repas.

LXXVII. Il était également très sobre de vin, par nature. Il ne buvait d'ordinaire pas plus de trois fois par repas, lorsqu'il campait devant Modène, à ce que rapporte Cornelius Nepos. Plus tard, dans ses plus grands excès, il ne dépassa pas douze cyathes (3), ou, s'il venait à les dépasser, il vomissait. Il préféra entre tous le vin de Rhétie et ne but pas en général au cours de la journée. Pour se désaltérer, il prenait un morceau de pain trempé d'eau fraîche, une tranche de concombre, un pied de petite laitue, ou bien un fruit très juteux, récemment cueilli ou conservé.

LXXVIII. Après le repas de midi, sans quitter ses vêtements ou ses chaussures ni se couvrir les pieds, il faisait une courte sieste, en tenant sa main sur ses yeux. Au sortir du dîner, il se retirait dans une petite litière destinée à ses veilles ; il y demeurait tard dans la nuit,

(1) Le mot *regia* est synonyme de *basilica*, galerie ou portique : cf. chap. 31[9]. Il s'agit donc ici, non pas de la *regia Numae*, voisine du temple de Vesta, ni de celle du *rex sacrorum*, mais d'une galerie quelconque où Auguste s'était promené.

(2) C'est par ignorance des mœurs juives qu'Auguste s'exprime ainsi, car les Juifs n'avaient pas l'habitude de jeûner le jour du sabbat. La même erreur se retrouve chez Justin, XXXVI, 2 : « *Moses septimum diem more gentis sabbatum appellatum in omne aeuum ieiunio sacrauit* ».

(3) Le *sextans* contenait deux cyathes, et le cyathe était le

Et iterum : « Dum lectica ex regia domum redeo, panis unciam cum paucis acinis uuae duracinae comedi. » [4]Et rursus : « Ne Iudaeus quidem, mi Tiberi, tam diligenter sabbatis ieiunium seruat quam ego hodie seruaui, qui in balineo demum post horam primam noctis duas buccas manducaui prius quam ungui inciperem. » [5]Ex hac inobseruantia nonnumquam uel ante initum uel post dimissum conuiuium solus cenitabat, cum pleno conuiuio nihil tangeret.

LXXVII. [1]Vini quoque natura parcissimus erat. [2]Non amplius ter bibere eum solitum super cenam in castris apud Mutinam, Cornelius Nepos tradit. [3]Postea quotiens largissime se inuitaret, senos sextantes non excessit, aut si excessisset, reiciebat. Et maxime delectatus est Raetico neque temere interdiu bibit. [4]Pro potione sumebat perfusum aqua frigida panem aut cucumeris frustum uel lactuculae thyrsum aut recens aridumue pomum suci uinosioris.

LXXVIII. | [1]Post cibum meridianum, ita ut uestitus calciatusque erat, retectis pedibus paulisper conquiescebat opposita ad oculos manu. [2]A cena in lecticulam se lucubratoriam recipiebat ; ibi, donec residua diurni actus aut omnia aut ex maxima parte conficeret, ad

4 Ne Iudaeus : ne *om.* V ‖ balineo : balneo M^2HG,LPOST,Π ‖ demum post : demum *om.* H ‖ buccas : buceas $Π^1$ -cceas $Π^2$R [*Roth Preud'homme*] -ccatas H ‖ **5** inobseruantia : obser- PT ‖ initum : -tium MVSΠ ‖ cenitabat : cini- M ceni dabat G.

LXXVII, 2 eum solitum : eum G ‖ **4** Pro potione sumebat : propositione sumabat [-ebat M^2] MG ‖ frustum : -ctum GΠQ ‖ lactuculae thyrsum : lactucula^s ethyrsum M lacticulam ethyrsum [et tirs- T] LPOST ‖ aridumue : aci- *dett.* ‖ uinosioris : uinio- M^1.

LXXVIII, 2 A : ad V *om.* G ‖ ex maxima ΠQ, LPOST, G^3 [*in* L x *in ras.*] : ea maxima MG^1VR maxima ex N.

jusqu'à ce que le reste de sa besogne quotidienne fût achevé ou près de l'être. Ensuite, il passait dans son lit et dormait sept heures au maximum, encore n'était-ce pas d'un seul trait, car dans ce laps de temps il se réveillait trois ou quatre fois. Une fois réveillé, s'il ne pouvait, comme il arrive, retrouver le sommeil, il faisait appel, afin de se rendormir, soit à des lecteurs, soit à des diseurs de contes, et souvent prolongeait son somme après l'aurore. Jamais il ne veilla dans l'obscurité sans avoir quelqu'un auprès de lui. Il lui était pénible de se lever matin ; aussi, quand il lui aurait fallu se lever de trop bonne heure pour un devoir de politesse (1) ou pour un sacrifice, afin d'éviter cet inconvénient il allait coucher à proximité, chez quelqu'un de sa maison, dans une chambre haute. Souvent, malgré cela, il avait encore besoin de sommeil et dormait profondément tandis qu'on le transportait à travers la ville et quand un retard quelconque arrêtait sa litière.

LXXIX. Auguste était d'une rare beauté, qui garda son charme tout le long de sa vie ; cependant, il négligeait toute coquetterie et s'attachait si peu à soigner sa chevelure, qu'il occupait en toute hâte plusieurs coiffeurs à la fois ; quant à sa barbe, il la faisait tantôt tondre, tantôt raser (2) et jusque pendant ce temps il lisait ou même écrivait. Son visage respirait tant de calme et de sérénité, soit dans la conversation, soit lorsqu'il se taisait, qu'un personnage considérable des Gaules, qui s'était fait admettre auprès de lui, quand il traversait les Alpes, sous prétexte de l'entretenir, mais avec l'intention de le précipiter dans un abîme, fut à sa vue incapable d'agir et tout apaisé, comme il l'avoua devant

douzième du *sextarius*, setier, de sorte que *seni sextantes* valaient un *sextarius*, soit $0^l,547$.

(1) Les divers *officia* dont il a été question au chap. 53^7.

(2) Cf. *Caes.*, 45^3.

multam noctem permanebat. [3]In lectum inde transgressus non amplius cum plurimum quam septem horas dormiebat, ac ne eas quidem continuas, sed ut in illo temporis spatio ter aut quater expergisceretur. [4]Si interruptum somnum reciperare, ut euenit, non posset, lectoribus aut fabulatoribus arcessitis resumebat producebatque ultra primam saepe lucem. Nec in tenebris uigilauit umquam nisi assidente aliquo. [5]Matutina uigilia offendebatur ; ac si uel officii uel sacri causa maturius uigilandum esset, ne id contra commodum faceret, in proximo cuiuscumque domesticorum cenaculo manebat. Sic quoque saepe indigens somni, et dum per uicos deportaretur et deposita lectica inter aliquas moras condormiebat.

LXXIX. | [1]Forma fuit eximia et per omnes aetatis gradus uenustissima ; quamquam et omnis lenocinii neglegens et in capite comendo tam incuriosus, ut raptim compluribus simul tonsoribus operam daret ac modo tonderet modo raderet barbam eoque ipso tempore aut legeret aliquid aut etiam scriberet. [2]Vultu erat uel in sermone uel tacitus adeo tranquillo serenoque, ut quidam e primoribus Galliarum confessus sit inter suos, eo se inhibitum ac remollitum, quo minus, ut destinarat, in transitu Alpium per simulationem conloquii propius admissus in praecipitium propelleret.

3 ac : at V ‖ uigilandum [*cf. Cl.*, 33^3 — *Vesp.*, 21^2] : eui- *Casaubon* ‖ dum — deportaretur : dum — deportatur *Baumgarten-Crusius* cum — deportaretur *R. Düpow.*

LXXIX, 1 et omnis : omnis N ‖ et in ΠQεN *dett.* [*Roth Preud'homme*] : in *cett.* [*Ihm*] ‖ comendo tam : commendatam GL^1P commendo tam V ‖ ac : hac [h *expunct.*] M [*cf. Caes.*, 35^3 — *Aug.*, 10^5] ‖ **2** propius : -rius Mε.

ses compatriotes. Ses yeux étaient vifs et brillants ; il voulait même faire croire qu'il y avait dans son regard comme une autorité divine et, quand il le fixait sur quelqu'un, il aimait à lui voir baisser la tête, comme ébloui par le soleil ; mais, dans sa vieillesse, son œil gauche s'affaiblit ; ses dents étaient écartées, petites et irrégulières ; ses cheveux, légèrement bouclés et tirant sur le blond ; ses sourcils, joints ; ses oreilles, moyennes ; son nez, bombé du haut et recourbé par le bas ; son teint, entre le brun et le blanc ; sa taille était petite (1), — cependant Julius Marathus, son affranchi et son archiviste (2), rapporte qu'elle atteignait cinq pieds neuf pouces (3) —, mais cela ne se voyait point, tant son corps était bien proportionné, et l'on ne pouvait s'en apercevoir qu'en le comparant avec une personne plus grande, debout près de lui.

LXXX. Son corps était, dit-on, couvert de taches, de signes naturels, parsemés sur sa poitrine et sur son ventre, qui reproduisaient par leur disposition et par leur nombre la figure de l'Ourse, mais aussi de callosités formant en plusieurs endroits des plaques dartreuses, provoquées par ses démangeaisons et par son habitude de se frotter vigoureusement avec un strigile (4). Sa hanche, sa cuisse et sa jambe gauches étaient un peu faibles, et souvent même cela le faisait boiter ; mais il y remédiait au moyen de sangles et d'éclisses (5) ; en outre, il se sentait parfois l'index de la main droite si faible, si engourdi et con-

(1) De là son habitude de porter des chaussures un peu hautes : voir chap. 73[2].

(2) C'est-à-dire rédacteur du journal officiel de l'Empire.

(3) *Litt.* : cinq pieds trois quarts, soit 1 m. 70 (le pied valait 0 m. 2957).

(4) Sorte de racloir en corne ou en métal dont les baigneurs et les athlètes se servaient pour se nettoyer la peau.

(5) Les sangles, *habenae*, *fasciae* ou *lora*, attachaient au membre trop faible les éclisses de bois qui le soutenaient : cf. Celse, VIII, 10 sqq.

[3]Oculos habuit claros ac nitidos, quibus etiam existimari uolebat inesse quiddam diuini uigoris, gaudebatque, si qui sibi acrius contuenti quasi ad fulgorem solis uultum summitteret; sed in senecta sinistro minus uidit; [4]dentes raros et exiguos et scabros; capillum leuiter inflexum et subflauum; supercilia coniuncta; mediocres aures; nasum et a summo eminentiorem et ab imo deductiorem; colorem inter aquilum candidumque; [5]staturam breuem, (quam tamen Iulius Marathus libertus e*t* *a* memori*a* eius quinque pedum et dodrantis fuisse tradit), sed quae commoditate et aequitate membrorum occuleretur, ut non nisi ex comparatione astantis alicuius procerioris intellegi posset.

LXXX. | [1]Corpore traditur maculoso, dispersis per pectus atque aluum genetiuis notis in modum et ordinem ac numerum stellarum caelestis ursae, sed et callis quibusdam ex prurigine corporis adsiduoque et uehementi strigilis usu plurifariam concretis ad impetiginis formam. [2]Cox*e*ndice et femore et crure sinistro non perinde ualebat, ut saepe etiam inclaudicaret; sed remedio ha*b*enarum atque harundinum confir-

3 si qui : si quis Π[1]QSTN ‖ acrius contuenti : contuiti [acrius *omisso*] V ‖ **4** leuiter : leni- *dett.* ‖ ab imo deductiorem : abicinio deductorem V ‖ **5** et a memoria *Juste-Lipse* [*Roth Preud'homme*] : etiam memoriam MGV, ΠQεR etiam in memoriam LPOST [*uulgo*] ipsius in memoriam *dett. om.* ρ in memoria uitae *Casaubon* ‖ et : ex V ‖ aequitate : equite G aequalitate *Casaubon* [*ex* EINHARD., 22].

LXXX, 1 strigilis : -gili [-guli G] MGVδ ‖ **2** Coxendice *dett.* : coxaindice [coxa indice] *cett.* ‖ inclaudicaret : inde claudicaret L[3] *dett. edd. princ. uulgo* [claudicaret EINHARD., 22] ‖ habenarum *D. W. Triller* : hare- [here- ΠQε *et sic suprascr. in R*] *om. codd.*

tracté par le froid, qu'il arrivait péniblement à écrire en l'entourant d'un anneau de corne. Il souffrit également de la vessie et n'était soulagé qu'après avoir rendu des calculs en urinant.

LXXXI. Il eut dans le cours de sa vie un assez grand nombre de maladies graves et dangereuses, une surtout après avoir dompté les Cantabres (1) ; le débordement de bile dont il souffrit alors le réduisit même au désespoir et le mit dans la nécessité de recourir à la méthode hasardeuse des traitements contraires : les topiques chauds n'ayant point d'effet, il dut, suivant l'ordonnance d'Antonius Musa (2), se traiter avec des topiques froids. Il avait aussi des maladies annuelles qui revenaient à des moments déterminés ; sa santé languissait presque toujours vers l'anniversaire de sa naissance ; de plus, au début du printemps, il était pris d'une inflammation intestinale, et le vent du midi lui donnait des rhumes de cerveau (3), de sorte que son organisme affaibli ne supportait facilement ni les froids ni les chaleurs.

LXXXII. En hiver, il portait, sous une toge épaisse, quatre tuniques, une chemise, un plastron de laine et des bandes autour des cuisses et des jambes ; en été, couchait dans sa chambre, les portes ouvertes, et souvent sous le péristyle (4), à côté d'un jet d'eau, ou même en se faisant éventer par un esclave (5). Le soleil l'éprouvait même en hiver et, fût-ce dans son intérieur, il ne se promenait en plein air que coiffé d'un pétase (6). Il voya-

(1) En 25 av. J.-C. Il eut deux ans plus tard une autre maladie grave, dont parle Suétone, chap. 28[1] et 59[1].

(2) Cf. chap. 59[1], n. 1.

(3) Cf. Catulle, 44, 13 et 19.

(4) Cour ou jardin entouré de colonnes (περί-στῦλος) formant un portique, sous lequel s'ouvraient les appartements de la maison romaine.

(5) Cf. Claudien, *In Eutrop.*, I, 108 sq.

(6) Chapeau à larges bords (grec πεταννύναι, déployer, étaler).

mabatur. [3] Dextrae quoque manus digitum salutarem tam imbecillum interdum sentiebat, ut torpentem contractumque frigore uix cornei circuli supplemento scripturae admoueret. [4]Questus est et de uesica, cuius dolore calculis demum per urinam eiectis leuabatur.

LXXXI. | [1]Graues et periculosas ualitudines per omnem uitam aliquot expertus est ; praecipue Cantabria domita, cum etiam d*e*stillationibus iocinere uitiato ad desperationem redactus contrariam et ancipitem rationem medendi necessario subiit : quia calida fomenta non proderant, frigidis curari coactus auctore Antonio Musa. | [2]Quasdam et anniuersarias ac tempore certo recurrentes experiebatur ; nam sub natalem suum plerumque languebat ; et initio ueris praecordiorum inflatione temptabatur, austrinis autem tempestatibus grauedine. Quare quassato corpore neque frigora neque aestus facile tolerabat.

LXXXII. [1]Hieme quaternis cum pingui toga tunicis et subucula e*t* thorace laneo et feminalibus et tibialibus muniebatur, aestate apertis cubiculi foribus ac saepe in peristylo saliente aqua atque etiam uentilante aliquo cubabat. [2]Solis uero ne hiberni quidem patiens, domi quoque non nisi petasatus sub

3 circuli : -lo M^1.

LXXXI, 1 aliquot : -quod M^1 -quando M^2 || destillationibus *Torrentius* : di- *om. codd.* || **2** anniuersarias : uniuer- M^1 anniuersario G || ac tempore certo : tempore G || grauedine : graui- M^1 GQε || Quare : quadam [am *expunct.*] M^2.

LXXXII, 1 subucula et thorace *Beroald* : subuculae [-le GRST] thorace [tor- LT] *om. codd.* || apertis : ad- [da *in ras.* t *ex* s *corr. man.* 1] G aptis V || cubiculi : -bili V || in peristylo : imperi stilo M^1Q [imperii — M^2] in peristilo [-stulo G -stillo T] *cett.* || **2** domi quoque : domi G || petasatus : -assatus TV.

geait en litière, presque toujours la nuit et lentement, à petites étapes, mettant deux jours pour aller à Préneste ou à Tibur ; quand il pouvait faire un trajet par mer, il préférait ce mode de transport. C'est à force de soins qu'il soutenait une santé aussi faible, et surtout en prenant peu de bains ; il se faisait souvent frictionner le corps ou transpirait à côté du feu, puis il se douchait avec de l'eau tiède ou légèrement échauffée en plein soleil (1) ; mais toutes les fois que son état nerveux lui imposait les bains de mer ou les eaux thermales d'Albula (2), il se contentait de s'asseoir sur un tabouret de bois, auquel il donnait lui-même le nom espagnol de « dureta », et de plonger alternativement dans l'eau ses mains et ses pieds.

LXXXIII. Il renonça aux exercices militaires de l'équitation et de l'escrime aussitôt après les guerres civiles, et les remplaça d'abord par le jeu de la paume et du ballon ; ensuite, il se contentait de promenades en litière ou à pied, qu'il terminait en courant et en sautant, le corps enveloppé d'un [manteau grossier] ou d'une petite couverture. Pour se divertir, tantôt il pêchait à la ligne, tantôt il jouait aux dés, aux osselets ou aux noix (3) avec de petits enfants d'une figure et d'un babil agréables (4), qu'il faisait rechercher partout, surtout des Maures et des Syriens ; car il avait horreur des nains, des créatures difformes et de tous les avortons du même genre, les regardant comme des caprices de la nature et des êtres de mauvais présage.

LXXXIV. L'éloquence et les études libérales furent cultivées par lui dès sa prime jeunesse, avec passion,

(1) Cf. Celse, IV, 24.
(2) Sources d'eau sulfureuse, voisines du Tibre. Aujourd'hui Bagni. Cf. Mart., I, 13.
(3) Cf. Horace, *Sat.*, II, 171.
(4) Cf. Sénèque, *De const. sap.*, 11.

diuo spatiabatur. [3]Itinera lectica et noctibus fere eaque lenta ac minuta faciebat, ut Praeneste uel Tibur biduo procederet ; ac si quo peruenire mari posset, potius nauigabat. [4]Verum tantam infirmitatem magna cura tuebatur, in primis lauandi raritate ; unguebatur enim saepius aut sudabat ad flammam, deinde perfundebatur egelida aqua uel sole multo tepefacta. [5]At quotiens neruorum causa marinis Albulisque calidis utendum esset, contentus hoc erat ut insidens ligneo solio, quod ipse Hispanico uerbo « duretam » uocabat, manus ac pedes alternis iactaret.

LXXXIII. | [1]Exercitationes campestres equorum et armorum statim post ciuilia bella omisit et ad pilam primo folliculumque transiit, mox nihil aliud quam uectabatur et deambulabat, ita ut in extremis spatiis subsultim decurreret † sestertio uel lodicula inuolutus. [2]Animi laxandi causa modo piscabatur hamo, modo talis aut ocellatis nucibusque ludebat cum pueris minutis, quos facie et garrulitate amabilis undique conquirebat, praecipue Mauros et Syros. Nam pumilos atque distortos et omnis generis eiusdem ut ludibria naturae malique ominis abhorrebat.

LXXXIV. | [1]Eloquentiam studiaque liberalia ab

3 eaque : eaque et G ‖ Tibur biduo ΠQεR : tiburi [ty- GS] biduo MGV, LPOST [*in* V tibur ibiduo *unde* Tibur in biduo *Oudendorp*] ‖ **4** in primis : prim- MGVL primum δ ‖ aut : ut Q et Rε *dett.* ‖ **5** At : aut *dett.* [*Roth*] ‖ Albulisque calidis : calidis albulisque *Torrentius.*

LXXXIII, 1 pilam : primam M ‖ in extremis : extremis POT ‖ sestertio [-cio GQRS ises tercio L sextertio T] *om. codd* : segestro *Cujas* [*Preud'homme*] segestria *Roth* ‖ **2** facie ΠQR : -cilitate P[a] -cile *cett.* ‖ amabilis MGVQ[1] : -es *cett.* ‖ conquirebat : conquiet V ‖ pumilos : -llos [pom- PST] V,LPOST.

mais aussi avec un effort soutenu. On rapporte que, durant la guerre de Modène, il ne cessa pas, malgré toutes ses occupations écrasantes, de lire, d'écrire et de déclamer chaque jour. Par la suite, jamais il ne prit la parole au sénat, devant le peuple, ni devant ses soldats, sans avoir médité et préparé son discours, quoiqu'il ne fût pas incapable d'improviser dans les cas imprévus. Pour ne pas s'exposer aux défaillances de la mémoire ni perdre son temps à apprendre par cœur, il adopta l'usage de lire tous ses discours. Il rédigeait d'avance jusqu'à ses conversations particulières, même avec son épouse Livie, quand elles étaient importantes, et parlait d'après ses notes, de peur que l'improvisation ne lui fît dire trop ou trop peu. Il avait une voix douce, d'un timbre particulier, et travaillait assidûment avec un maître de déclamation (1) ; cependant, quelquefois, ayant la gorge malade, il fit haranguer le peuple par un crieur.

LXXXV. Il écrivit en prose plusieurs ouvrages de différents genres ; il en lut quelques-uns dans le cercle de ses amis, qui lui tenaient lieu de public. Telles sont « Les réponses à Brutus au sujet de Caton » ; il lut une grande partie de cet ouvrage, alors qu'il était déjà bien âgé, mais, lassé par cette lecture, il la fit achever par Tibère ; telles sont encore « Les exhortations à la philosophie », et des mémoires « sur sa vie », qu'il raconta en treize livres, jusqu'à la guerre des Cantabres, sans dépasser ce terme. Il effleura aussi la poésie. On a de lui un opuscule en vers hexamètres, qui a pour titre et pour sujet « la Sicile » ; un autre, tout aussi court, contenant des « épigrammes », qu'il composait d'ordinaire en pre-

(1) Le *phonascus* était proprement un musicien qui, à l'aide d'une flûte, donnait le ton à l'orateur : cf. Quintilien, *Inst. orat.*, I, 10, 27, et Aulu-Gelle, *N. A.*, I, 11. Ce mot s'appliqua ensuite, par extension de sens, au professeur de déclamation.

aetate prima et cupide et laboriosissime exercuit. Mutinensi bello in tanta mole rerum et legisse et scripsisse et declamasse cotidie traditur. [2]Nam deinceps neque in senatu neque apud populum neque apud milites locutus est umquam nisi meditata et composita oratione, quamuis non deficeretur ad subita extemporali facultate. [3]Ac ne periculum memoriae adiret aut in ediscendo tempus absumeret, instituit recitare omnia. [4]Sermones quoque cum singulis atque etiam cum Liuia sua grauiores non nisi script*o*s et e libello habebat, ne plus minusue loqueretur ex tempore. [5]Pronuntiabat dulci et proprio quodam oris sono dabatque assidue phonasco operam; sed nonnumquam infirmatis faucibus praeconis uoce ad populum contionatus est.

LXXXV. | [1]Multa uarii generis prosa oratione composuit, ex quibus nonnulla in coetu familiarium uelut in auditorio recitauit, sicut « Rescripta Bruto de Catone », quae uolumina cum iam senior ex magna parte legisset, fatigatus Tiberio tradidit perlegenda ; item « Hortationes ad philosophiam », et aliqua « De uita sua », quam tredecim libris Cantabrico tenus bello nec ultra exposuit. [2]Poetica summatim attigit. Vnus liber extat scriptus ab eo *h*exametris uersibus, cuius et argumentum et titulus est « Sicilia » ; extat alter aeque modicus « epigrammatum », quae fere tempore balinei

LXXXIV, 2 deinceps : princeps *Spejer* ‖ deficeretur : -ret LPOST ‖ **3** absumeret S² *dett.* : assum- [ads- VPOS¹ε] *cett.* ‖ **4** scriptos *dett.* [*Bentley*] : -tis [in scriptis *dett*] *om. codd.* de scripto *Modderman* ‖ **5** phonasco : -aisco M,ΠQεR -usco G.

LXXXV, 1 auditorio : adiutorium V ‖ **2** Poetica : -cam ΠQ [*uulgo*] ‖ attigit : attingit [n *expunct.*] M ‖ uersibus cuius : cuius *om.* V ‖ balinei : labi- G balnei M², LPOST,Π.

nant son bain. Il avait en outre commencé une tragédie avec beaucoup d'enthousiasme, mais, voyant qu'il ne réussissait pas, il la détruisit et quand ses amis lui demandèrent ce que devenait son « Ajax », il leur répondit « qu'il s'était précipité sur une éponge (1). »

LXXXVI. Il adopta un style pur mais simple, évitant la sottise des formules à effet balancées avec art, et, selon sa propre expression « l'odeur de moisi des termes surannés » ; avant tout, il se préoccupa de traduire sa pensée le plus clairement possible. Afin d'y parvenir plus sûrement et pour que rien ne pût embarrasser ni arrêter le lecteur ou l'auditeur, il n'hésita pas à exprimer les prépositions devant les noms de villes, ni à répéter souvent les conjonctions, dont la suppression entraîne quelque obscurité, si elle augmente la grâce. Il réprouva avec un égal dédain les précieux (2) et les archaïsants, estimant qu'ils tombaient dans deux excès contraires, et parfois il les harcelait de ses railleries, surtout son cher Mécène, dont il critique à tout propos, suivant son expression, « les papillotes parfumées », et qu'il s'amuse à contrefaire pour s'en moquer (3) ; mais il n'épargne pas non plus Tibère, qui se mettait parfois en chasse d'expressions désuètes et obscures. Il reproche en particulier à M. Antoine sa manie d'écrire pour étonner les gens, plutôt que pour être compris ; puis, le plaisantant sur la bizarrerie et l'inconstance de son goût en ce qui concerne le choix d'un style, il ajoute : « Ainsi, vous vous demandez s'il vous faut imiter Annius Cimber et Veranius Flaccus,

(1) Auguste faisait un calembour sur le titre de sa tragédie : Ajax s'était donné la mort en se précipitant sur son épée, et lui s'était précipité sur une éponge pour effacer toute trace de ses vers.

(2) Cf. dans Quintilien, *Inst. orat.*, VIII, 3, 56, la définition du κακόζηλος.

(3) Macrobe, *Sat.*, II, 4, nous donne un exemple des lettres qu'il écrivait dans ce sens à Mécène.

meditabatur. [3]Nam tragoediam magno impetu exorsus, non succedenti stilo, aboleuit quaerentibusque amicis, quidnam Aiax ageret, respondit « Aiacem suum in spongiam incubuisse. »

LXXXVI. | [1]Genus eloquendi secutus est elegans et temperatum, uitatis sententiarum ineptiis atque concinnitate et « reconditorum uerborum », ut ipse dicit, « fetoribus » ; praecipuamque curam duxit sensum animi quam apertissime exprimere. [2]Quod quo facilius efficeret aut necubi lectorem uel auditorem obturbaret ac moraretur, neque praepositiones urbibus addere neque coniunctiones saepius iterare dubitauit, quae detractae afferunt aliquid obscuritatis, etsi gratiam augent. [3]Cacozelos et antiquarios, ut diuerso genere uitiosos, pari fastidio spreuit exagitabatque nonnumquam ; in primis Maecenatem suum, cuius « myrobrechis », ut ait, « cincinnos » usque quaque persequitur et imitando per iocum irridet. [4]Sed nec Tiberio parcit et exoletas interdum et reconditas uoces aucupanti. [5]M. quidem Antonium ut insanum increpat, quasi ea scribentem, quae mirentur potius homines quam intellegant ; deinde ludens malum et inconstans in eligendo genere dicendi ingenium eius, addit haec : « Tuque dubitas,

3 succedenti : -te ΠQε [*uulgo*] ‖ spongiam ΠR : -eam GT sphongeam MVLPSQ [*cf. supra* 75[2]].

LXXXVI, 1 eloquendi : eloquentiae [tiae *per compend. del. man.* 2] dim [*per compend.*] P -tiae SOTN ‖ concinnitate : in- *ed. Rom. II* [*uulgo*] ⟨ nimia ⟩ concinni-*Modderman* ‖ fetoribus *Ihm* : foet- M faet- [ae *per compend.*] GVPQ [*cf. Ner.*, 51[1]] ‖ **2** urbibus : ubi- G [*om.* g] uerbis L[2] T *dett.* [*uulgo*] ‖ **5** ingenium eius ΠQεR, STP[2] : eius MG ius VLP[1] iudicium eius *Bentley*.

en employant les mots que Crispus Salluste a tirés des Origines de Caton (1), ou si vous ne devez pas plutôt faire passer dans notre langue la verbosité creuse des orateurs asiatiques ? » Et, dans une lettre, tout en félicitant sa petite-fille Agrippine de son esprit, il lui dit : « Mais il faut vous efforcer de parler et d'écrire sans obscurité. »

LXXXVII. Dans sa conversation journalière il employait fréquemment certaines locutions curieuses, comme on le voit dans ses lettres autographes ; maintes fois, par exemple, lorsqu'il veut faire entendre que tels débiteurs ne s'acquitteront jamais, il écrit « qu'ils s'acquitteront aux calendes grecques » ; quand il engage quelqu'un à prendre les temps comme ils sont, « contentons-nous de notre Caton (2) » ; et pour rendre avec quelle rapidité une chose a été faite : « plus vite que l'on ne cuit les asperges. » Il emploie constamment, au lieu de « stultus » (imbécile), « baceolus » (insensé), [...........] (3), au lieu de « cerritus » (fou furieux), « vacerrosus » (sens analogue), « vapide se habere » (avoir des vapeurs), pour « male se habere » (se sentir mal), « betizare » (4) (être mou comme une bette), pour « languere » (être languissant), ce que le vulgaire traduit par « lachanizare » (ressembler à un légume) ; de même « simus », au lieu de « sumus », et « domos », au génitif singulier, pour « domuos » (5) ; jamais il n'écrit autrement ces deux mots : c'est donc bien une habitude, et non pas

(1) Sur l'archaïsme d'Annius Cimber et de Salluste, cf. Quintilien, *Inst. orat.*, VIII, 3, 29. — Quant à Veranius Flaccus, il est mentionné par Macrobe, *Sat.*, III, 2.

(2) C'est-à-dire : à défaut du grand Caton, — le Censeur —, qui a disparu, contentons-nous des vertus et des hommes de notre temps.

(3) Les mots *apud pullum pulleiaceum* (chez un poussin noir), qui se lisent ensuite dans les manuscrits, n'offrent aucun sens satisfaisant.

(4) Cf. Catulle, 67, 21.

(5) L'orthographe archaïque imposait la dissimilation des *u*

Cimberne Annius ac Veranius Flaccus imitandi sint tibi, ita ut uerbis, quae Crispus Sallustius excerpsit ex Originibus Catonis, utaris ? an potius Asiaticorum oratorum inanibus sententiis uerborum uolubilitas in nostrum sermonem transferenda ? » [6]Et quadam epistula Agrippinae neptis ingenium conlaudans : « Sed opus est », inquit, « dare te operam, ne moleste scribas et loquaris. »

LXXXVII. | [1]Cotidiano sermone quaedam frequentius et notabiliter usurpasse eum, litterae ipsius autographae ostentant, in quibus identidem, cum aliquos numquam soluturos significare uult, « ad K*al*. Graecas soluturos » ait ; et cum hortatur ferenda esse praesentia, qualiacumque sint, « contenti simus hoc Catone » ; et ad exprimendam festinatae rei uelocitatem, « celerius quam asparagi cocuntur. » [2]Ponit assidue et pro stulto « baceolum † apud pullum pulleiaceum » et pro cerrito « uacerrosum » et « uapide se habere » pro male et « betizare » pro languere, quod uulgo « lachanizare » dicitur ; item « simus » pro sumus et « domos » genetiuo casu singulari pro domuos. Nec umquam aliter haec duo, ne quis mendam magis quam consuetudinem putet.

5 Annius : -eus ΠQε ‖ ac *Bentley* [*Madvig*] : an *om. codd.* aut *Wolf* ‖ Veranius : -annius $Π^1$QS uenarius V Verrius *Beroald* Granius *Casaubon* ‖ inanibus *om. codd.* [inanib ; M] : -nis *Is. Fr. Gronov et om. fere edd.* ‖ **6** quadam : quae- V ‖ Sed : et M.

LXXXVII, 1 Cotidiano : in cot- H ‖ simus : su- MGL^1P^1 [*in* L si *in ras.*] ‖ cocuntur : coquun- H, ΠQR,P coqun- L^2S^2 ‖ **2** et pro stulto : et *om.* Q. ‖ baceolum : bacce- V bache- S^2 baculum L^1 -celum *Erasme* ‖ apud pullum : et pro pullo S *dett.* [*uulgo*] aut pullum *Bentley* ut pul- *propon. Roth* ⟨ c ⟩ aput ⟨ aut ⟩ pullum *G. Becker* ‖ pulleiaceum : puelleia- V pulleiactium [c *expunct.*] L pullaceum *ed. Ald.* 1516 *al.* gallinaceum *Bentley* ‖ betizare : bepti- V beticare T ‖ languere : angu- V languore -L^1 ‖ quod dicitur : *om. dett.* [*Polak*] ‖ lachanizare : laconi- Q lacharu- T ‖ domos : -uos *Ritschl* ‖ domuos [-mnos L^1] MGV, LPOST : -mus ΠQεR, L^2.

une faute. D'autre part, dans sa façon d'écrire, j'ai remarqué surtout les particularités suivantes : il ne sépare pas les mots, et, s'il ne peut loger certaines lettres à la fin d'une ligne, il ne les reporte pas à la suivante mais les écrit au-dessous du mot en les entourant d'un trait.

LXXXVIII. Il ne respecte pas absolument l'orthographe, c'est-à-dire l'art d'écrire correctement les mots suivant les règles des grammairiens, et semble plutôt être d'accord avec les partisans d'une écriture phonétique. Par ailleurs, il lui arrive souvent d'intervertir ou de sauter certaines lettres et même des syllabes entières, mais ce sont là des fautes que tout le monde commet. Je ne le signalerais même pas, si je n'étais surpris de lire chez certains qu'il fit remplacer, comme ignorant et sans culture, un lieutenant consulaire, en s'apercevant qu'il avait écrit « ixi » pour « ipsi. » Lorsqu'il se sert d'un chiffre (1), il remplace A par B, B par C, et ainsi de suite pour les autres lettres ; quant à l'X, il le représente par deux A.

LXXXIX. Auguste avait un goût non moins vif pour les études grecques elles-mêmes. Ici encore, il excellait véritablement, car il avait eu pour maître d'éloquence Apollodore de Pergame (2), qu'il avait même, en dépit de son grand âge, emmené avec lui de Rome à Apollonie, au temps de sa jeunesse (3), et plus tard il s'était encore enrichi d'une vaste culture, grâce au commerce continuel du philosophe Areus (4) et de ses fils Denys

(*v*) consécutifs : aussi le génitif *domuus* devenait-il *domuos*.

(1) Cf. *Caes.*, 56[8], et Dion Cass., LI, 3.

(2) Mentionné comme précepteur d'Auguste par Quintilien, *Inst. orat.*, III, 1, 17.

(3) Cf. chap. 8[4].

(4) Dion Cass., LI, 16, dit qu'Auguste épargna Alexandrie en l'honneur non seulement de Sérapis, son fondateur, mais aussi du philosophe Areus, l'un de ses habitants, qu'il avait fréquenté.

| [3]Notaui et in chirographo eius illa praecipue : non diuidit uerba nec ab extrema parte uersuum abundantis litteras in alterum transfert, sed ibidem statim subicit circumducitque.

LXXXVIII. [1]Orthographiam, id est formulam rationemque scribendi a grammaticis institutam, non adeo custodit ac uidetur eorum potius sequi opinionem, qui perinde scribendum ac loquamur existiment. [2]Nam quod saepe non litteras modo sed syllabas aut permutat aut praeterit, communis hominum error est. Nec ego id notarem, nisi mihi mirum uideretur tradidisse aliquos, legato eum consulari successorem dedisse ut rudi et indocto, cuius manu « ixi » pro ipsi scriptum animaduerterit. [3]Quotiens autem per notas scribit, B pro A, C pro B ac deinceps eadem ratione sequentis litteras ponit ; pro X autem duplex A.

LXXXIX. | [1]Ne Graecarum quidem disciplinarum leuiore studio tenebatur. [2]In quibus et ipsis praestabat largiter, magistro dicendi usus Apollodoro Pergameno, quem iam grandem natu Apolloniam quoque secum ab urbe iuuenis adhuc eduxerat, deinde eruditione etiam uaria repletus *per* Arei philosophi filiorumque eius

3 in chirographo : in *om.* V ‖ diuidit OP^2S^2Tδ *dett.* : diuidite MGV $L^1P^1S^1$ [e *eras. in* V] diuidit et ΠQεR diuidere *dett.* L^2 *uel* L^3.

LXXXVIII, 1 id est — institutam : *del. Polak post alios* ‖ custodit QεRδ *dett.* : -diit *cett.* [it *in ras.* M] [*cf. infra*[2] praeterit] ‖ **2** permutat aut : -tata aut M^1-tauit aut M^2 -tat ac R ‖ praeterit : pr(a)eteriit MGVδ [*cf. supra*[1] custodit] ‖ **3** B pro A C pro B ac : B. PRO. Λ.C. pro hac [h *expunct.*] M R. pro A.C. prob ; ac V ‖ duplex A : duplex a. a. H.

LXXXIX, 2 etiam uaria : uaria G ‖ repletus per Arei *Saumaise* : repletus sperarei [separarei ε] MGV,L^3,ΠQεR replet' y L^1 repletus in δ *om. cett.*

et Nicanor ; cependant, il n'alla point jusqu'à parler couramment le grec et ne se risquait pas à écrire dans cette langue ; même en cas de nécessité, il rédigeait son texte en latin et le faisait traduire. La poésie grecque ne lui était pas non plus tout à fait étrangère ; il goûtait même la comédie ancienne et souvent il en fit donner certaines pièces dans des spectacles publics. Ce qu'il recherchait avant tout dans ses lectures grecques et latines, c'étaient des préceptes et des exemples utiles à suivre dans la vie publique ou privée ; il les copiait mot pour mot et très souvent faisait parvenir sous cette forme soit aux gens de sa maison, soit aux chefs d'armées ou de provinces, soit aux magistrats de Rome, les avertissements dont chacun avait besoin. Il lui arriva même fréquemment de lire au sénat et de faire connaître au peuple par un édit des ouvrages entiers, comme les discours de Quintus Metellus (1) sur « la repopulation », et ceux de Rutilius sur « la somptuosité excessive des édifices », pour démontrer avec plus de force qu'il n'était pas le premier à s'occuper de ces deux questions, mais que les anciens déjà les avaient à cœur. Il mit tout en œuvre pour encourager les talents de son époque. Il écouta sans lassitude, avec bienveillance, la lecture des poèmes, des ouvrages d'histoire, et même des discours ou des dialogues. Toutefois, il n'aimait pas qu'on le prît pour sujet d'un ouvrage, à moins que le style ne fût grave et l'auteur, de tout premier ordre ; aussi recommandait-il aux préteurs de ne point laisser prostituer son nom dans les concours littéraires.

XC. Voici ce que l'on nous a dit de ses superstitions. Il éprouvait à l'égard du tonnerre et des éclairs une terreur un peu maladive ; aussi, pour s'en préserver, il emportait toujours dans tous ses déplacements la peau

(1) Il s'agit ici de Q. Metellus Macedonicus, qui fut censeur en 131 av. J.-C.

Dionysi et Nicanoris contubernium ; non tamen ut aut loqueretur expedite aut componere aliquid auderet ; nam et si quid res exigeret, Latine formabat uertendumque alii dabat. [3]Sed plane poematum quoque non imperitus, delectabatur etiam comoedia ueteri et saepe eam exhibuit spectaculis publicis. [4]In euoluendis utriusque linguae auctoribus nihil aeque sectabatur, quam praecepta et exempla publice uel priuatim salubria, eaque ad uerbum excerpta aut ad domesticos aut ad exercituum prouinciarumque rectores aut ad urbis magistratus plerumque mittebat, prout quique monitione indigerent. [5]Etiam libros totos et senatui recitauit et populo notos per edictum saepe fecit, ut orationes *Q*. Metelli « de prole augenda » et Rutili « de modo aedificiorum », quo magis persuaderet utramque rem non a se primo animaduersam, sed antiquis iam tunc curae fuisse. | [6]Ingenia saeculi sui omnibus modis fouit. Recitantis et benigne et patienter audiit, nec tantum carmina et historias, sed et orationes et dialogos. Componi tamen aliquid de se nisi et serio et a praestantissimis offendebatur, admonebatque praetores ne paterentur nomen suum commissionibus obsolefieri.

XC. | Circa religiones talem accepimus. Tonitrua et fulgura paulo infirmius expauescebat, ut semper et

2 contubernium : conti- [continti- V] MVL[1] contubernio ΠR contubernium iniit LPOST ‖ ut aut loqueretur : ut alloqueretur V ‖ dabat. **3** Sed plane poematum : dabat, sed plane. Poematum *distinguunt Bentley Madvig* ‖ imperitus : imp- dein V ‖ **4** priuatim : -tum M ‖ ad exercituum GL[3]N : ad exercitum MV,ΠQεR exercitum LPOS ‖ **5** orationes Q. Metelli *dett.* : orationesque[-q : M -quae ΠR .q. ε] Metelli MV,ΠQεRρ orationeq ; Metelli G orationes Metelli LPOST ‖ a se : ad se M ab se *Roth*.

XC religiones : rele- M [*sic saepe*].

d'un veau marin, et, à la moindre menace d'orage, il se réfugiait dans un réduit voûté, cela parce qu'il avait été autrefois bouleversé par le passage d'un éclair, durant une marche de nuit, comme nous l'avons indiqué plus haut (1).

XCI. En matière de songes, il ne négligeait ni les siens, ni ceux que d'autres faisaient sur lui. A la bataille de Philippes, il avait résolu de ne pas quitter sa tente en raison de son état de santé, mais il en sortit pourtant sur l'avis d'un songe fait par l'un de ses amis (2) ; et bien lui en prit, car les ennemis s'étant emparés de son camp se précipitèrent en foule sur sa litière, pensant qu'il y était resté couché, la criblèrent de coups et la mirent en pièces. Pour lui, durant tout le cours du printemps, il avait une multitude de cauchemars purement chimériques (3) ; le reste de l'année, ses visions étaient plus rares et moins vaines. Comme il fréquentait assidûment le temple qu'il avait consacré sur le Capitole à Jupiter Tonnant (4), il rêva que Jupiter Capitolin lui reprochait d'écarter ses adorateurs, à quoi il avait répondu que Jupiter Tonnant avait été placé près de lui comme portier ; aussi fit-il, bientôt après, couronner de clochettes la toiture de ce temple, parce que c'était l'usage d'en suspendre aux portes. C'est encore à la suite d'une vision nocturne que, tous les ans, à une date déterminée, il demandait l'aumône au peuple et présentait le creux de sa main aux gens qui lui tendaient des as.

XCII. Certains auspices ou prodiges étaient considérés par lui comme infaillibles : si le matin il se chaussait de travers, mettant au pied droit son soulier gauche,

(1) Chap. 29[5].
(2) D'après Velleius Paterculus, II, 70, et Valère-Maxime, I, 7, 1, Auguste reçut cet avertissement de son médecin Artorius.
(3) A rapprocher du chap. 81[2].
(4) Cf. chap. 29[1].

ubique pellem uituli marini circumferret pro remedio atque ad omnem maioris tempestatis suspicionem in abditum et concamaratum locum se reciperet, consternatus olim per nocturnum iter transcursu fulguris, ut praediximus.

XCI. | [1]Somnia neque sua neque aliena de se neglegebat. Philippensi acie quamuis statuisset non egredi tabernaculo propter ualitudinem, egressus est tamen amici somnio monitus ; cessitque res prospere, quando captis castris lectica eius, quasi ibi cubans remansisset, concursu hostium confossa atque lacerata est. [2]Ipse per omne uer plurima et formidulosissima et uana et irrita uidebat, reliquo tempore rariora et minus uana. [3]Cum dedicatam in Capitolio aedem Tonanti Ioui assidue frequentaret, somniauit queri Capitolinum Iouem cultores sibi abduci seque respondisse Tonantem pro ianitore ei appositum ; ideoque mox tintinnabulis fastigium aedis redimiit, quod ea fere ianuis dependebant. [4]Ex nocturno uisu etiam stipem quotannis die certo emendicabat a populo cauam manum asses porrigentibus praebens.

XCII. | [1]Auspicia et omina quaedam pro certissimis obseruabat : si mane sibi calceus perperam ac sinister

concamaratum MVHδ *dett.* : -meratum *cett.*

XCI, 1 de se neglegebat : desegne legebat V negligebat de se G ‖ est. **2** Ipse ΠQεR,STP^2 : est item *dett.* ipse ēi M ipse est [*per compend.*] G ipse et V ipse LP^{1}δ ‖ formidulosissima M^{1}GVP : -dolosissima M^2 *cett.* [*cf. Ner.*, 6^2] ‖ et uana : ut uana *Modderman* ‖ irrita : inritanda V ‖ **3** dedicatam — frequentaret : populus *post* Ioui *suppl. Madvig uel propon.* dedicata aedes — frequentaretur-uolgus *suppl. Mähly* ciuitas *Bücheler* — frequentarent *propon. Baumgarten-Crusius* ‖ redimiit : -mit [rede- P] LPT ‖ dependeqant : -deant *Bentley* ‖ **4** a populo : e pop- M.

il voyait là un signe funeste ; quand il partait pour un long voyage, sur terre ou sur mer, si par hasard il tombait de la rosée, c'était pour lui un signe favorable présageant un heureux et prompt retour. Mais il était aussi très vivement impressionné par les prodiges. Un palmier ayant poussé entre les pierres, devant sa maison, il le fit transporter dans le « compluvium » *, à côté des dieux Pénates, et prit grand soin de sa croissance. Ayant vu dans l'île de Caprée les branches d'un chêne séculaire, languissantes et déjà courbées vers le sol, reprendre vie à son arrivée, il en éprouva tant de joie qu'il tint à échanger avec la cité de Naples l'île de Caprée contre celle d'Enarie. Il avait également la superstition de certaines dates : jamais il ne partait en voyage le lendemain des jours de marché (1) et n'entreprenait aucune affaire sérieuse le jour des nones ; en ce qui regarde les nones, il voulait seulement, comme il l'écrit à Tibère, éviter « le mauvais présage » de ce mot (2).

XCIII. A l'égard des cultes étrangers, s'il marqua le plus grand respect pour ceux qui étaient consacrés par le temps, il méprisa les autres. Ainsi, il avait reçu l'initiation à Athènes : or, par la suite, à Rome, comme il jugeait à son tribunal une affaire relative aux privilèges des prêtres de la Cérès athénienne et que l'on divulguait certains secrets, il renvoya ses assesseurs ainsi que la foule des assistants et suivit seul les débats. Au contraire, quand il parcourut l'Égypte, il dédaigna de faire le moindre détour pour aller voir le bœuf Apis ; et même il félicita vivement son petit-fils Gaius d'avoir traversé la Judée sans offrir de sacrifice à Jérusalem.

(1) Le mot *nundinae* ou *nundina (dies)* signifie proprement « le neuvième jour » : or, c'était aussi le neuvième jour après la mort qu'on célébrait un sacrifice funèbre, suivi d'un banquet, *nouemdiale* ; de là les craintes superstitieuses d'Auguste.

(2) Le mot *nonis* peut se découper en *non is*, (tu ne vas pas, tu ne pars pas), ce qui semblait à Auguste un avertissement.

pro dextro induceretur, ut dirum; si terra mariue ingrediente se longinquam profectionem forte rorasset, ut laetum maturique et prosperi reditus. [2]Sed et ostentis praecipue mouebatur. [3]Enatam inter iuncturas lapidum ante domum suam palmam in compluuium deorum Penatium transtulit, utque coalesceret magno opere curauit. [4]Apud insulam Capreas ueterrimae ilicis demissos iam ad terram languentisque ramos conualuisse aduentu suo, adeo laetatus est, ut eas cum re p. Neapolitanorum permutauerit Aenaria data. [5]Obseruabat et dies quosdam, ne aut postridie nundinas quoquam proficisceretur aut Nonis quicquam rei seriae incoharet; nihil in hoc quidem aliud deuitans, ut ad Tiberium scribit, quam « δυσφημίαν » nominis.

XCIII. | [1]Peregrinarum caeremoniarum sicut ueteres ac praeceptas reuerentissime coluit, ita ceteras contemptui habuit. Namque Athenis initiatus, cum postea Romae pro tribunali de priuilegio sacerdotum Atticae Cereris cognosceret et quaedam secretiora proponerentur, dimisso consilio et corona circumstantium solus audiit disceptantes. [2]At contra non modo in peragranda Aegypto paulo deflectere ad uisendum Apin supersedit, sed et Gaium nepotem, quod Iudaeam praeteruehens apud Hierosol*yma* non supplicasset, conlaudauit.

XCII, 2 Sed et : sed *dett.* ‖ **3** Enatam : ea natam M^1 eo ut natam M^2 ‖ **4** demissos : di- MG ‖ eas : eas [a *expunct. et suprascr.* o] Mδ eam *Bentley* ‖ cum re p. : re *om.* V ‖ Aenaria : aenia- [elna- S] LPOST ‖ **5** quidem aliud : quidem [em *per compend.*] in aliud M ‖ quam : *om.* V,LPOST ‖ δυσφημίαν : ΔΥCΦΕΛΛΙΑΝ M *et sim. cett.* [E *omnes praeter* Π].

XCIII, 1 praeceptas : rece- *dett.* [*Beroald*] p. R. receptas *uel* acceptas *Oudendorp* ‖ consilio : conci- ΠRP²ST ‖ audiit : -iuit G ‖ **2** Hierosolyma *Burmann* [*cf. Ner.*, 40³- *Tit.*, 5³] : -limam *om. codd.*

XCIV. Puisque nous sommes sur ce sujet, il ne sera pas hors de propos d'énumérer maintenant les présages qui, soit avant sa naissance, soit le jour même où il naquit, soit par la suite, firent prévoir et révélèrent sa grandeur future et son bonheur constant.

Il y a des siècles, la foudre étant tombée à Vélitres sur un point des remparts, il fut prophétisé qu'un citoyen de cette ville s'emparerait un jour de la souveraineté ; aussi, confiants dans cette promesse, les habitants de Vélitres avaient-ils tout de suite engagé avec le peuple romain une longue série de guerres qui faillirent causer leur perte ; l'événement démontra enfin bien plus tard que ce prodige présageait la puissance d'Auguste. D'après le témoignage de Julius Marathus (1), quelques mois avant la naissance d'Auguste, il se produisit à Rome dans un lieu public un prodige annonçant que la nature allait enfanter un roi pour le peuple romain ; le sénat épouvanté décréta que l'on n'élèverait aucun des enfants mâles nés cette année-là ; mais les sénateurs, dont les femmes étaient enceintes, s'appliquant chacun pour sa part cette prédiction, firent en sorte que le sénatusconsulte ne fût pas déposé au trésor (2). Dans les recueils « d'aventures divines » d'Asclepias de Mendès je trouve l'histoire suivante (3). Atia, s'étant rendue au milieu de la nuit à une cérémonie solennelle en l'honneur d'Apollon, fit placer sa litière dans le temple et s'y endormit, tandis que les autres matrones rentraient à la maison ; or, un serpent se glissa tout à coup auprès d'elle et se retira bientôt après ; à son réveil, elle se purifia comme si elle sortait des bras de son mari ; dès ce moment, elle porta sur le corps une tache affectant la forme d'un serpent et jamais elle ne put la faire dis-

(1) Cf. chap. 79[5].
(2) Temple de Saturne. Il restait ainsi sans effet.
(3) Également rapportée par Dion Cass., XLV, 1.

XCIV. | [1]Et quoniam ad haec uentum est, non ab re fuerit subtexere, quae ei prius quam nasceretur et ipso natali die ac deinceps euenerint, quibus futura magnitudo eius et perpetua felicitas sperari animaduertique posset. | [2]Velitris antiquitus tacta de caelo parte muri, responsum est eius oppidi ciuem quandoque rerum potiturum ; qua fiducia Veliterni et tunc statim et postea saepius paene ad exitium sui cum populo R. belligerauerant ; sero tandem documentis apparuit ostentum illud Augusti potentiam portendisse. | [3]Auctor est Iulius Marathus, ante paucos quam nasceretur menses prodigium Romae factum publice, quo denuntiabatur regem P. R. naturam parturire ; senatum exterritum censuisse, ne quis illo anno genitus educaretur ; eos qui grauidas uxores haberent, quod ad se quisque spem traheret, curasse ne senatus consultum ad aerarium deferretur. | [4]In Asclepiadis Mendetis Theologumenon libris lego, Atiam, cum ad sollemne Apollinis sacrum media nocte uenisset, posita in templo lectica, dum ceterae matronae do*mum* irent, obdormisse ; draconem repente irrepsisse ad eam pauloque post egressum ; illam expergefactam quasi a concubitu mariti purificasse se ; et statim in corpore eius extitisse maculam uelut picti draconis nec potuisse umquam exigi, adeo

XCIV, 1 posset : -sit Q ‖ **2** responsum est : responsum MGVδ ‖ eius oppidi : oppidi LP[1]OS eius V ‖ sui : suum V ‖ belligerauerant : -unt LPOST ‖ P.R. : populi romani Q p. R. [*suprascr.* o o] S[2] ‖ **3** senatum : senectum [um *per compend.*] M[1] ‖ **4** Theologumenon : theulog- M ‖ uenisset : uenisset et M ‖ domum irent *Graevius* : dormirent *om. codd.* ad aram irent *Heinsius* conuenirent *Bentley* [*Ernesti*] coirent *Madvig* obirent [sacrum] *Modderman* ⟨ domi ⟩ dormirent *Wissova* ‖ mariti : -to M ‖ exigi : -imi LPOST.

paraître, si bien qu'elle dut renoncer pour toujours aux bains publics ; et, comme Auguste naquit neuf mois après, on le considéra dès lors comme le fils d'Apollon. En outre, avant d'accoucher, Atia vit en rêve ses entrailles élevées jusqu'aux astres et s'étalant sur toute l'étendue de la terre et du ciel. De son côté, Octavius, le père d'Auguste, rêva que du sein de sa femme sortaient les rayons du soleil. Le jour où naquit Auguste, on délibérait au sénat sur la conjuration de Catilina (1) et Octavius, retenu par les couches de sa femme, arriva en retard ; or, quand P. Nigidius — c'est un fait que tout le monde connut — apprit la cause de ce retard et fut en outre renseigné sur l'heure de l'accouchement, il déclara qu'il était né un maître à l'univers. Plus tard, Octavius, traversant à la tête d'une armée les solitudes de la Thrace (2), consulta au sujet de son fils les oracles barbares dans un bois consacré à Bacchus, et les prêtres lui firent la même déclaration, parce que le vin répandu sur l'autel avait fait jaillir la flamme si haut qu'elle dépassa le faîte du temple pour s'élever jusqu'au ciel, et que seul Alexandre le Grand avait reçu un pareil présage, quand il avait sacrifié sur les mêmes autels. Et même, dès la nuit suivante, Octavius crut voir son fils, doué d'une grandeur surhumaine, portant le foudre, le sceptre et les attributs de Jupiter Très-Bon et Très Grand, ainsi qu'une couronne de rayons, sur un char couvert de lauriers, que traînaient douze chevaux d'une éclatante blancheur (3). Quand il était encore tout petit, — le fait est consigné dans C. Drusus —, sa nourrice l'ayant un soir placé dans son berceau, installé au rez-de-chaussée, on ne l'y retrouva plus à l'aube suivante, mais, après l'avoir cherché longtemps, on le découvrit enfin couché

(1) Cf. chap. 5[1].
(2) Cf. chap. 3[2].
(3) Comme pour la cérémonie du triomphe.

ut mox publicis balineis perpetuo abstinuerit; Augustum natum mense decimo et ob hoc Apollinis filium existimatum. [5]Eadem Atia, prius quam pareret, somniauit intestina sua ferri ad sidera explicarique per omnem terrarum et caeli ambitum. Somniauit et pater Octauius utero Atiae iubar solis exortum. | [6]Quo natus est die, cum de Catilinae coniuratione ageretur in curia et Octauius ob uxoris puerperium serius affuisset, nota ac uulgata res est P. Nigidium comperta morae causa, ut horam quoque partus acceperit, affirmasse dominum terrarum orbi natum. [7]Octauio postea, cum per secreta Thraciae exercitum duceret, in Liberi patris luco barbara caerimonia de filio consulenti, idem affirmatum est a sacerdotibus, quod infuso super altaria mero tantum flamm*a* emicuisset, ut supergressa fastigium templi ad caelum usque ferretur, unique omnino Magno Alexandro apud easdem aras sacrificanti simile prouenisset ostentum. [8]Atque etiam sequenti statim nocte uidere uisus est filium mortali specie ampliorem cum fulmine et sceptro exuuiisque Iouis Optimi Maximi ac radiata corona super laureatum currum, bis senis equis candore eximio trahentibus. [9]Infans adhuc, ut scriptum apud C. Drusum extat, repositus uespere in cunas a nutricula loco plano, postera luce non comparuit diuque quaesitus tandem in altissima turri repertus est iacens contra solis exortum. | [10]Cum primum

4 balineis : baln- GV,LPOST,Π ‖ **5** terrarum G, ΠQεR : -rram [-ram S] MV,LPOST ‖ **7** altaria : -ri R ‖ flamma *Modderman* : -ae *om. codd.* ‖ unique : olimque LPOST ‖ omnino : omni M^1 ‖ sacrificanti : -te MG ‖ **8** exuuiisque : exub- [excub- V] MGVR ‖ **9** C. Drusum : Caesarem Drusum *Müller* ‖ cunas : -na V.

au plus haut d'une tour, face au soleil levant. Il commençait seulement à parler, quand un jour, dans la maison de banlieue appartenant à sa famille, importuné par les cris des grenouilles, il leur ordonna de se taire, et depuis lors, dit-on, les grenouilles ne coassent plus dans ce lieu. Pendant qu'il déjeunait dans un bois, vers la quatrième borne de la voie campanienne (1), un aigle vint subitement lui arracher le morceau de pain qu'il tenait, puis, après s'être envolé bien haut, redescendit tout à coup, doucement, et le lui rendit. Q. Catulus, pendant les deux nuits qui suivirent la dédicace du Capitole (2), fit les rêves que voici : durant la première, il vit Jupiter Très Bon et Très Grand faire son choix entre plusieurs enfants vêtus de la prétexte qui jouaient autour de son autel, et déposer entre les bras de l'un d'eux l'image de l'État, qu'il tenait dans sa main ; la nuit suivante, il aperçut le même enfant sur les genoux de Jupiter Capitolin, et, comme il voulait donner l'ordre de le chasser, le dieu l'en empêcha en lui faisant savoir qu'il l'élevait pour protéger l'État ; or, le lendemain, rencontrant Auguste, qui par ailleurs lui était inconnu, il le contempla non sans étonnement et déclara qu'il ressemblait de tous points à l'enfant de ses songes. Certains présentent autrement le premier rêve de Catulus : d'après eux, Jupiter, se voyant demander un tuteur par plusieurs enfants vêtus de la prétexte, désigna l'un d'entre eux, auquel ils devaient adresser toutes leurs demandes, et, lui ayant donné ses doigts à baiser, il les reporta ensuite à ses lèvres (3). M. Cicéron, en accompagnant au Capitole C. César, racontait à ses amis le songe (4)

(1) Embranchement de la voie Appienne reliant Capoue à Pouzzoles.

(2) Cf. *Caes.*, 15.

(3) Plutarque, *Cic.*, 44, attribue le même songe à Cicéron.

(4) Cf. Dion Cass., XLV, 2.

fari coepisset, in auito suburbano obstrepentis forte ranas silere iussit, atque ex eo negantur ibi ranae coaxare. [11]Ad quartum lapidem Campanae uiae in nemore prandenti ex inprouiso aquila panem ei e manu rapuit et, cum altissime euolasset, rursus ex inprouiso leniter delapsa reddidit. | [12]Q. Catulus post dedicatum Capitolium duabus continuis noctibus somniauit : prima, Iouem Optimum Maximum e praetextatis compluribus circum aram ludentibus unum secreuisse atque in eius sinum signum rei p. quod manu gestaret reposuisse ; at insequenti, animaduertisse se in gremio Capitolini Iouis eundem puerum, quem cum detrahi iussisset, prohibitum monitu dei, tamquam is ad tutelam rei p. educaretur ; ac die proximo obuium sibi Augustum, cum incognitum alias haberet, non sine admiratione contuitus simillimum dixit puero, de quo somniasset. [13]Quidam prius somnium Catuli aliter exponunt, quasi Iuppiter, compluribus praetextatis tutorem a se poscentibus, unum ex eis demonstrasset, ad quem omnia desideria sua referrent, eiusque osculum delibatum digitis ad os suum rettulisset. | [14]M. Cicero C. Caesarem in Capitolium prosecutus somnium pristinae noctis

10 auito : -tu [-tii G] MGLP¹ -ta S ‖ **12** e praetextatis : ex prae- S prae- ΠQεR ‖ in eius sinum signum LPOST, ΠQεR [in sinum eius signum LPOT] : in eius signum MGVδ [« sinu ad » signum *in marg. adscr.* M²] in eius sinum *Bentley* [*Roth*] ‖ rei p. quod LPOST : rei p. [R. P. G] quam [qua V] MGV,ΠQεR rem p. quam δ [*Bentley Roth*] Romae quod *Juste-Lipse* [*e* CASSIO DIONE, XLV, 2 εἰκόνα.... τῆς Ῥώμης] ‖ reposuisse : -sset V -spondisse G [spondis *del.man.* 1 *at non corr.*] ‖ at : ad G atque ΠQεR ‖ tutelam : tulam M¹ titulam V ‖ admiratione : murmuratione V ‖ **13** aliter : Taliter [T *rubr.*] G ‖ digitis : dici- V dic- G.

de sa nuit dernière : il avait vu un enfant aux traits nobles descendre du ciel suspendu à une chaîne d'or, s'arrêter devant les portes du Capitole, et là recevoir un fouet des mains de Jupiter ; or, un moment après, voyant soudain Auguste, que la plupart ne connaissaient pas encore et que son oncle César avait fait venir au sacrifice, il affirma que c'était précisément lui, qu'il avait vu apparaître durant son sommeil. Quand Auguste prit la toge virile, on vit son laticlave se découdre des deux côtés et tomber à ses pieds (1). Or, suivant certains interprètes, cela ne pouvait signifier qu'une chose : que l'ordre, dont le laticlave était l'insigne (2), lui serait un jour soumis. Devant Munda, en abattant une forêt à l'endroit choisi par le divin Jules pour y camper, on découvrit un palmier, et César le fit respecter comme un présage de victoire ; or, aussitôt après, cet arbre poussa un rejeton, qui grandit en quelques jours au point non seulement d'égaler, mais encore de masquer la mère-souche, et d'être peuplé de nids de colombes, genre d'oiseaux qui pourtant évitent avec le plus grand soin les feuillages durs et rugueux ; ce fut, dit-on, surtout ce prodige qui détermina César à ne vouloir d'autre successeur que son petit-neveu. Durant sa retraite à Apollonie, Auguste était monté, en compagnie d'Agrippa, à l'observatoire de l'astrologue Théogène, Agrippa le consulta le premier, mais, comme Théogène, lui faisait des prédictions magnifiques, presque impossibles à croire, Auguste se refusait obstinément à lui fournir des indications sur sa propre naissance, de peur d'être humilié par des révélations moins brillantes. Lorsque, après maintes prières, il y eut consenti, en hésitant,

(1) Auguste prit donc le laticlave en même temps que la toge virile, faveur qu'il étendit plus tard à tous les fils de sénateurs (chap. 38[a]).

(2) Le sénat.

familiaribus forte narrabat : puerum facie liberali demissum e caelo catena aurea ad fores Capitoli constitisse eique Iouem flagellum tradidisse ; deinde repente Augusto uiso, quem ignotum plerisque adhuc auunculus Caesar ad sacrificandum acciuerat, affirmauit ipsum esse, cuius imago secundum quietem sibi obuersata sit. | [15]Sumenti uirilem togam tunica lati claui resuta ex utraque parte ad pedes decidit. Fuerunt qui interpretarentur, non aliud significare, quam ut is ordo cuius insigne id esset quandoque ei subiceretur. | [16]Apud Mundam Diuus Iulius castris locum capiens cum siluam caederet, arborem palmae repertam conseruari ut omen uictoriae iussit ; ex ea continuo enata suboles adeo in paucis diebus adoleuit, ut non aequiperaret modo matricem, uerum et obtegeret frequentareturque columbarum nidis, quamuis id auium genus duram et asperam frondem maxime uitet. Illo et praecipue ostento motum Caesarem ferunt, ne quem alium sibi succedere quam sororis nepotem uellet. | [17]In secessu Apolloniae Theogenis mathematici pergulam comite Agrippa ascenderat ; cum Agrippae, qui prior consulebat, magna et paene incredibilia praedicerentur, reticere ipse genituram suam nec uelle edere perseuerabat, metu ac pudore ne minor inueniretur. Qua tamen post multas adhortationes uix et cunctanter edita, exiliuit Theogenes

14 demissum : -ssa M [*corr. ex* -sso] LPOST -sso GV ‖ e caelo : caelo G ‖ obuersata : -seruata V,LPOST,ε [*in* M uers *in ras. man.* 1] ‖ **15** lati claui : laticlauia *Graevius* ‖ significare : -ri *Estienne* ‖ **16** ut omen : in om- ε ‖ **17** secessu : succ- M secessum LPOST ‖ pergulam : per tegulam LPOST ‖ Agrippa ascenderat cum : *om.* V ‖ exiliuit : -luit VLPΠQ -liit R [*cf. infra* 96[4]].

Théogène s'élança de son siège et se prosterna devant lui. Plus tard, Auguste eut une si grande confiance dans ses destinées qu'il fit publier son horoscope et frapper des pièces d'argent portant le signe du Capricorne, sous lequel il naquit.

XCV. Lorsque, revenant d'Apollonie après le meurtre de César, il rentra dans Rome, tout à coup, par un ciel pur et serein, une couronne semblable à un arc-en-ciel entoura le disque du soleil (1) et la tombe de Julie, fille de César, fut à plusieurs reprises frappée par la foudre. Durant son premier consulat, quand il prenait les augures, douze vautours se montrèrent à lui, comme (autrefois) à Romulus, et comme il offrait un sacrifice (2), les foies de toutes les victimes apparurent repliés intérieurement sur eux-mêmes jusqu'à la dernière fibre : or, les haruspices furent unanimes pour voir là des présages de grandeur et de prospérité.

XCVI. Mieux encore, Auguste connut d'avance l'issue de toutes ses guerres. Lorsque les troupes des triumvirs étaient rassemblées à Bologne (3), un aigle, se perchant sur sa tente, abattit et précipita sur le sol deux corbeaux qui le harcelaient à gauche et à droite : toute l'armée en conclut que la discorde se mettrait un jour entre les trois collègues, — ce qui se vérifia par la suite —, et présagea l'issue (de leurs querelles). A Philippes, un Thessalien lui prédit la victoire de la part du divin César, dont le fantôme s'était présenté à lui dans un chemin écarté. Devant Pérouse, les présages du sacrifice n'étant pas favorables, il avait donné l'ordre d'augmenter le nombre des victimes, quand les ennemis faisant une brusque sortie emportèrent tout l'appareil

(1) Le même fait est rapporté par Velleius Paterculus, II, 59.
(2) La chose se produisit avant son premier consulat, d'après Dion Cass., XLVI, 35.
(3) Cf. Dion Cass., XLVII, 1.

adorauitque eum. [18]Tantam mox fiduciam fati Augustus habuit, ut thema suum uulgauerit nummumque argenteum nota sideris Capricorni, quo natus est, percusserit.

XCV. | [1]Post necem Caesaris reuerso ab Apollonia et ingrediente eo urbem, repente liquido ac puro sereno circulus ad speciem caelestis arcus orbem solis ambiit ac subinde Iuliae Caesaris filiae monimentum fulmine ictum est. [2]Primo autem consulatu et augurium capienti duodecim se uultures ut Romulo ostenderunt et immolanti omnium uictimarum iocinera replicata intrinsecus ab ima fibra paruerunt, nemine peritorum aliter coiectante quam laeta per haec et magna portendi.

XCVI. | [1]Quin et bellorum omnium euentus ante praesensit. Contractis ad Bononiam triumuirorum copiis, aquila tentorio eius supersedens duos coruos hinc et inde infestantis afflixit et ad terram dedit, notante omni exercitu futuram quandoque inter collegas discordiam talem qualis secuta est, at*que* exitum praesagiente. [2]*Apud* Philippo*s* Thessalus quidam de futura uictoria nuntiauit auctore Diuo Caesare, cuius sibi species itinere auio occurrisset. | [3]Circa Perusiam sacrificio non litanti cum augeri hostias imperasset ac subita eruptione hostes omnem rei diuinae apparatum abstu-

XCV, 1 speciem : seciem M^1 ‖ **2** consulatu et : cons- ei ΠQεR consulatus die *Bentley* ‖ augurium : aurium Mδ ‖ paruerunt [*cf. Cal.*, 8^{10} — *Vesp.*, 4^{10}] : patu -*dett.* ⟨ ap ⟩ paru- *Bentley* [*Madvig*].

XCVI, 1 atque exitum *Torrentius* : at [ad G] exitum [exercitum V] *om. codd.* et exitum *Roth* [*Preud'homme*] ‖ **2** ⟨ Apud ⟩ Philippo ⟨ s ⟩ *Saumaise* : philippo *om. codd.* in Philippis *uulgo* [*ed. Paris.* 1509] Philippis *ed. Iunt.* 1510 [*Roth Preud'homme*] ⟨ eunti ⟩ Philippo ⟨ s ⟩ *Boot* ⟨ ..... ⟩ Philippo ⟨ s ⟩ *Ihm* ‖ **3** litanti M^2 : -tati M^1G -tato V, LPOST,δ -tante *cett.* [*uulgo*].

du sacrifice, et les haruspices s'accordèrent à dire que tous les périls et les malheurs annoncés au sacrificateur retomberaient sur ceux qui avaient les entrailles des victimes ; or, il n'en fut pas autrement. La veille du jour où il livra la bataille navale de Sicile, tandis qu'il se promenait sur le rivage, un poisson s'élança hors de la mer et vint tomber à ses pieds. Près d'Actium, quand il se rendait au combat, il fit la rencontre d'un âne accompagné de son maître : l'homme portait le nom d'Eutychus, la bête, celui de Nicon (1) ; après sa victoire, il leur fit ériger à tous deux une statue de bronze dans le temple qu'il éleva sur l'emplacement de son camp (2).

XCVII. Même sa mort, dont je parlerai tout à l'heure, et son apothéose lui furent annoncées d'avance par les signes les plus manifestes. Tandis qu'il clôturait le lustre (3) dans le Champ de Mars, au milieu d'un grand concours de peuple, un aigle vola plusieurs fois autour de lui, puis, se dirigeant vers le temple voisin, se percha au-dessus de la première lettre du nom d'Agrippa ; à cette vue, il chargea Tibère, son collègue, de prononcer les vœux qu'on a coutume de faire pour le lustre suivant, car il refusa, quoiqu'ils fussent tout prêts, déjà inscrits sur des tablettes, de faire des vœux qu'il ne pourrait pas exécuter. Vers la même époque, la foudre, ayant frappé l'inscription de sa statue, effaça la première lettre de son nom ; les devins déclarèrent qu'il ne vivrait plus que cent jours, nombre marqué par la lettre C, et qu'il serait mis au rang des dieux, parce que le mot « aesar », formé par les autres lettres du nom de César, signifie « dieu » en langue étrusque. Il se disposait alors à faire partir Tibère pour l'Illyricum et à l'accompagner

(1) En grec, εὐτυχής signifie heureux, et νικῶν, vainqueur.
(2) Cf. chap. 18[3].
(3) En qualité de censeur, par une lustration solennelle.

lissent, constitit inter haruspices, quae periculosa et aduersa sacrificanti denuntiata essent, cuncta in ipsos recasura qui exta haberent; neque aliter euenit. [4]Pridie quam Siciliensem pugnam classe committeret, deambulanti in litore piscis e mari exiliuit et ad pedes iacuit. [5]Apud Actium descendenti in aciem asellus cum asinario occurrit : homini Eutychus, bestiae Nicon erat nomen ; utriusque simulacrum aeneum uictor posuit in templo, in quod castrorum suorum locum uertit.

XCVII. | [1]Mors quoque eius, de qua dehinc dicam, diuinitasque post mortem euidentissimis ostentis praecognita est. [2]Cum lustrum in campo Martio magna populi frequentia conderet, aquila eum saepius circumuolauit transgressaque in uicinam aedem super nomen Agrippae ad primam litteram sedit ; quo animaduerso uota, quae in proximum lustrum suscipi mos est, collegam suum Tiberium nuncupare iussit ; nam se, quanquam conscriptis paratisque iam tabulis, negauit suscepturum quae non esset soluturus. [3]Sub idem tempus ictu fulminis ex inscriptione statuae eius prima nominis littera effluxit ; responsum est, centum solos dies posthac uicturum, quem numerum C littera notaret, futurumque ut inter deos referretur, quod aesar, id est reliqua pars e Caesaris nomine, Etrusca lingua deus uocaretur. | [4]Tiberium igitur in Illyricum dimissurus et Beneuentum

4 exiliuit : -luit VLP^{2}ΠQ [*cf. supra* 94[17]].
XCVII, 1 dehinc : hinc [*suprascr.* de] M hinc Π^1 [*Roth*] || euidentissimis : -mi M^1 || **2** circumuolauit : -uolitauit POST || **3** effluxit : aff- M || littera notaret : litteraenotaret M || ut inter : inter M^{1}G || id est — nomine : *del.* *Polak* || e Caesaris : Caesaris M^{1}S^{1}T a Caes- G.

jusqu'à Bénévent, mais, retenu à son tribunal par des importuns qui lui soumettaient procès sur procès, il s'écria, — et cela même fut ensuite rangé parmi les présages —, « que, tout se réunirait-il pour l'arrêter, il ne resterait pas davantage à Rome » ; il se mit donc en route et atteignit Astura (1) ; là, contrairement à son habitude, il s'embarqua de nuit, pour profiter d'un vent favorable, et sa maladie commença par une diarrhée.

XCVIII. Parcourant ensuite les rivages de la Campanie et les îles voisines, il demeura même quatre jours retiré à Caprée, se livrant sans arrière-pensée au loisir et à toutes sortes d'amabilités. Comme il longeait la baie de Pouzzoles, les passagers et les matelots d'un navire d'Alexandrie qui venait d'aborder, s'étant rendus auprès de lui, vêtus de blanc, couronnés de fleurs et brûlant de l'encens, lui avaient prodigué avec tous leurs vœux de bonheur, les plus magnifiques louanges : « C'est grâce à vous, disaient-ils, que nous vivons, grâce à vous que nous pouvons naviguer, grâce à vous que nous jouissons de notre liberté et de nos biens. » Ravi de cet hommage, il donna quarante pièces d'or à chacun de ses compagnons, et leur fit promettre sous serment qu'ils consacreraient intégralement cette somme à l'achat de marchandises d'Alexandrie. Puis, les jours qui suivirent, il leur distribua encore, outre divers menus présents, des toges et des manteaux grecs, à condition que les Romains adopteraient le costume et le langage des Grecs, tandis que ceux-ci feraient l'inverse. Il assista fréquemment aux exercices des éphèbes, dont il se trouvait encore un grand nombre à Caprée, en vertu d'une ancienne coutume (2) ; il leur fit même servir un

(1) Ville du Latium, située dans une île et sur un fleuve qui portent le même nom.

(2) Grecque, car les Grecs avaient habité à Caprée. On appelait

usque prosecuturus, cum interpellatores aliis atque aliis causis in iure dicendo detinerent, exclamauit, quod et ipsum mox inter omina relatum est : « non, si omnia morarentur, amplius se posthac Romae futurum » ; atque itinere incohato Asturam perrexit et inde praeter consuetudinem de nocte ad occasionem aurae euectus causam ualitudinis contraxit ex profluuio alui.

XCVIII. [1]Tunc Campaniae ora proximisque insulis circuitis Caprearum quoque secessui quadriduum impendit, remississimo ad otium et ad omnem comitatem animo. | [2]Forte Puteolanum sinum praeteruehenti uectores nautaeque de naui Alexandrina, quae tantum quod appulerat, candidati coronatique et tura libantes fausta omina et eximias laudes congesserant : « per illum se uiuere, per illum nauigare, libertate atque fortunis per illum frui. » [3]Qua re admodum exhilaratus quadragenos aureos comitibus diuisit iusque iurandum et cautionem exegit a singulis, non alio datam summam quam in emptionem Alexandrinarum mercium absumpturos. [4]Sed et ceteros continuos dies inter uaria munuscula togas insuper ac pallia distribuit, lege proposita ut Romani Graeco, Graeci Romano habitu et sermone uterentur. [5]Spectauit assidue exercentes ephebos, quorum aliqua adhuc copia ex uetere instituto Capreis erat ; isdem etiam epulum in conspectu suo praebuit

4 omina—si : *om.* V ‖ omnia : omina PT ‖ itinere : in it- MGVδ ‖ praeter : prae *per compend.* M[1] propter ε ‖ aurae : aurea aurae [ae *per compend.*] M ‖ ex profluuio : profluuio ΠQεR.

XCVIII, 1 quadriduum : quatri- LPOST,ΠQR ‖ **2** tura : thu- G, LPOST, ΠQR ‖ omina et : omina MGVLP[1]OS ‖ congesserant : -unt *dett.* ‖ **3** iusque : iussitque G ius VS ‖ a singulis : singulis V ‖ inemptionem : inept- MG[1]Q ‖ **5** assidue : ass- et G,ΠQεR,δ.

festin en sa présence, leur donnant la permission ou plutôt l'ordre de s'égayer sans contrainte et de mettre au pillage les corbeilles de fruits, de victuailles, ou de gâteries diverses, qu'il leur faisait lancer. En un mot, il ne se priva d'aucune sorte de divertissement. Il nommait Apragopolis (1) l'île voisine de Caprée, en raison de l'existence oisive de ceux de ses courtisans qui se retiraient en ce lieu ; mais il avait coutume d'appeler « κτίστης (2) », certain d'entre eux, l'un de ses préférés, nommé Masgaba, comme s'il eût été le fondateur de cette île. Or, voyant de son triclinium, que la tombe de ce Masgaba, mort depuis un an, était visitée par une foule considérable portant mille torches, il prononça tout haut ce vers improvisé :

C'est la tombe du fondateur que je vois tout en feu,

et, se tournant vers Thrasylle, le compagnon de Tibère (3), placé à table en face de lui, et qui n'était pas au courant de la chose, il lui demanda de quel poète, à son avis, pouvait bien être ce vers ; puis, devant son hésitation, il en ajouta un autre :

Vois-tu briller ces torches en l'honneur de Masgaba ?

et lui fit la même question. Alors, Thrasylle se bornant à lui répondre que ces vers étaient excellents, quel qu'en fût l'auteur, il éclata de rire et se répandit en plaisanteries. Ensuite, il se rendit à Naples, quoiqu'il souffrît encore du ventre, sa maladie ayant des hauts et des bas ; toutefois, il suivit jusqu'au bout le concours quinquennal de gymnastique institué en son honneur (4)

éphèbes les adolescents qui, parvenus à l'âge de dix-huit ans, subissaient l'épreuve de la δοκιμασία, sorte de conseil de revision, et étaient alors inscrits sur le registre des citoyens de leur dème.

(1) La ville de l'oisiveté (ἀ-πράττω).

(2) Le fondateur.

(3) Cf. *Tib.*, 14[6].

(4) Dans les provinces, d'après le chap. 59[3], presque toutes les

permissa, immo exacta iocandi licentia diripiendique pomorum et obsoniorum rerumque *uariarum* missilia. Nullo denique genere hilaritatis abstinuit. | [6]Vicinam Capreis insulam Apragopolim appellabat a desidia secedentium illuc e comitatu suo. Sed ex dilectis unum, Masgaban nomine, quasi conditorem insulae κτίστην uocare consueuerat. [7]Huius Masgabae ante annum defuncti tumulum cum e triclinio animaduertisset magna turba multisque luminibus frequentari, uersum compositum ex tempore clare pronuntiauit :

Κτίστου δὲ τύμβον εἰσορῶ πυρούμενον,

conuersusque ad Thrasyl*l*um Tiberi comitem contra accubantem et ignarum rei interrogauit, cuiusnam poetae putaret esse ; quo haesitante subiecit alium :

Ὁρᾷς φάεσσι Μασγάβαν τιμώμενον ;

ac de hoc quoque consuluit. [8]Cum ille nihil aliud responderet quam, cuiuscumque essent, optimos esse, cachinnum sustulit atque in iocos effusus est. [9]Mox Neapolim traiecit, quanquam etiam tum infirmis intestinis morbo uariante ; tamen et quinquennale certamen gymnicum honori suo institutum perspectauit et cum Tiberio ad

5 ⟨ uariarum ⟩ missilia *nos* [*cf. Cal.*, 18[4]] : missilia [missia R] MG,ΠQεR missilium V,LPOST [*uulgo*] ⟨ similium ⟩ miss- *Oudendorp* ⟨ omnium ⟩ miss- *C. F. W. Müller* ⟨ omne genus ⟩ miss- *Polak* ‖ genere : -ra M ‖ **6** Capreis : -eas *Torrentius* ‖ e : et G eo V ‖ ex : et ex *Bentley* ‖ κτίστην : *om.* PT ‖ consueuerat : -suerat M^{2}GL,ΠQR ‖ **7** κτίστου : KTICOY M ‖ τύμβον V : TYMBONN *cett.* ‖ εἰσορῶ : EICOPΩC VLS ‖ πυρούμενον : ΠYPOMENON M ‖ conuersusque : conuersus V ‖ putaret L, ΠQεR : -rit [-uerit S] *cett.* ‖ quo : quod V ‖ ac de : adde MQ ‖ **9** intestinis morbo uariante : *post* intestinis *disting. Modderman* ‖ suo *om. codd.* [*in* M *corr. ex* sui] : sui *Bentley.*

et il accompagna Tibère jusqu'à l'endroit fixé (1). Mais, au retour, sa maladie s'étant aggravée, il dut enfin s'aliter à Nole (2), fit revenir Tibère, qu'on arrêta en cours de route, et s'entretint longuement avec lui, seul à seul (3) ; ensuite, il ne s'occupa plus d'aucune affaire sérieuse.

XCIX. Le dernier jour de sa vie, tout en s'informant à plusieurs reprises si son état provoquait déjà de l'animation en ville, il réclama un miroir, fit arranger ses cheveux et relever ses joues pendantes, puis, ayant fait introduire ses amis, il leur demanda (4) : « s'il leur paraissait avoir bien joué jusqu'au bout la farce de la vie », et il ajouta même la conclusion traditionnelle (5) :

> Si la pièce
> Vous a plu, donnez-lui vos applaudissements
> Et, tous ensemble, manifestez-nous votre joie (6).

Ensuite, il les renvoya tous et, pendant qu'il questionnait sur la maladie de la fille de Drusus (7) des personnes venant de Rome, tout à coup il expira entre les bras de Livie, en disant : « Livie, tant que vous vivrez, souvenez-vous de notre union. Adieu. » Il eut ainsi une mort douce, et telle qu'il l'avait toujours désirée. En effet, presque toujours, quand on lui annonçait que telle personne était

villes avaient institué de tels concours en l'honneur d'Auguste.

(1) A Bénévent : cf. chap. 97[4].

(2) Ville de Campanie, située entre Bénévent et Naples, sur la voie Popilia, embranchement de la voie Appienne. Auguste revenait donc à Naples.

(3) Dans *Tib.*, 21[2], Suétone répète la même affirmation. Tacite, *Ann.*, I, 5[5], est beaucoup moins catégorique : « *neque satis compertum est, spirantem adhuc Augustum... an exanimem reppererit* ».

(4) Cf. Dion Cass., LVI, 30.

(5) Kock, *Com. attic. frag.*, III, p. 544, n. 771.

(6) Sur cette *clausula*, cf. Horace, *Art poét.*, 155 : « *donec cantor, Vos plaudite, dicat.* » La comparaison de la vie avec une pièce de théâtre a été reprise par Sénèque, *Epist.*, LXXVII.

(7) Livilla, la fille d'Antonia minor et la sœur de Germanicus et de Claude : cf. *Cl.*, 1[12].

destinatum locum contendit. [10] Sed in redeundo adgrauata ualitudine, tandem Nolae succubuit reuocatumque ex itinere Tiberium diu secreto sermone detinuit neque post ulli maiori negotio animum accommodauit.

XCIX. | [1]Supremo die identidem exquirens, an iam de se tumultus foris esset, petito speculo capillum sibi comi ac malas labantes corrigi praecepit et admissos amicos percontatus, « *e*cquid iis uideretur m*i*mum uitae commode transegisse », adiecit et clausulam :

εἰ δέ τι
Ἔχοι καλῶς, τῷ παιγνίῳ δότε κρότον
Καὶ πάντες ἡμᾶς μετὰ χαρᾶς προπέμψατε.

[2]Omnibus deinde dimissis, dum aduenientes ab urbe de Drusi filia aegra interrogat, repente in osculis Liuiae et in hac uoce defecit : « Liuia, nostri coniugii memor uiue, ac uale ! » sortitus exitum facilem et qualem semper

XCIX, 1 labantes : -entes GP [in P *corr. man.* 1] ‖ et admissos G, ΠQR,δ : et *om.* M,LPOST et amissos [et *om.* V] Vε ‖ percontatus : -cunctatus LPOST ‖ ecquid *ed. Rom. II* : haecquid [hec-δ] Mδ et quid *cett.* [et *expunct. in* L] ‖ iis : eis G his ΠQR,T hiis LS ‖ mimum P² [*Beroald*] : mini- *om. codd.* nimium *edd. pleraeque uet.* ‖ εἰ δέ τι — κρότον *Preud'homme* : ETCI [ETICI GVLPOSR ETICT ETC ΠQ] ΔETIXAXOIKAΩCTOTIAICNIO [ΠAICNIO VL ΠAICNOIO S] ΔOTE KPOTON *om. codd.* εἰ δὲ πᾶν ἔχει καλῶς τῷ παιγνίῳ | δότε κρότον *Turnèbe* εἰ δέ τι | ἔχοι καλῶς τὸ παίγνιον κρότον δότε *Roth* ἐπεὶ δὲ πάνυ καλῶς πέπαισται δότε κρότον *Bücheler* ‖ καὶ πάντες : KAΠIANTEC [-HC Π] MGPΠR KAΠANTH Q KIAΠIANTEC *et suprascr.* et omnes LS et [omnes *omisso*] V ‖ ἡμᾶς : EMAC MQ [*suprascr.* uos *in* VLS *unde* ὑμεῖς *Erasme* ‖ μετὰ χαρᾶς : METAAAPAC [C *om.* L] *et suprascr.* cum gaudio VLS MCTAXPAC G ‖ προπέμψατε *Bentley* [*Roth*] : TIΠOΠAIΨATE M TIPOΠAIΨATE [TI *om.* Π TΨ *pro* IΨ *in* PT] G,ΠQR,PT TIΠAIΨATE [*et suprascr.* aliquid facite *unde* τι ποιεῖτε *ed. Ven.* 1490] VLS κτυπήσατε *Erasme* ποππύσατε *Turnèbe* ‖ **2** ab urbe L³ S²ε [*in hoc suprascr.* +ad urbem] : ad urbem *cett.* ‖ interrogat : -gabat ΠQ ‖ conjugli : -gi *Roth* [*Preud'homme*].

morte promptement et sans souffrir, il demandait aux dieux pour lui et pour les siens une semblable « εὐθανασία », — c'est le propre terme dont il avait coutume de se servir. Il ne donna qu'un seul signe de trouble mental avant de rendre l'âme, car, saisi d'une peur soudaine, il se plaignit d'être entraîné par quarante jeunes gens. Encore fût-ce plutôt un présage qu'un effet du délire, car il y eut tout autant de soldats prétoriens pour le porter sur la place publique.

C. Il mourut dans la même chambre que son père Octavius (1), sous le consulat de deux Sextus, S. Pompée et S. Appuleius (2), le quatorzième jour avant les calendes de Septembre, à la neuvième heure du jour, à l'âge de soixante-seize ans, moins trente-cinq jours. Les décurions des municipes et des colonies transportèrent son corps de Nole jusqu'à Bovillae, pendant la nuit, à cause de la chaleur de la saison, et le jour on le déposait dans la basilique de chaque ville ou dans son plus grand temple (3). A Bovillae, on le remit aux chevaliers, qui le portèrent à Rome et le déposèrent dans le vestibule de sa maison. Les sénateurs, rivalisant de zèle pour embellir ses funérailles et honorer sa mémoire, émirent un grand nombre de motions diverses ; entre autres, ils allèrent jusqu'à proposer, les uns, que le convoi passât par la porte triomphale, précédé de la Victoire qui est dans la curie, tandis que les fils et les filles des principaux citoyens chanteraient un hymne funèbre ; d'autres, que, le jour des obsèques, on déposât les anneaux d'or pour en prendre de fer ; certains, que les ossements fussent recueillis par les prêtres des collèges supérieurs. Un sénateur voulait même que l'on donnât au mois de septembre le nom d'Auguste, attribué au mois précé-

(1) Cf. Tacite, *Ann.*, I, 9[1], : « *plerisque uana mirantibus* ».
(2) En 14 ap. J.-C.
(3) Cf. Dion Cass., LVI, 31.

optauerat. [3]Nam fere quotiens audisset cito ac nullo cruciatu defunctum quempiam, sibi et suis εὐθανασίαν similem (hoc enim et uerbo uti solebat) precabatur. [4]Vnum omnino ante efflatam animam signum alienatae mentis ostendit, quod subito pauefactus a quadraginta se iuuenibus abripi questus est. Id quoque magis praesagium quam mentis deminutio fuit, siquidem totidem milites praetoriani extulerunt eum in publicum.

C. [1]Obiit in cubiculo eodem, quo pater Octauius, duobus Sextis, Pompeio et Ap*p*uleio, cons. XIIII. Kal. Septemb. hora diei nona, septuagesimo et sexto aetatis anno, diebus V et XXX minus. | [2]Corpus decuriones municipiorum et coloniarum a Nola Bouillas usque deportarunt noctibus propter anni tempus, cum interdiu in basilica cuiusque oppidi uel in aedium sacrarum maxima reponeretur. [3]A Bouillis equester ordo suscepit urbique intulit atque in uestibulo domus conlocauit. [4]Senatus et in funere ornando et in memoria honoranda eo studio certatim progressus est, ut inter alia complura censuerint quidam funus triumphali porta ducendum, praecedente Victoria quae est in curia, canentibus neniam principum liberis utriusque sexus ; alii, exequiarum die ponendos anulos aureos ferreosque sumendos ; nonnulli, ossa legenda per sacerdotes summorum collegiorum. [5]Fuit et qui suaderet appellationem mensis

3 fere : -ro M ‖ εὐθανασίαν : EIT- M EYT- *cett. suprascr.* bonam mortem *in* H bonum exitum *in* VLS ‖ 4 efflatam : affl-M ‖ praesagium : praesagum [*ae per compend. at suprascr.* i] M *unde* praesagum *Bentley* ‖ deminutio : di- G,LPOST,R.

C, 1 Appuleio Mon. Ancyr., VIII : apu- *om. codd.* ‖ 2 in aedium : inaedia M inedia G in aede [ae *per compend.*] ΠQεδ ‖ 4 studio : -di *Polak* ‖ praecedente : praecedenti [prae *per compend.*] G.

dent, parce que celui-ci l'avait vu mourir, tandis que le premier l'avait vu naître ; un autre, que toute la période comprise entre le jour de sa naissance et sa mort fût appelée « siècle d'Auguste » et portée sous ce nom dans les fastes. Mais on imposa des bornes à ces honneurs ; il eut deux oraisons funèbres, — la première prononcée par Tibère devant le temple du divin Jules (1), la seconde, par Drusus, le fils de Tibère, du haut de l'ancienne tribune aux harangues —, puis les sénateurs le portèrent sur leurs épaules au Champ de Mars, où il fut brûlé. Il se trouva encore un ancien préteur pour jurer qu'il avait vu son fantôme monter au ciel après la crémation. Les principaux membres de l'ordre équestre, en tunique, sans ceinture et pieds nus, recueillirent ses restes et les déposèrent dans le Mausolée : Auguste avait fait construire ce tombeau entre la voie Flaminienne et la rive du Tibre, pendant son sixième consulat, et, dès cette époque, il avait ouvert au public les bosquets et les promenades dont il était entouré.

CI. Auguste avait fait son testament sous le consulat de L. Plancus et de C. Silius (2), trois jours avant les nones d'avril, un an et quatre mois avant sa mort ; il était écrit sur deux cahiers, en partie de sa propre main, en partie par ses affranchis Polybe et Hilarion, et avait été déposé chez les Vestales, qui le produisirent alors, ainsi que trois rouleaux (de parchemin), également cachetés. Tous ces documents furent ouverts et lus au sénat. Auguste désigna comme héritiers, au premier degré : Tibère, pour la moitié plus un sixième, Livie, pour l'autre tiers, avec obligation pour eux de porter son nom ; au deuxième : Drusus, fils de Tibère, pour un tiers, Germanicus et ses trois enfants du sexe masculin, pour les deux autres tiers ; au troisième degré : des parents

(1) C'est-à-dire devant les *rostra noua* ou *Iulia*.
(2) En 13 ap. J.-C.

Augusti in Septembrem transferendam, quod hoc genitus Augustus, illo defunctus esset ; alius, ut omne tempus a primo die natali ad exitum eius saeculum Augustum appellaretur et ita in fastos referretur. [6]Verum adhibito honoribus modo bifariam laudatus est : pro aede Diui Iuli a Tiberio et pro rostris ueteribus a Druso Tiberi filio, ac senatorum umeris delatus in Campum crematusque. [7]Nec defuit uir praetorius, qui se effigiem cremati euntem in caelum uidisse iuraret. [8]Reliquias legerunt primores equestris ordinis tunicati et discincti pedibusque nudis ac Mausoleo condiderunt. [9]Id opus inter Flaminiam uiam ripamque Tiberis sexto suo consulatu extruxerat circumiectasque siluas et ambulationes in usum populi iam tum publicarat.

CI. | [1]Testamentum L. Planco C. Silio cons. III. Non. Apriles, ante annum et quattuor menses quam decederet, factum ab eo ac duobus codicibus partim ipsius partim libertorum Polybi et Hilarionis manu scriptum depositumque apud se uirgines Vestales cum tribus signatis aeque uoluminibus protulerunt. Quae omnia in senatu aperta atque recitata sunt. [2]Heredes instituit primos Tiberium ex parte dimidia et sextante, Liuiam ex parte tertia, quos et ferre nomen suum iussit ; secundos Drusum Tiberi filium ex triente, ex partibus reliquis Germanicum liberosque eius tres sexus uirilis ; tertio gradu propinquos amicosque compluris. [3]Legauit populo

5 natali : -lis G,ΠQε ‖ 6 honoribus modo : honoribus ΠQεR ‖ crematusque : -tisque G -tusque est S crematus est *Estienne.*

CI, 1 Apriles : -lis G,LPOST, ΠQR ‖ apud se : apud V apud sex *dett.* apud se sex *Casaubon* ‖ 2 sextante ΠQεR *et* V [*in marg.*] [*cf. Tib.*, 23¹] : -tam MGV, LPOST -ta *Cujas.*

et des amis en grand nombre. Il légua au peuple romain quarante millions de sesterces (1), aux tribus, trois millions cinq cent mille, aux prétoriens, mille sesterces par tête, à chaque homme des cohortes urbaines, cinq cents, à chaque légionnaire, trois cents ; cette somme, il prescrivit de la payer comptant, car il l'avait toujours tenue en réserve dans sa cassette. Il fit d'autres legs d'importance variable, certains n'excédant pas vingt mille sesterces ; il fixa pour les payer un délai d'une année, en s'excusant sur la médiocrité de sa fortune personnelle et en déclarant qu'il ne reviendrait pas plus de cent cinquante millions de sesterces à ses héritiers, car, écrivait-il, si dans les vingt dernières années les testaments de ses amis lui avaient apporté quatre milliards de sesterces, il les avait presque entièrement dépensés pour l'État, comme ses deux patrimoines (2) et ses autres héritages. En ce qui concerne les deux Julies, sa fille et sa petite-fille, il interdit qu'elles fussent après leur mort transportées dans son tombeau. Quant aux trois rouleaux (de parchemin), ils contenaient, l'un, des ordres relatifs à ses funérailles, le second, le résumé de l'œuvre qu'il avait accomplie, résumé qu'il demandait de graver sur des tables de bronze, à placer devant son Mausolée ; le troisième, un état de situation de tout l'Empire, mentionnant combien il y avait de soldats sous les drapeaux, sur l'ensemble du territoire, combien il y avait d'argent dans le trésor, dans les caisses impériales, et ce qui restait des revenus publics. Auguste ajouta également les noms de ses affranchis et de ses esclaves, auxquels on pouvait réclamer des comptes (3).

(1) Pour l'évaluation de ces sommes, cf. *Caes.*, 25^2, note 4.

(2) L'héritage de son père naturel, C. Octavius, et celui de son père adoptif, César.

(3) Sur les testaments des trois premiers Césars, voir Macé, *Essai sur Suétone*, pp. 128-166. — Sur l'*Index rerum gestarum*, cf. Introd., p. XXII, n. 1.

R. quadringenties, tribubus tricies quinquies sestertium, praetorianis militibus singula milia nummorum, cohortibus urbanis quingenos, legionaris trecenos nummos ; quam summam repraesentari iussit, nam et confiscatam semper repositamque habuerat. [4]Reliqua legata uarie dedit perduxitque quaedam ad uicena sestertia, quibus soluendis annuum diem finiit, excusata rei familiaris mediocritate nec plus peruenturum ad heredes suos quam milies et quingenties professus, quamuis uiginti proximis annis quaterdecies milies ex testamentis amicorum percepisset, quod paene omne cum duobus paternis patrimoniis ceterisque hereditatibus in rem p. absumpsisset. [5]Iulias filiam neptemque, si quid iis accidisset, uetuit sepulcro suo inferri. [6]Tribus uoluminibus, uno mandata de funere suo complexus est, altero indicem rerum a se gestarum, quem uellet incidi in aeneis tabulis, quae ante Mausoleum statuerentur, tertio breuiarium totius imperii, quantum militum sub signis ubique esset, quantum pecuniae in aerario et fiscis et uectigaliorum residuis. [7]Adiecit et libertorum seruorumque nomina, a quibus ratio exigi posset.

3 quadringenties : quadrig- MGVR || tribubus : -libus *Juste-Lipse* || quinquies : -ques MGV -que LPOST || 4 perduxitque : perduxit G produxitque Π *dett.* [*Roth Preud'homme*] || uicena sestertia : uicies sestertium *Perizonius* [*Roth Preud'homme*] || absumpsisset : absumisset M [*sic saepe*] || 5 Iulias : -am G [*cf. supra* 65[1]] || uetuit : uet- et V || 6 Tribus : de trib- ΠQεR || complexus : — xussus M || incidi in : incidi T in dici G || tabulis : tab- altero V || quae : quem MG || esset ΠRS[2]T : essent *cett.*

c. suetoni tranquilli de uita caesar [caesarum V] diuus aug. explic. [august' explicit V] incipit tiberius feliciter MVGΠR [*in* GΠR *addit.* liber tertius *in* ΠR *om.* feliciter] diuus augustus explicit. incipit tiberius liber tercius feliciter Q explicit liber secundus. incipit de tiberio lib. III LT explicit l. II. incipit tertius S *nihil subscr. in* P.

NOTES COMPLÉMENTAIRES

César

Page 6.

Ligne 26. — C. F. W. Mueller, *Frag. inc.*, E, XI, 5.

Page 7.

Ligne 4. — Cf. Salluste, *Cat.*, 18[4].

Ligne 12. — Édifices rectangulaires ornés de colonnes et de portiques, où se rassemblaient les avocats et les commerçants.

Page 8.

Ligne 1. — C'est Auguste qui réduisit l'Égypte à l'état de province romaine (voir *Aug.*, 18, et *Caes.*, 35) : mais *prouincia* signifie d'abord la compétence d'un magistrat et la région où elle s'exerce.

Ligne 11. — En 65 av. J.-C.

Ligne 12. — Les lois du dictateur L. Cornelius Sulla. Suétone devrait dire « l'une des lois Cornélies », car il s'agit uniquement ici de la *lex de sicariis*, qui date de 82 av. J.-C.

Ligne 16. — Le tribun de la plèbe T. Attius Labienus.

Page 9.

Ligne 26. — C'est-à-dire pendant quelques jours, car cette séance du sénat avait eu lieu le 5 décembre 63.

Ligne 29. — Le temple de Jupiter Capitolin avait été détruit par un incendie en 83, pendant la guerre civile entre Sylla et Marius. — César accusait Catulus d'avoir détourné les deniers publics : *disquisitio de peculatu.*

Page 11.

Ligne 6. — Cité en justice par César pour fausse dénonciation, il n'avait pas comparu : ce refus d'obéissance à l'égard d'un magistrat supérieur entraînait régulièrement la saisie et l'emprisonnement.

Ligne 12. — Cf. chap. 7[1], note 2.

Page 13.

Ligne 15. — Baehrens, *Frag. poet. Rom.*, p. 330.

Page 15.

Ligne 26. — L'enquête préjudicielle portait seulement sur certains actes reprochés au questeur de César et, par conséquent, à César lui-même ; s'il était condamné, cela pouvait entraîner une nouvelle instruction, où toute l'affaire, c'est-à-dire toute la conduite de César, serait examinée au fond.

Page 21.

Ligne 14. — La Gaule Cisalpine.
Ligne 14. — Cf. chap. 7[1].
Ligne 32. — Cf. chap. 26[2], note 1.
Ligne 34. — Partisan fidèle de César, qui écrivit une histoire des guerres civiles célébrée par Horace, *Odes*, II, 1. Cf. chap. 55[7] et 56[4].

Page 23.

Ligne 27. — C'est-à-dire quatre cent mille sesterces.
Ligne 31. — Les chevaliers avaient pour insigne un anneau d'or qu'ils portaient à la main gauche.

Page 28.

Ligne 1. — Les bornes étaient placées aux extrémités de la *spina*, mur bas qui suivait l'axe du cirque et autour duquel tournaient les chars. Avec les bornes, on avait évidemment enlevé et abattu la *spina* tout entière : Suétone prend ici la partie pour le tout.
Ligne 5. — Terrain situé au-delà du Tibre.

Page 39.

Ligne 1. — *Epist.*, frag. II, 4.
Ligne 8. — Cicéron mentionne cet orateur dans *Brutus*, 177, et rappelle son discours *Pro Sardis* dans *Diuin. in Caecil.*, 19, 63.
Ligne 28. — Cf. chap. 30[5].

Page 46.

Ligne 11. — Q. Titurius Sabinus, lieutenant de César, commandait en 54, avec Aurunculeius Cotta, les quinze cohortes établies en quartiers d'hiver à Aduatuca. Il fut égorgé avec la plupart de ses soldats dans une embuscade tendue par Ambiorix aux environs de cette forteresse : Caes., *B. G.*, V, 37^{1-2}.

Page 48.

Ligne 27. — Cf. chap. 52^{4}, 53^{2}, 56^{1}.

Page 49.

Ligne 25. — Cf. chap. 4^{2sq} .
Ligne 30. — Cf. chap. 1^{2}.

Page 51.

Ligne 18. — Au sujet de ce personnage et de son pamphlet, cf. Cic., *Epist.*, VI, 5, 6, 7, 8.
Ligne 26. — César fut consul pour la première fois en 59 (voir chap. 20), pour la seconde, en 48, pour la troisième, en 46, puis chacune des années suivantes : voilà pourquoi Suétone emploie l'expression *continuum consulatum*, qui s'oppose à *perpetuam dictaturam.*
Ligne 33. — Les jeux commençaient par une procession solennelle, *pompa.* Dans cette procession figuraient des chars, *tensae*, portant les attributs des divinités, *exuuiae*, et des civières, *fercula*, portant leurs images.
Ligne 34. — On appelait *puluinar* le lit de parade sur lequel on étendait les statues des dieux, lorsqu'on leur adressait des prières publiques, *supplicationes.*

Page 52.

Ligne 2. — Le *mensis Quintilis* devint le mois de juillet, *mensis Iulius.*
Ligne 25. — Ce personnage est mentionné par César, *B. C.*, III, 105. D'une lettre qui lui fut adressée par Cicéron, *Epist.*, VI, 12, il ressort qu'il se consacrait à écrire la vie des grands hommes immortalisés par leur courage.

Page 54.

Ligne 1. — La bandelette blanche, formant diadème, était l'insigne des rois.
Ligne 11. — Fêtes en l'honneur de Pan, célébrées le quinzième jour avant les calendes de mars.

Page 57.

Ligne 31. — Tige de fer, pointue à l'une de ses extrémités, dont les Romains se servaient pour écrire sur les tablettes enduites de cire. L'autre extrémité était aplatie pour leur permettre d'effacer ce qu'ils avaient écrit.

Page 58.

Ligne 19. — Cf. chap. 21^1.
Ligne 21. — Ville du Latium voisine de Tusculum.
Ligne 30. — Littéralement : « au bas de la tablette de cire ». César avait donc rédigé son testament sur une tablette enduite de cire, comme le faisaient couramment les simples citoyens (cf. *Ner.*, 17).

Page 59.

Ligne 21. — Ribbeck, *Trag. Rom. frag.*, Pacuvius, v. 40.

AUGUSTE

Page 67.

Ligne 5. — En 63 av. J.-C.

Page 72.

Ligne 1. — Cicéron, *Epist.*, XI, 20, 1.
Ligne 26. — Jeu auquel se livrent encore aujourd'hui en Italie les gens du peuple ; il consiste à faire deviner le nombre des doigts que l'on a levés en ouvrant brusquement la main.

Page 77.

Ligne 22. — Cf. *Caes.*, 35^2.

Page 78.

Ligne 15. — L'esclave nomenclateur annonçait les visiteurs et indiquait aux convives leurs places.
Ligne 18. — Cf. chap. 65^{2-3}.

Page 80.

Ligne 18. — Sous le règne de Numa et après la première guerre punique. Cf. Florus, IV, 12, 64.
Ligne 18. — En 29 av. J.-C., après la défaite d'Antoine, — en 25 av. J.-C., après la victoire sur les Cantabres, — en 8 av. J.-C., après les victoires de Tibère en Germanie.

Ligne 23. — On appelait « curule » le grand triomphe, où le général vainqueur était porté sur un char, par opposition à l'*ouatio*, où il était à cheval.
Ligne 26. — En 16 av. J.-C. Dans cette défaite, les Romains perdirent l'aigle de la Vᵉ légion. Cf. Vell. Paterc., II, 97.
Ligne 27. — En 9 ap. J.-C., dans la forêt de Teutberg.

Page 82.

Ligne 32. — Cf. chap. 16.

Page 86.

Ligne 11. — Le *breuiarium totius imperii* mentionné par Suétone au chap. 101[6].

Page 88.

Ligne 1. — Le fils d'Octavie, dont la mort prématurée fut déplorée par les poètes du temps.
Ligne 6. — Le beau-père d'Auguste, mentionné au chap. 8[6].
Ligne 12. — Entre autres des aqueducs (cf. chap. 42[1]), et le Panthéon.
Ligne 14. — Quatorze régions et deux cent soixante-cinq quartiers.

Page 91.

Ligne 15. — Le texte *tricensimo*, que nous conservons sur l'autorité de tous les manuscrits, semble provenir d'une erreur de Suétone, car, d'après la loi, il fallait avoir vingt-cinq ans pour être juge : Auguste aurait donc, non pas avancé, *maturius*, mais reculé de cinq ans le moment où l'on pouvait exercer les fonctions judiciaires.

Page 97.

Ligne 11. — Les esclaves qui recevaient la *libertas iusta* devenaient citoyens romains ; au contraire, ceux qui recevaient la *libertas* simple étaient seulement assimilés aux *dediticii*, c'est-à-dire aux ennemis qui, en temps de guerre, s'étaient rendus.

Page 101.

Ligne 27. — Les escaliers servant de passages divisaient le demi-cercle formé par le théâtre en un certain nombre de secteurs ressemblant à des coins : de là le nom de *cunei*.
Ligne 29. — On distinguait trois *caueae* : celle du bas, *ima*,

qui comprenait l'orchestre et les quatorze rangs de gradins réservés aux chevaliers ; celles du milieu, *media*, et du haut, *summa*, attribuées à la plèbe.

Ligne 30. — C'est-à-dire portant sur sa toge une *lacerna*, sorte de manteau : cf. chap. 40[8].

Page 110.

Ligne 7. — Cf. chap. 29[1].

Ligne 9. — Ses petits-fils Caius et Lucius, devenus ses fils par adoption : voir chap. 64[3].

Ligne 16. — Sans doute le même personnage qui est mentionné au chap. 43[6].

Ligne 32. — Cf. chap. 19[1].

Page 121.

Ligne 7. — Baehrens, *Frag. poet. Rom.*, p. 341.

Ligne 18. — C'est-à-dire à l'époque même où fut lancée contre lui cette accusation. Cf. chap. 68.

Ligne 28. — Mois consacré par l'usage aux amusements de tout ordre et en particulier au jeu de dés : cf. Martial, IV, 14, 7.

Page 122.

Ligne 4. — A rapprocher de Cic., *De sen.*, 16.58 : les vieillards abandonnent aux jeunes gens tous les sports violents et se réservent les jeux de hasard qui n'exigent aucun effort corporel : « *sine iis beata esse senectus non potest.* »

Ligne 10. — Fêtes en l'honneur de Minerve, qui se célébraient à partir du 19 mars et duraient cinq jours.

Ligne 12. — Drusus, qui mourut en Germanie : cf. *Tib.*, 7[6].

Page 137.

Ligne 7. — Ouverture carrée percée dans le toit des maisons romaines, par où passaient les eaux pluviales qui se déversaient dans le bassin placé au-dessous et nommé *impluuium*. Ici, la pièce où se trouvait le *compluuium*.

ADDENDA ET CORRIGENDA

César

P. XI, n. 2, *ajouter :* Marguerite Yourcenar, dans « *Mémoires d'Hadrien* », chez Plon, p. 131, bas (cf. p. 199), donne de ce renvoi une autre explication qui paraît la plus vraisemblable.
P. XIII, l. 13, *ajouter* après « l'a écrite » : La vie de Virgile, attribuée à Donat, est vraisemblablement de Suétone et Donat l'a seulement retouchée (cf. Reifferscheid, *Suetoni reliquiae*, p. 401).
P. XVIII, n. 1, *lire :* Introduction, p. IX, n. 5.
P. XVIII, n. 4, *lire :* cf. n. 1.
P. XIX, n. 1, *lire :* Voir introd., p. XIV.
P. XXII, n. 2, *lire :* Voir introd., p. IX.
P. XXXIV, n. 1, *lire :* Voir H. Peter, *op. cit.*, II...
P. 3, fr., n. 1, *lire :* Il s'agit ici de Nicomède III (90-75 av. J.-C.).
P. 17, fr. n. 4, *ajouter :* Actuellement, en 1954, il convient de multiplier ces chiffres par 50.
P. 22, fr., l. 8, *lire :* de ses ennemis.
P. 36, fr., n. 6, l. 2, *lire :* en Égypte, voir...
P. 42, fr., l. 1, *lire :* à pied.
P. 58, fr., l. 9, *lire :* trois simples esclaves.

Auguste

P. 67, fr., l. 30, *lire :* très peu d'heures après.
P. 69, fr., l. 4, « la toge virile », *ajouter en note :* cf. p. 60, n. 2.
P. 69, fr., l. 7, et passim : « de son oncle », *ajouter :* exactement, de son grand'oncle (cf. chap. 6[4]).
P. 69, fr., n. 2, *lire :* A cette date (49 av. J.-C.), on distinguait...
P. 76, fr., n. 5, dern. l., *lire :* cf. Plutarque.
P. 85, lat., l. 6, *lire :* Nam et Pinarium.
P. 87, fr., l. 22, *lire :* déjà bien âgé.
P. 104, fr., n. 1, *ajouter :* cf. chap. 30[1].
P. 109, lat., l. 16, *lire :* auctoribus.
P. 111, fr., n. 1, *lire :* Gouffre au milieu du forum.
P. 125, fr., n. 1, l. 4, *lire :* est employé.
P. 129, fr., l. 23, *lire :* il couchait.
P. 133, fr., l. 4, *lire :* asiatiques. »

TABLE DES MATIÈRES

*Ce volume,
le soixante-septième
de la série latine
de la Collection des Universités de France,
publié aux Éditions Les Belles Lettres,
a été achevé d'imprimer
en avril 2023
par La Manufacture Imprimeur
52202 Langres Cedex, France*

*N° d'édition : 10634
N° d'impression : 230353
Dépôt légal : mai 2023*